Pełnić służbę całym życiem?

EWA PALAMER-KABACIŃSKA

Pełnić służbę całym życiem?

Ruch harcerski jako przykład działań
organizacji pozarządowych
wdrażających do życia
w społeczeństwie obywatelskim

Kraków 2016

© Copyright by Oficyna Wydawnicza „Impuls", Kraków 2014

Recenzent:
prof. dr hab. Anna Przecławska

Redakcja wydawnicza:
Aleksandra Adamczyk

Projekt okładki:
Ewa Beniak-Haremska

Fotografie wykorzystane w projekcie okładki:
Agnieszka Leśny

Opracowanie typograficzne:
Alicja Kuźma

Pierwsze wydanie publikacji zostało dofinansowane przez Uniwersytet Warszawski

ISBN 978-83-8095-043-6

Oficyna Wydawnicza „Impuls"
30-619 Kraków, ul. Turniejowa 59/5
tel./fax: (12) 422 41 80, 422 59 47, 506 624 220
www.impulsoficyna.com.pl, e-mail: impuls@impulsoficyna.com.pl
Wydanie II, Kraków 2016

Spis treści

Wstęp – harcerstwo jako środowisko wychowawcze 9

Rozdział I
Ciągłość i trwałość harcerstwa 19
1. Geneza i początki polskiego harcerstwa 19
2. Dzieje ruchu harcerskiego a potrzeby młodzieży i warunki funkcjonowania w państwie 24

Rozdział II
Metoda harcerska – jedna niezmienna czy wiele metod? 41
1. Metoda harcerska w pedagogice 42
2. Zmiany w podejściu do metody harcerskiej 45
3. Metoda harcerska jako specyficzna metoda wychowawcza – analiza elementów składowych 64
4. Metoda harcerska – współczesna droga do sukcesu wychowawczego? 73

Rozdział III
Ruch harcerski w III Rzeczypospolitej Polskiej a społeczeństwo obywatelskie 79
1. Społeczeństwo obywatelskie 79
2. Współczesna sytuacja formalnoprawna organizacji młodzieżowych 87
3. Znaczenie społeczne organizacji młodzieżowych 94
4. Organizacje pozarządowe w Polsce – dane liczbowe 96
5. Harcerstwo w nowej rzeczywistości 98

Rozdział IV
Młodzież w pluralistycznej rzeczywistości – samotnicy w grupie? 115
1. Młodzież jako kategoria społeczna 115
2. Młodzież jako pokolenie – definicje 122

3. Młodzież jako grupa 125
4. Kultura młodzieżowa 129
5. Obraz społeczeństwa pluralistycznego 131
6. Współczesne pokolenie młodzieży 141
7. Współczesna młodzież – altruiści, egoiści, samotnicy czy potrzebujący wspólnoty? 144
8. Stosunek młodzieży do organizacji, stowarzyszeń, działań grupowych 168

Rozdział V
Założenia metodologiczne badań 171
1. Cel i problematyka badań 171
2. Techniki zbierania danych, narzędzia badawcze i procedury badań 173
3. Charakterystyka próby 179

Rozdział VI
Idee i wartości we współczesnym ruchu harcerskim – założenia i praktyka 195
1. Wartości w Prawie i Przyrzeczeniu Harcerskim – stałe czy zmienne? 195
2. Prawo Harcerskie w życiu codziennym 206
4. Harcerstwo a społeczeństwo obywatelskie 239
5. Czy wartości, do jakich wychowuje harcerstwo, odpowiadają potrzebom młodzieży? 250
6. Młodzież stereotypowa czy różnorodna? 272
7. Harcerze nieznani 281

Rozdział VII
**Skuteczne uczenie przez działanie?
Program organizacji harcerskich w praktyce** 289
1. Metoda jako podstawa programu harcerskiego ... 289
2. „Metoda? Nie pamiętam, bo kurs był dawno" 294
3. Metoda – duch pozostał ten sam 300
4. Program harcerski i jego rola w metodzie harcerskiej 306
5. Praktyka harcerska – działalność drużyn 312

Rozdział VIII
Przeszłość, teraźniejszość i przyszłość harcerstwa 331
1. Trwałość harcerstwa 331
2. Historia najnowsza harcerstwa – jak transformacja wpłynęła na ruch harcerski 339
3. Elitarność czy egalitarność – problemy z liczebnością organizacji 347
4. Przyszłość ruchu harcerskiego w Polsce – razem czy osobno? 354

Zakończenie 359
Bibliografia 365
Spis schematów 375
Spis tabel 377
Spis wykresów 381

Wstęp – harcerstwo jako środowisko wychowawcze

Podstawowym przedmiotem zainteresowania pedagogiki społecznej jest środowisko wychowawcze. Współczesne jego rozumienie najbliższe jest tradycji humanistycznej, zakładającej wzajemne uczenie się w relacjach wychowanek – wychowawca. To układ społecznych interakcji świadomych podmiotów społecznych. Takie ujęcie wiąże się z interpretacją wychowania jako ulepszania środowiska jego własnymi siłami, przy wspomaganiu wychowaniem indywidualnym, opartym na wzajemnym i bezpośrednim kontakcie wychowanka i wychowawcy, oraz wychowaniem zespołowym. Podejście humanistyczne wywodzi się z dwóch innych tradycji naukowych: z nurtu naturalistycznego i pozytywistycznego, różniących się stosunkiem wychowawcy do wychowanka[1].

Pojęcie środowiska wychowawczego jest wieloznaczne ze względu na dwie składowe: środowisko i wychowanie. Posługując się terminem „środowisko", należy go odróżnić od pojęcia przestrzeni, która zawiera w sobie wszystkie elementy struktury otaczającej jednostkę. Środowisko natomiast to te elementy struktury, z którymi jednostka ma bezpośredni kontakt. Według Heleny Radlińskiej kontakt ten powinien być stały lub trwać dłuższy czas[2]. Ryszard Wroczyński uzupełnia tę definicję o pojęcie wywierania wpływu – sama styczność, nawet długotrwała, może nie wywołać reakcji w człowieku, natomiast czasem jedno zdarzenie, ale mające ogromne znaczenie dla jednostki może wywrzeć trwały wpływ na jej postawy, życie, dalsze losy[3]. Opisując pojęcie środowiska, należy wspomnieć o kategoriach subiektywności oraz obiektywności, na co zwracał uwagę Aleksander Kamiński. Zgodnie z subiektywnym podejściem każdy człowiek tworzy własne niepowtarzalne środowisko, którego nie można od niego oddzielić. W takim rozumieniu jednostka jest integralną częścią własnego środowiska i nie można poddać go badaniom bez jej uwzględniania. Obiektywne

---

[1] A. Kargulowa, *Kilka uwag na temat przesłanek metodologicznych pedagogiki społecznej* [w:] E. Marynowicz-Hetka, J. Piekarski, E. Cyrańska (red.), *Pedagogika społeczna jako dyscyplina akademicka. Stan i perspektywy*, UŁ, Łódź 1998; A. Kamiński, *Funkcje pedagogiki społecznej. Praca socjalna i kulturalna*, PWN, Warszawa 1975.
[2] W. Theiss, *Radlińska*, Żak, Warszawa 1997.
[3] R. Wroczyński, *Pedagogika społeczna*, PWN, Warszawa 1974.

pojmowanie ujmuje środowisko z punktu widzenia zbiorowości oraz warunków życia, jakie grupa tworzy dla kształtowania egzystencji jednostek[4].

Pojęcie wychowania może oznaczać sumę wszystkich wpływów osób i grup na charakter oraz postawy danej jednostki lub określać tylko zamierzone wpływy ukierunkowane na kształtowanie jednostki zgodnie z określonym ideałem. Z punktu widzenia pedagogiki społecznej posługiwanie się pierwszą definicją wychowania może rodzić nieporozumienia, gdyż jest ono w niej pojmowane zbyt szeroko i pokrywa się swoim zakresem z pojęciem środowiska. Dlatego też pedagogika społeczna określa wychowanie najczęściej jako celowe kształtowanie osobowości wychowanka, pamiętając o dynamiczności każdej interakcji, która może tę celowość ograniczać. Wychowanie odbywa się w toku całego życia jednostki i dotyczy wspomagania jej rozwoju na trzech płaszczyznach – biologicznej, społecznej i kulturalnej. Pojęciem szerszym od wychowania, a czasem stosowanym z nim zamiennie, jest „socjalizacja", oznaczająca sumę wszystkich wpływów i bodźców działających na jednostkę, które przygotowują ją do życia i funkcjonowania w społeczeństwie. Tym samym do wychowania należałoby zaliczyć te wpływy, które są przypadkowe, a wdrażają jednostkę do życia społecznego. Wracając znowu do definicji wychowania jako działania celowego, należy uznać, za Florianem Znanieckim, że stanowi ono część socjalizacji, nie jest jej równoważne, socjalizacja zaś to część środowiska[5].

Zatem środowisko wychowawcze według polskiego pioniera socjologii wychowania to środowisko wpływów celowo organizowanych. Obejmuje swoim zakresem system bodźców przyrodniczych, kulturowych i społecznych. Do jego elementów można zaliczyć – przytaczając za Znanieckim – dwa rodzaje grup: pierwotne i podstawowe, jakimi są rodzina, sąsiedzi, rówieśnicy, oraz grupy wtórne, czyli instytucje wychowawcze, takie jak szkoła, placówki wychowania pozaszkolnego[6]. Dziś należy zwrócić uwagę na rozszerzanie się pojęcia środowiska wychowawczego o wpływy pośrednie, wynikające z rozwoju informatycznego. Środowiskiem wychowawczym jednostki nie jest już tylko to, z czym ma ona bezpośrednią styczność, lecz także informacje, jakie do niej docierają za pomocą środków masowego przekazu. Tym samym analiza tak szerokiego środowiska wychowawczego została utrudniona[7].

Pojęcie środowiska wychowawczego obejmuje swoim zakresem wiele grup i instytucji mających wpływ na życie jednostki. W pedagogice często jednak

---

[4] A. Kamiński, *Środowisko wychowawcze – kłopoty definicyjne*, „Ruch Prawniczy, Ekonomiczny i Socjologiczny" 1974, nr 4.
[5] A. Kamiński, *Funkcje pedagogiki społecznej...*, op. cit.
[6] F. Znaniecki, *Socjologia wychowania*, t. 1: *Wychowujące społeczeństwo*, Książnica-Atlas, Warszawa 1928.
[7] W. Theiss, A. Przecławska, *Pedagogika społeczna – nowe zadania i szanse* [w:] A. Przecławska (red.), *Pedagogika społeczna. Kręgi poszukiwań*, Żak, Warszawa 1996; A. Przecławska, *Przestrzeń życia człowieka – między perspektywą mikro a makro* [w:] A. Przecławska, W. Theiss (red.), *Pedagogika społeczna – pytania o XXI wiek*, Żak, Warszawa 1999.

stosuje się określenie „środowisko wychowawcze", biorąc pod uwagę jeden z jego elementów – instytucje, grupy, środowiska. Mówi się o szkole, zakładzie pracy, grupie rówieśniczej jako środowisku wychowawczym, a nie jego elemencie, składniku. Może to wynikać z definicji, zaproponowanej przez Floriana Znanieckiego, opisującej środowisko wychowawcze jako takie, które grupa wytwarza dla osoby mającej zostać jej członkiem. Znaniecki podkreśla także, że jednostka przez całe życie należy bądź kandyduje do wielu grup. Badanie danej instytucji czy grupy jako środowiska wychowawczego ma za zadanie wyznaczyć sytuację modelową, wzorcową; ma określić, czy dana placówka, stowarzyszenie funkcjonują zgodnie z wymogami środowiska wychowawczego, czyli czy działanie grupy względem jednostki jest celowe i zgodne z założonymi ideałami.

Owo celowe działanie w środowisku wychowawczym ma korzenie w trzech tradycjach naukowych, które różnią się stosunkiem wychowawcy do wychowanka. Pierwsze podejście określa się jako **naturalistyczne**. Zakłada ono, że warunkiem rozwoju jednostki jest stwarzanie jej odpowiednich sytuacji sprzyjających temu procesowi. Oznacza to, że aby zaistniała sytuacja wychowawcza, należy rozpoznać potrzeby i zdolności wychowanka oraz poznać środowisko, a następnie usunąć z niego wszystkie wpływy, które mogłyby krępować naturalny rozwój jednostki. W drugim ujęciu – nazywanym **pozytywistycznym** – przyjmuje się, że do właściwego rozwoju jednostki dojdzie wówczas, gdy będzie ona stymulowana dużą ilością bodźców i wzorców ze środowiska. Potrzeby jednostki są podporządkowane wychowaniu jej do życia w społeczeństwie według wzorów i zasad narzuconych przez grupy kulturotwórcze. Trzecie podejście – **humanistyczne** – zakłada wzajemne uczenie się w relacjach wychowanek – wychowawca. To układ społecznych interakcji świadomych podmiotów społecznych. Ta ostatnia koncepcja jest najbliższa współczesnemu podejściu w pedagogice społecznej. Takie ujęcie wiąże się z interpretacją wychowania jako ulepszania środowiska jego własnymi siłami, przy wspomaganiu wychowaniem indywidualnym, opartym na wzajemnym i bezpośrednim kontakcie wychowanka i wychowawcy, oraz wychowaniem zespołowym[8].

Elementem składowym środowiska wychowawczego są również organizacje społeczne – stowarzyszenia, fundacje, a także grupy nieformalne. W ostatnich latach widać w Polsce wyraźny wzrost liczby organizacji sektora pozarządowego. Obejmują one coraz to nowe sfery życia, starając się pełnić rolę kompensacyjną w środowisku lokalnym – zaspokajać te potrzeby społeczności, które są niedostrzegane bądź pomijane przez sektor rządowy. Działalność organizacji jest skierowana do różnych grup odbiorców – dzieci, młodzieży lub

---

[8] A. Kargulowa, *Kilka uwag...*, op. cit.; A. Kamiński, *Funkcje pedagogiki społecznej...*, op. cit.

dorosłych, świadczą one określony typ usług: pomoc społeczną, aranżowanie czasu wolnego, podnoszenie kwalifikacji zawodowych i inne[9].

Jedną z największych organizacji młodzieżowych działających w Polsce do 1989 r. był Związek Harcerstwa Polskiego. Po przełomie w 1989 r. w ruchu harcerskim nastąpił rozłam i zaczęło działać wiele organizacji harcerskich. Dziś można mówić o trzech największych: Związku Harcerstwa Polskiego, Związku Harcerstwa Rzeczypospolitej oraz o Skautach Europy – Stowarzyszeniu Harcerstwa Katolickiego „Zawisza", należącym do Federacji Skautingu Europejskiego. Mimo dzielących te organizacje różnic można je określić wspólnym mianem ruchu harcerskiego. Harcerstwo jest ruchem młodzieżowym działającym na terenie Polski od 100 lat. Jego geneza tkwi zarówno w polskiej tradycji związków młodzieży, jak i w angielskim skautingu. Zdania na temat wagi poszczególnych czynników są podzielone – według jednych bez idei skautingu na ziemiach polskich i tak powstałby ruch harcerski, gdyż ku temu zmierzała polska sytuacja społeczna; według innych bez idei przewodniej skautingu nie byłoby dziś polskiego harcerstwa[10].

Ruch ten realizuje określony system wychowawczy, na który składają się ideały, wartości oraz metoda harcerska. Harcerski system wychowawczy charakteryzuje jedność zasad harcerskiego wychowania, metody i programu. Służba, braterstwo, praca nad sobą to zasady wychowania, które są zawarte w Przyrzeczeniu i Prawie Harcerskim, Obietnicy Zucha, Zobowiązaniu Instruktorskim. W dziesięciu punktach Prawa Harcerskiego wskazano ideały, do których powinien dążyć każdy harcerz czy harcerka: patriotyzm, braterstwo i przyjaźń, służba, praca, sprawiedliwość, wolność i pokój, miłość, prawda, dobro, wiara i nadzieja. Harcerz ma żyć w zgodzie z tradycją, znać swoje korzenie. Jego zadaniem jest pełnić służbę – czyli nieść pomoc w każdej chwili potrzebującym. Powinien świadomie i dobrowolnie przyjąć na siebie obowiązek doskonalenia swojego charakteru przez całe życie, w zgodzie z zasadami wynikającymi z harcerskiego dekalogu. Cechą harcerza ma być gotowość do pełnienia służby całym życiem, czyli kierowania się zasadami harcerskimi we wszystkich sferach swojego życia – prywatnej i zawodowej. Harcerz powinien być prawdomówny, godny zaufania, powinien umieć dotrzymać danego słowa. Każde jego działanie powinno mieć cel i sens oraz być pożyteczne. Karność wynika z przekonania o słuszności podjętego działania, a nie z bezmyślnego posłuszeństwa. Szacunek dla innych jest podstawą kontaktów z ludźmi. Oszczędność, do której powinien dążyć każdy harcerz, ma wymiar nie tylko ekonomiczny – to także oszczędność

---

[9] A. Ciesiołkiewicz, *Organizacje społeczne jako środowisko edukacyjne* [w:] W. Theiss (red.), *Mała ojczyzna – kultura, edukacja, rozwój lokalny*, Żak, Warszawa 2001.
[10] W. Błażejewski, *Z dziejów harcerstwa polskiego (1910–1939)*, MAW, Warszawa 1985; H. Bouchet, *Skauting i indywidualność*, przeł. M. Ziembińska, Wyd. Drogowskazów, Warszawa 1998 (wyd. I – 1938); S. Sedlaczek, *Geneza skautingu i harcerstwa*, HBW, Warszawa 1936.

czasu, sił i zdrowia. Czystość w myśli, mowie i uczynkach to nie anachroniczny postulat, lecz wyraz stylu życia, jakim jest harcerstwo[11].

Wartości te są wprowadzane w życie harcerzy za pomocą metody, którą cechują: oddziaływanie od wewnątrz, pozytywność, indywidualność, wzajemność oddziaływań, dobrowolność i świadomość, pośredniość i naturalność. Całość jest zespolona przez system małych grup – system zastępowy[12].

Ruch harcerski działa w określonej rzeczywistości społecznej, konkretnym otoczeniu. Jego oddziaływanie jest celowe – ma wychowywać młodego człowieka do ustalonych wartości, uczyć konkretnego stylu życia. Harcerstwo w swoich założeniach jest środowiskiem wychowawczym.

Dziś można zapytać, czy współczesne harcerstwo nadal pełni rolę środowiska wychowawczego. W założeniach harcerskie wychowanie jest celowe, ale czy ten cel jest zbieżny z wymogami, jakie niesie ze sobą współczesne społeczeństwo?

Transformacja ustrojowa Polski, trwająca już ponad dwie dekady, przyniosła i wciąż przynosi zmiany dla polskiego społeczeństwa. Wprowadzenie demokracji wiąże się z przyjęciem nowych obowiązków, nauczeniem się nowych postaw wobec otaczającej rzeczywistości. Pluralizm niesie ze sobą różnorodność, a za tym idzie konieczność nabycia umiejętności odnajdywania się w tej wielości, natłoku informacji i znaczeń. To także lekcja tolerancji, szacunku do innego, obcego i nowego. Wielu ludzi czuje się zagubionych w zmieniającym świecie, nie potrafi zbudować systemu wartości, nie radzi sobie ze zmianami społecznymi, które mają wpływ na byt jednostek. Frustracja wynikająca z niemożności dostosowania się do nowych warunków rodzi agresję skierowaną przeciw sobie, swoim najbliższym lub zupełnie obcym osobom czy grupom. Zawiedzione nadzieje na szybką poprawę standardu życia po zmianie systemowej stają się powodem buntu i stagnacji. Zachwianie systemów wartości w rodzinach przyczynia się do szukania przez młodych ludzi zastępczych środowisk wychowawczych – sekt,

---

[11] J. Sowa, Z. Niedzielski, *Metoda pracy harcerskiej w zarysie*, Fosze, Rzeszów 2003; A. Glass, *Harcerstwo dziś i jutro*, Wyd. Drogowskazów, Warszawa 1998; Harcerskie ideały – Uchwała Rady Naczelnej ZHP nr 33 z 22 lutego 1997 r., komentarz do Prawa i Przyrzeczenia Harcerskiego, http://www.zhp.pl, dostęp: 3.06.2006; Statut ZHR uchwalony przez I Walny Zjazd w dniach 1–2 kwietnia 1989 r., http://www.zhr.pl/wp-content/uploads/2013/12/statut_zhr.pdf, dostęp: 3.06.2006; Komentarz do Przyrzeczenia i Prawa Harcerskiego dla harcerzy i harcerek Związku Harcerstwa Rzeczypospolitej – przyjęty przez Radę Naczelną ZHR uchwałą nr 77/1 w dniu 26.11.2005 r., http://www.zhr.pl/wp-content/uploads/2014/01/komentarz-PH.pdf, dostęp: 3.06.2006.

[12] E. Grodecka, *O metodzie harcerskiej i jej stosowaniu*, Horyzonty, Warszawa 1997 (wyd. I – 1936); A. Kamiński, *Nauczanie i wychowanie metodą harcerską*, ZHR, Warszawa 2001 (wyd. I – 1948); J. Sowa, Z. Niedzielski, *Metoda...*, op. cit.; P. Ambrożewicz, *O metodzie harcerskiej*, „Czuwaj" 2001, nr 1–6 (cykl artykułów); U. Sobkowiak, *O metodzie harcerskiej rozważań ciąg dalszy*, „Harcerstwo" 1989, nr 2; H. Muszyński (red.), *Podstawy wychowania w ZHP*, Wyd. Uczelniane WSP, Bydgoszcz 1984; J. Michułowicz, M. Pionk, *Zarys metodyki wychowania w Związku Harcerstwa Polskiego*, UŚ, Katowice 1979.

band kibiców, gangów. Czas transformacji to okres zmian – burzliwych, ale także pozytywnych. Wzrósł współczynnik scholaryzacji starszej młodzieży, wzrosło znaczenie wykształcenia, rozwinął się sektor gospodarki wolnorynkowej, zwiększyła się średnia dochodów (przy ich jednoczesnej polaryzacji), zwiększył się dostęp do dóbr kultury. Jednak jest to również czas chaosu, burzenia dotychczasowego ładu, poszukiwania nowych rozwiązań[13]. Rola, jaką w takich czasach mogą spełniać organizacje społeczne, polega na zapobieganiu negatywnym skutkom wywoływanym przez poczucie destabilizacji i braku bezpieczeństwa oraz aktywnym włączaniu się w wydobywanie reguł nowego ładu i porządku społecznego wynikających z rzeczywistych potrzeb obywateli. Dla demokratycznego rozwoju państwa i społeczeństwa duże znaczenie mają też budowanie społeczności lokalnej oraz samodzielne inicjatywy obywatelskie. Organizacje społeczne realizują edukację obywatelską w praktyce – przez działanie uczą, jak radzić sobie z nowymi sytuacjami, jak zabiegać o interesy swojej grupy czy społeczności. Pozytywne aspekty funkcjonowania podmiotów trzeciego sektora to bezpośredniość kontaktów z jednostkami i wspólnotami wymagającymi pomocy; nowatorskie i podkreślające potrzebę samorozwoju metody pracy; wpływanie na kształt polityki społecznej; osłabianie ubocznych skutków reform[14].

Harcerstwo – ruch o wieloletnich tradycjach – nie uniknęło chaosu spowodowanego transformacją. Obecnie boryka się z wieloma problemami – spadkiem liczebności, wielością organizacji i w konsekwencji walką o pierwszeństwo, sporami ideowymi – przede wszystkim zaś ze sporem o miejsce wiary w ruchu harcerskim; spadkiem atrakcyjności i brakiem zainteresowania harcerstwem ze strony młodzieży. Wymienione problemy do dziś pozostają bez odpowiedzi, które z kolei mogłyby się przyczynić do skutecznego działania. Jednocześnie stanowią wyzwanie dla członków ruchu harcerskiego i realną szansę na realizację postulatu samorozwoju. Wielu instruktorów próbuje poszukiwać rozwiązań, przekonywać do swoich idei – brakuje jednak jednolitego frontu, porozumienia oraz wyciągania z analizy sytuacji wniosków do pracy.

---

[13] S. Kawula, *Brutalizacja życia w świetle teorii społecznego naznaczenia – fenomen polskiej transformacji* [w:] T. Frąckowiak (red.), *Arytmia egzystencji społecznej a wychowanie*, Fundacja „Innowacja" – WSSE, Warszawa 2001; H. Domański, *Ewolucja elementów kształtujących strukturę społeczną w warunkach transformacji systemowej* [w:] J. Auleytner et al., *Społeczeństwo polskie wobec wyzwań transformacji systemowej*, Elipsa, Warszawa 1998; A. Giza-Poleszczuk, *Brzydkie kaczątko Europy, czyli Polska po czternastu latach transformacji* [w:] M. Marody (red.), *Zmiana czy stagnacja? Społeczeństwo polskie po czternastu latach transformacji*, Scholar, Warszawa 2004.

[14] A. Ciesiołkiewicz, *Organizacje społeczne...*, op. cit.; H. Górecka, *Włączanie organizacji pozarządowych do systemu zabezpieczeń społecznych w aspekcie zasady pomocniczości (subsydiarności) państwa* [w:] S. Kawula, A. Przecławska, E. Marynowicz-Hetka (red.), *Pedagogika społeczna w perspektywie europejskiej*, Kastalia – Katedra Pedagogiki Społecznej UWM, Olsztyn 2003.

Problemy współczesnego harcerstwa mają kilka źródeł. Jedno z nich to sytuacja Polski – ruch harcerski nie jest tworem żyjącym poza społeczeństwem i polityką. Postulat organizacji apolitycznej nie oznacza izolowania się od politycznej sytuacji w kraju. Drugą sprawą jest zmiana sytuacji formalno-prawnej i finansowej organizacji harcerskich – z funkcji organizacji państwowej, działającej pod protektoratem Ministerstwa Edukacji, zostały gwałtownie przeniesione do roli organizacji pozarządowych, które same muszą się troszczyć o swoje utrzymanie. Powstanie demokracji umożliwiło oficjalne zaistnienie wielu organizacjom harcerskim, co niesie za sobą ryzyko konfliktów.

Przeobrażenia społeczne przyniosły też zmiany w postawach odbiorców organizacji harcerskich – młodzieży. Ruch harcerski przestał być atrakcyjną formą spędzania czasu wolnego, a oferowany system wartości nie trafia do umysłów współczesnej młodzieży (czy raczej jego przekaz – a nie treść – nie znajdują zrozumienia). Zmienił się odbiorca ruchu harcerskiego – współczesna młodzież jest bardzo zróżnicowaną grupą społeczną, wyznającą różne systemy wartości, często zagubioną w różnorodności proponowanej przez współczesny świat, podświadomie szukającą jasnego wyznacznika w życiu, określonej drogi i ideałów. Funkcjonuje wiele grup preferujących odmienne postawy wobec różnych aspektów życia – rodziny, pracy, życia obywatelskiego. W szybkim tempie zmieniają się pokolenia młodych ludzi, kreowane przez zmieniające się warunki społeczno-kulturowe, rozwój technologii, wydarzenia w kraju i na świecie. Młodzież jako kategoria społeczna jest podstawą analiz i badań prowadzonych przez socjologów i pedagogów, którzy próbują znaleźć odpowiedź na pytanie, jaka jest polska młodzież, jaki styl życia preferuje, jakie są jej postawy wobec zachodzących zmian[15]. W takiej sytuacji ruch harcerski staje wobec jeszcze jednego problemu – kto ma być podmiotem działań harcerstwa? Czy młodzież jako całość, czy też wybrane jej grupy? Jest to pytanie o elitarność harcerstwa, które stanowi przedmiot ciągłych dyskusji w tym środowisku[16].

Harcerstwo powinno odpowiedzieć sobie na pytania o jego rolę we współczesnej Polsce oraz cele, jakie powinno postawić przed sobą jako środowisko wychowawcze.

Kryzys organizacji harcerskich w ostatnich latach staje się tematem konferencji[17]. Propozycje nowych rozwiązań są także prezentowane przez instruktorów

---

[15] H. Świda-Ziemba, *Obraz świata i bycia w świecie (z badań młodzieży licealnej)*, ISNS UW, Warszawa 2000; B. Fatyga, *Dzicy z naszej ulicy. Antropologia kultury młodzieżowej*, OBM ISNS UW, Warszawa 1999; A. Przecławska, L. Rowicki, *Młodzi Polacy u progu nadchodzącego wieku*, Żak, Warszawa 1997; Z. Melosik, *Młodzież a przemiany kultury współczesnej* [w:] T. Frąckowiak (red.), *Arytmia...*, op. cit.
[16] M. Wożyczka, *Elitarność jedyną szansą?*, „Czuwaj" 2003, nr 2; M. Lempert, *Harcerstwo elitarne czy wychowujące elitę?*, „Czuwaj" 2003, nr 1.
[17] II Forum Dyskusyjne „Patriotyzm, służba, tradycja" (2002 r.), Konferencja RN ZHP „Rola i miejsce harcerstwa w czasach kryzysu wartości i wychowania" (2003 r.).

na łamach pism harcerskich[18]. Do grupy nielicznych opracowań szukających odpowiedzi na pytanie o kształt współczesnego harcerstwa należy praca Andrzeja Glassa, pt. *Harcerstwo dziś i jutro*, ukazująca bardzo konkretny ideowy kształt nowego harcerstwa. Zawarty w publikacji model ruchu harcerskiego ogranicza jego odbiorców do bardzo wąskiej grupy osób głęboko wierzących i żyjących w zgodzie z wiarą chrześcijańską. Próbą prezentacji ruchu harcerskiego jako systemu wychowawczego szerszemu gronu, nie tylko instruktorom, jest opracowanie Józefa Sowy i Zdzisława Niedzielskiego *Metoda pracy harcerskiej w zarysie*. Dotychczas harcerstwo było przedmiotem licznych monografii koncentrujących się na analizie działania jednego środowiska – drużyny lub organizacji. Liczną grupę stanowią opracowania historyczne skupiające się na działalności harcerstwa na całym terenie Polski lub w wybranym regionie. Stosunkowo niewiele jest publikacji badających harcerstwo jako środowisko wychowawcze, większość pochodzi z okresu sprzed 1989 r.[19]

Brakuje opracowań, które traktowałyby ruch harcerski jako całość, uwzględniając różnorodność organizacji funkcjonujących w jego ramach, i odpowiadały na pytanie o miejsce ruchu harcerskiego we współczesnym świecie.

Niniejsza książka składa się z ośmiu rozdziałów. W pierwszym z nich przedstawiono genezę oraz dzieje ruchu harcerskiego w Polsce do czasów współczesnych. W drugim analizie poddano metodę harcerską. Rozdział trzeci zawiera opis współczesnych relacji organizacji harcerskich z państwem, społeczeństwem obywatelskim oraz prezentuje ich obecną sytuację formalno-prawną. Tu także skrótowo opisano poszczególne aktualnie działające organizacje harcerskie. W kolejnym rozdziale czytelnik może się zapoznać z obrazem pokolenia współczesnej młodzieży polskiej, jaki wyłania się z różnorodnych badań nad tą kategorią społeczną. Piąty rozdział charakteryzuje metodologię badań własnych. W następnych rozdziałach przedstawiono wyniki badań przeprowadzonych wśród instruktorów harcerskich, harcerek i harcerzy różnych organizacji oraz młodzieży niezrzeszonej ze szkół gimnazjalnych i licealnych. W szóstym rozdziale zaprezentowano analizę stosowania w działaniu praktycznym idei i wartości ruchu harcerskiego z punktu widzenia instruktorów i harcerzy, a także odbiór tych idei i wartości przez młodzież. W kolejnym zaś poruszono problem programu harcerskiego. Ostatni rozdział przedstawia wyniki wywia-

---

[18] Por. R. Bokacki, *Trzeba się przyjrzeć fundamentom harcerstwa*, „W Instruktorskim Kręgu" 2000, nr 2; M. Rzepka, *Zderzenie ze współczesnością*, http://miniportal.harcerski.pl/zderzenie-z-wspolczesnoscia.html, dostęp: 26.01.2014.

[19] Por. A. Rusiecka, *Związek Harcerstwa Polskiego jako środowisko wychowawcze*, WSP, Słupsk 1990; I. Ciapała, *Rola wychowawcza ZHP w opinii społecznej*, Wyd. Radia i Telewizji, Warszawa 1979; U. Sobkowiak, *Przyswajanie treści ideowych Związku Harcerstwa Polskiego w toku działalności harcerzy w drużynie*, Wyd. Uczelniane WSP, Bydgoszcz 1980; J. Burska, L. Słysz, *Analiza funkcjonowania organizacji młodzieżowych na przykładzie harcerstwa*, Zespół Badań Socjologicznych nad Problemami Oświaty IS UW, Warszawa 1985.

dów przeprowadzonych wśród instruktorów, które składają się na wizję ruchu harcerskiego dziś i w przyszłości.

Celem pracy było zbadanie idei i wartości, jakie niesie ze sobą ruch harcerski, oraz znalezienie odpowiedzi na pytanie, czy harcerstwo w obecnym swoim kształcie może spełniać w społeczeństwie rolę środowiska wychowawczego, a jeżeli nie tą – to jaką.

Odpowiedź na pytanie o rolę harcerstwa, o jego miejsce we współczesnym świecie, zadania, jakie powinno spełniać, może dać teoretyczne podstawy do pracy programowej w organizacjach harcerskich.

Na koniec chciałabym serdecznie podziękować tym, bez których niniejsza praca by nie powstała. Przede wszystkim Profesor Annie Wiłkomirskiej, która mobilizowała mnie do poszukiwania nowych rozwiązań, czuwała nad całością pracy i wspierała na każdym etapie prac badawczych. Profesor Annie Przecławskiej – za stawianie licznych pytań i zachęcanie do poszukiwania odpowiedzi, a także za wspieranie ogromną wiedzą z zakresu harcerstwa.

Dziękuję również wszystkim tym, którzy zgodzili się wziąć udział w badaniach – instruktorom, środowiskom harcerskim – bez ich udziału diagnoza aktualnego stanu ruchu harcerskiego byłaby niemożliwa.

ROZDZIAŁ I
Ciągłość i trwałość harcerstwa

Polskie harcerstwo powstało na początku XX w. Idee skautowe zostały szybko przyjęte przez polskie społeczeństwo i w krótkim czasie harcerstwo rozrosło się do rozmiarów dużej organizacji. Dziś – po prawie 100 latach funkcjonowania organizacji harcerskich – nasuwa się pytanie o uwarunkowania tak szybkiego, skutecznego przyjęcia, a następnie rozwoju ruchu harcerskiego na ziemiach polskich. Co sprawiło, że ruch ten zyskał tak dużą popularność?

1. Geneza i początki polskiego harcerstwa

Organizacje młodzieżowe w Polsce

Harcerstwo nie było pierwszą organizacją młodzieżową działającą na ziemiach polskich. Korzenie polskiego ruchu młodzieżowego sięgają przełomu XVIII i XIX w., kiedy to młodzież, czując potrzebę obrony polskości, organizowała się w kółka samokształceniowe. Naczelnym celem tych kółek było przygotowanie się do odzyskania przez kraj niepodległości, a czyniono to przez doskonalenie się moralne, pielęgnowanie kultury polskiej, uczuć patriotycznych, rozwijanie zainteresowań zagadnieniami społeczno-oświatowymi. Organizacje te stopniowo rozszerzały swój zasięg, stając się związkami masowymi, które odgrywały ważną rolę zarówno wśród młodego pokolenia, jak i całego społeczeństwa.

W początkowym okresie działania organizacji młodzieżowych na terenie Polski kraj był pod zaborami i oficjalnie nie mogła istnieć żadna organizacja mająca na celu rozwój oraz podnoszenie wiedzy z zakresu kultury polskiej. Dlatego też trudno dokonać podziału ówczesnych organizacji na związki formalne i nieformalne. Większość związków działała konspiracyjnie. Wówczas za związek młodzieży należało uznać zorganizowaną działalność młodych ludzi. Pierwsze związki młodzieży powstawały jako niewielkie grupy (liczące do stu członków) w środowisku studenckim. Ze względu na sytuację – ograniczanie swobód obywatelskich przez zaborców – związki te działały w konspiracji, jako grupy dyskusyjne i samokształceniowe. Z czasem przekształciły się w organizacje polityczne. Pierwsze związki młodzieży działały bardzo krótko, tylko nielicznym udało się przetrwać przez kilka lat.

Do najważniejszych pierwszych polskich organizacji młodzieżowych należały: Towarzystwo Filomatów, Towarzystwo Filadelfistów, Promienistych, Filomatów, Panta Koina – wszystkie one powstały w latach dwudziestych XIX w. Były tajne (z wyjątkiem krótkiego okresu jawnej działalności Promienistych). Zajmowały się przede wszystkim krzewieniem kultury i nauki, a z czasem rozszerzyły swój zakres o realizację potrzeb patriotycznych. Dlaczego powstawały? Co powodowało, że młodzież zaczęła się organizować w grupy o konkretnym, celowym działaniu? Jednym z powodów był głód wiedzy, niedostatek informacji, ograniczanie dostępu do prawdy przez zaborcę. Takie ograniczenia rodzą bunt i tym większą chęć zdobycia tego, co zakazane. Stąd pierwotnie zrzeszenia miały tylko cele naukowe. Z czasem zaczęto dostrzegać możliwości innej działalności zorganizowanych grup – taka grupa dawała możliwość przeciwstawienia się znienawidzonemu zaborcy, nie tylko przez zbrojny czyn, lecz także przez obronę, krzewienie polskiej, zakazanej, kultury. Zewnętrzne niebezpieczeństwo konsoliduje grupę wewnątrz – stowarzyszenia i związki młodzieży były przejawem tej właśnie konsolidacji, przeciwstawienia się zewnętrznemu złu. Innym powodem, choć właściwie nieuwzględnianym w opisach organizacji młodzieżowych, była chęć przeżycia przygody, złamania tabu, wykazania się swoistą odwagą – choć nie zawsze utożsamianą z walką patriotyczną[1].

Wynika z tego, że organizacje młodzieżowe zrodziły się z potrzeby działania, przeciwstawienia się ówczesnej sytuacji kraju. Dlaczego młodzieżowe? Młodzież z natury swej jest grupą aktywną, mającą świeże spojrzenie na świat, dążącą do czynu, zmiany. Dlatego też to ona dała impuls do tworzenia się nowych struktur, które „obudziły ducha w narodzie", zmobilizowały polskie społeczeństwo do walki z zaborcą.

Geneza harcerstwa

Na takim gruncie pojawiła się idea skautingu. Różnice między harcerstwem a skautingiem wynikają ze specyficznej sytuacji Polski – kraju, którego oficjalnie nie było. Polskie harcerstwo miało dwa źródła – jednym była idea angielskiego skautingu, a drugim specyficzna polska sytuacja historyczna. Polskie

---

[1] Opracowania dotyczące historii organizacji młodzieżowych w Polsce można znaleźć w publikacjach Aleksandra Kamińskiego (*Analiza teoretyczna polskich związków młodzieży do połowy XIX wieku*, PWN, Warszawa 1971; *Prehistoria polskich związków młodzieży*, PWN, Warszawa 1959; *Polskie związki młodzieży 1804–1831*, PWN, Warszawa 1963; *Polskie związki młodzieży 1831–1848*, PWN, Warszawa 1968), Bogdana Hillebrandta (*Polskie organizacje młodzieżowe XIX i XX wieku*, MAW, Warszawa 1986) oraz w *Słowniku organizacji młodzieżowych w Polsce 1918–1970* (oprac. C. Kozłowski, Iskry, Warszawa 1971).

harcerstwo nie jest dokładnym odzwierciedleniem skautingu – opiera się na jego założeniach, ale dostosowuje je do polskich warunków.

Skauting został stworzony w Anglii jako organizacja narodowo-polityczna. Za datę powstania tego ruchu uważa się publikację książki Roberta Baden-Powella pt. *Skauting dla chłopców* (*Scouting for boys*). Celem skautingu było kształcenie dobrego żołnierza, a w drugim rzędzie – dobrego obywatela. Robert Baden-Powell uważał, że przede wszystkim należy kształtować charakter młodego człowieka. Tylko dzięki silnemu charakterowi można wychować dobrego żołnierza i obywatela. Charakter ten najlepiej doskonalić przez kontakt z naturą, przyrodą. Zmagając się z pierwotnymi siłami przyrody, wraca się do korzeni, uczy sztuki przetrwania. Rozwój cywilizacji powodował, że ówczesny żołnierz nie potrafił sobie radzić w trudnych warunkach, jego instynkt samozachowawczy nie funkcjonował prawidłowo[2].

Robert Baden-Powell oparł ideę skautingu na nurcie narodowym, wojskowym i socjalnym. Podstawowym założeniem tego systemu było wychowanie młodego człowieka do życia w społeczeństwie i dla konkretnego społeczeństwa – angielskiego. Mniejszy nacisk był położony na wychowanie indywidualne, którego celem byłby harmonijny rozwój całej osobowości wychowanka[3].

Na gruncie polskim harcerstwo czerpało z doświadczeń polskich organizacji młodzieżowych. Według Stanisława Sedlaczka system zastępowy ma swoje korzenie w sposobie organizacji pracy związków młodzieży. Stowarzyszenia te miały strukturę kilkustopniową i tajną – członkowie niższych szczebli nie wiedzieli o istnieniu wyższych. Celem tych organizacji było studiowanie dzieł myślicieli polskich, kształtowanie ideologii ówczesnego Polaka, przygotowanie do pracy społecznej. Niższe szczeble koncentrowały się na pracy samokształceniowej, wyższe – na pracy kierowniczej. Można uznać, że przez taką pracę kształtowano opinię całej młodzieży. Inne źródło harcerstwa w polskich organizacjach młodzieżowych to konspiracja, która wymusiła zbieranie się w małych grupach – tak wytworzyła się podstawa systemu harcerskiego – system zastępowy.

Harcerstwo swoją ideologię, metody i pomysły organizacyjne oparło na czterech typach organizacji. Do pierwszej grupy zaliczają się organizacje polityczne o charakterze konspiracyjnym, których zadaniem było wychowanie ideowo-polityczne i społeczne. Drugą grupę stanowią związki młodzieży, które swe dążenie do odrodzenia narodowego i państwowego opierały na kształtowaniu tężyzny fizycznej – przykładem może tu być Sokół. Kolejna grupa to stowarzyszenia, które sukces odrodzenia kraju widziały w kształtowaniu postaw moralnych, np. Eleusis czy Eleuteria. Do ostatniej grupy zaliczają się te organizacje, które walkę o niepodległość opierały na czynie zbrojnym: tajna Armia Polska, utworzona w 1910 r. przez członków Zarzewia; Drużyny Strzeleckie

---

[2] H. Bouchet, *Skauting...*, op. cit., s. 11 (ze wstępu Stanisława Sedlaczka).
[3] *Ibidem*, s. 13.

(od 1911 r.), które były niezakonspirowanym przejawem tej pierwszej; Stałe Drużyny Sokole działające od 1912 r.

Sokół powstał w 1867 r. jako organizacja narodowo-niepodległościowa, której cele i metody wykraczały poza wychowanie fizyczne. Przez sokole braterstwo niwelowano różnice, przyuczano do zgodnej pracy społecznej, uczono podporządkowania woli jednostki dobru społecznemu. Walerian Sikorski i doktor Kazimierz Wyrzykowski zapoczątkowali w Sokole obozownictwo – był to szwedzki pomysł, z powodzeniem zastosowany na kursach szkoleniowych Sokoła w Skolem. Trzeba zaznaczyć, że powstawanie harcerstwa zbiegło się z reformą wychowania fizycznego przeprowadzaną w Sokole pod kierunkiem doktora Wyrzykowskiego. Poszukując nowych dróg realizacji reformy, organizacja ta zainteresowała się ideą skautingu. W wyniku tego Wyrzykowski, naczelnik Sokoła i reformator, stał się również pierwszym naczelnym komendantem skautowym.

Eleusis powstało w 1902 r., wyłaniając się z ruchów wstrzemięźliwości od trunków wyskokowych. Celem było odrodzenie Polski i ludzkości przez moralną odnowę. Propagowało poczwórną wstrzemięźliwość: od alkoholu, hazardu, tytoniu i rozpusty. Jednym z twórców Eleusis był Tadeusz Strumiłło, będący również w gronie założycieli harcerstwa. Należy podkreślić, że do tego stowarzyszenia należeli najwybitniejsi twórcy polskiego harcerstwa. Wpływ idei Elsów na harcerstwo jest ogromny i trwa do dziś – to stąd harcerstwo czerpało wysokie ideały moralne, ideę braterstwa. Oddziaływanie Eleusis widać także na innym polu – syntetyzowania prądów ideowych i środków działania różnych organizacji w ideologię, program i metodę harcerską. O przywiązaniu do idei harcerstwa i jej poparciu może świadczyć rozwiązanie organizacji młodzieży (stworzonej przez Elsów) Związek Nadziei z chwilą powstania harcerstwa oraz przekazanie jego członków drużynom harcerskim.

Organizacje wojskowe dały harcerstwu bogaty zestaw ćwiczeń kształcących tężyznę fizyczną, a także przekazały „bojowego ducha", który wówczas był przez młodych ludzi utożsamiany z przygotowaniem do bezpośredniej walki zbrojnej o niepodległość.

Od Związku Młodzieży Polskiej (Zet) i Zarzewia harcerstwo zaczerpnęło pracę samokształceniową, zwłaszcza w zakresie przedmiotów polonistycznych, co było uzupełnieniem edukacji w szkołach w okresie zaborów[4].

Twórcy polskiego harcerstwa byli członkami wielu wyżej wymienionych organizacji. Andrzej Małkowski należał do Zarzewia[5]; Jerzy Grodyński był zetowcem, członkiem Ligi Narodowej i Sokoła, Tadeusz Strumiłło również należał do

---

[4] H. Bouchet, *Skauting...*, op. cit., s. 22–35 (ze wstępu Stanisława Sedlaczka).
[5] Zarzewie – Organizacja Młodzieży Niepodległościowej Zarzewiackiej działająca w latach 1909––1920. Wyłoniła się z Zetu. Tworzyła tajne drużyny strzeleckie. Zarzewie przyczyniło się do powstania polskiego skautingu. Za: O. Fietkiewicz (red.), *Leksykon harcerstwa*, MAW, Warszawa 1988, s. 520.

Zetu[6], a także Armii Polskiej; Ignacy Kozielewski – działał w Zecie i Sokole; Olga Drahonowska-Małkowska – w Zarzewiu. Wszyscy byli równocześnie członkami Eleusis.

Odrębną nazwę dla polskiego skautingu – „harcerstwo" – wprowadzili Eugeniusz Piasecki i Mieczysław Schreiber w książce *Harce młodzieży polskiej*, która ukazała się w 1912 r. Był to pierwszy polski podręcznik harców oparty na polskich tradycjach i czerpiący z polskiej historii[7]. Ta odrębna nazwa świadczy o różnicy między harcerstwem a skautingiem. Nie jest to dosłowne tłumaczenie słowa *scout*, które oznacza wywiadowcę. Pochodzi od zupełnie innego wyrazu – „harcownik". W tradycjach polskiego harcerstwa oznaczało to rycerza wybiegającego przed przygotowujące się do walki szeregi i staczającego tam odważnie pojedynki z przeciwnikiem. Polski harcerz swą służbą na rzecz niepodległości miał spełniać podobną rolę[8].

Polskie harcerstwo miało odmienny od skautingu angielskiego charakter. Złożyły się na to specyficzna sytuacja Polski (zabory) oraz mentalność narodowa. Skauting uległ przetworzeniu i przystosowaniu do polskich warunków dzięki wpływowi czterech grup organizacji, z których każda wniosła coś innego do harcerstwa. Ilustruje to schemat 1.

Schemat 1. Organizacje mające wpływ na tworzenie się polskiego charakteru harcerstwa

Źródło: opracowanie własne.

---

[6] Związek Młodzieży Polskiej „Zet" – organizacja polska powstała w 1886 r. z inicjatywy Zygmunta Miłkowskiego, a przy współudziale Zygmunta Balickiego. Przygotowywała ona młodzież do służby publicznej, przechodziła liczne przemiany, miała określoną strukturę organizacyjną. Za: O. Fietkiewicz (red.), *Leksykon...*, *op. cit.*, s. 529.
[7] H. Bouchet, *Skauting...*, *op. cit.*, s. 27.
[8] B. Hillebrandt, *Polskie organizacje młodzieżowe...*, *op. cit.*, s. 49.

Idea skautingu trafiła na podatny grunt, pociągnęła za sobą rzesze młodych ludzi, którzy widzieli w harcerstwie możliwość realizacji swoich marzeń – walki o wolną Polskę.

2. Dzieje ruchu harcerskiego a potrzeby młodzieży i warunki funkcjonowania w państwie

Ruch harcerski nie był chwilowym zrywem, modą, która powstała, działała i poszła w niepamięć. Był to pierwszy ruch młodzieży, który obecnie może się poszczycić ponad stuletnią tradycją. W momencie powstawania harcerstwo odpowiedziało na konkretne potrzeby narodu polskiego. Co było przyczyną jego dalszego rozwoju i trwania?

Ruch harcerski przed I wojną światową

W przypadku harcerstwa trudno mówić o długiej tradycji działania pod zaborami – w Polsce pojawiło się ono na początku XX w.

Niełatwo jest uchwycić moment, w którym harcerstwo zaczęło się tworzyć na ziemiach polskich. Według jednych źródeł historycznych było to ukazanie się 16 i 17 listopada 1909 r. w dzienniku „Słowo Polskie" artykułów autorstwa Edmunda Naganowskiego. Teksty te, o dość tajemniczych tytułach „Bi – bi" oraz „Bi – es", przekazywały polskiemu społeczeństwu informacje o powstałej przed rokiem nowej organizacji młodzieżowej w Anglii, zwanej skautingiem[9]. Inne źródła zaś wskazują na czas, kiedy Andrzej Małkowski w ramach kary za spóźnienie na ćwiczenia Sokoła miał przetłumaczyć książkę Roberta Baden-Powella *Scouting for boys*[10]. Olga Drahonowska-Małkowska w swojej książce zwraca uwagę na zebranie Grona Nauczycielskiego „Sokoła – Macierzy", które odbyło się w lutym 1911 r. Na tym spotkaniu, po odczycie Eugeniusza Piaseckiego na temat angielskiego skautingu, głos zabrał Andrzej Małkowski, deklarując chęć zorganizowania pierwszych drużyn.

> Skauting nie tylko nadaje się dla naszej młodzieży, ale jest dla nas konieczną potrzebą. Kto wie, czy właśnie skauting nie jest tą siłą, która rozsadzi strupieszałą skorupę dzisiejszego świata? Jeślibym dostał lokal i jakie takie „zaplecze" w mej pracy, to podejmuję się zorganizować drużyny skautowe tu we Lwowie, i w całej Polsce

---

[9] W. Błażejewski, *Z dziejów harcerstwa polskiego...*, op. cit., s. 19.
[10] H. Wiśniewska, *Gawędy Druhny Babci*, Horyzonty, Warszawa 2001, s. 15.

– przytacza jego słowa Olga Drahonowska-Małkowska[11]. 20 marca 1911 r. rozpoczął się pierwszy kurs skautowy, w którym wzięło udział około 200 osób obojga płci[12].

Według jeszcze innych źródeł początek harcerstwa wiąże się z datą 21 maja 1911 r., kiedy to Wydział Związkowy Sokoła powołuje Naczelną Komendę Skautową, na której czele stanął naczelnik Sokoła – Kazimierz Wyrzykowski. W skład komendy weszli znani później instruktorzy: Andrzej Małkowski, Olga Drahonowska, Jerzy Grodyński, Alojzy Horak, Franciszek Kopałka, Czesław Pieniążkiewicz[13]. 22 maja Naczelna Komenda Skautowa wydała rozkaz, w wyniku którego powołano we Lwowie trzy drużyny: dwie męskie (I im. Naczelnika Kościuszki, II – im. Hetmana Chodkiewicza) oraz jedną żeńską (III im. Pułkownika Platerówny). Od 15 października 1911 r., pod redakcją Małkowskiego, zaczęło się ukazywać pismo „Skaut"[14]. 21 grudnia tego samego roku Komenda Skautowa została przemianowana na Związkowe Naczelnictwo Skautowe przy Związku Sokoła we Lwowie[15]. Zanim jednak do tego doszło między Sokołem a Zarzewiem wystąpiły pewne nieporozumienia – do pierwszego składu Naczelnej Komendy Skautowej nie powołano organizatorów pierwszych drużyn młodzieży sokolej (Oddziałów Ćwiczebnych), chcąc tym samym ograniczyć wpływy Zarzewia. Zarzewie, nie mogąc uzgodnić wspólnej działalności z Sokołem, zaczęło stosować metody pracy skautowej w Oddziałach Ćwiczebnych. Dopiero jesienią 1911 r. osiągnięto porozumienie[16]. Działalność skautowa została uznana formalnie, co pozwoliło na rezygnację z konspiracji. W wyniku tego Oddziały Ćwiczebne zostały przekształcone na drużyny skautowe, zachowując wcześniej przyjęte imiona patronów – sławnych Polaków[17].

Od stycznia 1910 r. na terenie Królestwa działał tajny skauting – Organizacja Wojskowa im. Waleriana Łukasińskiego. W sierpniu 1912 r. organizacja ta została podporządkowana Związkowemu Naczelnictwu Skautowemu. Organizacja Wojskowa zachowała znaczną samodzielność, co wynikało z konieczności konspiracji i względów politycznych. W Warszawie powołano odrębną Naczelną Komendę Skautową pod przewodnictwem Czesława Janikowskiego, która sprawowała pieczę nad ruchem skautowym w Królestwie. W **zaborze rosyjskim** działalność skautowa nie była tak łatwa jak w zaborze austriackim. Skauci z Królestwa byli zmuszeni do konspiracji, nie nosili mundurów ani nie organizowali otwartych imprez. Koncentrowano się na przygotowaniu

---

[11] Za: O. Małkowska, *Andrzej Małkowski*, Zespół Historyczny GK ZHP, Warszawa 1985, s. 7.
[12] H. Wiśniewska, *Gawędy Druhny Babci*, op. cit., s. 16.
[13] B. Hillebrandt, *Polskie organizacje młodzieżowe...*, op. cit., s. 49.
[14] H. Wiśniewska, *Gawędy Druhny Babci*, op. cit., s. 16.
[15] B. Hillebrandt, *Polskie organizacje młodzieżowe...*, op. cit., s. 49.
[16] W. Błażejewski, *Z dziejów harcerstwa polskiego...*, op. cit., s. 27.
[17] B. Hillebrandt, *Polskie organizacje młodzieżowe...*, op. cit., s. 49.

do służby wojskowej, nie pomijając przy tym innych aspektów wychowawczo-
-szkoleniowych. Włączano się do akcji sabotażowych przeciw zaborcy, które
nasuwają skojarzenia z akcjami małego sabotażu przeprowadzanymi podczas
II wojny światowej przez następne pokolenie harcerzy. W **zaborze pruskim**
również zakładano tajne drużyny skautowe, ale nie kryły się one ze swoją działalnością tak jak w zaborze rosyjskim. Noszono mundury, które krojem i kolorem zostały upodobnione do stroju organizacyjnego Jugenddeutschlandbund.
Kadrę skautową stanowili instruktorzy Polskich Drużyn Strzeleckich, a drużyny formowano z członków m.in. Towarzystwa Tomasza Zana. 17 października 1912 r. w Poznaniu powstał pierwszy zastęp skautowy. Był on zalążkiem
1 Poznańskiej Drużyny Skautowej. W grudniu tego roku, pod komendą Wincentego Wierzejskiego, sformowano pierwszy hufiec poznański o kryptonimie
„Piast". Kolejny hufiec powstały na tym terenie otrzymał kryptonim „Zorza".
Wkrótce ruch harcerski objął cała Wielkopolskę. Organizacja skautowa na terenie zaboru pruskiego zyskała sobie ogromną popularność po zorganizowaniu
obchodów przypadającej w styczniu 1913 r. pięćdziesiątej rocznicy powstania
styczniowego[18].

Jak wynika z powyższych rozważań, podstawowym problemem ówczesnego ruchu harcerskiego była organizacja. Podział Polski pod zaborami uniemożliwiał kontakty oraz wymianę poglądów i doświadczeń między działaczami
z różnych regionów kraju. Różnie też zaborcy odnosili się do organizacji młodzieżowych, czego konsekwencją były odmienne formy przystosowawcze, do
których uciekały się drużyny harcerskie działające na danym terenie.

W marcu 1912 r. odbył się we Lwowie pierwszy zjazd drużynowych i plutonowych skautowych, w którym wzięło udział stu kilkunastu uczestników ze
wszystkich środowisk Małopolski. W wyniku dyskusji uchwalono rezolucję,
która miała duże znaczenie dla organizacji – porządkowała, ustalała najważniejsze wytyczne i cechy polskiego skautingu. Jest to chyba pierwsze uchwycenie idei i zasad harcerstwa:

> Pierwszy Zjazd Drużynowych i Plutonowych polskich drużyn skautowych,
> odbyty w dniu 24 i 25 marca 1912 r. we Lwowie, wyraża następujące przekonania:
> 1.
>   a) „Sokół" jest jedyną instytucją, na gruncie której może i powinna się rozwijać organizacja skautowa;
>   b) organizacja ta poddana jest wyłącznie kierownictwu Zw. N. Sk. dla zachowania jednolitości myśli i pracy;
>   c) w celu zapobieżenia lokalnemu wypaczaniu poczynającego się dopiero ruchu skautowego, Zw. N. Sk. Słusznie uczyni, wstrzymując się na razie od mianowania autonomicznych komend miejscowych lub okręgowych.

---

[18] B. Hillebrandt, *Polskie organizacje młodzieżowe...*, op. cit., s. 50–52.

2.
- a) Skauting jako system wszechstronnego obywatelskiego wychowania pozaszkolnego objąć winien dziedziny zarówno kształcenia fizycznego, jako też umysłowego i moralnego;
- b) należy tępić myśl, jakoby skauting mógł być nowym rodzajem sportu lub nawet systemu wychowania, ale li tylko fizycznego.
3. Zważywszy, że warunkiem skuteczności pracy skautowej jest dbałość o wysoki poziom etyczny i obywatelski drużyn, należy:
- a) uznać wartość moralną ochotników za kryterium decydujące o ich przyjęciu do szeregów skautów polskich;
- b) żądać od drużynowych, plutonowych i w ogóle wszystkich kierowników ścisłego przestrzegania abstynencji i wszystkich przepisów prawa skautowego oraz ustawicznego czuwania nad osobistym postępem moralnym, jako też nad rozszerzeniem wiadomości skautowych.
4.
- a) Połączenie w skautingu pracy ideowej z wyćwiczeniem fizycznym stwarza możliwość jednolitego ruchu samowychowawczego młodzieży polskiej w myśl postulatów niepodległej Polskich.
- b) Zjazd uznaje za niepedagogiczne i niezgodne z ideą skautingu, by usuwać młodzież patriotyczną, zgrupowaną obecnie w różnych kółkach samokształceniowych, bez racji istotnych przekroczeń organizacyjnych.
5. Podstawą pracy skautowej musi być bezwzględna i wszystko ogarniająca karność.
6. Wszystkich skautów obowiązuje zasada popierania przemysłu polskiego (nie tzw. Krajowego) i bezwzględnego przeprowadzania w życiu bojkotu wyrobów obcych.
7. Zw. N. Sk. powinno urządzać ściślejsze kursy instruktorskie dla głębszego wprowadzenia uczestników w szczegóły pracy.
8. Pożądane jest ogłaszanie przez drużynowych konkursów na prace z różnych dziedzin skautowego wychowania – i spożytkowanie tychże przez redakcję pisma „Skaut".
9. Przeciwko tendencjom wojskowości do prowadzenia roboty fizyczno-wychowawczej w szkołach zastrzec trzeba bardzo stanowczo, ponieważ niepożądane byłoby takie oddzielanie w wychowaniu strony fizycznej od strony ideowej[19].

Poza problemami organizacyjnymi, których źródło było zewnętrzne w stosunku do ruchu harcerskiego, harcerstwo nie było wolne od podziałów wewnętrznych. Toczył się poważny spór o to, co powinno być ważniejsze – czy praca nad kształtowaniem postaw ideowo-moralnych młodzieży, czy też przygotowanie wojskowe na rzecz przyszłej walki o niepodległość. Zwolennikami pierwszej tezy byli działacze Sokoła, a drugiej – Armii Polskiej. Teoretycznie postanowiono rozwijać działalność w obu tych kierunkach, jednak nie spowodowało to rezygnacji ze swych dążeń przedstawicieli Sokoła czy Armii Polskiej[20].

---

[19] Za: W. Błażejewski, *Z dziejów harcerstwa polskiego...*, op. cit., s. 34–35.
[20] *Ibidem*, s. 50.

Różnorodność i rozmaitość źródeł harcerstwa zapewniła mu swoje bogactwo i głębokość, ale równocześnie stała się przyczyną wewnętrznych konfliktów i problemów ze scaleniem harcerstwa w jednolity ruch. Już na samym początku wystąpił rozdźwięk między Małkowskim a Naczelnictwem – pierwszy z nich opowiadał się za ścisłym oparciem się na wzorach angielskich. Pociągnęło to za sobą zmianę na stanowisku redaktora naczelnego „Skauta" – funkcję tę powierzono Ignacemu Kozielewskiemu. Naczelnictwo zastrzegło również, że instruktorów i drużyny obowiązuje tylko to, co jest drukowane w odpowiednim dziale tego pisma, pozostałe artykuły mają być traktowane jako niezobowiązujące propozycje i pomysły do pracy[21]. Tym samym odsunięto twórcę polskiego harcerstwa od możliwości decydowania o kształcie tego ruchu.

W czerwcu 1912 r. ukazała się, wspomniana już wcześniej, książka autorstwa Piaseckiego i Schreibera pod tytułem *Harce młodzieży polskiej*, która wprowadziła do dziś funkcjonujące polskie odpowiedniki angielskich nazw skautowych: „drużyna", „zastęp", „zastępowy", „harcerz", „harcmistrz", „harcerstwo"[22].

Po raz pierwszy polskie harcerstwo zaistniało w międzynarodowym skautingu podczas zlotu w Birmingham. Polska drużyna składała się z 42 skautów i 11 oficerów skautowych, wśród nich byli: Michał Affanasowicz, Kazimierz Nowak i Andrzej Małkowski. Rozbieżność poglądów między Naczelnictwem Skautowym a Andrzejem Małkowskim spowodowała, że temu ostatniemu nie powierzono funkcji komendanta drużyny reprezentacyjnej, a jedynie funkcję sekretarza. Należy podkreślić, że członkowie polskiej drużyny pochodzili z różnych zaborów. Atmosferę tamtego zlotu dobrze oddają słowa Olgi Małkowskiej:

> Sensacja była ogromna, kiedy przyjechali do Birmingham i oświadczyli, że reprezentują Polskę. Władze obozowe na próżno szukały kraju o tej nazwie w mapach angielskich. Ponieważ każdy obóz miał nazwę swego kraju umieszczoną u wejścia i sztandar wywieszony między namiotami, wobec tego komendant obozu zdecydował, że obóz polski ma mieć napis „Russia" i sztandar rosyjski. Ba, cóż kiedy się okazało, że w tym samym obozie są chłopcy z zaboru austriackiego i niemieckiego. Kłopot nie lada (i to kłopot polityczny), bo jak tu aż trzy sztandary wywieszać, a na dobitek Małkowski i chłopcy gorąco przeciwko temu protestowali. Nie pozostawało nic innego, jak całą sprawę przedstawić Skautowi Naczelnemu. Małkowski udał się do Baden-Powella i przedstawił mu swoje racje. Baden-Powell pomyślał chwilę, wreszcie ze zwykłą sobie prostotą zakonkludował: „Oczywiście, umieście napis »Poland« nad wejściem i wywieście wasz sztandar narodowy".
>
> Niedługo potem tłum wielojęzycznych skautów otoczył obóz polski i ze skupieniem patrzył jak biało-czerwona chorągiew powoli podjeżdża w górę na maszcie. Kraj wymazany ze wszystkich map świata zadokumentował swoje istnienie na tym pierwszym międzynarodowym obozie skautowym[23].

---

[21] Za: W. Błażejewski, *Z dziejów harcerstwa polskiego...*, op. cit., s. 42.
[22] *Ibidem*, s. 38.
[23] O. Małkowska, *Andrzej Małkowski*, op. cit., s. 15.

Zlot ten przyniósł polskiemu harcerstwu jeszcze jedną korzyść. To tam po raz pierwszy polscy instruktorzy zetknęli się z ideą harcerską dostosowaną do potrzeb najmłodszych zwanych „wilczkami". Dotychczas uważano, że harcerstwo nie powinno obejmować dzieci poniżej 12. roku życia[24]. Ideę pracy z najmłodszymi w późniejszym czasie rozwinął i opracował Aleksander Kamiński.

Harcerstwo pojawiło się w ważnym dla Polski momencie – niedługo przed wybuchem wojny, która niosła ze sobą nadzieję na zmiany w politycznym układzie sił Europy, ale zdążyło jeszcze poczuć atmosferę działań konspiracyjnych. Stąd też wynikały spory dotyczące ważności walki zbrojnej i pracy samokształceniowej. Cel, jaki przyświecał pracy harcerskiej, był tożsamy z celami innych organizacji młodzieżowych – przygotowanie do walki o wolną Polskę.

Podobnie jak członkowie innych zrzeszeń młodzieży, w czasie I wojny światowej harcerze uczestniczyli w walkach zbrojnych różnych organizacji wojskowych, dając tym samym przykład potwierdzający sens istnienia harcerstwa. Mimo wyraźnego rozkazu naczelnictwa, aby nie przerywać pracy i czekać aż sytuacja się wyjaśni, drużynowi i starsi harcerze zaczęli wstępować w szeregi Legionów Polskich. Po pierwszych zwycięskich walkach do Legionów Polskich zaczęły wstępować całe drużyny. 3 września 1914 r. Rosjanie zajęli Lwów, tym samym uniemożliwiając dalsze funkcjonowanie Związkowego Naczelnictwa Skautowego. Skauting wznowił tam swoją działalność dopiero po roku. Na terenie Królestwa skauci polscy pełnili podczas wojny głównie służbę samarytańską w Polskim Czerwonym Krzyżu oraz łącznościową przy Polskiej Organizacji Wojskowej[25]. W polskich formacjach wojskowych służyło około 9 tys. harcerzy. W końcu 1918 r. liczba harcerzy i harcerek wzrosła do 33 tys., przeradzając się tym samym w ruch masowy[26].

Droga do zjednoczenia harcerstwa była bardzo długa, wielokrotne konflikty przedstawicieli różnych drużyn z Naczelną Komendą Skautową powodowały ciągłe rozłamy. Pierwszą próbę zjednoczenia harcerstwa podjęto 1 listopada 1916 r., kiedy to połączono różne organizacje harcerskie działające na terenie zaboru rosyjskiego. Powstał Związek Harcerstwa Polskiego. Za swoje odznaczenie uznał wprowadzony przez Naczelną Komendę Skautową krzyż harcerski, wzorowany na Krzyżu Virtuti Militari, z lilijką w środku. Przewodniczącym związku został ksiądz Jan Mauersberg[27]. Jednak do całkowitego zjednoczenia harcerstwa doszło dopiero w momencie odzyskania niepodległości. W dniach 1–2 listopada 1918 r. odbył się zjazd w Lublinie, na którym spotkali się wszyscy przedstawiciele ośrodków harcerskich. Celem było namówienie wszystkich do przyłączenia się do Związku Harcerstwa Polskiego. Przyjęto uchwałę:

---

[24] M. Gubernat-Bąkowska, *Skąd się wzięły zuchy*, http://www.czuwaj.pl/wiecej.php?news=77, dostęp: 26.01.2014.
[25] W. Błażejewski, *Z dziejów harcerstwa polskiego...*, op. cit., s. 80–82.
[26] B. Hillebrandt, *Polskie organizacje młodzieżowe...*, op. cit., s. 58.
[27] *Ibidem*, s. 59–60.

1. Polskie organizacje harcerskie byłego zaboru pruskiego, Małopolski, Rusi i Rosji, Królestwa Kongresowego i Litwy łączą się w jeden samoistny, niezależny od żadnej innej organizacji czy instytucji Związek Harcerstwa Polskiego.
2. W celu przeprowadzenia tego połączenia Komisja tworzy Naczelną Radę Harcerską, złożoną z 13 osób, z których 5, reprezentujących różne dzielnice, wybiera Komisja, a 8 delegują poszczególne organizacje – po 2 osoby każda.
3. Zadaniem NHR jest:
   a) jak najrychlejsze zwołanie Wszechpolskiego harcerskiego zjazdu ustawodawczego, przed którym NHR jest odpowiedzialną;
   b) wypracowanie i przedłożenie na tym zjeździe projektu ostatecznego organizacji Związku Harcerstwa Polskiego;
   c) uzgodnienie pracy harcerskiej we wszystkich dziedzinach przez:
      1) utrzymywanie łączności między władzami dzielnicowemi;
      2) usuwanie różnic między dzielnicami;
      3) ujednostajnienie zasadniczych regulaminów, dotyczących prawa, przyrzeczenia, egzaminów, stopni, wymagań od instruktorów, terminologii i form zewnętrznych;
      4) ustalenie podstaw ideologii i metod pracy harcerskiej.
4. Upoważnia się NRH do prowadzenia układów z instytucjami państwowemi i społecznemi, przygotowujących stworzenie organizacyjne niezależnego Związku Harcerstwa Polskiego.
5. Do czasu zwołania Wszechpolskiego zjazdu harcerskiego ustawodawczego władze dzielnicowe działają jak dotychczas, poddając się jednak uchwałom NRH w zakresie wymienionych wyżej kompetencji[28].

Niestety, Andrzejowi Małkowskiemu nie było dane nacieszyć się zjednoczonym polskim harcerstwem – 15 stycznia 1919 r. statek, na którym płynął do Odessy, natknął się na pływającą minę. Polskie harcerstwo straciło swojego założyciela, wielkiego entuzjastę ruchu skautowego, wspaniałego instruktora i człowieka[29].

Podstawowymi problemami harcerstwa w tym okresie było znalezienie kompromisu i dojście do porozumienia między przedstawicielami różnych środowisk. Równocześnie należało szybko wypracować model wychowania i działania, który przygotowywałby młodych ludzi do celu nadrzędnego – odzyskania wolności. Mimo że według różnych instruktorów odmienne drogi prowadziły do tej wolności, potwierdzeniem sukcesu harcerstwa i zrealizowaniem jego ówczesnych zamierzeń może być liczny udział młodych ludzi w walkach o niepodległość kraju. W tym okresie nie istniały regulacje prawne, które określałyby stosunek państwa do harcerstwa – z oczywistej przyczyny, jaką był brak państwa polskiego. Harcerstwo było ruchem społecznym. O tym, czy oferta tego ruchu była adekwatna do potrzeb młodzieży, może świadczyć liczba jego członków pod koniec omawianego okresu – 33 tysiące.

---

[28] W. Błażejewski, *Z dziejów harcerstwa polskiego...*, op. cit., s. 126–127.
[29] *Ibidem*, s. 135.

Funkcjonowanie harcerstwa w okresie międzywojennym

Po I wojnie światowej harcerstwo wkroczyło w nowy etap – pierwotny cel został osiągnięty, kraj odzyskał niepodległość. Pytanie, na które należało znaleźć odpowiedź, to, jakie funkcje powinno ono spełniać w nowej rzeczywistości. W okres II Rzeczypospolitej harcerstwo wkraczało jako najliczniejsza organizacja młodzieżowa, co dawało szanse na dalszy rozwój organizacji, a równocześnie zobowiązywało i nakładało dużą odpowiedzialność za rzesze młodych ludzi.

Nowym zadaniem harcerstwa stało się pielęgnowanie patriotyzmu oraz przygotowywanie do walki z wrogiem zewnętrznym i wewnętrznym. Za zagrożenie wewnętrzne uważano próby zaszczepienia idei socjalistycznych. Zakończyły się one utworzeniem Wolnego Harcerstwa i wyłączeniem go poza struktury ZHP. Zarzuty, jakie stawia się harcerstwu tego okresu, to brak zainteresowania problemami społecznymi, który przejawiał się zaniechaniem służby społecznej na rzecz środowiska, oraz niedopuszczanie do drużyn harcerskich młodzieży mniejszości narodowych[30]. Taka sytuacja uległa zmianie w 1931 r., kiedy na harcerstwo spojrzano przychylniej, a dzięki dotacjom rządowym rozwinęła się akcja obozowa, czego rezultatem było rozszerzeniem się kręgu wpływów na młodzież ze szkół powszechnych.

Po I wojnie zaczął się rozwijać ruch zuchowy. Początkowo funkcjonował jako ruch „wilcząt". W 1926 r. opracowano treści i metody pracy dla dziewcząt w wieku zuchowym. W latach trzydziestych w prace nad rozwojem ruchu zuchowego zaangażował się Aleksander Kamiński. Dostosował on założenia angielskich „wilczków" do polskich realiów – zbudował metodykę zuchową, a także prowadził liczne kursy wodzów zuchowych[31].

W 1926 r. powstało czerwone harcerstwo, które zapożyczyło od ZHP system organizacji i metodykę. Na tym jednak podobieństwa się kończyły. Czerwone harcerstwo miało zupełnie odmienny program wychowawczy, który opierał się na postawie laickiej, internacjonalistycznych przekonaniach, hasłach solidaryzmu narodowego – socjalistycznych ideałach. Dążono do uświadomienia młodzieży źródeł nierówności społecznych i konieczności walki z nimi. Ideowo czerwone harcerstwo łączyło się z klasą robotniczą i ruchem socjalistycznym[32].

W okresie dwudziestolecia międzywojennego harcerstwo ponownie musiało się dostosować do ówcześnie panujących warunków społeczno-politycznych. Działania przebiegały teraz dwutorowo – znaczenie miały „tu i teraz", czyli wychowanie młodzieży w wolnej Polsce, ale także przyszłość – przygotowanie do kolejnej walki o wolność i niepodległość. Po raz pierwszy harcerstwo musiało

---

[30] B. Hillebrandt, *Polskie organizacje młodzieżowe...*, op. cit., s. 90–91.
[31] M. Gubernat-Bąkowska, *Skąd się wzięły zuchy*, op. cit.
[32] W. Błażejewski, *Z dziejów harcerstwa polskiego...*, op. cit., s. 136.

się liczyć z negatywną opinią części społeczeństwa o swoich działaniach. O ile w poprzednim okresie dążono do zjednoczenia ruchu, o tyle teraz dokonały się pierwsze podziały. Było to pierwszą nauką dla tego ruchu, że wolność to także różnorodność – możliwości wyboru prezentowanych opinii. Wśród tej różnorodności trzeba umieć znaleźć właściwe sobie miejsce i umieć działać obok lub razem z innymi organizacjami. Ten aspekt – współdziałania i tolerancji – trudno jest po latach ocenić. Materiały, które są nośnikiem wiedzy o tamtych czasach, przekazują wiedzę subiektywną, prezentowaną przez pryzmat poglądów autora.

Tuż przed wybuchem II wojny światowej harcerstwo liczyło około 200 tys. członków. ZHP już od 1938 r. przygotowywał się do kolejnej wojny. Cele, jakie postawiono sobie po zakończeniu I wojny, dowiodły swej słuszności. Rezultatem tego był udział harcerzy w walkach wrześniowych 1939 r. oraz szybkie przejście do konspiracji (decyzję taką podjęto w dniu kapitulacji Warszawy, 27 września 1939 r.). Wymiernym efektem pracy organizacji harcerskich może być realizacja drugiego założonego celu – przygotowania do walki o niepodległość na wypadek kolejnych działań zbrojnych. Z szybkości, z jaką harcerstwo zorganizowało się do walki podziemnej, i zasięgu, jakim objęło młodych ludzi, można wnioskować, że cel ten został właściwie zrealizowany.

Konspiracyjne harcerstwo w czasie II wojny światowej

W czasie okupacji podczas II wojny światowej ZHP stanął wobec nowych wyzwań – okupacji i konieczności radzenia sobie z taką sytuacją. Z jednej strony była to sytuacja znana z okresu zaborów, z drugiej – zupełnie nowa dla młodych harcerzy. Dla starszych instruktorów był to test, na ile dobrze wyszkolili swoich podopiecznych. ZHP był jedyną i najliczniejszą konspiracyjną organizacją młodzieżową działającą przez cały ten czas.

ZHP przyjął wówczas kryptonim „Szare Szeregi", który formalnie obejmował oba piony organizacyjne – harcerstwo męskie i żeńskie. W praktyce harcerki używały nazwy – Organizacja Harcerek oraz kryptonimu „Związek Koniczyn" (w 1943 r. zmieniony na „Bądź gotów")[33]. Działalność Szarych Szeregów jest piękną kartą w historii i wielką lekcją dzielności, w Polsce nie ma chyba nikogo, kto by o nich nie słyszał. II wojna światowa była ogromnym sprawdzianem dla całego harcerstwa i trzeba przyznać, że ten trudny egzamin został zdany pomyślnie. Harcerstwo to niepowtarzalny przykład organizacji w dziejach Polski, która przetrwała wybuch wojny i od razu przeszła do działań zbrojnych. Jest to świadectwo silnej więzi środowiskowej, mocnych podstaw ideowych, sprawności organizacyjnej oraz determinacji w realizacji założonego celu – obrony

---

[33] W. Błażejewski, *Z dziejów harcerstwa polskiego...*, op. cit., s. 169.

okupowanego kraju[34]. Harcerstwo, podobnie jak inne organizacje działające konspiracyjnie, stawiało przed sobą dwa główne zadania: przygotowanie i walkę bezpośrednią z okupantem oraz przygotowanie do życia w wolnym kraju. Szare Szeregi były nie tylko organizacją walczącą o wolną Polskę, lecz także, a może przede wszystkim, organizacją wychowującą młodych ludzi. To wychowanie odbywało się przez wiele połączonych ze sobą elementów. Pierwszym z nich była służba narodowi, która wyrażała się zarówno w akcjach i bezpośrednich działaniach, jak i w postawie, stylu życia. Drugim takim elementem było poczucie odpowiedzialności za organizację, za młodzież, za prowadzone działania. Istotna też była rzetelna praca, z której zdawano raporty przełożonym, ale też przed samym sobą. Braterstwo, przyjaźń – bez nich nie było mowy o harcerstwie. Należy tu także wymienić harcerski etos walki oraz tolerancję i demokratyzm[35].

W momencie wyzwolenia Szare Szeregi były w opozycji do nowo powołanego rządu. 17 stycznia 1945 r. Szare Szeregi zostały rozwiązane, ale nie usunięto tym sposobem harcerstwa, już wcześniej bowiem istniał ZHP i prowadził działalność na wschodnich terenach Polski[36].

Do dziejów harcerstwa z okresu II wojny światowej wraca się do dziś. Bohaterowie tamtych czasów są obecnie autorytetem dla harcerzy, młodzi ludzie chcą być tacy jak oni – waleczni, odważni, oddani sprawie, czynni. Ten czas to najpiękniejsze i jednocześnie najbardziej ofiarne lata harcerstwa.

Po raz kolejny ruch harcerski odpowiedział na potrzeby wynikające z aktualnej sytuacji społeczno-politycznej kraju i z całą odpowiedzialnością można powiedzieć, że uczynił to z sukcesem.

Harcerstwo w czasach Polskiej Rzeczpospolitej Ludowej

W harcerstwie po II wojnie światowej ścierały się dwie tendencje: powrotu do korzeni, tradycji sprzed wojny oraz dostosowania się do nowych warunków, a co za tym idzie – rezygnacji z niektórych ideałów. Takiego dylematu nie miały inne organizacje młodzieżowe. Powstawały bądź odradzały się tylko te, które były politycznie „słuszne".

W 1948 r. ZHP został zlikwidowany i przekształcony w Organizację Harcerską ZMP. Mimo zachowania pewnej odrębności formalnie harcerstwo przestało istnieć[37].

---

[34] A. Krzanowski, *Trwałość i ciągłość harcerskiego wychowania* [w:] E. Marynowicz-Hetka, J. Piekarski, E. Cyrańska (red.), *Pedagogika społeczna...*, op. cit., s. 56.
[35] T. Strzembosz, *Szare szeregi jako organizacja wychowawcza*, IWZZ, Warszawa 1984, s. 63–68.
[36] B. Hillebrandt, *Polskie organizacje młodzieżowe...*, op. cit., s. 178.
[37] S. Czopowicz, *KIHAM. Zarys wydarzeń, wybór dokumentów i relacji*, Wyd. Drogowskazów Głównej Kwatery Harcerzy ZHR – Wyd. Trifolium Głównej Kwatery Harcerek ZHR, Warszawa 1998, s. 19.

W 1956 r., w sierpniu, na III Plenum ZG ZMP przyjęto propozycję powrotu do dawnych form metodyki harcerskiej i wykorzystania ich w procesie socjalistycznego wychowania młodzieży. Rozszerzono samodzielność harcerstwa przez utworzenie w ramach ZMP autonomicznej Organizacji Harcerskiej Polski Ludowej. Organizacja ta miała mieć charakter masowej, patriotycznej, świeckiej organizacji dzieci, młodzieży i dorosłych, działającej pod ideowym kierownictwem PZPR.

W wyniku zawirowań politycznych 10 grudnia 1956 r. w Łodzi Krajowa Narada Działaczy Harcerskich, powołana z ramienia OHPL, przekształciła się w I Zjazd Związku Harcerstwa Polskiego w Polsce Ludowej. Efektem tego było przywrócenie starej obrzędowości harcerskiej sprzed 1949 r., wraz z symbolami – krzyżem harcerskim i lilijką. Nowy ZHP nawiązywał do tradycji starego ZHP i OHPL[38]. We władzach zasiadali przedstawiciele jednej i drugiej organizacji. Rodziło to ciągłe niedomówienia i konflikty. Dla harcerstwa rozpoczął się trudny czas kompromisów między tym, co prawdziwie harcerskie, a tym, co można robić w państwie socjalistycznym. Harcerstwo stało się zawodem – w szkole zatrudniano nauczycieli – instruktorów, którzy mieli kierować działalnością drużyn i szczepów. Masowość z jednej strony przydawała popularności organizacji, a z drugiej zubażała harcerstwo, ograniczając jego wyjątkowość. Po pierwszym zjeździe funkcję przewodniczącego powierzono Aleksandrowi Kamińskiemu – wybitnemu instruktorowi harcerskiemu. Jednak sprawował ją niespełna dwa lata – został usunięty z tego stanowiska w wyniku różnicy zdań, jaka wystąpiła między nim a dawnymi działaczami OHPL, której podłożem był spór o bezpartyjność harcerstwa[39].

W 1973 r. na poziomie działania drużyn starszoharcerskich przemianowano Związek Harcerstwa Polskiego w Harcerską Służbę Polsce Socjalistycznej. Konsekwencją tego było zamieranie działalności harcerskiej w szkołach średnich[40]. Młodzieży narzucono zupełnie nowy styl – nowe mundury, program, formy pracy, które były obce tradycji harcerskiej, antywychowawcze[41]. Tym samym harcerstwo pozbawiło się najbardziej twórczej grupy młodych ludzi, którzy w przyszłości mogli być aktywnymi działaczami, instruktorami harcerskimi.

Lata siedemdziesiąte XX w. w harcerstwie są krytycznie oceniane przez instruktorów działających jeszcze przed wojną. Działalność ZHP opierała się na wielkich akcjach o propagandowym celu, które nie miały znaczenia dla młodzieży i nie były przez nią rozumiane; manifestacjach politycznych z harcerzami w tle. Przekonanie o sile związku, kiedy fakty temu przeczyły, fikcyjna działalność udokumentowana w sprawozdaniach i statystykach, ograniczająca

---

[38] B. Hillebrandt, *Polskie organizacje młodzieżowe...*, op. cit., s. 378–379.
[39] A. Janowski, *Umieć się różnić*, Juka, Warszawa 2001, s. 145–150.
[40] T. Pilch, *Grupa rówieśnicza jako środowisko wychowawcze* [w:] T. Pilch, I. Lepalczyk (red.), *Pedagogika społeczna. Człowiek w zmieniającym się świecie*, Żak, Warszawa 1995, s. 184.
[41] S. Czopowicz, *KIHAM...*, op. cit., s. 20.

działalność Federacja Socjalistycznych Związków Młodzieży Polskiej powodowały stopniowy rozpad ruchu harcerskiego[42].

W tym okresie harcerstwo istniało, ale jakby połowicznie, nie mogło się w pełni rozwijać, jednak jego dorobek, doświadczenie w pracy z dziećmi i młodzieżą, nagromadzone w ciągu pięćdziesięciu lat działalności, dawały siłę do przetrwania. Działalność w tym czasie to kompromis między „nie być wcale" a „być" (ale przyjmując dość poważne wyrzeczenia i ograniczenia). I znowu ruch harcerski musiał zdać poważny egzamin – jak przetrwać, żeby nie zatracić swej istoty, tego, co najcenniejsze – ideałów i wartości. Z jednej strony ten okres w działalności harcerstwa jest oceniany bardzo krytycznie – harcerstwo w służbie polityki komunistycznej państwa to nie prawdziwe harcerstwo, to tylko jego imitacja. Z drugiej jednak strony trzeba sobie odpowiedzieć na inne pytanie – czy w takiej sytuacji politycznej, w imię walki o czystość ideałów, harcerstwo powinno zawiesić swoją działalność? Jeżeli tak, to czy mielibyśmy do czynienia z harcerstwem obecnie? Czy możliwe byłoby odrodzenie tak ogromnego ruchu młodzieżowego, gdyby nie zachowano jego ciągłości?

Lata osiemdziesiąte XX w. – odrodzenie czy kontynuacja harcerstwa?

Lata osiemdziesiąte XX w. w harcerstwie – podobnie jak w innych organizacjach – to czas krytyki dotychczasowego dorobku. Działania mające na celu zmianę zastanego stanu rzeczy wynikają z inicjatywy oddolnej – od tych, którzy bezpośrednio pracują z młodzieżą.

Stanisław Czopowicz zastanawia się, co było przyczyną przetrwania „prawdziwego harcerstwa" przez trzydzieści pięć lat. Jako istotne czynniki wymienia: sposób wychowania w domu rodzinnym, gdzie tradycja harcerska była równie żywa jak tradycja narodowa czy religijna; kontakty z instruktorami harcerskimi – seniorami oraz ośrodkami działań harcerskich poza granicami kraju; dostęp do prasy harcerskiej. Duże znaczenie miała też pamięć o zrywie wolnościowym w 1956 r., która dawała nadzieję na to, że jak się chce, to można działać. Poza tym istotne było uczestnictwo młodzieży w oddolnych inicjatywach samokształceniowych, które uczyły samodzielności myślenia i odpowiedzialnego działania. Powstawały Kręgi Instruktorskie im. Andrzeja Małkowskiego (KIHAM), których zadaniem było przywrócenie tradycji skautingu.

Kolejnym krokiem do odzyskania pełnej swobody działania przez harcerstwo było utworzenie w kwietniu 1981 r. organizacji o nazwie Niezależny Ruch Harcerski. Oficjalnie działał on do grudnia tego roku. Już w tym roku zaczęto dopuszczać do świadomości możliwość istnienia dwóch organizacji harcerskich

---

[42] *Ibidem*, s. 21.

w Polsce – jednej, powstałej z połączenia niezależnych ruchów harcerskich, i drugiej – istniejącej dotychczas, państwowej, oficjalnej organizacji harcerskiej[43].

Z KIHAM-u w latach 1986–1989 powstał Ruch Harcerstwa Rzeczypospolitej, a w 1989 r. narodził się Związek Harcerstwa Rzeczypospolitej oraz ZHP r. zał. 1918. W 1993 r. ZHR i ZHP r. zał. 1918 połączyły się w jeden ZHR, a RHR przestał istnieć. Powstała Polska Organizacja Harcerek, Zawisza i wiele innych. Wszystkie te działania były przyczynkiem do zmian ustrojowych, które wkrótce miały nastąpić w Polsce. Chęć odcięcia się od tego, co było, powodowała masowe wracanie do korzeni harcerstwa i skautingu. Jednak różne organizacje inaczej sobie ten powrót do tradycji i ich kultywowanie wyobrażały.

Dobrym wyrazem emocji panujących w tej organizacji jest znana i śpiewana w niektórych kręgach w latach osiemdziesiątych minionego wieku piosenka harcerska, o refleksyjnym zabarwieniu:

*Skromna skautowa lilijka
Bezcenna życie warta
Już ponad jeden wiek temu
Wisiała na piersi skauta*

> *A potem z angielskiej wyspy
> Zabrzmiała pieśń wesoło
> O zwiadach dla młodych chłopców
> Na całe ziemskie koło*

*Usłyszał ją i Polak
Uczucie wzmogła w nim duże
Przypatrzył się lilijce
I przypiął ją na mundurze*

> *A za nim przyjaciele
> A było ich nie mało
> Znaleźli w lilijce siłę
> I tak harcerstwo powstało* [...]

*Z wojny wielu nas nie wróciło,
ale lilijka ma taką moc
że już po kilku latach
było nas ponad dwieście tysięcy
aby zaśpiewać, że: „Wszystko co nasze – Polsce oddamy"* [...]

> *Te boże dzieci – harcerze
> Jak oni Polskę kochali
> Gdy przyszła tego potrzeba
> Wszystko ojczyźnie oddali*

---

[43] S. Czopowicz, *KIHAM...*, op. cit., s. 22–29.

*Jednak po kilku latach
Nie doceniono tego
Zabrano harcerzom lilijkę
Znak ich uczucia jawnego*

*Wkrótce oddano lilijkę
Lecz jakże bardzo zmienioną
Na tle barwy czerwonej
Przez ustrój wypaczoną*

*A potem krytyką jawną
Oceniono te gesty
Jedni szukali wyjścia
Inni głosili protesty [...]*

*Skromna harcerska lilijka, wisiała i wisieć będzie
Na piersi prawych ludzi i nikt jej już stamtąd nie zdejmie [...]*[44]

Rok 1989 przyniósł zmianę ustroju politycznego kraju. Tym samym przestały być aktualne obowiązujące w kilku ostatnich dekadach odniesienia do służby „socjalistycznej Polsce". Harcerstwo stanęło przed koniecznością przeformowania swoich ideałów. Działania musiały przebiegać dwutorowo – po pierwsze należało wrócić i umocnić tradycyjne wartości harcerskie, które przez ostatnie lata były zapomniane, po drugie trzeba było zbudować nowoczesny program wychowawczy dostosowany do potrzeb nowych warunków społecznych. Należało też zająć stanowisko wobec harcerstwa funkcjonującego w Polsce w poprzednim systemie – w epoce socjalizmu[45].

W ten sposób harcerstwo wkroczyło w następny etap swojego rozwoju. Po raz kolejny udało się „wyzwolić" od zaborcy. Jednak wolność, którą otrzymano, była trudna do wykorzystania. Społeczeństwo przyzwyczajone do robienia, bo tak każą, oraz do brania, bo dają, nie potrafiło tej wolności właściwie wykorzystać. Harcerstwo, podobnie jak inne organizacje młodzieżowe, musiało dostosować swoje działania do szybko zmieniającej się rzeczywistości oraz przeciwstawić się stereotypowemu myśleniu o harcerstwie, kojarzonemu z masowymi akcjami i defiladami pierwszomajowymi.

Zgodnie z metodą harcerską ruch ten bardziej niż kiedykolwiek musiał położyć nacisk na postulat elastyczności.

Harcerstwo jako ruch społeczny wróciło do swoich korzeni jako organizacja patriotyczna walcząca o Ojczyznę, o Polskę. Adaptacja harcerstwa do zmieniających się warunków działalności jest immanentną cechą tego ruchu, jest niepodważalnym sukcesem pedagogicznym[46].

---

[44] Fragment *Ballady o lilijce*, słowa: K. Mika – popularna piosenka w niezależnych środowiskach harcerskich w latach osiemdziesiątych XX w. Zob. http://zwhp.prv.pl/0007_balladaolilijce.htm, dostęp: 26.01.2014.
[45] J. Sowa, Z. Niedzielski, *Metoda...*, op. cit., s. 17.
[46] A. Krzanowski, *Trwałość i ciągłość...*, op. cit., s. 56.

Konsekwencją odzyskanej wolności był rozłam harcerstwa – początkowo powstało wiele organizacji, które z czasem ponownie się połączyły. Obecnie można mówić o trzech liczących się stowarzyszeniach harcerskich: Związek Harcerstwa Polskiego, Związek Harcerstwa Rzeczypospolitej, Skauci Europy – Stowarzyszenie Harcerstwa Katolickiego „Zawisza". Istnieje też kilka mniejszych organizacji, ale nie wychodzą one zasięgiem swojego działania poza środowisko lokalne.

Podsumowaniem aktualnej sytuacji harcerstwa mogą być słowa znanego instruktora harcerskiego – Stanisława Sedlaczka – wypowiedziane na wiele lat przed transformacją ustrojową w Polsce, które w pewien sposób konkretyzują podstawowy problem harcerstwa:

> Idea jedności harcerstwa, bardzo droga sercom jego twórców i ich pierwszych następców, dotychczas na ogół pokonywała tendencje do usamodzielniania się prądów harcerskich, rozłamy kończyły się połączeniami, odstępstwa usychaniem gałęzi odrywających się od pnia. Trudno jednak powiedzieć, czy ta idea jedności i w przyszłości potrafi utrzymać jedność organizacyjną przy rozbieganiu się poglądów na świat w grupach należących do jednej organizacji[47].

Dziś, chyba bardziej niż kiedykolwiek, ruch harcerski za cel powinien sobie postawić właściwe rozpoznawanie potrzeb młodych ludzi, ale też jasne określanie swoich ideałów i systemu wartości, a także znalezienie odpowiednich form pracy, którymi zachęcałoby młodzież do bycia harcerzem. Harcerzem na całe życie, czyli kimś, kto – mimo że munduru nie nosi już od lat – wciąż w życiu kieruje się pewnymi zasadami, takimi jak braterstwo, przyjaźń, otwartość na innych, i jest gotów nieść pomoc w każdej sytuacji.

Na dzieje harcerstwa można spojrzeć też z innego punktu widzenia. Obecnie podkreśla się, że harcerstwo przeżywa kryzys, brak jedności. Należy zadać sobie pytanie – czy kiedykolwiek harcerstwo istniało bez wewnętrznych konfliktów? Czy podstawowym zadaniem harcerstwa nie jest przygotowywanie młodych ludzi do życia w społeczeństwie, a skoro to społeczeństwo się zmienia, to i czy harcerstwo też nie powinno? Zmiany przynoszą konflikty i problemy, które należy na bieżąco rozwiązywać. Tuż przed wybuchem I wojny światowej trwały spory o to, co jest ważniejsze – samokształcenie czy przygotowanie do akcji zbrojnej, w dwudziestoleciu międzywojennym opierano się próbom wdrożenia do pracy harcerskiej elementów wychowania socjalistycznego, podczas okupacji hitlerowskiej walczono z najeźdźcą, często zbierając krytykę za włączanie do działań wojennych zbyt młodych ludzi. W okresie PRL harcerstwo to ciągły kompromis między socjalizmem a wartościami płynącymi z wychowania metodą harcerską, wreszcie czasy obecne – to dyskusja o tym, jak wychowywać młodych ludzi do uczestnictwa w społeczeństwie obywatelskim. Czy wobec

---

[47] H. Bouchet, *Skauting...*, op. cit., s. 29.

tego pewien stopień konfliktu nie jest stanem naturalnym i wręcz koniecznym do prawidłowego rozwoju organizacji? Czy istnienie problemów nie świadczy o dynamice ruchu, o umiejętności dostrzegania zmian w otaczającej rzeczywistości i chęci jak najlepszego dostosowywania się do nowych warunków?

Nasuwa się jeszcze jedno pytanie – czy warunkiem ciągłości harcerstwa były tylko wartości i ideały tego ruchu? Ruch harcerski stworzył niepowtarzalny system wychowawczy, na który składają się wcześniej wymienione wartości i ideały, a także niepowtarzalna metoda harcerska. Metoda, która jest zespołem dyrektyw i postulatów, jakie należy stosować w kontaktach z wychowankiem. Jak wynika z powyższego materiału, harcerstwo zachowało swoją ciągłość, stale dostosowując się do zmieniających warunków. Czy zatem metoda, jaką posługuje się harcerstwo, pozostała ta sama, niezmienna, czy też podlegała ciągłym ewolucjom, dopasowując się do panujących w danym okresie warunków społeczno-politycznych? Próbę odpowiedzi na to pytanie podjęto w następnym rozdziale.

────── ROZDZIAŁ II ──────

Metoda harcerska – jedna niezmienna czy wiele metod?

Współczesna działalność organizacji harcerskich znacznie różni się od tej sprzed kilkudziesięciu lat. I choć stale podkreśla się ciągłość harcerstwa, trudno zaprzeczyć, że dzisiaj mamy inne harcerstwo niż dawniej. Po wydarzeniach w 1989 r. harcerstwo przeszło wiele zmian, które miały pomóc organizacji w dostosowaniu się do nowej rzeczywistości. Na metodę harcerską należało spojrzeć w perspektywie nowych warunków społeczno-kulturowych. W prasie harcerskiej pojawiały się artykuły dotyczące interpretacji metody harcerskiej. Przykładem mogą tu być cykle artykułów: Urszuli Sobkowiak, zamieszczone w czasopiśmie „Harcerstwo"[1], Krzysztofa Bojko, piszącego o programie harcerstwa polskiego na łamach „Instruktora"[2], Pawła Ambrożewicza, prowadzącego rozważania o metodzie harcerskiej[3], oraz pojedyncze wypowiedzi na temat metody takich instruktorów, jak: hm. Michała Gutkowskiego[4], hm. Piotra Pamuły[5], phm. Wiesława Laskowskiego[6]. Szerzej ujmuje tę problematykę praca Ady Rusieckiej z 1990 r. pt. *Związek Harcerstwa Polskiego jako środowisko wychowawcze*[7]. Z kolei książka Józefa Sowy i Zdzisława Niedzielskiego *Metoda pracy harcerskiej w zarysie* (2003)[8] przedstawia szerokiemu gronu czytelników – nie tylko instruktorom – zasady i metody działania organizacji harcerskich. Do tej pory instruktorzy harcerscy korzystali z opracowań Ewy Grodeckiej *O metodzie harcerskiej i jej stosowaniu* (pierwsze wydanie w latach trzydziestych XX w.)[9]; Roberta Baden-Powella *Scouting for boys* (pierwsza książka

---

[1] U. Sobkowiak, *O metodzie harcerskiej...*, op. cit.
[2] K. Bojko, *Program harcerstwa polskiego – diagnoza sytuacji polskiej młodzieży*, „Instruktor" 2000–2001, nr 58–60.
[3] P. Ambrożewicz, *O metodzie harcerskiej*, op. cit.
[4] M. Gutkowski, *Metoda bez ducha jest jak armia bez ojczyzny*, „Instruktor" 2001, nr 61, s. 10.
[5] P. Pamuła, *Metoda harcerska w wychowaniu młodzieży*, http://www.zhp.org.pl, dostęp: 30.08.2004.
[6] W. Laskowski, *Metoda harcerska i jej stosowanie*, http://prasa.zhp.pl/archiwum/c20010708/24.html, dostęp: 26.01.2014.
[7] A. Rusiecka, *Związek Harcerstwa Polskiego...*, op. cit.
[8] J. Sowa, Z. Niedzielski, *Metoda...*, op. cit.
[9] E. Grodecka, *O metodzie harcerskiej...*, op. cit.

o tematyce harcerskiej, która pojawiła się w Polsce – 1909 r.); Aleksandra Kamińskiego *Nauczanie i wychowanie metodą harcerską*[10] (1948). Istnieje też duży wybór propozycji opracowań metody harcerskiej z lat sześćdziesiątych i osiemdziesiątych minionego stulecia[11].

1. Metoda harcerska w pedagogice

Harcerski system wychowawczy należy do ogólnego sytemu wychowania dzieci i młodzieży w Polsce. Harcerstwo realizuje go przez zasady i cele wychowania; jedność zasad, treści i programu metod wychowawczych; osobisty przykład instruktora[12].

Harcerski system wychowawczy, przez niektórych autorów określany jako element tzw. pedagogiki harcerskiej[13], ma swoje miejsce w pedagogice ogólnej[14]. Podstawę teorii i metodyki wychowania harcerskiego stanowią: ideał wychowawczy, sformułowany w Statucie, Prawie Zuchowym i Harcerskim, Obietnicy Zuchowej i Przyrzeczeniu Harcerskim, zasady wychowawcze harcerstwa oraz współczesny harcerski system wychowawczy[15].

Schemat 2. Miejsce teorii i metodyki wychowania harcerskiego w pedagogice ogólnej

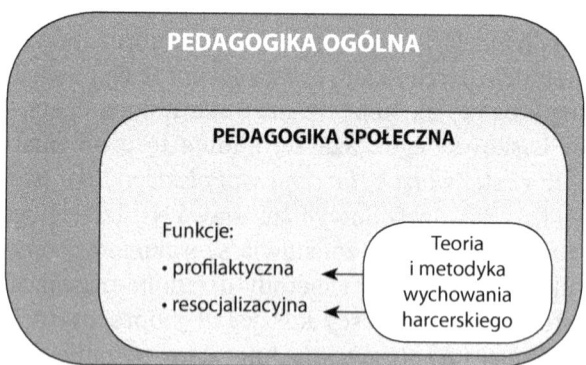

Źródło: opracowanie własne.

---

[10] A. Kamiński, *Nauczanie i wychowanie...*, op. cit.
[11] Przykładem mogą być: H. Muszyński (red.), *Podstawy wychowania...*, op. cit.; J. Michułowicz, M. Pionk, *Zarys metodyki wychowania...*, op. cit.; Z. Martowicz, J. Sowa, *Metodyka wychowania w ZHP*, Wyd. Uczelniane WSP, Rzeszów 1984.
[12] J. Sowa, Z. Niedzielski, *Metoda...*, op. cit., s. 49.
[13] Stosowanie terminu „pedagogika harcerska" może się wydawać nieco problematyczne, gdyż dziedzina ta nie posiada własnej metodologii badań – stąd trudno określać ją jako pełnoprawną, odrębną gałąź nauki. Jednak dla uproszczenia w niniejszej publikacji termin ten będzie wykorzystywany i utożsamiany z teorią i metodyką harcerską – z pełną świadomością niedoskonałości tego rozwiązania.
[14] *Ibidem*, s. 26.
[15] *Ibidem*, s. 34.

Do zadań teorii i metodyki harcerskiej należą: ustalanie celów wychowania w harcerstwie, określanie warunków koniecznych do realizowania najbardziej efektywnego procesu wychowania w zastępach, gromadach, drużynach, szczepach; wskazywanie na funkcjonowanie instruktora w różnych środowiskach wychowawczych; modelowanie działalności zastępu, gromady, drużyny i szczepu jako zespołów wychowawczych; porównywanie systemów wychowawczych różnych organizacji młodzieżowych. Źródłami tej dziedziny (metodyki harcerskiej) są teoria wychowania oraz systemy wychowania w organizacjach młodzieżowych[16]. Z teorii wychowania czerpie ona wszelkie wiadomości i uogólnienia decydujące o rozwoju osobowości jednostki. Wiedzę tę stosuje praktycznie w działaniu organizacji harcerskich – dlatego też tzw. pedagogikę harcerską wiąże się z pedagogiką stosowaną[17].

Pedagogika harcerska posługuje się systemem wychowawczym, którego częścią składową jest system metodyczny. System ten zwiera zestaw rozwiązań realizujących założenia organizacji. Natomiast zewnętrzne w stosunku do sytemu metodycznego są cele oraz struktura organizacji[18].

Schemat 3. Elementy składowe pedagogiki harcerskiej

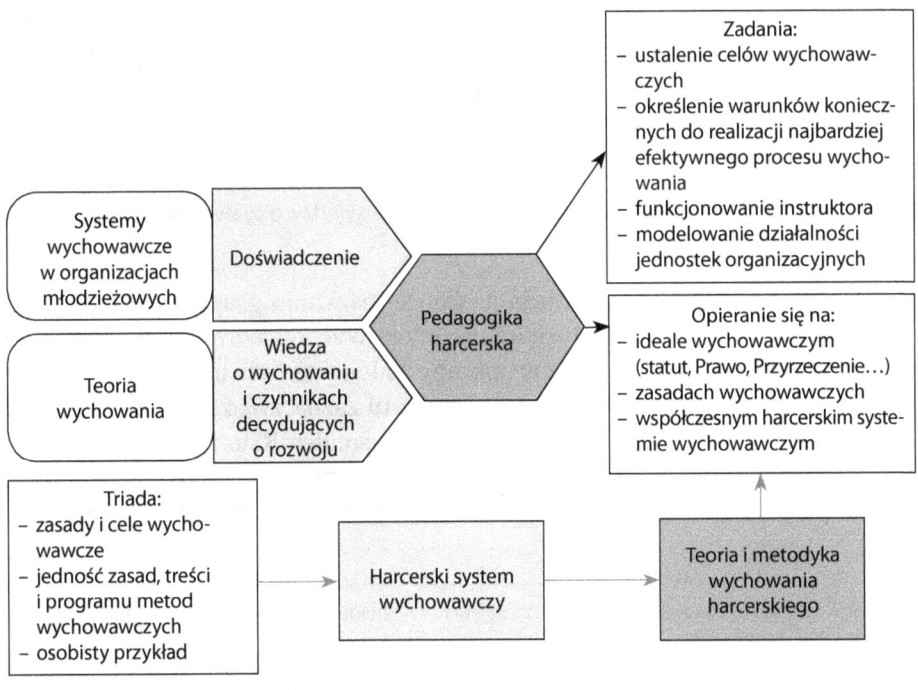

Źródło: opracowanie własne.

---

[16] *Ibidem*, s. 26.
[17] *Ibidem*, s. 32.
[18] *Ibidem*, s. 54.

Ogólnie metoda to świadomy, konsekwentny i dający się powtarzać sposób postępowania prowadzący do założonego celu[19]. Postępowanie to może być rozumowaniem lub robieniem czegoś,

> [...] jeżeli ta robota nie wyczerpuje się w samym rozumowaniu, a więc w dociekaniu, obmyślaniu, lecz obejmuje także czynności zewnętrzne, jako to manipulacje, obrabianie za pomocą narzędzi, kierownictwo perswazyjne lub rozkazodawcze[20].

Metodę można ujmować w znaczeniu szerszym i węższym. Ujęcie szersze wskazuje, że metoda jest systemem postępowania,

> [...] sposobem wykonywania czynu złożonego, polegającym na określonym doborze i układzie jego działań składowych, a przy tym uplanowionym i nadającym się do wielokrotnego stosowania[21].

W takim rozumieniu metoda to zespół działań i środków stosowanych w powtarzalny sposób do osiągnięcia zaplanowanego celu[22]. W znaczeniu węższym zaś jest jednym ze sposobów realizacji, działania, dotyczącym określonej czynności.

W pedagogice społecznej wyróżnia się trzy metody pracy środowiskowej: indywidualnych przypadków, pracy grupowej oraz organizowania społeczności lokalnej[23].

Istotą pierwszej z nich są społeczna diagnoza oraz praca z indywidualnym przypadkiem. Metoda indywidualnych przypadków

> [...] to, co jednostkowe, indywidualne w człowieku, jego losie i najbliższym środowisku, obejmuje i rozwija w celu usprawnienia, wzmocnienia i poprawy jego sytuacji życiowej, bądź [...] traktuje jako źródło wiedzy o zjawiskach szerszych, ogólniejszych, bardziej uniwersalnych[24].

Metoda pracy grupowej polega na koncentrowaniu grupy wokół konkretnych zadań. Zadania te są wyznaczane przez wychowawcę, ale powinien on stosować takie sposoby pracy z grupą, aby zadania te były uważane za własne przez poszczególnych jej członków[25]. Trzeba tu zaznaczyć, że w Polsce metodę grupową do pracy socjalnej wprowadził Aleksander Kamiński. Wywodzi się ona z pedagogicznej teorii związków młodzieży, a także z metodyki harcerstwa. Kamiński uzależnił zastosowanie metody grupowej od typu grupy, z którą się

---

[19] A.W. Nocuń, *Teoretyczne podstawy pracy kulturalno-oświatowej* [w:] T. Pilch, I. Lepalczyk (red.), *Pedagogika społeczna...*, op. cit., s. 130.
[20] T. Kotarbiński, *Kurs logiki dla prawników*, PWN, Warszawa 1963, s. 174.
[21] T. Kotarbiński, *Traktat o dobrej robocie*, Ossolineum, Wrocław 1969, s. 87.
[22] W. Szewczuk (red.), *Słownik psychologiczny*, WP, Warszawa 1979, s. 140.
[23] A.W. Nocuń, *Teoretyczne podstawy...*, op. cit., s. 130.
[24] D. Lalak, *Teoretyczny i praktyczny sens metody indywidualnych przypadków* [w:] T. Pilch, I. Lepalczyk (red.), *Pedagogika społeczna...*, op. cit., s. 223.
[25] A. Kamiński, *Funkcje pedagogiki społecznej...*, op. cit., s. 221.

pracuje. Wyróżnił grupy rozwojowo-wychowawcze, rewalidacyjne, psychoterapeutyczne[26].

Metoda środowiskowa

[...] oznacza całościowe rozumienie środowiska lokalnego, pełną rejestrację jego problemów, kompleksowy i komplementarny system działań, podejmowanie pracy z intencją stałego działania i trwałego usuwania zagrożeń i niepożądanych zjawisk. [...] W szerokim rozumieniu metody środowiskowej chodzi o dominację pozytywnego sensu działalności społecznej (rozwój ku celom pożądanym, idealnym) nad negatywnym sensem aktywności społecznej (ratownictwo i usuwanie zagrożeń)[27].

Harcerski system wychowawczy wykorzystuje wszystkie wymienione metody do realizacji postawionych celów. Metoda harcerska polega na indywidualnym podejściu do każdego harcerza, opiera swoje działanie na systemie zastępowym – pracy w małych grupach oraz zadaniowości, zakłada służbę – pracę na rzecz środowiska lokalnego. Zatem stanowi kompilację metod stosowanych w pedagogice społecznej.

2. Zmiany w podejściu do metody harcerskiej

Metoda harcerska jest ściśle związana z systemem organizacyjnym harcerstwa. Do organizacji harcerskiej należą dzieci i młodzież (od 6. do 17. roku życia). Młodsze dzieci są zuchami, dzieci w wieku około 12–13 lat – harcerzami młodszymi, młodzież w wieku 14–15 lat to harcerze starsi, a powyżej 17. roku życia – wędrownicy. Każdy z tych poziomów ma swoją metodykę (zuchową, harcerską, starszoharcerską, wędrowniczą)[28].

W literaturze dotyczącej harcerskiego systemu wychowawczego i w języku potocznym funkcjonują dwa pojęcia, które często są używane wymiennie: „metoda" i „metodyka". Jest to mylące i rodzi wiele nieporozumień. Dlatego też na użytek tego opracowania przyjęto, że istnieje jedna **metoda** harcerska, której uszczegółowieniem są **metodyki**: harcerska (młodszoharcerska), starszoharcerska (wędrownicza) oraz zuchowa.

W tym opracowaniu analizie treści[29] poddano metodę harcerską, co wynika z kilku powodów. Metoda harcerska była najstarszą, jaka powstała. Zarówno

---

[26] D. Lalak, T. Pilch (red.), *Elementarne pojęcia pedagogiki społecznej i pracy socjalnej*, Żak, Warszawa 1999, s. 132.
[27] T. Pilch, *Metoda organizowania środowiska* [w:] T. Pilch, I. Lepalczyk (red.), *Pedagogika społeczna...*, op. cit., s. 266.
[28] Jest to podział uogólniony – w zależności od organizacji granice wiekowe mogą być różne.
[29] O analizie treści szerzej napisano w rozdziale piątym, traktującym o założeniach metodologicznych badań.

zuchy, jak i harcerze starsi jako grupa organizacyjna wyłonili się znacznie później. W związku z tym obydwie metodyki opierają się na metodzie harcerskiej, są względem niej wtórne. Zuchową metodę stworzył A. Kamiński, dostosowując do polskich warunków założenia angielskiej organizacji wilczków. Jest ona specyficzna, dopasowana do wieku dzieci – jej analiza zasługuje na osobne opracowanie. Metoda starszoharcerska sprawia wrażenie trochę zaniedbanego tematu w literaturze harcerskiej, niewiele jest bowiem publikacji poruszających to ciekawe zagadnienie. Jednak z punku widzenia tematu tej pracy istotne są ogólne założenia działań w ruchu harcerskim, bez podziałów organizacyjnych czy ideologicznych. Przedstawiono tutaj ogólne i uniwersalne zasady harcerskiego systemu wychowawczego, które są – a przynajmniej powinny być – ponad wszelkimi podziałami. Analiza metody harcerskiej jest bardzo ważna z perspektywy działania na rzecz budowania społeczeństwa obywatelskiego. Metoda to pewien całościowy system działania – czy jest on na tyle skuteczny, by uczyć młodych ludzi, jak funkcjonować we współczesnym świecie?

Interpretacje metody harcerskiej na przestrzeni osiemdziesięciu lat ulegały zmianie – w zależności od aktualnych warunków społecznych i kulturowych.

Harcerski system wychowawczy w Polsce ma swoje źródło w angielskim skautingu, którego twórcą był Robert Baden-Powell. Według niego skauting to system wychowania dziewcząt i chłopców za pomocą gier[30]. Warto zwrócić uwagę, że Baden-Powell podkreśla znaczenie tego systemu w wychowaniu dziewcząt:

> Wychowanie jest wobec tego konieczne dla obu płci; to też Skauting dzieli się na Skauting męski i żeński. Opierają się one na tych samych podstawach, różnią się jedynie w szczegółach[31].

Wśród cech, jakimi powinien się charakteryzować skautmistrz (drużynowy), Baden-Powell wymienia: **umiejętność bycia starszym bratem** (dziś powiedzielibyśmy – partnerstwo), który zrozumie i doradzi; **indywidualnego podejścia** do każdego harcerza oraz umiejętność budowania więzi w grupie przez **system zastępowy**. Podkreśla, że w każdym należy się doszukiwać choćby odrobiny **dobra** i na tej bazie można budować charakter chłopca.

Każde dziecko ma swoje **zainteresowania** i to na nich trzeba opierać pracę wychowawczą – czasem należy od pewnych rzeczy odwodzić, wskazując inne, lepsze rozwiązania.

> Chłopiec czy dziewczyna to nie są małe wydania mężczyzny lub kobiety, nie są również arkuszem czystego papieru, na których nauczyciel ma coś napisać. Każde

---

[30] R. Baden-Powell, *Wskazówki dla skautmistrzów. Podręcznik teorii wychowania skautowego dla drużynowych*, przeł. B. Białostocka, Ares, Warszawa 1991, s. IX.
[31] *Ibidem*.

dziecko ma swoje szczególne zainteresowania i swój brak doświadczenia, zwykle tajemniczy stan umysłu, który trzeba taktownie wspierać, rozwijać i kształtować, czasami umiejętnie modyfikować lub nawet tłumić[32]

– pisał Baden-Powell.

Jeżeli rybak założy na haczyk przynętę, którą on sam uważa za smaczną, na pewno nie uda mu się złowić wiele [...]. Dlatego też używa na przynętę tego, co lubią ryby[33].

W ten sposób twórca skautingu podkreśla znaczenie znajomości potrzeb i zainteresowań młodego człowieka. Tylko wówczas, gdy skauting będzie się opierał na sprawach bliskich każdemu chłopcu czy dziewczynce, można liczyć na sukces wychowawczy. Robert Baden-Powell wymienia cechy charakteru przeciętnego chłopca, na których powinien się opierać drużynowy; są to: humor, odwaga, pewność siebie, bystrość, żądza wrażeń, uległość, wierność. Tu nasuwa się pytanie, na ile te cechy odpowiadają współczesnemu obrazowi przeciętnego chłopca?

Do sukcesu wychowawczego, poza **znajomością potrzeb** dziecka, przyczynia się także znajomość domu rodzinnego.

Twórca skautingu udowadnia zasadność stosowania **pozytywnego wpływu** – lepiej nie zakazywać, ale pokazać inną, właściwą drogę. Wśród pokus, które czyhają na chłopca, a na które duży wpływ ma wychowanie rodzinne, autor wymienia: kino (dziś powiedzielibyśmy – telewizja i Internet), młodzieńcze palenie papierosów (obecnie zagrożenie stwarzają również narkotyki i inne używki), gry hazardowe, pijaństwo, włóczenie się z dziewczętami, nieczystość (te ostatnie w swym brzmieniu są nieco archaiczne, jednak gdy się zastanowić, można znaleźć współczesne odpowiedniki).

Inny postulat to **wychowanie przez działanie**. Słuchanie wykładów – jak podkreśla Baden-Powell – jest sprzeczne z naturą chłopca. Działanie, praktyka zdecydowanie lepiej trafiają do umysłów i serc młodych ludzi. Jednym ze sposobów pozytywnego oddziaływania jest stworzenie środowiska sprzyjającego aktywności (np. organizacja obozu) oraz utworzenie izby (harcówki). W tym drugim przypadku ma być to miejsce,

[...] w którym chłopcy czuliby, że są naprawdę u siebie, choćby to była nawet piwnica, lub strych; jakieś miejsce, gdzie mogliby się schodzić każdego wieczora w razie potrzeby i znaleźć odpowiednie zajęcie i rozrywkę, miejsce wypełnione pracą i jasną, promienną atmosferą[34].

---

[32] *Ibidem*, s. 9.
[33] *Ibidem*, s. 18.
[34] *Ibidem*, s. 17.

Podany opis kojarzy się raczej z ideą świetlicy pozaszkolnej. Żadna drużyna nie spotyka się codziennie wieczorem w swojej harcówce, jednak postulat miejsca, które będzie azylem chłopców bądź dziewcząt, jest jak najbardziej aktualny.
Najprostsza definicja skautingu wskazuje, że:

> [...] skauting jest grą dla chłopców pod przewodnictwem chłopców, w której starsi bracia stwarzają młodszym zdrowe otoczenie i zachęcają do zdrowych zajęć, ułatwiających wyrobienie w sobie cnót obywatelskich[35].

Celem skautingu

> [...] jest podniesienie poziomu przyszłych, wzorowych obywateli, szczególnie pod względem charakteru i zdrowia; zastąpienie samolubstwa służbą dla bliźnich, usprawnienie chłopców pod względem moralnym i fizycznym, aby mogli pełnić służbę bliźnim[36].

Na tych samych elementach metody opiera się Ewa Grodecka, która swoją służbę harcerską rozpoczęła w 1921 r. Cieszyła się autorytetem w środowisku harcerskim, była m.in. redaktorem „Skrzydeł" – pisma instruktorek harcerskich, pracowała w szkole instruktorek Na Buczu, przyczyniła się do usamodzielnienia organizacyjnego i metodycznego Organizacji Harcerek[37]. Jednym z jej najważniejszych opracowań dotyczących wychowawczego systemu harcerskiego jest książka *O metodzie harcerskiej i jej stosowaniu*[38]. Autorka w metodzie harcerskiej wyróżnia kilka istotnych czynników. Przede wszystkim jest to **oddziaływanie od wewnątrz**, którego rezultatem powinien być rozwój wewnętrzny jednostki, tj. właściwe ukształtowanie wartości społecznych i osobistych. Zadanie wychowawcy polega na nadaniu kierunku rozwojowi dziecka, a nie na dążeniu do konkretnego celu (który postawił sobie instruktor) – dziecko ma wolność wyboru, której należy dać odpowiedni kierunek przy pełnej współpracy z wychowankiem. Realizacja tego postulatu nie jest możliwa bez czynnego udziału woli dziecka – musi ono chcieć być harcerzem. Jeżeli tego aktu woli nie ma, dalsza praca metodą harcerską nie ma sensu, używanie bowiem metod oddziaływania zewnętrznego (zakaz, nakaz, kontrola) – jak pisze Grodecka – jest sprzeczne z celem i metodą harcerską. Z takiego założenia wynika jednostkowy charakter wychowania harcerskiego.

Drugą cechą metody harcerskiej, ściśle powiązaną z powyższym postulatem, jest świadomy stosunek jednostki do harcerstwa. Świadomość ta będzie różna w zależności od wieku dziecka – inna na poziomie zucha, inna na poziomie harcerza, jeszcze inna w wypadku instruktora. Zawsze jednak trzeba umieć sobie

---

[35] R. Baden-Powell, *Wskazówki dla skautmistrzów...*, op. cit., s. 19.
[36] *Ibidem*, s. 21.
[37] O. Fietkiewicz (red.), *Leksykon...*, op. cit., s. 110.
[38] E. Grodecka, *O metodzie harcerskiej...*, op. cit., s. 11.

odpowiedzieć na pytanie: „dlaczego?" – dlaczego należy robić tak, a nie inaczej, dlaczego podejmuję się tego zadania. Sprzyja to wytworzeniu się postawy czynnej, aktywnej, chętnej do działania i świadomej jego celu.

Kolejną istotną cechą jest **wzajemność oddziaływań** – zastępowy uczy szeregowego, ale i szeregowy uczy zastępowego – tak jest między wszystkimi harcerzami, bez względu na wiek, stopień i funkcję. Stąd wynika bardzo ważny wniosek, że harcerzem nie można zostać w samotności. Do pełnego rozwoju harcerskiego potrzebna jest wspólnota – w tym wypadku zastęp, drużyna, gromada itd.

Harcerstwo powinno **oddziaływać w sposób naturalny**. Oznacza to, że osiąganie celu, jakim jest życie zgodnie z ideałami harcerskimi, powinno się odbywać za pomocą prostych i naturalnych środków. Naturalny – czyli **dostosowany do potrzeb** danej jednostki, środowiska. Stąd też zbiór tych środków nie jest zamknięty i wciąż powstają nowe propozycje. Należy jednak pamiętać, że to, co przyniosło wspaniałe rezultaty w jednym przypadku, może zaszkodzić w innym.

Metoda harcerska jest **pozytywna**, powinna stwarzać warunki do rozwoju cech pozytywnych, a nie koncentrować się na wykorzenianiu zła. Zadaniem drużynowego jest dostrzeganie w każdym choćby odrobiny dobra, które można rozwijać.

Wszystkie wyżej wymienione cele powinny być osiągane przez formę **oddziaływania pośredniego**. Powinno to powodować interioryzację wypowiedzi, poglądów harcerza i harcerki tak, aby stały się one ich własnymi, a nie tylko były bezmyślnie powtarzane za przełożonym. Wychowanie to odbywa się **przez czyn i dla czynu**. Wiedza nigdy nie jest podawana w formie gotowej i łatwo przyswajalnej – należy ją zdobyć, wymaga to od harcerza wysiłku. Przez działanie jednostka kształtuje odpowiednie cechy charakteru. Trzeba jednak podkreślić, że działanie nie jest celem samym w sobie – to tylko środek do osiągnięcia celu.

Praktyczną realizacją metody harcerskiej (formą organizacyjną) jest **system zastępowy**, polegający na pracy w małych grupach – zastępach. W pracy zastępu realizowane są wszystkie postulaty metody harcerskiej – harcerze uczą się przez działanie, uczą się od siebie nawzajem, przyjmują role społeczne.

W okresie międzywojennym służbę harcerską rozpoczął Aleksander Kamiński. Przeszedł przez wszystkie szczeble organizacyjne harcerstwa – zaczynał jako szeregowy, był zastępowym, drużynowym, prowadził hufiec. Najlepszą wykładnię metody harcerskiej zamieścił w swojej pracy doktorskiej dotyczącej eksperymentu mikołowskiego[39]. Wskazuje on, że harcerstwo jest **systemem**

---

[39] Eksperyment mikołowski polegał na wprowadzeniu do szkoły metody harcerskiej jako formy pracy. Został zainicjowany przez Kamińskiego w latach trzydziestych ubiegłego stulecia.

wychowawczym, w którym można zaobserwować jedność celów i środków[40]. Metoda harcerska opiera się na **zainteresowaniach** dziewcząt i chłopców. Harcerstwo nie może więc być narzucone z zewnątrz – wypływa bezpośrednio z potrzeb psychicznych dzieci i młodzieży. Skoro tak, to można postawić pytanie – czy metoda harcerska uwzględniła zmiany zainteresowań młodzieży, jakie mogły nastąpić w ciągu kilkudziesięciu lat istnienia organizacji? Z fundamentalnych zainteresowań wypływają podstawowe składniki metody harcerskiej: **gra, zastęp, przyroda, obóz, stopnie i sprawności**.

Gra to inaczej zabawa oparta na zainteresowaniach, a zabawa to przygotowanie do życia. **Zastęp** to grupa do rozegrania owej gry. Musi on – podobnie jak podkreślała to Grodecka – spełniać pewne zasady. Ma to być grupa rówieśników dobrana według sympatii (czyli oparta np. na grupie nieformalnej), licząca od trzech do ośmiu członków, a przewodzić ma im jeden z rówieśników – wybrany i akceptowany przez kolegów.

> Tajemnica wychowawczych możliwości zastępu polega na tym, że jako grupa quasi samorodna, ze swoim przywódcą na czele, odpowiada naturalnej formie „bandy", której podsunięto skautowy styl życia, owiany atmosferą harcerskiego prawa[41].

Obecność **przyrody** w działalności harcerskiej to podstawa wychowania – bez niej to tylko namiastka harcerstwa. Zbiórki muszą się odbywać także na dworze, w parku, na boisku, muszą to być również wyprawy poza miasto. Uzasadnieniem tego jest twierdzenie, że zainteresowanie przyrodą wśród dziewcząt i chłopców wynika z ich naturalnych potrzeb.

Obóz stanowi zwieńczenie harcerskiej pracy. Przez stworzenie zamkniętego środowiska składającego się z kilku zastępów – środowiska, które musi samo o siebie zadbać – stwarza się możliwość sprawdzenia w praktyce założeń harcerskiego stylu życia.

Tym, co systematyzuje szeroką działalność harcerską, są **stopnie i sprawności**. Sprawności dają możliwość odkrycia u harcerki czy harcerza uzdolnień, co może zadecydować o przyszłości zawodowej danej jednostki. Stopnie i sprawności to jest to, co przyciąga młodzież do harcerstwa – dla nich celem jest zdobycie kolejnej sprawności czy kolejnego stopnia.

W latach powojennych, już po odwilży październikowej pojawiły się opracowania metodyczne dotyczące pracy harcerskiej[42]. Wszystkie są nacechowane ideami socjalizmu. W niniejszej książce ów wątek pominięto. Rozważono nato-

---

[40] A. Kamiński, *Nauczanie i wychowanie...*, op. cit., s. 26.
[41] *Ibidem*, s. 29.
[42] H. Muszyński (red.), *Podstawy wychowania...*, op. cit.; J. Michułowicz, M. Pionk, *Zarys metodyki wychowania...*, op. cit.; Z. Martowicz, J. Sowa, *Metodyka...*, op. cit.

miast kwestię samej metody – czy pozostała ona taka sama, czy uległa pewnym przemianom w stosunku do swych pierwowzorów?

Marian Pionk[43] w odniesieniu do wychowania harcerskiego sformułował dwie grupy zasad: organizacyjną i wychowawczą. Do pierwszej zalicza: zasadę uznawania **zastępu** za podstawową jednostkę wychowawczą (u innych wcześniej cytowanych autorów jest to system zastępowy); traktowania drużyny jako frontu współdziałania zastępów; wiązania pracy zastępów ze **zdobywaniem stopni i sprawności**; uznawania **zadania** za podstawową jednostkę metodyczną pracy zastępu i drużyny; przygotowania młodzieży do pracy instruktorskiej w ZHP; określenia **specjalności** zastępu i drużyny. Zasady **logicznego ciągu** zbiórek; zachowania **odpowiedniego tempa** zajęć; „**nowego**" na każdym spotkaniu; **przemienności** rodzaju zajęć, tematycznego łączenia w formę pracy; **sprawiedliwego** podziału pracy – mają swoje korzenie w zasadach dobrej zbiórki[44].

Druga grupa zasad, proponowana przez Pionka, dotyczy wychowania. Uwzględnia tu: zasadę **kształtowania całej osobowości** wychowanka; tworzenie sytuacji wychowawczych umożliwiających harcerzom **nabywanie i wymianę doświadczeń** (pośrednio można się tu dopatrzeć wcześniejszej zasady wzajemności oddziaływań); kształtowanie **motywów postępowania w świetle potrzeb** zespołu, środowiska, ZHP; **wychowanie przez przykład** instruktora; wychowania przez **kształtowanie opinii zespołu**; zasadę **indywidualizacji** (indywidualizacja oddziaływań); tworzenia **obiektywnej oceny** w postaci nagrody lub kary (ta zasada zdaje się sprzeczna z wcześniej postulowanym pozytywnym oddziaływaniem – czyli nie karać, a nagradzać to, co dobre, i wskazywać alternatywę).

Kilka lat później ten sam autor – Marian Pionk – wraz z Januszem Michułowiczem doszli do trochę innych wniosków i zmienili pierwotny podział na zasady organizacyjne i wychowawcze. Zaproponowali zasady wychowawcze uniwersalne dla wszystkich organizacji młodzieżowych – w tym dla harcerstwa. W rezultacie przyjęli dwanaście zasad wychowania[45].

Pierwsza z nich dotyczy **wychowania w małej grupie społecznej** traktowanej jak środowisko wychowawcze. Jest to wyraźne odniesienie do sytemu zastępowego i jego walorów wychowawczych. Taka grupa pozwala na indywidualną pracę, ale jednocześnie uczy współpracy, współdziałania. Odpowiada też na potrzeby młodych ludzi – przydatności społecznej, akceptacji i zrozu-

---

[43] M. Pionk, *Harcerski system wychowawczy*, Katowice 1972, s. 35–36, za: J. Michułowicz, M. Pionk, *Zarys metodyki wychowania...*, op. cit., s. 61.
[44] Zasady dobrej zbiórki: zasada logicznego ciągu; zasada tempa zbiórki; zasada przemienności elementów; zasada czterech stałych elementów; zasada nowego na każdej zbiórce; zasada samodzielności i inicjatywy na każdej zbiórce; zasada podziału pracy między drużynowego a przybocznego; zasada „drużynowy też się bawi".
[45] J. Michułowicz, M. Pionk, *Zarys metodyki wychowania...*, op. cit., s. 63–67.

mienia. Przygotowuje do pracy w grupach i zespołach w dorosłym życiu. Najbardziej efektywna jest praca w grupie liczącej od pięciu do dziewięciu osób (w systemie zastępowym jako idealną liczbę przyjmuje się sześć).

Znaczenie **przykładu osobistego** instruktora jest podkreślane w drugiej zasadzie. Młodzi ludzie szukają swojego idola, wzoru do naśladowania. W przypadku drużyny harcerskiej powinien nim być drużynowy, powinien się cieszyć autorytetem – wówczas podejmowane przez niego działania wychowawcze przyniosą najlepsze rezultaty.

W procesie oddziaływań wychowawczych należy także uwzględniać **indywidualne właściwości psychofizyczne** wychowanka. Inaczej mówiąc, chodzi o indywidualizację wychowania – podkreślaną już przez Baden-Powella. Znajomość zdolności i słabości wychowanka pozwala na świadome kierowanie jego rozwojem przez dawanie mu odpowiednich do jego predyspozycji zadań. Zespół to zbiór indywidualności, z których każda powinna się rozwijać swoim torem, jak również powinna umieć odnaleźć swoje miejsce w grupie.

Zasada **oddziaływań wychowawczych na osobowość wychowanka** wiąże się ze stale zmieniającą się rzeczywistością i koniecznością dostosowania odpowiednich metod działań do aktualnych potrzeb środowiska.

Zasada **aktywizowania młodzieży** przez tworzenie wystarczającej liczby stanowisk pracy społecznej jest nazywana zasadą Kamińskiego. Aleksander Kamiński odkrył pewną prawidłowość dotyczącą aktywności młodzieży w grupie społecznej. Tam, gdzie nie było wystarczającej liczby miejsc pracy społecznej, młodzież, która nie miała przydzielonych zadań, stopniowo wycofywała się z działalności. Zasadę tę można powiązać ze służbą harcerską. W pracy organizacji harcerskich stawia się duży nacisk na to zagadnienie. Praca społeczna to także zaspokojenie potrzeby bycia komuś potrzebnym.

Wychowanie przez kształtowanie opinii zespołu ma na celu zapobieganie negacji autorytetów, tak charakterystycznej dla okresu dorastania. Grupa, która czuje, że jest współautorem projektu, bardziej angażuje się w pracę. Stąd też nie wolno odrzucać oddolnej inicjatywy wychowanków. W ten sposób czują się oni odpowiedzialni za grupę i jej poczynania.

Istotne jest również **sprawiedliwe operowanie systemem ocen**, co w przypadku harcerstwa oznacza podkreślenie znaczenia systemu stopni i sprawności. To one są wymierną oceną zdobytych umiejętności i wiadomości, wskazują, że wysiłek młodego człowieka został doceniony i zauważony. Stają się też motywacją do dalszej pracy.

Zasada **logicznego wiązania wszystkich elementów** składowych formy pracy nie budzi zastrzeżeń – wiedzę i umiejętności najlepiej przyswaja się wówczas, gdy są one ze sobą powiązane, oraz wtedy, kiedy ten sam element występuje w różnych kombinacjach. Powoduje to całościowe ujęcie danego tematu. Metoda ta jest obecnie na szeroką skalę stosowana w nauczaniu zintegrowanym w szkołach.

Zasada **sprawiedliwego podziału pracy** wiąże się z metodą pracy z grupą opartą na zadaniach. Powszechnie stosowaną formą jest zadanie zespołowe. Może ono być realizowane na każdym poziomie organizacyjnym – zastępu, drużyny, szczepu czy hufca. Podstawowym elementem zadania zespołowego jest podział pracy – tak aby każdy był odpowiedzialny za pewien element zadania. Drugą ważną sprawą jest przydzielanie w kolejnych zadaniach cząstek o różnej wadze i znaczeniu – żeby każdy mógł się sprawdzić w różnych rolach i aby stopniować odpowiedzialność za wykonanie zadania. Zapobiega to odsuwaniu się niektórych osób od działania, np. wówczas, gdy dostają one ciągle zadania o małym znaczeniu.

Podkreśla się znaczenie zachowania **odpowiedniego tempa zajęć**, które ma wpływ na utrzymanie aktywności na odpowiednim poziomie. Chodzi tu o zróżnicowanie form wprowadzanych na zbiórce tak, aby pobudzić do działania i twórczej pracy. Dlatego też w trakcie zbiórki wykorzystuje się elementy zabaw i gier ruchowych, jak również gawędy, podczas których trzeba się skupić.

Konieczność wprowadzania **nowych elementów** wiedzy i umiejętności na każdej zbiórce sprzyja rozwojowi harcerzy. Nowo zdobytą wiedzę od razu chce się wykorzystać i sprawdzić, zdobywanie nowych umiejętności podnosi atrakcyjność zajęć oraz zaspokaja potrzeby poznawcze.

Zasada **walki o sukces społeczny i wychowawczy** wynika z analizy sytuacji, w jakich powstawały związki młodzieży. Walka o sukces nie zawsze musi się łączyć z walką militarną – choć takie znaczenie miała organizacja harcerska na początku swego istnienia. Sukcesem może być także polepszenie sytuacji gospodarczej, społecznej czy kulturalnej. Obecnie nie nazwalibyśmy tego walką – gdyż za bardzo kojarzy się z minionym okresem politycznym – ale można tu zauważyć pewne nawiązanie do potrzeb środowiska lokalnego. Raczej nie walka, ale dążenie do poprawy w najbliższym otoczeniu, a tym samym – służba. Służba jest jednym z najistotniejszych czynników wychowania harcerskiego. To świadoma, ukierunkowana na cele społeczne działalność zespołów harcerskich – drużyn, zastępów, instruktorów[46].

W 1989 r., w czasie przemian ustrojowych w Polsce, harcerstwo stało przed poważnym dylematem. Stawiano sobie pytanie, dokąd ma ono zmierzać i jakimi metodami to robić. Urszula Sobkowiak twierdzi, że metody harcerskiej nie można sprowadzać jedynie do wymiaru kształtowania osobowości wychowanka. Autorka podkreśla związek funkcji **osobotwórczej** z dwiema innymi – **społeczną** i **podmiotową**[47]. Stopień identyfikacji jednostki z organizacją zależy od stopnia potrzeb tej jednostki (zucha, harcerza) realizowanych przez tę organizację. Uczestnictwo w działaniach harcerskich, których celem jest

---

[46] O. Fietkiewicz (red.), *Leksykon...*, op. cit., s. 431.
[47] U. Sobkowiak, *O metodzie harcerskiej...*, op. cit., s. 11.

wykraczanie poza interes własny i swojego zespołu, kształtuje właściwe relacje młodego człowieka z innymi ludźmi, społeczeństwem czy przyrodą.

Przy tak rozumianej integracji oczywistym się wydaje, że metoda harcerska to nie tylko swoisty sposób, w jaki zmierza się do kształtowania osobowości zrzeszonych, ale wręcz sposób życia i działania jednostek i zespołów harcerskich[48].

Autorka uwypukla znaczenie **systemu zastępowego** w wychowaniu harcerskim, argumentując to korzystnymi zmianami osobowościowymi, jakie zachodzą w wychowanku podczas działań w grupie. Do innych istotnych elementów zalicza **właściwy dobór form działania, elementy wytwarzające więź**, takie jak symbole, obrzędy, zwyczaje, półformalny charakter działań grupowych.

Metoda harcerska to swoisty sposób działania, będącego drogą samorealizacji zuchów, harcerzy i instruktorów, pociągającej za sobą rozwój ich osobowości zgodny z harcerskim systemem wartości[49].

Swoisty, specyficzny sposób działania oznacza, że został on wyznaczony przez tradycję i dorobek harcerstwa; dotyczy motywowania, organizowania, przebiegu działań.

Jakie działanie będzie harcerskie, a tym samym zgodne z metodą? Musi się ono cechować integracją działań w zakresie osiągania celów z wcześniej wymienionych grup – osobotwórczej, społecznej i podmiotowej. Powinno stwarzać odpowiednie warunki do działania, czyli przechodzić przez kolejne etapy tworzenia zespołu: powołanie grupy, odkrywanie uzdolnień i możliwości poszczególnych członków zespołu, motywowanie do działania, działalność. Kolejna ważna cecha to **tworzenie warunków do przeżycia zbiorowego, stawianie** harcerza **w sytuacjach trudnych**, preferowanie **określonych płaszczyzn aktywności** (przyroda, społeczeństwo, drugi człowiek, grupa) oraz kierowanie oparte na przywództwie i podmiotowość każdego z uczestników działania.

Pojęcie samorealizacji wiąże się z realizacją istoty „bycia człowiekiem" i dotyczy osiągania celów społecznych, podmiotowych. Cele te są wyrażane przez harcerski system wartości, zawarty w Prawie i Przyrzeczeniu Harcerskim.

Prezentowany tu sposób postrzegania metody harcerskiej „owocuje" w postaci zintegrowanego punktu widzenia dziecka (dążenie do realizacji pragnień, potrzeb) i harcerskiego wychowawcy (dążenie do tworzenia warunków sprzyjających rozwojowi osobowości i stymulowania tego rozwoju). Sprzyja to tak istotnemu w harcerstwie przezwyciężaniu dychotomicznego podziału na wychowujących i wychowywanych, spełnianiu wymogu wzajemności oddziaływań, podkreślanemu m.in. przez Ewę Grodecką. Widać zatem wyraźnie, że każde zadanie podejmowane wspólnie przez młodszych i starszych, stać się może powinno składnikiem

---

[48] U. Sobkowiak, *O metodzie harcerskiej...*, op. cit., s. 11.
[49] *Ibidem*, s. 12.

życiowej przygody i to bez względu na etap drogi „od zuchów aż do szarż", na jakim znajdują się jego realizatorzy. Jedynie wraz z rozwojem psychospołecznym codzienność odsłania coraz więcej wymiarów danego zadania i „coraz cięższą podaje zbroję"[50].

W 1988 r. został wydany *Leksykon harcerstwa*, który stanowi encyklopedyczny zbiór informacji o harcerstwie. To publikacja, po którą sięgają młodzi instruktorzy szukający odpowiedzi na nurtujące ich pytania związane z pracą harcerską. Podana tu definicja metody jest niejasna i trudno uchwycić w niej właściwe cechy metody harcerskiej. Na metodę harcerską składają się:

> Prawo Harcerskie i Prawo Zucha oraz 7 głównych zadań drużynowego zuchów, jako środki służące przybliżaniu celów i zadań harcerstwa; działania i oddziaływania przyjmujące postać różnorodnych form pracy; środki umożliwiające osiąganie celów przez owe działania i oddziaływania, a wśród nich: swoisty sposób organizowania aktywności (system zastępowy, zbiórka, obóz), awans organizacyjny (gwiazdki, stopnie, sprawności, funkcje), wzory osobowe, symbole i tradycje, swoista pozycja drużynowego w zespole (braterstwo, partnerstwo), sposoby podejmowania aktywności (zadania i zajęcia)[51].

Można tu wyodrębnić pewne zasady charakterystyczne dla metody harcerskiej: pozytywny i pośredni charakter wychowania, wywieranie wpływu od wewnątrz, świadomość jednostki w zakresie celów i zadań, partnerstwo między podwładnym a bezpośrednim przełożonym, wzajemność oddziaływań instruktorów i harcerzy, naturalność sytuacji wychowawczych.

Po zmianie ustroju w Polsce opracowania dotyczące metody harcerskiej pojawiały się tylko w prasie harcerskiej. Mają one różny charakter – od czysto sprawozdawczego, streszczającego znane opisy metod harcerskich, po takie, które starają się rozważać metodę harcerską na tle współczesnych problemów harcerstwa i młodzieży polskiej. Zmianie polskiej rzeczywistości społecznej musiała towarzyszyć zmiana podejścia do metody harcerskiej jako metody wychowawczej.

Ksiądz doktor hm. Krzysztof Bojko podjął próbę znalezienia nowych sposobów pracy ze współczesną młodzieżą[52]. System wychowawczy młodzieży powinien być odzwierciedleniem **potrzeb** młodych ludzi oraz oczekiwań, jakie stawia przed nimi wspólnota społeczna, w której żyją. Autor zakłada, że młodzi ludzie cechują się **naturalną potrzebą przynależności do wspólnoty**.

> Pragnienie przynależności u młodych ludzi jest tak wielkie, że często angażują się oni w różnego rodzaju subkultury a nawet sekty podporządkowujące ich sobie wbrew ich pragnieniu wolności i niezależności, przekonując zarazem, że właśnie

---

[50] *Ibidem*, s. 13.
[51] O. Fietkiewicz (red.), *Leksykon...*, op. cit., s. 257.
[52] K. Bojko, *Program harcerstwa polskiego – diagnoza...*, op. cit.

> w tym gronie będą wolni i niezależni. [...] Kontrpropozycją dla tego typu oddziaływań są zatem wspólnoty posiadające jasno określony pozytywny program wychowawczy, który w naszym kręgu kulturowym oparty jest na nauce Chrystusa[53].

Zadanie systemu wychowawczego polega na wspieraniu podstawowej wspólnoty, jaką jest rodzina. Każda wspólnota młodzieży powinna mieć jasno określone zasady przynależności do wspólnoty lokalnej. Na ideę oparcia harcerskiego systemu wychowawczego na potrzebach młodych ludzi wskazywał już twórca skautingu. Pojawia się pytanie o zasadność twierdzenia, że każdy młody człowiek ma potrzebę przynależności do wspólnoty. Młody człowiek szuka środowiska, w którym będzie akceptowany – nie zawsze jest to środowisko, które niesie ze sobą pozytywne wartości. Autor uważa, że to, jaką wspólnotę wybierze jednostka, zależy od środowiska rodzinnego. Czy to oznacza, że człowiek jest z góry skazany na wybór wspólnoty o pozytywnym lub negatywnym wpływie? Harcerstwo miało być alternatywą także dla dzieci z zaniedbanych środowisk, a nie elitarną grupą dla dobrze sytuowanych.

Według Krzysztofa Bojko metoda harcerska powinna się opierać na wartościach chrześcijańskich.

> Niektórzy twierdzą, że istnieje także laicki system wartości nieuwzględniający w sobie wartości Boga, a w to miejsce wstawiający inne wartości – najczęściej człowieka bądź wspólnotę. Ale nie jest to jednak całościowy system, gdyż wartość naczelna będąca miarą innych wartości jest tu zmienna a zatem i system wartości ulega zmianie w zależności od człowieka czy wspólnoty. Zmienność systemu pozbawia system wartości: to, co jest dzisiaj dobre, jutro może być złe i na odwrót[54].

Według autora celem każdej wspólnoty – w tym harcerskiej – jest droga prowadząca do Boga. Poruszony jest tu bardzo ważny problem – wiary. Wiara w Boga towarzyszyła harcerstwu od zarania, była i jest obecna w Przyrzeczeniu Harcerskim. Dziś stanowi przedmiot dyskusji – czy wiara odgrywa we współczesnym społeczeństwie taką samą rolę jak przed I wojną światową? Był czas, kiedy religia określała reguły życia, oraz okres, kiedy wiara była zakazana, teraz jest wybór (choć czasem tylko pozorny). W polskim społeczeństwie są katolicy, ludzie innych wyznań i osoby niewierzące – czy przed tymi ostatnimi należy zamknąć drzwi? Jeżeli metoda harcerska ma być taka jak kiedyś, to należałoby odpowiedzieć „tak". Ale co z postulatem jej elastyczności? Skoro metoda harcerska ma być dostosowana do współczesnych potrzeb, to może należałoby się zastanowić nad obecnością w niej wiary. Jest to problem niezwykle gorący, niemal karta przetargowa między organizacjami harcerskimi – jednak w tym miejscu nie będzie ona dalej analizowany ze względu na inny cel opracowania.

---

[53] K. Bojko, *Program harcerstwa polskiego – diagnoza...*, op. cit., s. 42.
[54] *Ibidem*, s. 43.

Bojko proponuje oprzeć swoje rozważania na **poszukiwaniu dobra**. Celem jest określenie wartości, następnie postaw, a na końcu drogi dotyczącej ruchu harcerskiego. Najważniejszą wartością (najwyższym dobrem) jest Bóg. Wartością zależną od Boga są człowiek i jego dobro – życie, jego godność i świętość. Z godności człowieka wynikają wszelkie inne wartości nadające mu godność dziecka Bożego. Człowiek pragnie prawdy, miłości, wolności, sprawiedliwości, szczęścia.

Autor analizuje wspólnoty pod dwoma względami: wymiarem wertykalnym i horyzontalnym. Wymiar wertykalny pokazuje drogę wartości od Boga do człowieka, wymiar horyzontalny zatacza coraz szersze kręgi wokół wspólnoty.

> Człowiek, żyjąc w określonej wspólnocie, jest zobowiązany do kształtowania w sobie postaw warunkujących jego rolę i funkcję, jaką w niej pełni[55].

Pierwszym, najbliższym w wymiarze horyzontalnym, dobrem człowieka jest dobro rodziny, wspólnoty naturalnej, w której się wychowuje. Kolejne dobro w wymiarze horyzontalnym stanowi wspólnota regionalna, a następne – ojczyzna.

> Każda proponowana wartość, tak w wymiarze wertykalnym, jak i horyzontalnym, zakłada reakcję, którą należy wyzwolić w człowieku. Środkiem powodującym wyzwalanie w człowieku takich postaw staje się zatem ruch czy stowarzyszenie[56].

Pierwszą wspólnotą, najbliższym środowiskiem wychowawczym jest rodzina. Stowarzyszenia mają sens tylko wówczas, gdy nie odrywają od rodziny, nie zaprzeczają jej wartościom. Kolejne wspólnoty to te o charakterze formalnym i nieformalnym, do których należy młody człowiek. Wspólnota formalna to np. szkoła, którą powinno wspierać każde stowarzyszenie. Wyższy poziom stanowi „mała ojczyzna" – stowarzyszenie powinno budować więź z miejscem zamieszkania, jego dobrami. Mała ojczyzna pozwala określić **tożsamość**.

Następny etap to przynależność narodowa – jest to ważne z uwagi na to, że w Europie Zachodniej obserwuje się duże wymieszanie kultur. Świadomość swojej narodowości umacnia i buduje tożsamość. I tu dochodzimy do konkluzji – czym jest metoda?

> Metoda jest zatem stałym systemem działania wspólnoty, który prowadzi człowieka przez lata jego życia do ostatecznego celu. Takich dróg jest wiele i z tego płynie wielość istniejących w świecie ruchów i stowarzyszeń[57].

---

[55] *Ibidem*, s. 27.
[56] *Ibidem*, s. 26.
[57] K. Bojko, *Program harcerstwa polskiego – drogi osiągania wartości (metody)*, „Instruktor" 2001, nr 60, s. 33.

Ruch harcerski ma specyficzną metodę wychowującą, opartą na **systemie zastępowym** oraz integralnym rozwoju człowieka zawartym w **stopniach i sprawnościach**. Metoda harcerska to sformułowanie dróg prowadzących do postaw, jakie należałoby zaproponować w harcerstwie, do wartości, które są celem do osiągnięcia.

> Metoda harcerska oparta jest na integralnym wychowaniu człowieka w małej wspólnocie – zastępie, w którym prowadzony jest ku dojrzałości przez lata swojej służby harcerskiej [...]. Cała jego droga wtajemniczenia harcerskiego oparta jest na procesie zdobywania cnót i osiągania postaw zapisanych w Prawie Harcerskim oraz osiągania dóbr, jakie przed nim stawia jego wychowawca[58].

Jakie są te cnoty? Pierwszą z nich jest pragnienie prawdy – **życie w prawdzie**. Oznacza ono zdobywanie wiedzy o sobie samym, dążenie do samoświadomości – czyli kształcenie charakteru przez zdobywanie stopni i sprawności. U starszych prawda objawia się w konflikcie swoich postaw z oczekiwaniami przełożonych – tu punktem odniesienia powinno być Prawo Harcerskie. Druga cnota to **wolność**, która wiąże się z odpowiedzialnym wyborem. Przynależność do harcerstwa jest dobrowolna, jednak bycie w nim wymaga podporządkowania się pewnym zasadom. Kolejna cnota to **sprawiedliwość** – szacunek dla praw i obowiązków:

> Zasada posłuszeństwa przełożonym wypływa zatem tak z miłości, jak i ze sprawiedliwości, które budują siłę wspólnoty, w której każdy zna swoje miejsce i ważność pełnionej przez siebie funkcji[59].

Na dalszym miejscu wymieniane są **szczęście**, rozumiane jako akceptacja siebie i innych, oraz wartości intelektualne, czyli **mądrość** i **wiedza**. Wspólnota harcerska zaspokaja potrzebę przynależności, akceptując zarazem odrębność jednostki. Proponuje jednostce to, co może ona wykorzystać we własnym rozwoju.

Poznanie to jedna z pierwotnych potrzeb człowieka. Harcerstwo proponuje poznawanie świata w szerokim zakresie – dostarcza różnorodnych informacji, uzupełniając wiedzę szkolną, jak również umiejętności praktycznych.

Podsumowując, należy powiedzieć, że w tym rozwiązaniu kładzie się bardzo duży nacisk na wartości chrześcijańskie, ale także na rozwiązanie problemów współczesnego społeczeństwa, takich jak izolacja społeczna, zamykanie się w sobie. Harcerstwo ma odkrywać na nowo wartość bycia we wspólnocie, uczyć dostrzegać siebie i innych. Cnoty wymieniane przez autora są tymi samymi, które postulowali twórcy idei skautingu. Trudno jednak stwierdzić, czy mogą one być atrakcyjne dla współczesnej młodzieży, oraz wskazać, jak zainteresować młodych ludzi, by wstąpili do tej a nie innej wspólnoty.

---

[58] K. Bojko, *Program harcerstwa polskiego – drogi osiągania wartości...*, op. cit., s. 33.
[59] *Ibidem*, s. 35.

Harcmistrz Michał Gutkowski na pytanie o przyszłość harcerstwa odpowiada pytaniem o jego przeszłość – dlaczego przetrwało przez dziewięćdziesiąt lat?[60] Są cztery przyczyny. Pierwszą z nich jest wiara w Boga – autor zastanawia się, czy to nie ona sprawiła, że harcerstwo może się poszczycić tak długą historią. Patrząc w przyszłość jednak, bardzo prawdopodobne jest, że harcerstwo stopniowo będzie odchodzić od ścisłego związku wiary z historią i patriotyzmem. Drugim powodem są historia i ojczyzna. Harcerstwo przetrwało dzięki tym, którzy przelali krew za ojczyznę. Ich bohaterstwo żyje w opowieściach i legendach. Ofiara życia tych ludzi zobowiązuje do kontynuacji działań, a także potwierdza nieprzemijalność idei, o które walczyli. Trzecim elementem warunkującym sukces jest właśnie metoda harcerska. Harcerstwo daje szeroki wachlarz rozwoju osobowości, każdy znajdzie tu coś odpowiedniego dla siebie. **Samowychowanie** – idea coraz bardziej obecna we współczesnej szkole – u Baden-Powella zaistniała prawie 100 lat temu. Wspólna idea jako centrum i cel, które łączą mistrza i ucznia, stawiając ich jednocześnie na tym samym poziomie, jak starszego i młodszego brata. Ostatnim elementem jest przyjaźń, którą można odnaleźć we wspólnocie, wspólnocie, która pozwala zbudować swoją tożsamość.

> Metoda bez ducha jest jak armia bez ojczyzny. Metoda ma czemuś służyć, być narzędziem, a nie celem samym w sobie[61].

Harcmistrz Paweł Ambroziewicz podaje trafną definicję metody harcerskiej:

> Ruch harcerski w Polsce – w odróżnieniu od innych ruchów, występujących w światowym skautingu – miał na początku i ma stale – stosownie do występujących potrzeb – swoje własne cele. Tym celom służy oryginalna, swoista i właściwa dla tego ruchu metoda, która – w zasadzie – stale utrzymuje swoją tożsamość. Po to by była atrakcyjna dla różnych pokoleń harcerskich, podlega bieżącej, stale kontrolowanej adaptacji. Ciągle też metoda zapisywana jest w nowy sposób – nie zmieniając swej istoty, lecz przyjmując takie sformułowania, które stają się bardziej zrozumiałe i bardziej użyteczne dla kolejnych pokoleń, zwłaszcza młodych instruktorów[62].

Potwierdza to, że metoda jest niezmienna w swej istocie, ale stale dopasowywana do nowych warunków. Chcąc przybliżyć jej ideę, autor sięga do szaroszeregowej Szkoły za Lasem, w której swoją metodę stosował druh Jan Rosman, opierając ją na wzorach baden-powelowskich.

> Dh. Rosman uważał, że Harcerstwo podaje – powiedzmy drużynowemu – pomocną dłoń, by skutecznie prowadził on swych wychowanków ku wytyczonym przez organizację celom. A zatem wyciągnięta ręka jest niejako symbolem tej metody[63].

---

[60] M. Gutkowski, *Metoda bez ducha…, op. cit.*, s. 10.
[61] *Ibidem*, s. 11.
[62] P. Ambrożewicz, *O metodzie harcerskiej…, op. cit.*, s. 28.
[63] *Ibidem*.

Metoda ta odwołuje się do kanonów wywodzących się z Prawa Harcerskiego. Najważniejsza jest **wolna wola**. Młody człowiek decydujący się na przystąpienie do ruchu harcerskiego musi zdawać sobie sprawę z odpowiedzialności, jaką na siebie bierze – odpowiedzialności pracy nad sobą. Wolna wola wiąże się ze świadomością oddania części swojej wolności na rzecz podporządkowania się wytycznym ruchu. Budowanie zaangażowania we własny rozwój jest możliwe przez **system odpowiednich do wieku i rozwoju środków**. Można to osiągnąć tylko za cenę podporządkowania się pewnym rygorom i regułom, wdrożenia do dyscypliny. Tego młody człowiek musi sam chcieć.

> Tak długo zachowywać będzie młody człowiek dystans do Organizacji, jak długo sam nie zobaczy w tej przynależności dla siebie własnego interesu. I to „interesu" w podwójnym znaczeniu: po pierwsze sam na tym korzysta, ale też po drugie – służąc bliźnim, wzbogacając się duchowo, będzie miał satysfakcję z „przydawania się innym"[64].

Praca harcerska jest realizowana przez **system zastępowy**, który spełnia potrzeby akceptacji młodych ludzi w grupie rówieśniczej. Działanie w systemie zastępowym uczy ról społecznych, przygotowuje do życia.

> Trzeba stale pamiętać o tym, że jesteśmy „na gruncie" organizacji wychowawczej, gdzie wszystko jest grą, i że jest to szkoła zachowań obywatelskich, gdzie wszystkich uczestników, wszystkich harcerzy (również harcerki!) łączy więź braterska i koleżeńska. I gdzie wszyscy [...] sami podporządkowujemy się z własnej woli określonym „normom środowiskowym" i w ten sposób, w obecności i przy udziale innych, dążąc do doskonałości – pomagamy innym i sobie samym![65]

Wszystkie pozostałe elementy metody są dobrze znane, wcześniej już o nich wspomniano. Podkreśla się znaczenie **pośredniości oddziaływania**, czyli wychowywania przez działanie, dostosowania poziomu trudności do potrzeb harcerzy, oraz **obecności natury**, przyrody w kształceniu charakteru. Harcerstwo to jednak nie tylko zasady.

> Harcerz, składając Przyrzeczenie Harcerskie, deklaruje, że chce całym życiem służyć Bogu i Polsce, nieść chętną pomoc bliźnim (co zresztą mieści się w pełni w Dekalogu i w zasadzie nie stanowi nowości), ale ponadto reprezentować pewien dodatkowy „fason", pewien styl bycia, jaki określa przyjmowane dobrowolnie przez niego Prawo Harcerskie. Dlatego też to maleńkie słówko „i" wskazuje na przyjęcie na siebie dodatkowego zobowiązania, które będzie wyróżniać harcerza od rówieśników[66].

Problem polega tylko na tym, aby ten „fason" był „w modzie", aby na takiego człowieka wszyscy patrzyli z uznaniem i pewną zazdrością.

---

[64] P. Ambrożewicz, *O metodzie harcerskiej...*, op. cit., s. 28.
[65] *Ibidem*, s. 22.
[66] P. Ambrożewicz, *O metodzie harcerskiej (5)*, „Czuwaj" 2001, nr 6, s. 22.

Propozycje interpretacji metody harcerskiej można znaleźć na stronach internetowych organizacji harcerskich. Nie ma tam jednak niczego nowego, wszystkie opisy zawierają te same elementy: jako punkt wyjścia traktują **potrzeby** dzieci i młodzieży, działanie przez **system zastępowy**, podejście **indywidualne** do każdego harcerza czy harcerki. Niektórzy widzą sukces metody w doświadczeniu zdobywanym i przekazywanym przez kolejne pokolenia instruktorów[67]. Inni podkreślają, że gdyby harcerstwo nie było potrzebne, to by nie istniało, a skoro istnieje – to znaczy, że jest potrzebne:

> Komu potrzebne jest harcerstwo? Nie byłoby harcerstwa, gdyby nie było potrzebne. A więc komu jesteśmy potrzebni?
> Dzieciom – bo dajemy im szansę przeżycia wspaniałej przygody i pierwszą w życiu szansę sprawowania służby.
> Młodzieży starszej, której pomagamy znaleźć swoje miejsce w życiu i uformować pewien styl życia.
> Jesteśmy potrzebni rodzicom, bo ich częściowo zastępujemy w procesie wychowania.
> No i wreszcie potrzebni jesteśmy w szkole i wspólnocie lokalnej, by inni mogli brać z nas dobry przykład[68].

W swoich celach wychowawczych Związek Harcerstwa Polskiego podkreśla znaczenie rozwoju duchowego, intelektualnego, społecznego i fizycznego[69]. Harcerski system wychowawczy jest rozumiany jako jedność zasad harcerskiego wychowania, metody i programu. Zasady wychowania to służba, braterstwo i praca nad sobą.

> Metoda harcerska to sposób działania odznaczający się pozytywnością, indywidualnością, wzajemnością oddziaływań, dobrowolnością i świadomością celów, pośredniością, naturalnością, będący systemem wspierania samorozwoju zuchów, harcerzy, harcerzy starszych i instruktorów przez: Przyrzeczenie i Prawo, uczenie w działaniu, pracę w małych grupach, program stale doskonalony i pobudzający do rozwoju[70].

Wszystkie te elementy są znane z opisów Baden-Powella, Grodeckiej czy Kamińskiego. Świadczy to o tym, że przez instruktorów (przynajmniej tych z większym doświadczeniem) metoda harcerska jest pojmowana w ten sam sposób, to ten sam system wychowawczy. Poważnym problemem jest brak współczesnych rozwiązań – przywoływanie teoretycznych tradycji nie wystarczy. Harcerstwo to praktyka, działanie – a więc trzeba odpowiedzieć na pytanie,

---

[67] *Podstawowe zasady wychowania harcerskiego w ZHR*, Naczelnictwo Związku Harcerstwa Rzeczypospolitej, s. 6–8, http://www.zhr.pl/wp-content/uploads/2013/12/Podstawowe-zasady--wychowania-harcerskiego-w-ZHR.pdf, dostęp: 26.01.2014.
[68] S. Mirowski, *Styl życia*, Horyzonty, Warszawa 1997.
[69] *Ibidem*.
[70] *Ibidem*.

jak dostosować „starą metodę" do współczesnych warunków. Harcerstwo uczy budować więzi międzyludzkie, uczy, co to znaczy służba i jak pracować nad sobą – ale to wszystko dotyczy tych, którzy są już jego członkami. Jak zachęcić tych, którzy o harcerstwie nie wiedzą nic albo gorzej – organizacja ta kojarzy im się ze stereotypem grzecznych chłopców przeprowadzających starszych przez ulicę?

Co zrobić, aby zachowując wierność tradycyjnym ideom, sprostać oczekiwaniom młodych ludzi, jak zaprezentować harcerstwo w korzystnym świetle, jakie oferty programowe mogą być atrakcyjne dla współczesnej młodzieży? To są dziś podstawowe pytania.

Kiedy harcerstwo powstawało, nikt nie myślał o komputerach, podróże zagraniczne kojarzyły się z wielką wyprawą, a na list z innego kontynentu można było czekać miesiącami – dziś komputer i Internet to nieodłączny element codziennego życia młodego człowieka. Czy można wykorzystać go w pracy harcerskiej, nie rezygnując z postulatu kontaktu z przyrodą?

Problem stanowi nie sama metoda, ale jej świadomość. Można tu wskazać dość powszechne zjawisko wśród młodych funkcyjnych, którzy często nie mają świadomości celów działań podejmowanych ze swoimi harcerzami. Na pytanie: „Dlaczego prowadzisz zbiórkę o alfabecie Morse'a? Przecież teraz się już go nie używa?" opowiadają: „bo tak zawsze było" albo „bo tak wszyscy robią"[71]. Niewielu uzasadnia swoje działanie kształceniem pamięci i spostrzegawczości, refleksu. I chyba tu jest największy problem – praktyka nie realizuje założeń teoretycznych – zwłaszcza wśród instruktorów „pierwszego frontu" – tych, którzy bezpośrednio pracują z młodymi ludźmi. Świadomość ta przychodzi później (albo wcale), ale wówczas można ją wprowadzać w czyn pośrednio – przez kształcenie młodych funkcyjnych, którzy już pracują z młodzieżą, a tym samym popełniają błędy. W ten sposób błędne koło się zamyka.

Od instruktora wiele zależy. Powinien on być szczególnie dobrze wykształcony. Nie każdy też może nim zostać, potrzebne są bowiem odpowiednie predyspozycje.

> Warunkiem skuteczności harcerskiej metody jest przykład osobisty instruktora. Swoją postawą instruktor powinien dawać przykład osiągania wartości, którym służy harcerstwo, pokazywać, że życie według Prawa Harcerskiego może być źródłem radości. Instruktor nie jest ani dowódcą, ani nauczycielem. Jest „starszym bratem", który zuchowi, harcerce, harcerzowi stwarza warunki do kształtowania charakteru.
> Metoda ta jedynie wówczas okaże się w pełni skuteczna, jeżeli każdy harcerski instruktor będzie potrafił łącznie wykorzystywać w swej pracy zgodnie z jej cechami wszystkie te elementy[72].

---

[71] Jest to przykład, który przytacza się na kursach drużynowych różnych organizacji.
[72] P. Pamuła, *Metoda harcerska...*, op. cit.

Metoda harcerska ma zastosowanie do wszystkich poziomów organizacyjnych harcerstwa – zarówno harcerzy, jak i instruktorów, realizując tym samym jeden z jej postulatów – uczenia się przez działanie. Drużynowy, który na kursie drużynowych pracuje metodą harcerską, łatwiej ją zrozumie i lepiej zastosuje w swojej pracy z drużyną[73]. Instruktor musi zrozumieć, że nie tylko on jest autorytetem dla swoich harcerzy, lecz także uczy się od nich. Tę wzajemność oddziaływań dobrze charakteryzuje poniższy wierszyk:

> *Mały człowieczek idzie w me ślady,*
> *Pyta o drogę, prosi o rady;*
> *Zbłądzić nie mogę, choćby się chciało,*
> *Bo pójdzie za mną pewnie i śmiało.*
> *Oczka swe ciągle na mnie obraca*
> *I naśladuje, to jego praca.*
> *Jestem wyrocznią i nie mam rady,*
> *Mały człowieczek idzie w me ślady.*
> *W wiosennym słońcu, w zimowym śniegu*
> *Rzeźbię i tworzę, w marszu i w biegu*
> *Na długie lata przyszłej dekady*
> *Człowieczka, który idzie w me ślady*[74].

Pierwszą próbą kompleksowego opisania i analizy metody harcerskiej w nowych warunkach polskich jest publikacja autorstwa Józefa Sowy i Zdzisława Niedzielskiego – dwóch wybitnych instruktorów i działaczy harcerskich – pod tytułem *Metoda pracy harcerskiej w zarysie*[75]. Celem tej książki jest poszerzenie wiedzy z zakresu pracy harcerskiej instruktorów, drużynowych i funkcyjnych oraz przedstawienie ogólnej wiedzy harcerskiej studentom, pedagogom. Autorzy postulują wprowadzenie metody harcerskiej do programu studiów, aby coraz szersze grono pedagogów mogło zachęcać do pracy harcerskiej. Jest to nawiązanie do pomysłu z lat siedemdziesiątych XX w., kiedy przedmiot **metodyka harcerska** był obowiązkowy w programie studiów. Pomysł ten wówczas był i obecnie jest przez wielu instruktorów i pedagogów krytykowany. Z jednej strony może to wynikać z obaw przed powrotem do masowego, obowiązkowego harcerstwa. Z drugiej instruktorzy boją się, że upowszechnienie metody harcerskiej spowoduje jej wypaczone stosowanie, bez pełnego zrozumienia idei, np. podczas zajęć szkolnych. Harcerstwo szuka nowych dróg promocji, nowych sposobów dotarcia do szerokiego kręgu odbiorców. Ukazywanie, czym jest metoda harcerska szerokiemu gronu przyszłych pedagogów, może być jedną z takich metod.

---

[73] W. Laskowski, *Metoda harcerska...*, op. cit.
[74] J.C. Maxwell, *Być liderem*, za: W. Laskowski, *Metoda harcerska...*, op. cit.
[75] J. Sowa, Z. Niedzielski, *Metoda...*, op. cit.

Według Sowy i Niedzielskiego specyfika metody harcerskiej polega na:

[...]
- stymulowaniu do działania przez wyzwalanie motywów do osiągania sukcesu (dominacja nagród nad karami) – co wynika z dobrowolności członkostwa i oparcia procesu wychowania na stwarzaniu dziecku możliwości zaspokajania istotnych potrzeb;
- naturalności sytuacji wychowawczych;
- organizowaniu i wykorzystywaniu bezpośrednich doświadczeń społecznych, czemu służą między innymi zwiady, akcje społeczne, prace pożyteczne, alerty, kampanie, itp.;
- szerokim wykorzystaniu oddziaływania przy pomocy wzorów osobowych (bohater drużyny, instruktor);
- powszechnym stosowaniu wpływu przez pełnione funkcje i role (stałe i doraźne);
- organizowaniu wychowania pośredniego przez grupę odniesienia, jaką staje się dla dziecka zastęp, gromada czy drużyna (zespół wychowawczy o dużym nasyceniu cechami grupy rówieśniczej[76].

Jest to synteza elementów metody harcerskiej proponowanych przez kolejnych instruktorów i badaczy zajmujących się problematyką wychowania w harcerstwie.

Dopiero w 2011 r. ukazała się książka Marka Gajdzińskiego, *Harcerski system wychowania*[77], opisująca metodę harcerską w sposób kompleksowy, językiem zrozumiałym dla współcześnie działających młodych instruktorów.

3. Metoda harcerska jako specyficzna metoda wychowawcza – analiza elementów składowych

Harcerski system wychowawczy opiera się na metodzie harcerskiej. Zakresy trzech terminów: „metody", „metodyki" i „harcerskiego systemu wychowawczego", najczęściej pojawiających się w opisach metody harcerskiej, częściowo się zazębiają, ale nie oznaczają tego samego. W praktyce harcerskiej stosuje się wymiennie określenia „metoda" i „metodyka", jednak nie są to pojęcia tożsame. Metoda harcerska to

[...] zespół działań, oddziaływań i środków służących realizacji stojących przed harcerstwem celów wychowawczych, społecznych i podmiotowych, ukształtowany w toku rozwoju organizacji harcerskiej, stale doskonalony, świadomie stosowany przez jej członków[78].

---

[76] J. Sowa, Z. Niedzielski, *Metoda...*, op. cit., s. 59.
[77] M. Gajdziński, *Harcerski system wychowania*, NWH, Warszawa 2011.
[78] O. Fietkiewicz (red.), *Leksykon...*, op. cit., s. 256.

3. Metoda harcerska jako specyficzna metoda wychowawcza – analiza elementów składowych

Termin „metodyka" zaś jest używany w węższym znaczeniu i dotyczy całego sytemu pracy oraz organizacji harcerstwa. Określenie to najczęściej jest jeszcze kojarzone z przedmiotem nauczania „metodyka harcerska", wprowadzonym do programu studiów w poprzednim systemie ustrojowym Polski. Przedmiot ten był początkowo obowiązkowy, a następnie fakultatywny. Miał na celu zapoznanie studentów z systemem wychowawczym Związku Harcerstwa Polskiego, jego miejscem w systemie wychowawczym państwa, środowiska lokalnego, szkoły. Metodyka opiera się na znajomości metod i form pracy harcerskiej. Pojęcie metodyki stosowane jest zamiennie z terminami „harcerski system metodyczny" i harcerski „system wychowawczy".

Na problemy definicyjne zawracają uwagę Sowa i Niedzielski. Twierdzą oni, że

[...] szeroki zakres metody harcerskiej skłania raczej do mówienia o metodach bądź metodyce ZHP. Jeżeli jednak pozostaniemy przy użyciu tego pierwszego, znacznie rozpowszechnionego pojęcia, rozumieć je należy jako uproszczone nieco określenie całokształtu właściwych dla Związku oddziaływań, konstruowanie stosunku wychowawczego zgodnie z wypracowanymi w ZHP założeniami[79].

Kłopoty definicyjne może sprawić pojęcie metod i form pracy. Formy pracy są to różne rodzaje zajęć, które odnoszą się do zbiórek, zadań zespołowych, rozmaitych działań harcerskich[80]. Formy to także organizacyjne ramy wdrażania metod[81]. W pedagogice istnieją różne teorie podziału form pracy. Odpowiednikami form organizacyjnych w harcerstwie są drużyna i jej zbiórka, obóz, zimowisko, kurs.

W harcerskim systemie wychowawczym nie ma szczegółowej systematyzacji form pracy. Uważa się, że jest to zbiór otwarty, stale uzupełniany przez nowe propozycje. Należy podkreślić, że forma nie ma być celem samym w sobie, lecz środkiem do osiągnięcia pożądanego celu wychowawczego. Przy doborze form należy się kierować specyfiką środowiska, w jakim działa dana jednostka organizacyjna, potrzebami dzieci i młodzieży oraz celami wychowawczymi[82].

Formy pracy nie są stałe, nie mogą też być stosowane w każdym przypadku – dobiera się je indywidualnie, w zależności od sytuacji panującej w środowisku wychowawczym.

Forma działania jest po prostu układem różnych metod i środków. W krańcowym przypadku, gdy operuje się jedną metodą – staje się ona formą[83].

---

[79] J. Sowa, Z. Niedzielski, *Metoda...*, op. cit., s. 59.
[80] O. Fietkiewicz (red.), *Leksykon...*, op. cit., s. 92.
[81] A.W. Nocuń, *Teoretyczne podstawy...*, op. cit., s. 132.
[82] O. Fietkiewicz (red.), *Leksykon...*, op. cit., s. 93.
[83] J. Michułowicz, M. Pionk, *Zarys metodyki wychowania...*, op. cit., s. 72.

Pionk i Michułowicz do form działania zaliczają: seminarium, spotkanie, manifestację, wiec, czyn społeczny, zbiórkę, konferencję, imprezy turystyczne (rajdy, wędrówki, biwaki, obozy), imprezy sportowe (treningi, mecze, spartakiady), zajęcia klubowe (występy estradowe, turnieje świetlicowe, wieczorki taneczne)[84]. Nie jest to cały zestaw możliwych form pracy – w zależności od zmieniających się potrzeb środowiska mogą się pojawiać nowe.

Metody pracy są natomiast ściśle określone, zależnie od potrzeb środowiska nie powstają nowe i są one nadrzędne w stosunku do form pracy. Metoda to systematycznie stosowane działanie, czynności wykonywane w odpowiedniej kolejności. Pionk i Michułowicz jako przykłady metod stosowanych w związkach młodzieżowych wymieniają: dyskusję, gawędę, opowiadanie, pogadankę, opis, pokaz, wykład, szkolenie programowe, ćwiczenia (dyktando, obserwacje, eksperymenty, zadania, praca z lekturą), zwiad, instruktaż, metodę: heurystyczną, sytuacyjną, inscenizacji, błędnych fotografii, wycinków filmowych, rozruchu myśli[85].

Podsumowując: traktując harcerstwo jako system wychowawczy, należy wziąć pod uwagę metodę harcerską, metody i formy pracy. Metoda harcerska opiera się na określonych metodach pracy, które są realizowane przez formy pracy, odpowiednio dobrane do sytuacji społecznej. Metoda harcerska to określony system zasad postępowania wychowawczego, który dąży do osiągnięcia konkretnych celów przez stosowanie różnorodnych środków. Ale

> [...] metody same przez się to martwe schematy. Dopiero w duszy człowieka, który się jakąś metodą zainteresował, zrozumiał ją, ogarnął żarem swego serca i ożywił wyobraźnią, dopiero w duszy ludzkiej powstaje cud ożywienia się martwej konstrukcji, metoda staje się wówczas czynnikiem twórczym, zdolnym wywołać oddźwięk w innych sercach i umysłach. Oddźwięk tym bardziej płodny, im zdolniejszy jest człowiek, który ją stosuje[86].

Analiza sposobów interpretacji metody harcerskiej na przestrzeni lat pozwala wysnuć wnioski dotyczące wspólnych elementów prezentowanych stanowisk. W dwóch poniższych tabelach porównano poszczególne elementy metody harcerskiej wspomnianych wcześniej autorów. Pierwsza z nich koncentruje się na opisach, które pojawiły się do 1989 r., druga przedstawia metodę harcerską z perspektywy współczesnych autorów.

Zestawienie to jest wynikiem analizy treści, jakiej dokonano na podstawie wyżej wymienionych opracowań.

---

[84] J. Michułowicz, M. Pionk, *Zarys metodyki wychowania...*, op. cit., s. 72–73.
[85] *Ibidem*, s. 69–72.
[86] A. Kamiński, *Nauczanie i wychowanie...*, op. cit., s. 11.

3. Metoda harcerska jako specyficzna metoda wychowawcza – analiza elementów składowych

Tabela 1. Porównanie elementów metody harcerskiej proponowanych przez różnych autorów przed 1989 r.

Autor	\multicolumn{8}{c}{Elementy metody harcerskiej}

Autor	Elementy metody harcerskiej							
Robert Baden-Powell (1909)	opieranie działań na zainteresowaniach i potrzebach	budowanie więzi przez system zastępowy	wychowanie przez działanie	indywidualne podejście do harcerza	pozytywny wpływ, doszukiwanie się w każdym dobra			
Ewa Grodecka (1930)	oddziaływanie w sposób naturalny – dostosowany do potrzeb	system zastępowy	oddziaływanie pośrednie	oddziaływanie od wewnątrz	metoda jest pozytywna	wzajemność oddziaływań		
Aleksander Kamiński (1948)	zainteresowania	zastęp						
Marian Pionk (1972)	kształtowanie motywów postępowania w świetle potrzeb	zastęp jako podstawowa jednostka organizacyjna	zadanie	indywidualizacja wychowania	obiektywna ocena – nagroda lub kara	nabywanie i wymiana doświadczeń	wychowanie przez przykład	
Marian Pionk, Janusz Michułowicz (1979)	kształtowanie opinii zespołu	wychowanie w małej grupie społecznej	aktywizacja przez pracę społeczną	indywidualne właściwości psychofizyczne			przykład osobisty instruktora	
Leksykon harcerstwa (1986–1988)	naturalność oddziaływania	swoista organizacja – system zastępowy	zadanie i zajęcia, wpływ pośredni	oddziaływanie od wewnątrz	pozytywny wpływ	działanie i oddziaływanie, wzajemność oddziaływań	wzór osobowy, pozycja drużynowego	
Urszula Sobkowiak (1989)	potrzeby, samorealizacja, realizacja pragnień i potrzeb	system zastępowy	działanie	rozwój osobowości		wzajemność oddziaływań		
Elementy wspólne	działanie oparte na zainteresowaniach i potrzebach	system zastępowy	oddziaływanie pośrednie – wychowanie przez działanie	indywidualne podejście do wychowanka	pozytywny wpływ	wzajemność oddziaływań	wzór osobowy	

Tabela 1. Porównanie elementów metody harcerskiej... cd.

Autor / Elementy metody harcerskiej	Robert Baden-Powell (1909)	Ewa Grodecka (1930)	Aleksander Kamiński (1948)	Marian Pionk (1972)	Marian Pionk, Janusz Michułowicz (1979)	Leksykon harcerstwa (1986–1988)	Urszula Sobkowiak (1989)	**Elementy wspólne**
			stopnie i sprawności	system stopni i sprawności	sprawiedliwe operowanie systemem ocen	awans organizacyjny		system stopni i sprawności
				zasady dobrej zbiórki	zasady dobrej zbiórki	zasady dobrej zbiórki		zasady dobrej zbiórki
gra		gra					gra
			kształcenie całej osobowości		Prawo Harcerskie	system wartości	system wartości
							kształtowanie całej osobowości
być starszym bratem					partnerstwo		partnerstwo
	świadomy stosunek jednostki do harcerstwa				świadomość w zakresie celów i zadań		świadomy stosunek do harcerstwa
		obóz, przyroda	specjalność	oddziaływanie wychowawcze		warunki przeżycia zbiorowego, stawianie w sytuacjach trudnych, określone płaszczyzny aktywności	inne

Źródło: opracowanie własne.

Tabela 2. Porównanie elementów metody harcerskiej proponowanych przez różnych autorów po 1989 r.

Autor →	Ks. dr hm. Krzysztof Bojko	Hm. Michał Gutowski	Hm. Paweł Ambroziewicz (na bazie wykładni metody harcerskiej dh. Jana Rosmana)	ZHR	Hm. Piotr Pamuła	Phm. Wiesław Laskowski	Józef Sowa, Zdzisław Niedzielski	Elementy wspólne
	odzwierciedlenie potrzeb i oczekiwań, jakie stawia przed młodymi ludźmi wspólnota społeczna, naturalna potrzeba przynależności do wspólnoty		cele dostosowane do potrzeb, realizowana potrzeba akceptacji w grupie rówieśniczej	oparcie się na potrzebach dzieci i młodzieży	naturalność	program dostosowany do potrzeb i możliwości grupy	możliwości zaspokajania potrzeb	**oparcie się na potrzebach dzieci i młodzieży**
	system zastępowy		realizacja pracy harcerskiej przez system zastępowy	działanie przez system zastępowy	praca w małych grupach	system małych grup	system zastępowy	**system zastępowy**
		samowychowanie	wolna wola, świadomość przyjmowanych na siebie obowiązków		praca nad sobą, dobrowolność i świadomość celów	dobrowolność i świadomość celów	dobrowolność członkostwa, wolna wola	**samowychowanie**
			wychowanie przez działanie – pośredniość metody		pośredniość	uczenie w działaniu	wychowanie przez działanie	**pośredniość – wychowanie przez działanie**
	oparcie się na wartościach chrześcijańskich	wiara w Boga – u źródeł harcerstwa	służba Bogu					wiara

Tabela 2. Porównanie elementów metody harcerskiej... cd.

Autor	Ks. dr hm. Krzysztof Bojko	Hm. Michał Gutowski	Hm. Paweł Ambroziewicz (na bazie wykładni metody harcerskiej dh. Jana Rosmana)	ZHR	Hm. Piotr Pamuła	Phm. Wiesław Laskowski	Józef Sowa, Zdzisław Niedzielski	**Elementy wspólne**
Elementy metody harcerskiej	patriotyzm	historia i ojczyzna, legendy o bohaterstwie	służba ojczyźnie					patriotyzm
	budowanie tożsamości lokalnej	przyjaźń we wspólnocie, która pozwala odnaleźć tożsamość			pomoc w znalezieniu swojego miejsca w życiu			budowanie tożsamości
	system wartości zawarty w Prawie i Przyrzeczeniu Harcerskim		system wartości zawarty w Prawie i Przyrzeczeniu Harcerskim		Prawo i Przyrzeczenie Harcerskie			Prawo i Przyrzeczenie Harcerskie
				indywidualne podejście do harcerza, harcerki	indywidualność	indywidualność		indywidualność
				zachęcanie do czynienia dobra	pozytywność	pozytywność		pozytywność
		być starszym bratem			być starszym bratem	być starszym bratem		być starszym bratem

3. Metoda harcerska jako specyficzna metoda wychowawcza – analiza elementów składowych

	integralny rozwój człowieka zawarty w stopniach i sprawnościach	środki wychowawcze odpowiednie do wieku i etapu rozwoju	sprawności odzwierciedleniem naturalnych tendencji rozwojowych				stopnie i sprawności odzwierciedleniem potrzeb
Elementy metody harcerskiej				wzajemność oddziaływań	wzajemność oddziaływań		wzajemność oddziaływań
					osobisty przykład instruktora	oddziaływanie za pomocą wzorców osobowych	autorytet
		harcerstwo to gra, która uczy ról społecznych		harcerstwo jako przygoda			gra
		metoda jako narzędzie wychowawcze, a nie cel sam w sobie	istota natury, przyrody w kształceniu harcerzy	służba	metoda harcerska stosowana na wszystkich poziomach organizacyjnych		
	dążenie do dobra: rodziny, wspólnoty regionalnej, ojczyzny; budowanie więzi z rodziną						inne

Źródło: opracowanie własne.

W prezentowanych opisach metody harcerskiej sprzed 1989 r. najczęściej występują cztery elementy: **działanie oparte na zainteresowaniach i potrzebach; system zastępowy; oddziaływanie pośrednie – wychowanie przez działanie (zadanie); indywidualne podejście do wychowanka**. Współczesne interpretacje metody kładą nacisk głównie na: **potrzeby i zainteresowania wychowanków, system zastępowy, samowychowanie i pośredniość oddziaływania**, czyli **wychowanie przez działanie**. Porównując oba okresy, można powiedzieć, że zarówno wcześniej, jak i obecnie najistotniejsze z punku widzenia stosowania metody są te same trzy elementy: **działanie oparte na zainteresowaniach, system zastępowy, oddziaływanie pośrednie**.

Postulat **działania opartego na zainteresowaniach** gwarantuje większe zaangażowanie jednostki, większą aktywność, a także stwarza jej poczucie kontroli, udziału w tworzeniu organizacji, to organizacja tworzona dla chłopców przez innych chłopców[87] – jak pisał Baden-Powell (dziś powiedzielibyśmy także – przez dziewczęta dla dziewcząt).

System zastępowy to nie tylko ramy organizacyjne. Ma on do spełnienia zasadniczą rolę wychowawczą – uczy współdziałania, osiągania kompromisów w grupie, ale jest to na tyle mała grupa, że pozwala na indywidualny rozwój i jednostkowe spojrzenie na harcerza czy harcerkę. Z wychowawczego punktu widzenia system zastępowy ma przygotować do pełnienia ról społecznych.

Indywidualne spojrzenie na wychowanka pozwala na dostrzeżenie uzdolnień, jak również problemów dziecka. Daje mu to szansę podążania własną drogą rozwoju pod kierunkiem i okiem drużynowego, który nie nakazuje, ale doradza, pokazuje inne możliwości. Indywidualność jest tutaj rozumiana jako określenie tych cech oraz mechanizmów fizycznego i psychicznego jednostkowego istnienia człowieka, które warunkują jego swoistość, odrębność, niepowtarzalność. Indywidualność nadaje wyraz funkcjonowaniu jednostki i zobowiązuje do stosowania zasady indywidualizacji jako uzasadnionej etycznie i pragmatycznie[88].

Wychowanie przez działanie, czyli wpływ pośredni, jest skuteczną metodą oddziaływania – najpierw przez zabawę, a potem przez grę harcerz stopniowo wdraża się do zadań, jakie przyjdzie mu pełnić w dorosłym życiu. Nauka przez działanie jest dużo efektywniejszą metodą niż bierny odbiór wiadomości.

Samowychowanie to rezultat świadomego wyboru, jakim jest przynależność do harcerstwa, wolnej woli jednostki. Wstępując do organizacji harcerskiej, przyszły szeregowy powinien mieć świadomość dyscypliny, jaką będzie musiał sobie narzucić, konieczności podporządkowania się pewnym rygorom i zasadom. Oznacza to jednak również możliwość samodzielnego wytyczania sobie celów poznawczych i wychowawczych oraz konsekwentnego dążenia do

---

[87] R. Baden-Powell, *Wskazówki dla skautmistrzów...*, op. cit., s. 19.
[88] D. Lalak, T. Pilch (red.), *Elementarne pojęcia...*, op. cit., s. 104.

ich realizacji przez system stopni i sprawności. Sposób realizacji stopni i dobór sprawności nie jest narzucany odgórnie – każdy może wybrać własną drogę realizacji. Jest to jeden z elementów indywidualnego podejścia.

Wszystkie te elementy wzajemnie się zazębiają, a każdy z nich jest powiązany z innymi, które zostały dostrzeżone i uwzględnione w metodzie harcerskiej przez poszczególnych autorów. Wzajemne relacje między poszczególnymi elementami metody przedstawia schemat 4.

Schemat 4. Wzajemne powiązania poszczególnych elementów metody harcerskiej

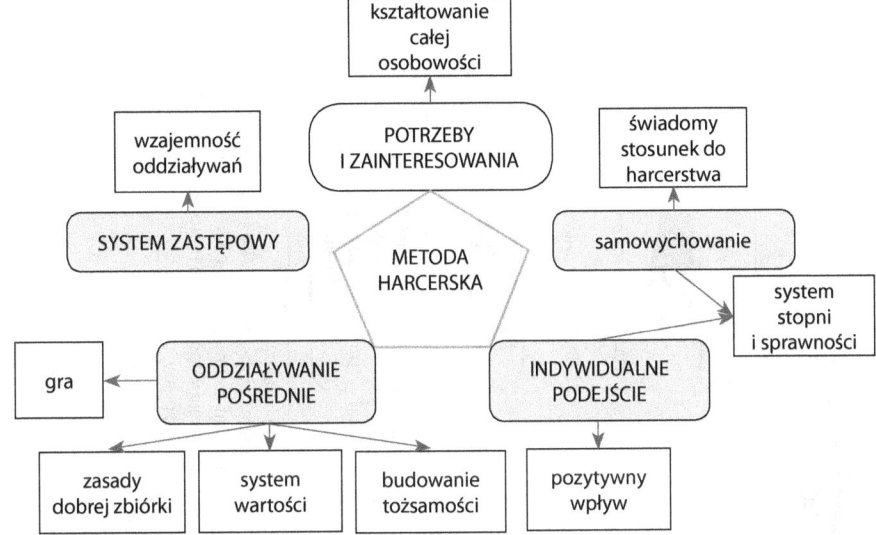

Źródło: opracowanie własne.

4. Metoda harcerska – współczesna droga do sukcesu wychowawczego?

Próba rozwiązania tytułowego problemu wymaga odpowiedzi na wiele pytań. Pierwszym z nich jest: czy metoda harcerska jest jedna czy też jest ich wiele? Idąc dalej tym tokiem rozumowania, można wyłonić cztery możliwości:
– metoda harcerska jest jedna, ale jest określana przez różną terminologię;
– jest tylko jedna, niezmienna, dopuszczająca tylko jedną interpretację;
– jest wiele metod zwanych harcerskimi, ale poza nazwą nic ich już nie łączy;
– jest jedna w ogólnych podstawach, ale istnieją jej różne rozwinięcia.

Powyższy tok myślowy obrazowo ujmuje schemat 5.

Schemat 5. Metoda harcerska – jedna czy wiele? Analiza wariantów

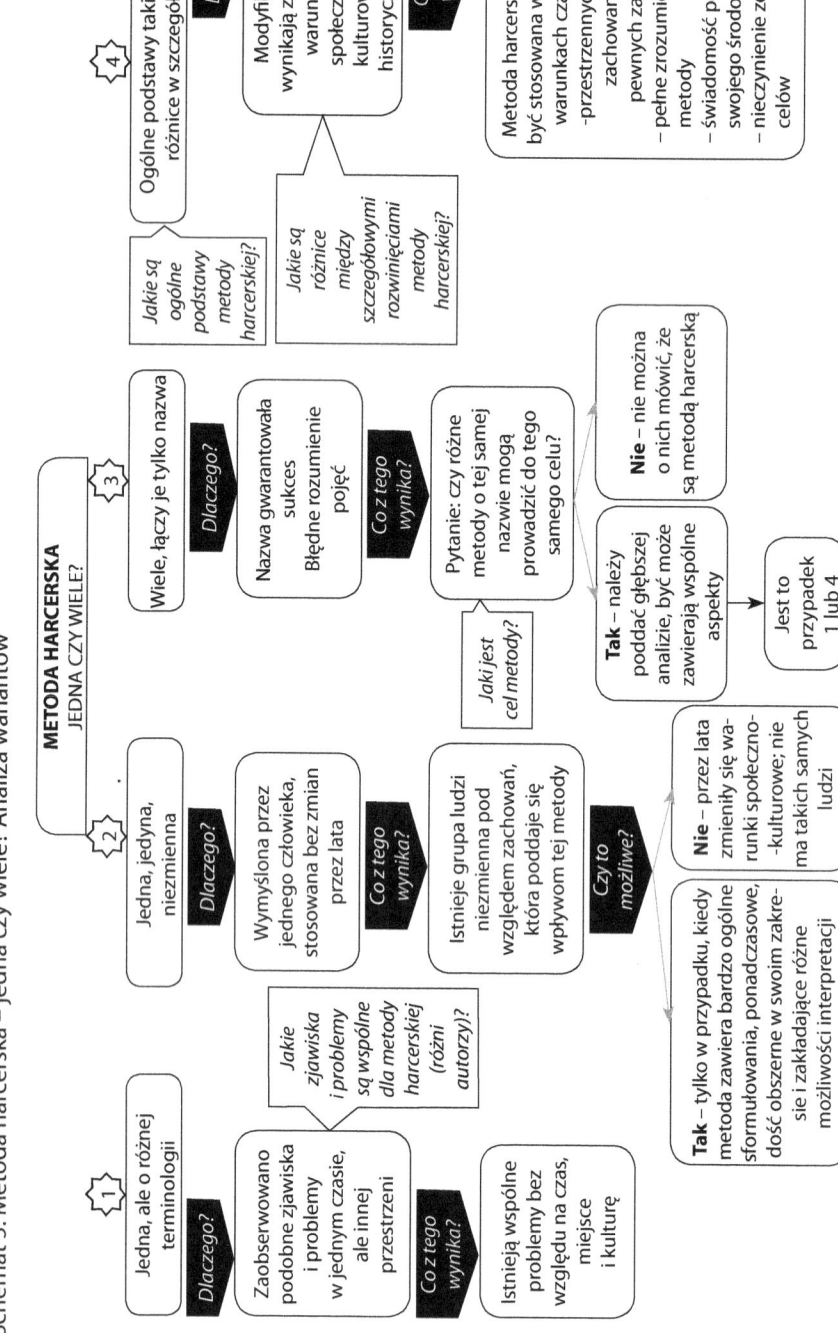

Źródło: opracowanie własne.

Skauting (w Polsce – harcerstwo) pojawił się na początku XX w. Do tej pory po całym świecie rozsiane są organizacje skautowe, wielu młodych ludzi przywdziewa mundury i zasiada w kręgu ogniskowym. Ale czy to nadal jest skauting/harcerstwo? Czy możliwe, aby przez tyle lat trwało niezmiennie coś, czego istnienie zależy od charakteru różnych ludzi i ich odmiennych światopoglądów, a także warunków społecznych? Czy może istnieć coś niezmiennego w zmiennych warunkach? Jak to możliwe, że ludzi o odmiennych kulturach łączy to samo? Czy naprawdę metoda skautowa/harcerska jest tak rewelacyjna, że przetrwała próbę czasu, czy też była, i jest ona stale zmieniana w zależności od zmieniających się warunków? I tu wracamy do punktu wyjścia – czy obecna metoda, jeśli została zmieniona, może nadal być nazywana metodą harcerską?

Chcąc udzielić odpowiedzi na pytanie postawione na początku tych rozważań – „Czy metoda harcerska jest jedna, czy też jest ich wiele?" – należy rozważyć następujące tezy:

1. Metoda harcerska jest jedna, ale operuje różną terminologią. Z tym twierdzeniem można się zarówno zgodzić, jak i mu zaprzeczyć. Co to znaczy, że jest jedna – że wszystkie elementy są takie same, mają identyczne znaczenie, lecz inną nazwę? Z analizy wynika, że teza ta jest słuszna dla pięciu elementów wspólnych wszystkim opisywanym systemom:
   - **działania opartego na zainteresowaniach i potrzebach**;
   - **systemu zastępowego**;
   - **oddziaływania pośredniego – wychowania przez działanie (zadanie)**;
   - **indywidualnego podejściu do wychowanka**;
   - **samowychowania**.

   Pozostałe elementy różnią się swoim znaczeniem.
2. Jest tylko jedna, niezmienna metoda harcerska, dopuszczająca tylko jedną interpretację. Zdecydowanie nie, bo przecież w zależności od warunków społecznych i historycznych metoda harcerska była różnie interpretowana, a punkt ciężkości przenosił się z jednych elementów na drugie.
3. Jest wiele metod zwanych harcerskimi, ale poza nazwą nic ich nie łączy. Również to stwierdzenie jest nieprawdą – wszystkie harcerskie systemy wychowawcze mają część wspólną opierającą się na tych samych wartościach i zasadach.

Teza, którą tu można udowodnić, brzmi: **jest jedna metoda w ogólnych podstawach, ale istnieją jej różne rozwinięcia**. Podstawowe elementy metody: działanie oparte na zainteresowaniach wychowanka, wychowanie przez działanie, indywidualne podejście do każdego dziecka, samowychowanie i wychowanie w grupie – są obecne w każdym harcerskim systemie wychowawczym. Różnią się one od siebie szczegółami, elementami, które miały znaczenie w danym okresie historycznym, w danej przestrzeni, środowisku społecznym.

Harcerstwo ma stały system wychowawczy wykorzystujący metodę, która jest na tyle sztywna w swych podstawach, że o kolejnych pokoleniach wychowywanych tą metodą możemy mówić „harcerze", a zarazem na tyle elastyczna, że potrafi dotrzeć do kolejnych pokoleń młodych ludzi. Postulat elastyczności zawiera się w samych podstawach metody – opierać się na zainteresowaniach młodych ludzi. Przy zachodzących obecnie szybkich zmianach społeczno-kulturowych postulat ten jest trudny (ale możliwy) do zrealizowania i wymaga od instruktorów wiele wysiłku.

A zatem – czy metoda harcerska jest przeżytkiem? Problem nie tkwi w samej metodzie, ale w jej rozumieniu i wdrażaniu w życie. W społeczeństwie zachodzą bardzo szybkie zmiany i tak samo szybko muszą reagować instruktor, organizacja harcerska – muszą zauważać nowe potrzeby młodych ludzi i dostosowywać swe działania do nowych warunków. Nie wolno jednak rezygnować z cnót, do jakich harcerstwo wychowuje. Można by się zastanawiać, czy cnoty te są jeszcze aktualne. Czy mają rację bytu dzisiaj? Skoro zmienia się typ społeczeństwa z biernego na obywatelskie, może i cnoty powinny się zmienić? Czy można jednak zrezygnować z dążenia do dobra i kształcenia silnej woli? Negowanie tych wartości to tylko pozory – tak naprawdę są one współczesnym ludziom potrzebne, pozwalają przetrwać w ciągłym biegu, znaleźć siłę do działania. Jasny system wartości daje poczucie pewności siebie, wiary w słuszność swoich działań.

> Przemiany społeczno-gospodarcze ostatniego dziesięciolecia spowodowały zmiany w wielu sferach ludzkiego życia. Nowa sytuacja ustrojowa sprzyja wzrostowi dochodów osób zaradnych, aktywnych i wykształconych, natomiast słabszym, zagubionym i niewykształconym pozwala jedynie na zaspokojenie najbardziej podstawowych potrzeb. Zmienione warunki ekonomiczno-zawodowe spowodowały duże zróżnicowanie w strukturze społeczeństwa. Gospodarka rynkowa spowodowała konieczność dokonywania nowych wyborów i zmianę zachowań. Ludzie aktywni dzięki swojej innowacyjności i ciężkiej pracy mają możliwość podniesienia standardu swojego życia i życia najbliższych. W wielu przypadkach dzieje się to kosztem czasu i uwagi poświęcanej rodzinie, współmałżonkowi, dzieciom, sobie. Jednocześnie obniża się poziom życia ludzi biernych, zrezygnowanych, przytłoczonych rzeczywistością. Takie sytuacje są źródłem napięć i zagubienia, powodują niepewność jutra i zaburzenia w poczuciu bezpieczeństwa[89].

Harcerstwo może wspomagać działania dążące do kształcenia w ludziach postawy aktywnej wobec życia, uczyć radzenia sobie w trudnych sytuacjach, przygotowywać do życia. Wszystko zależy od właściwej pracy hufca, szczepu, drużyny i zastępu – od dostosowania programów do potrzeb danego środowiska lokalnego i potrzeb samej młodzieży.

---

[89] A. Mroczek, *Wsparcie społeczne w środowisku lokalnym* [w:] W. Theiss (red.), *Mała ojczyzna...*, op. cit., s. 80.

Innym atutem metody jest uczenie działania w grupie. Harcerstwo uczy budować więzi przyjaźni i braterstwa, uczy, jak być przydatnym w swoim środowisku, pozwala budować tożsamość jednostki.

Harcerstwo stoi przed poważnym problemem spadku zainteresowania ze strony społeczeństwa. Nie jest to zjawisko nowe, jak się obecnie uważa. Już wcześniej stawiało ono czoła – i stawiać jeszcze będzie – wielu problemom wynikającym z ówczesnej sytuacji politycznej, społecznej, kulturowej czy gospodarczej kraju. Taki jest charakter organizacji, które muszą się dostosowywać do istniejących warunków, nie zatracając swoich najważniejszych zasad. Przyczyn zmniejszonego zainteresowania ruchem harcerskim jest wiele. Do najważniejszych należy zaliczyć pluralizm, który zapanował po zmianie ustroju gospodarczo-politycznego. Wiąże się to z pojawieniem się licznych organizacji harcerskich, a także innych, których cele są zbieżne z organizacjami harcerskimi. Młodzi ludzie, chcąc być użytecznymi, mogą się udzielać w wolontariacie i tam spełniać swoją potrzebę służby. Zwiększyła się też oferta i podniosła atrakcyjność możliwości spędzania czasu wolnego dla młodzieży – jest coraz więcej ciekawych zajęć pozalekcyjnych, klubów organizujących interesujące zajęcia, możliwości wyjazdów na obozy tematyczne: survivalowe, językowe, żeglarskie, jeździeckie i inne. W społeczeństwie panuje jednak przekonanie, że harcerstwo nic nie wnosi do przyszłego życia młodego człowieka – nie daje uprawnień poświadczonych dokumentem ukończenia kursu, szkolenia. Rodzice wybierają dla swoich dzieci takie zajęcia, które mogą zaprocentować w przyszłym życiu zawodowym – naukę języków obcych, kursy szybkiego czytania, dodatkowe szkolenia kończące się uzyskaniem certyfikatu, który może się okazać pomocny w ubieganiu się o lepszy kierunek studiów (czyli taki, po którego ukończeniu będzie można mieć lepsze zarobki). Harcerstwo nie daje certyfikatu, ono daje umiejętności, kształci charakter – a to wydaje się dzisiaj mniej istotne. Należy też podkreślić, że w dobie indywidualizmu harcerstwo, które wymaga dyscypliny i uniformizacji, jest nieatrakcyjne dla młodych ludzi chcących manifestować swoją niezależność i oryginalność.

Konkludując – metoda harcerska może być wartościowym narzędziem wychowawczym pod warunkiem umiejętnego jej stosowania, z pełną świadomością zmian zachodzących w otoczeniu. W obecnych warunkach trzeba się skupić na postulacie elastyczności metody, a co za tym idzie – organizacje harcerskie powinny szczególnie dużo troski poświęcić kształceniu swoich funkcyjnych i instruktorów oraz analizowaniu badań pedagogicznych i socjologicznych dotyczących potrzeb młodzieży. Naukowe podejście do metody harcerskiej może się stać gwarancją sukcesu pedagogicznego.

―――― ROZDZIAŁ III ――――

Ruch harcerski w III Rzeczypospolitej Polskiej a społeczeństwo obywatelskie

1. Społeczeństwo obywatelskie

W Polsce budowanie społeczeństwa obywatelskiego oraz uczenie się funkcjonowania w nim było następstwem wprowadzenia ustroju demokratycznego. Wymaga on od obywateli zmiany postaw względem roli państwa, prawa, systemu gospodarczego. Sukces tych zmian zależy od całego społeczeństwa, od zaangażowania w rozwój gospodarczy i polityczny poszczególnych obywateli. Właściwe zrozumienie tego, co kryje się pod pojęciem społeczeństwa obywatelskiego, jest podstawą skutecznego działania. Działanie to powinno się rozpoczynać od nauki, czym jest owo społeczeństwo obywatelskie, a kończyć na samodzielnym podejmowaniu konkretnych działań w środowisku.

Problem w posługiwaniu się terminem „społeczeństwo obywatelskie" stanowią wielość źródeł tego pojęcia i różnorodność jego definiowania. Czym innym było w czasach starożytnych, czym innym – w nowożytnych i jeszcze inaczej jest ono rozumiane dziś. Współcześnie powraca się do idei społeczeństwa obywatelskiego, ale ponieważ posługujący się tym pojęciem teoretycy sięgają do rozmaitych źródeł historycznych, jego interpretacje również bywają odmienne. Funkcjonuje ono w ramach różnych dziedzin nauki: socjologii, politologii, teorii politycznej. Określenie „społeczeństwo obywatelskie" często jest też używane zamiennie z takimi terminami, jak: „społeczeństwo otwarte, cywilne", „pluralizm" oraz „demokracja liberalna". Jednak nie zawsze są to pojęcia ze sobą tożsame. Przykładowo, społeczeństwo cywilne oznacza obszar swobodnej działalności jednostek niemających wspólnego celu; sferę życia prywatnego – to przestrzeń działań indywidualnych, apolitycznych. Społeczeństwo obywatelskie zaś jest czymś więcej – buduje więź między ludźmi, daje poczucie wspólnoty[1].

---

[1] D. Pietrzyk-Reeves, *Idea społeczeństwa obywatelskiego*, Wyd. UWr, Wrocław 2004, s. 249.

Znaczenie terminu „społeczeństwo obywatelskie" ewoluowało od synonimu społeczeństwa politycznego do zbiorczego określenia stosunków społecznych, niemieszczących się z definicji w pojęciu społeczeństwa politycznego. W ten sposób synonim przeobraził się w antonim[2].

Tradycja pojęcia społeczeństwa obywatelskiego sięga czasów starożytnych. Po raz pierwszy pojawiło się ono u Arystotelesa jako *koinonia politike*. Podobnym terminem – *societas civilis* – posługiwał się Cyceron, opisując ład społeczny republiki[3].

W czasach nowożytnych rozważania nad pojęciem społeczeństwa obywatelskiego można podzielić na trzy nurty. Jeden z nich wiąże się z filozofią społeczną klasycznego liberalizmu, a do jego przedstawicieli zalicza się m.in. Immanuela Kanta. Tu społeczeństwo obywatelskie jest utożsamiane ze społeczeństwem politycznym, ale duże znaczenie dla jego sprawnego funkcjonowania mają własność prywatna oraz wolny rynek. Istotna w tym nurcie jest koncepcja indywidualizmu, czyli wolności obywatelskich wynikających z naturalnych praw jednostki. Z jednej strony stawia się tu postulat ograniczenia kontroli państwa – państwo bowiem może zakłócić naturalny porządek i rozwój społeczny. Z drugiej strony wymienia się takie cechy społeczeństwa obywatelskiego, jak: legalizm, zaangażowanie w budowę ograniczonego, ale silnego państwa, odpowiedzialność za pełnione funkcje. Społeczeństwo w tym przypadku jest rozumiane jako organizacja obywateli, która wyszedłszy ze stanu natury, na drodze umowy społecznej stworzyła strukturę polityczną. Struktura ta miała zapewnić indywidualną wolność i odpowiedzialność realizowaną zgodnie z prawami natury.

Drugi nurt zapoczątkował Georg Wilhelm Friedrich Hegel, a kontynuował go Karol Marks. Społeczeństwo obywatelskie utożsamia się tutaj ze sferą prywatną i przeciwstawia sferze publicznej – państwu. W społeczeństwie obywatelskim, które opiera się na prywatnych interesach, nieustannie występują konflikty – dlatego też tylko państwo zapewnia realizację ponadindywidualnych i altruistycznych warunków niezbędnych do rzeczywistego rozwoju wolności.

Do trzeciej grupy zaliczają się współczesne nurty podkreślające znaczenie publicznej debaty, która powinna umożliwiać partycypację w społecznej komunikacji jak najszerszym grupom obywateli. Czołową postacią jest tu Jürgen Habermas. W tym nurcie koncepcja społeczeństwa obywatelskiego odnosi się do funkcjonowania poza sferą polityki, nacisk kładzie się tutaj na oddolne mechanizmy społecznej samoorganizacji. Sfera publiczna pośredniczy między społeczeństwem a polityką[4].

---

[2] J. Szacki, *Wstęp. Powrót idei społeczeństwa obywatelskiego* [w:] J. Szacki (red.), *Ani książę, ani kupiec: obywatel*, Znak, Kraków 1997, s. 9.

[3] D. Pietrzyk-Reeves, *Społeczeństwo obywatelskie* [w:] B. Szlachta (red.), *Słownik społeczny*, Wyd. WAM, Kraków 2004, s. 1288.

[4] Z. Bokszański *et al.* (red.), *Encyklopedia socjologii. Suplement*, Oficyna Naukowa, Warszawa 2005, s. 287–289.

Od połowy XIX w. termin „społeczeństwo obywatelskie" przestaje być używany, ale nie znika sam zakres pojęcia. Jest on po prostu zastępowany przez inne określenia[5].

Obecnie można wyróżnić dwa kierunki definiowania: pierwszy z nich włącza sferę działalności gospodarczej do społeczeństwa obywatelskiego, drugi zaś gospodarkę i państwo wyraźnie od niego oddziela[6].

Renesans idei społeczeństwa obywatelskiego nastąpił w latach siedemdziesiątych XX w. Wielu autorów wskazuje, że przyczyną powrotu tego terminu do języka była opozycja przeciwko komunistycznym rządom, jaka powstała w Europie Środkowej. Paradoks polegał na tym, że sami inicjatorzy ruchu opozycyjnego nie utożsamiali swoich czynów z ideą odnowy społeczeństwa obywatelskiego. To Zachód tak zinterpretował to zjawisko i nazwał je walką o odrodzenie społeczeństwa obywatelskiego. Europie Środkowo-Wschodniej tradycja społeczeństwa obywatelskiego była prawie zupełnie obca[7]. Terminem tym określano takie grupy społeczne i instytucje, które powstawały niezależnie od państwa, a na celu miały odbudowanie autonomicznej przestrzeni społecznej w komunistycznym państwie[8]. Stąd też wzięło się współczesne przeciwstawienie idei społeczeństwa obywatelskiego państwu.

Opisując społeczeństwo obywatelskie, nie można zapomnieć o ustroju demokratycznym. Będąc jednym z modeli społeczeństwa, społeczeństwo obywatelskie stanowi podstawę budowania ustroju demokratycznego. Współcześnie oba te terminy nakładają się na siebie. Wynika to z zazębiania się zakresów obu pojęć, jednak należy podkreślić, że mają one różne desygnaty. Demokracja oznacza formę porządku politycznego, społeczeństwo obywatelskie zaś określa przestrzeń społeczną[9].

Rozważając granice pojęcia społeczeństwa obywatelskiego, należy wziąć pod uwagę to, jakie relacje występują między tym terminem a państwem, gospodarką i polityką oraz narodem. Jak wspomniano wcześniej, początkowo społeczeństwo obywatelskie było ściśle powiązane z państwem, a współcześnie stoi ono w opozycji względem niego. Gospodarka rynkowa w społeczeństwie obywatelskim nie ma jednoznacznej pozycji – jedni autorzy wykluczają ją z obszaru tego pojęcia, a inni wręcz przeciwnie – twierdzą, że społeczeństwo obywatelskie istnieje tylko w powiązaniu z wolnym rynkiem.

---

[5] J. Szacki, *Wstęp...*, op. cit., s. 14.
[6] D. Pietrzyk-Reeves, *Idea...*, op. cit., s. 249–250.
[7] J. Szacki, *Wstęp...*, op. cit., s. 16.
[8] D. Pietrzyk-Reeves, *Społeczeństwo obywatelskie*, op. cit., s. 1281–1286.
[9] *Ibidem*, s. 1288.

Społeczeństwo obywatelskie w Polsce

Aby mówić o społeczeństwie obywatelskim w Polsce, trzeba najpierw ustalić, jakie znaczenie jest przypisywane temu terminowi w obecnych warunkach polskich. Co oznacza kategoria społeczeństwa obywatelskiego w kontekście Polski przechodzącej transformację ustrojową?

W Polsce nie ma tradycji społeczeństwa obywatelskiego. Fundamentem tworzenia się tej kategorii było mieszczaństwo, które w XVI-wiecznej Polsce stanowiło bardzo mało znaczącą grupę społeczną. Demokracja szlachecka również nie wytworzyła więzi obywatelskich, co wynikało ze sposobu organizacji i działań sejmików i sejmu. Szlachta nie nauczyła się tworzenia koalicji, zawierania sojuszów, osiągania kompromisów, tworzenia grup reprezentujących interesy ani budowania grup pośrednich między władzą państwową a stanem szlacheckim. Tym samym nie powstawały instytucje polityczne i prawne, których celem byłoby osiąganie porozumienia między różnymi grupami o odmiennych interesach. Po utracie niepodległości społeczeństwo polskie koncentrowało się na jej odzyskaniu, a nie na budowaniu społeczeństwa obywatelskiego. W świadomości społecznej funkcjonowały tylko abstrakcyjne symbole wolności, równości i sprawiedliwości, natomiast nie uznawano rzeczywistych podstaw tych haseł – interesów, gospodarki. W okresie dwudziestolecia międzywojennego zaczęły powstawać instytucje społeczeństwa obywatelskiego – organizacje, stowarzyszenia, co wynikało z potrzeb i interesów obywateli. Jednak wybuch II wojny światowej i nastanie epoki rządów komunistycznych skutecznie tę ideę tłumiły. Nastąpiły centralizacja zarządzania i likwidacja samorządów, wprowadzono zakaz swobodnego stowarzyszania się, powstały odgórnie narzucone organizacje działające w imię interesów władzy[10].

Historia spowodowała, że charakter społeczeństwa obywatelskiego w Polsce był odmienny niż na Zachodzie. W latach siedemdziesiątych ubiegłego wieku zaczęło powstawać społeczeństwo, które działało w opozycji do państwa, przeciw niemu, a nie jak na Zachodzie – obok państwa. Skutki tego dały o sobie znać po 1989 r., kiedy okazało się, że społeczeństwo obywatelskie, które powstało do walki przeciw konkretnemu reżimowi, w nowych warunkach, gdy nie ma działać przeciwko, tylko obok – nie potrafi samodzielnie funkcjonować ani się rozwijać[11].

Andrzej Siciński podkreśla, że w obecnej sytuacji w Europie Środkowej do sprawnego funkcjonowania społeczeństwa obywatelskiego niezbędne jest silne państwo. Siła tego państwa nie ma się jednak opierać na jego szerokiej władzy czy opiekuńczości, ale na konsekwentnym, rzetelnym wykonywaniu tych

---

[10] Dekret z dnia 5 sierpnia 1949 r. o zmianie niektórych przepisów prawa o stowarzyszeniach, Dz.U. z 1949 r. Nr 45, poz. 335.

[11] W. Osiatyński, *Wzlot i upadek społeczeństwa obywatelskiego w Polsce*, „Wiedza i Życie" 1996, nr 10, http://archiwum.wiz.pl/1996/96103900.asp, dostęp: 24.03.2006.

zadań, które do niego należą – czyli zapewnianiu bezpieczeństwa wewnętrznego i zewnętrznego[12]. Polskie społeczeństwo obywatelskie potrzebuje wsparcia ze strony państwa, ale wsparcia rozumnego, które nie prowadzi za rękę, ale wskazuje kierunek działań i stwarza warunki do ich realizacji.

Według Ministerstwa Pracy i Polityki Społecznej w Polsce termin „społeczeństwo obywatelskie" odnosi się do dwóch obszarów. Pierwszym z nich jest grupowa aktywność obywatelska, czyli działalność organizacji pozarządowych, wspólnot lokalnych i samorządowych oraz nieformalnych ruchów i grup społecznych. Uznaje się, że organizacje społeczeństwa obywatelskiego są najlepszym podłożem do rozwoju demokracji dzięki temu, że wzmacniają i urzeczywistniają prawa obywateli do udziału w życiu publicznym, umożliwiają właściwe wypełnianie ról społecznych oraz przyczyniają się do samorealizacji obywateli w różnych dziedzinach życia. Do drugiego obszaru zalicza się świadomość obywatelską Polaków. Społeczeństwo obywatelskie to przestrzeń rozciągająca się między rodziną, państwem i rynkiem, w której działają oddolne organizacje społeczne. Przestrzeń ta ma służyć debacie prowadzącej do wypracowywania takich rozwiązań społecznych, które można określać dobrem wspólnym. Dopełnieniem społeczeństwa obywatelskiego jest konstytucyjne i praworządne państwo gwarantujące podstawowe prawa: własności, wolności i równości wobec prawa[13].

Wracając do wspomnianego wcześniej dobra wspólnego, należy podkreślić, że powinno ono łączyć, a nie dzielić; dotyczyć warunków sprzyjających równym szansom rynkowej konkurencji, być związane z regułami gry oraz sprawami bezpieczeństwa obywateli, nie powinno zaś obejmować kwestii ideologicznych. Należy też uwypuklić duże znaczenie, jakie dla dobra wspólnego mają tradycyjne wartości – wzajemnej pomocy, solidarności, poszanowania indywidualności[14].

Cechy społeczeństwa obywatelskiego

Współczesne definicje społeczeństwa obywatelskiego można rozpatrywać ze względu na ich zakres. Szersze ujęcie oznacza zaliczanie do społeczeństwa obywatelskiego instytucji państwa, natomiast węższe ich nie obejmuje, a nawet przeciwstawia się państwu. Model takiego społeczeństwa jest zależny od stosunku danej zbiorowości do państwa[15].

---

[12] A. Siciński, *O idei społeczeństwa obywatelskiego*, „Wiedza i Życie" 1996, nr 6, http://archiwum.wiz.pl/1996/96063600.asp, dostęp: 22.03.2006.
[13] Ministerstwo Pracy i Polityki Społecznej, http://www.mpips.gov.pl/spoleczenstwo-obywatelskie, dostęp: 26.01.2014.
[14] W. Osiatyński, *Wzlot i upadek...*, op. cit.
[15] A. Dylus, P. Broda-Wysocki, *Społeczeństwo obywatelskie a nierówności społeczne*, Komitet Badań Naukowych, http://kbn.icm.edu.pl/pub/kbn/eureka/0111/26.html, dostęp: 26.01.2014.

Społeczeństwo obywatelskie można odnosić do przestrzeni pozostawionej swobodnym zrzeszeniom oraz do zespołu zależności, które tę przestrzeń wypełniają. W tym przypadku społeczeństwo obywatelskie stanowi jeden z trzech mechanizmów koordynacji zachowań społecznych: pierwszym jest rynek, drugim – państwo, a trzecim – właśnie swobodne zrzeszenia obywateli. Dobrowolne stowarzyszenia wciągają ludzi w codzienną działalność, powodując zacieśnianie więzi, zwiększając poczucie tożsamości jednostek z szerszą społecznością, sprzyjając wzrostowi odpowiedzialności za swoje życie, tym samym zmniejszają ryzyko wyobcowania, frustracji, wycofania i buntu[16].

Dla społeczeństwa obywatelskiego charakterystyczne są pozioma organizacja, aktywne uczestnictwo i otwartość. **Pozioma organizacja** oznacza istnienie i działanie obok siebie wielu organizacji, grup i stowarzyszeń oraz funkcjonowanie samorządów lokalnych. Warunkiem takiego istnienia jest **otwartość** na różne, odmienne od własnych interesy innych grup. **Aktywność** ludzka powinna się przejawiać w różnych dziedzinach – ekonomicznej, społecznej i politycznej. Przy czym należy podkreślić, że obywatele nie działają jako narzędzie państwa, ale są podmiotami[17].

Społeczeństwo obywatelskie składa się z trzech segmentów – należą do nich m.in. organizacje pozarządowe oraz samorządy lokalne. Aby takie społeczeństwo mogło funkcjonować, muszą być spełnione odpowiednie warunki. Przede wszystkim muszą odpowiednio funkcjonować mechanizmy, które zapewniają równowagę społeczną, takie jak **regulacje prawne**, **instytucje** oraz **organizacje** odpowiadające interesom społeczeństwa. Drugim warunkiem jest istnienie **kultury obywatelskiej**, czyli odpowiedniego zespołu akceptowanych wartości, postaw i wzorów zachowań – przykładem mogą tu być gotowość i umiejętność współdziałania z innymi, prowadzenia dialogu, osiągania kompromisu; szacunek dla prawa i pracy; poczucie odpowiedzialności[18].

Wojciech Misztal podkreśla, że

> [...] organizacja społeczeństwa obywatelskiego nie wynika z projektu i kontroli jednego ośrodka dyspozycyjnego. Poprzez system potrzeb, podział pracy i wyodrębnioną własność leżącą u podstaw funkcjonowania mechanizmu rynkowego społeczeństwo obywatelskie jawi się jako wynik ludzkich działań, a nie realizacji ludzkich zamysłów. Dobro powszechne powstaje na skutek oddziaływania rynku, który zmuszając do współdziałania, podporządkowuje partykularne dążenia egoistycznych jednostek dobru ogólnemu wspólnoty[19].

---

[16] J. Kochanowicz, *Kapitalizm i społeczeństwo obywatelskie*, http://www.ceo.org.pl/pl/edukacja-prawna-i-obywatelska/news/jacek-kochanowicz-kapitalizm-i-spoleczenstwo-obywatelskie, dostęp: 27.01.2014.
[17] A. Siciński, *O idei...*, op. cit.
[18] *Ibidem*.
[19] W. Misztal, *Demokracja lokalna w Polsce*, „Rocznik Lubuski" 2003, t. 29, cz. 1, s. 29.

Do cech społeczeństwa obywatelskiego zalicza się: **zróżnicowaną strukturę aktywnie działających grup interesów, autonomię wobec struktur państwowych, samodzielne trwanie, wzrost aktywności** oraz **umiejętność mobilizacji sił i obrony w sytuacji zagrożenia**. Misztal wymienia także, wspomniane już wcześniej, spontanicznie tworzące się, oparte na potrzebach obywateli, instytucje społeczne, jak również podkreśla znaczenie wartości, jaką jest tolerancja społeczna[20].

Ten sam autor zwraca uwagę na wzory zachowań obywatelskich, takie jak: wykształcone systemy wartości oraz tożsamości jednostek, aktywność indywidualna, zaangażowanie społeczne, realizacja zbiorowych dążeń, poczucie więzi grupowych, zdolność do samoorganizowania się, samorządność, kreatywność, racjonalizm działań, a także cnoty obywatelskie. Wśród cnót obywatelskich wymieniane są: gotowość do myślenia w interesie innych; wzory zachowań związane z czynieniem dobra wspólnego; wrażliwość na potrzeby społeczne środowiska[21].

Społeczeństwo obywatelskie we wspólnotach lokalnych jest postrzegane jako porozumienie wolnych i równych obywateli, którzy swoją jedność zawdzięczają wcześniej uzgodnionemu postępowaniu. Postępowanie to opiera się na zasadach państwa demokratycznego. Pierwsza z tych zasad dotyczy sposobu zaspokajania potrzeb ludzkich – przez podział pracy, wolny rynek, wzrost konsumpcji. Produkowane w ten sposób dobra zaspokajają potrzeby, ale jednocześnie powodują uzależnienie od efektów pracy innych osób. Druga zasada dotyczy równości szans na starcie i możliwości indywidualnego rozwoju. Trzecia zasada wiąże się z samodzielnością i odpowiedzialnością działań podejmowanych w ramach wolnego rynku[22].

Do charakterystycznych cech społeczeństwa obywatelskiego zalicza się również: osiąganie **wysokiego poziomu organizacji społecznej**, występowanie samoczynnego, napędzającego się **wzrostu ekonomicznego i kulturalnego** – czyli gospodarki rynkowej; kierowanie się **pozytywnym stosunkiem do innych** ludzi i społeczeństw; **tolerancję** i **otwartość** na inne argumenty, kultury, światopoglądy; **racjonalność**. Przykładową formą organizacji społeczeństwa obywatelskiego jest samorząd lokalny[23].

Za jedną z najważniejszych instytucji społeczeństwa obywatelskiego uważane są niezależne od państwa organizacje pozarządowe.

Warunkiem istnienia społeczeństwa obywatelskiego jest jego względna zamożność – margines biedy i bezrobocia nie powinien przekraczać kilkunastu procent. Wspólnota, w której jest duże bezrobocie, będzie narażona

---

[20] *Ibidem.*
[21] *Ibidem.*
[22] A. Batko, *Podstawy wiedzy o społeczeństwie*, Zamiast Korepetycji, Kraków 1996, s. 23.
[23] *Ibidem.*

na zjednoczenie się sfrustrowanych obywateli oraz ataki i manifestacje niezadowolenia z ich strony, które mogą skutkować rozruchami społecznymi. Z kolei nadmierna zamożność może prowadzić do materializmu i egoistycznych postaw, znieczulenia na los innych, słabszych, potrzebujących. Walka o korzyści materialne może też występować między poszczególnymi grupami i, podobnie jak materializm jednostek, niesie zagrożenie dla społeczeństwa obywatelskiego[24].

Dorota Pietrzyk-Reeves zwraca uwagę na zazębianie się koncepcji obywatelstwa i społeczeństwa obywatelskiego:

> [...] społeczeństwo obywatelskie, jako sfera pośrednia między jednostką a państwem, wydaje się tą przestrzenią, w której niejako dochodzi się do obywatelskości przez edukację, zaangażowanie w życiu stowarzyszeniowym, dyskusję o sprawach wspólnych w sferze publicznej czy wreszcie praktykowanie obywatelskich cnót, w tym przede wszystkim cnoty odpowiedzialności[25].

Biorąc pod uwagę prezentowane wyżej stanowiska, można stworzyć listę cech społeczeństwa obywatelskiego:
– swobodne zrzeszanie się obywateli odpowiadające ich interesom i potrzebom;
– pozioma organizacja, czyli wielość stowarzyszeń i organizacji;
– aktywne uczestnictwo w życiu publicznym przez działalność w stowarzyszeniach lub samorządach lokalnych; działanie na rzecz społeczności lokalnej;
– otwartość na inne kultury, poglądy; tolerancja;
– odpowiednie regulacje prawne zapewniające obywatelom swobodę działania, chroniące ich wolność, a także określające obowiązki obywateli;
– autonomia wobec struktur państwa;
– porozumienie wolnych i równych obywateli;
– postępowanie oparte na zasadach państwa demokratycznego;
– pozytywny stosunek do innych ludzi i społeczeństw;
– względna zamożność.

Innym aspektem związanym z pojęciem społeczeństwa obywatelskiego jest wcześniej wspomniana kultura obywatelska, czyli wzory zachowań i cnoty obywatelskie. Kultura obywatelska powinna być wyznacznikiem przy formułowaniu programów edukowania członków społeczeństwa na świadomych obywateli. Powinna stanowić pewien ideał, do którego społeczeństwo ma dążyć.

---

[24] W. Osiatyński, *Odrodzenie społeczeństwa obywatelskiego*, „Wiedza i Życie" 1996, nr 9, http://archiwum.wiz.pl/1996/96094100.asp, dostęp: 24.03.2006.
[25] D. Pietrzyk-Reeves, *Idea...*, op. cit., s. 305–306.

2. Współczesna sytuacja formalnoprawna organizacji młodzieżowych

Jedną z form realizacji idei społeczeństwa obywatelskiego jest organizacja i uczestnictwo w zrzeszeniach, stowarzyszeniach, związkach o charakterze formalnym i nieformalnym, które zawiązują się w celu realizacji określonego, istotnego dla danej grupy społecznej interesu. Zazwyczaj grupy takie powstają z inicjatywy oddolnej.

Pojęcie organizacji młodzieżowej

Organizacja młodzieżowa to jeden z typów organizacji społecznych. Pojęcie organizacji społecznej nie jest jednoznaczne. We wszystkich definicjach można wyróżnić elementy wspólne, takie jak wspólny cel i określona struktura, ale różnią się one szczegółami.

Według *Leksykonu harcerstwa* organizacja składa się ze ściśle powiązanych i wzajemnie się uzupełniających elementów. Ma określony cel i strukturę, do jej elementów zalicza się ludzi i zasoby. Wszystkie te czynniki pozwalają taką grupę wyodrębnić z otoczenia[26].

W innej definicji pod pojęciem organizacji społecznej rozumie się formalną grupę osób, która identyfikuje się z celami i zadaniami organizacji. Łączy je wspólna więź o charakterze przedmiotowym, dążą do realizacji wspólnego obywatelskiego zadania wynikającego z potrzeb środowiska społecznego[27].

Organizacja czy stowarzyszenie to grupa młodzieży lub dorosłych posiadająca określoną strukturę organizacyjną, której członkowie podejmują wspólne zadania statutowe, podporządkowują się obowiązującym normom postępowania. Przynależność do nich jest dobrowolna[28].

We wszystkich tych definicjach powtarzają się takie cechy organizacji społecznej, jak: określona struktura, cel, nastawienie na realizację zadań wynikających z potrzeb danej grupy.

Rozszerzając to krótkie podsumowanie, można powiedzieć, że organizacja społeczna to grupa ludzi – dorosłych, dzieci lub młodzieży – o dowolnej liczebności, mająca własną określoną strukturę organizacyjną. Może rozwijać niezarobkową działalność o charakterze: oświatowo-kulturalnym; naukowym; opiekuńczo-wychowawczym; socjalnym; ekologicznym; religijnym lub gospodarczym. Zyski przeznacza na działalność statutową, ukierunkowaną na realizację wspólnych

---

[26] O. Fietkiewicz (red.), *Leksykon...*, op. cit., s. 322.
[27] I. Lepalczyk, *Rola stowarzyszeń społecznych w edukacji ustawicznej społeczeństwa*, „Chowanna" 1982, z. 4, s. 343.
[28] M. Winiarski, *Funkcje organizacji i stowarzyszeń społecznych w środowisku lokalnym* [w:] T. Pilch, I. Lepalczyk (red.), *Pedagogika społeczna...*, op. cit., s. 196.

celów wynikających najczęściej z potrzeb samych członków lub szerszego środowiska społecznego. Przynależność do tej grupy jest dobrowolna, a członków łączy wspólna więź będąca rezultatem dążenia do wspólnych celów, wyznawania oraz respektowania tych samych norm i wartości. Organizacja funkcjonuje na zasadzie pełnej samorządności, ma charakter pozarządowy. Odznacza się pewną żywotnością i trwałością[29].

Istnieją różne typologie organizacji zależne od punktu odniesienia. Można wyróżnić dwa rodzaje organizacji i stowarzyszeń działających na terenie zamieszkania: są to organizacje o charakterze lokalnym (komitet osiedlowy, rada sołecka, samorządy dziecięce i młodzieżowe itp.) oraz ponadlokalnym, obejmujące swoim zasięgiem cały kraj. Innym wyznacznikiem podziału organizacji społecznych jest wiek ich członków – i tak można tu dokonać podziału na organizacje młodzieżowe i zrzeszające dorosłych[30]. Należy przy tym zaznaczyć, że te podziały wzajemnie się nie wykluczają – może istnieć organizacja młodzieżowa o charakterze zarówno lokalnym, jak i ponadlokalnym.

Jak wynika z powyższych rozważań, organizacja młodzieżowa jest szczególnym typem organizacji społecznej. Najczęściej określa się ją jako związek młodzieży, zorganizowaną grupę młodzieżową, która posiada wszystkie cechy organizacji społecznej: strukturę, cel, zadania oraz własne zasady postępowania. Według niektórych źródeł organizacje młodzieżowe powstały na bazie związków młodzieży; jest to pewien ich rodzaj, mający płaszczyznę ideologiczną i społeczną oraz ramy społeczne[31]. Inni uważają, że organizacje młodzieżowe to zinstytucjonalizowane grupy rówieśnicze o charakterze wtórnym[32]. Stwierdzenia te wzajemnie się nie wykluczają – organizacja młodzieżowa może mieć korzenie w związkach młodzieży, a obecnie być jednym z typów organizacji społecznych i bazować na wtórnych grupach rówieśniczych.

Współczesne organizacje młodzieżowe działają w większości w ramach tzw. trzeciego sektora aktywności obywatelskiej. Pierwszy sektor obejmuje działalność na poziomie państwowym, samorządowym; drugi to sektor prywatny, działalność komercyjna, natomiast trzeci sektor aktywności publicznej stanowią organizacje pozarządowe.

Organizacja pozarządowa zalicza się do związków formalnych. Pojęcia „organizacja pozarządowa", „organizacja non profit", „organizacja ochotnicza" są stosowane zamiennie i oznaczają zrzeszenia posiadające formę prawną stowarzyszeń i fundacji. Do powszechnego użycia weszły one po 1989 r. Wówczas to kraje zachodnie zainteresowały się wspieraniem procesów demokratyzacji

---

[29] T. Pilch (red.), *Encyklopedia pedagogiczna XXI wieku*, t. 3, Żak, Warszawa 2004, s. 905–911.
[30] *Ibidem*, s. 196.
[31] O. Fietkiewicz (red.), *Leksykon...*, op. cit., s. 325.
[32] T. Pilch, *Grupa rówieśnicza...*, op. cit., s. 175.

w Europie Środkowej. Oferowały pomoc przez instytucje rządowe i organizacje pozarządowe[33].

Organizacje pozarządowe stoją w opozycji zarówno do sektora pierwszego, jak i drugiego. Od sektora państwowego odróżniają się tym, że nie są bezpośrednio finansowane z budżetu państwa, potrzeba istnienia organizacji wypływa z inicjatywy oddolnej, od obywateli. Od sektora prywatnego odróżniają się sposobem finansowania. Celem sektora prywatnego jest zysk, pomnażanie dóbr materialnych. Organizacje pozarządowe, nazywane inaczej organizacjami non profit lub *non for profit*, nie są nastawione na zysk. Spełniają one liczne funkcje: afiliacyjną, ekspresyjną, pomocową, integracyjną, opiekuńczo-wychowawczą, normalizacyjną, „grupy nacisku", uspołeczniania państwa, innowacyjną, rzecznictwa[34].

W ramach trzeciego sektora działają dwa typy organizacji: fundacje i stowarzyszenia. Organizacje młodzieżowe działają przeważnie w tej ostatniej grupie.

Stowarzyszenia utrzymują się ze składek swoich członków oraz dotacji otrzymywanych od fundacji lub państwa na realizację konkretnych programów.

Stowarzyszenie to dobrowolne, samorządne i trwałe zrzeszenie ludzi, którzy zamierzają realizować wspólnie cele o charakterze **niezarobkowym**. Stowarzyszenia non profit, czyli „bez zysku", nie mogą prowadzić żadnej działalności gospodarczej, natomiast *non for profit* („nie dla zysku") mogą prowadzić taką działalność, pod warunkiem że wszystkie uzyskane środki będą przeznaczone na działalność statutową. Stowarzyszenie ma prawo się wypowiadać w sprawach publicznych. Członkowie stowarzyszenia nie czerpią zysków z prowadzonej działalności. Ma to służyć pomnażaniu wartości niematerialnych i rozwojowi prospołecznie ukierunkowanej aktywności[35].

Organizacje pozarządowe, stowarzyszenia i inne samorzutne inicjatywy stanowią uzupełnienie instytucjonalnej struktury państwa,

> [...] są niezbędnym ogniwem życia zbiorowego – gwarancją pełniejszego zaspokajania potrzeb ludzkich, motorem rozwoju wspólnot politycznych, narzędziem osiągania celów społecznych czy grupowych nie przez samotne zmaganie się, walkę i ofiary, ale przez samopomoc i współdziałanie[36].

Fundacja to podmiot prawny prowadzący działalność w zakresie kultury, nauki, ochrony środowiska lub świadczeń społecznych. Realizuje swoje cele, czerpiąc środki finansowe z własnego majątku, działalności gospodarczej, ofiarności publicznej. Fundacja musi określić swoje cele, które powinny być

---

[33] J. Szmagalski, *Stowarzyszenie jako kategoria poznawcza i metoda pedagogiki społecznej* [w:] A. Przecławska (red.), *Pedagogika społeczna...*, op. cit., s. 74.
[34] D. Lalak, T. Pilch (red.), *Elementarne pojęcia...*, op. cit., s. 162.
[35] M. Porowski, *Organizacje pozarządowe w instytucjonalnej strukturze państwa* [w:] T. Pilch, I. Lepalczyk (red.), *Pedagogika społeczna...*, op. cit., s. 463.
[36] *Ibidem*, s. 456.

społecznie lub gospodarczo użyteczne; musi wskazać fundatorów. Jest także zobowiązana do posiadania określonego majątku na realizację swoich celów oraz musi być wpisana do rejestru fundacji[37].

Poza formalnie istniejącymi stowarzyszeniami czy fundacjami działają grupy nieformalne, również młodzieżowe. Nie mają one ustalonych ram organizacyjnych, ale realizują swoje założone cele. Często grupa nieformalna jest etapem wstępnym tworzenia stowarzyszenia czy fundacji.

Podsumowując, można powiedzieć, że organizacje młodzieżowe są to związki rówieśnicze o charakterze celowym, którym można przypisać kilka wspólnych cech. Członkowie takich organizacji pochodzą przeważnie z rekrutacji formalnej. Dominują więzi rzeczowe i stosunki organizacyjne. Struktura organizacyjna może być bardzo rozgałęziona i obejmować rozległe tereny. Struktura wewnętrzna jest sformalizowana i charakteryzuje się układem hierarchicznym. Ważniejszy jest interes grupy, a nie jednostki. Organizacja ma swoje sformalizowane wzory zachowań, które są w odpowiedni sposób egzekwowane. Występują tendencje do centralizacji decyzji, koordynacji działalności i uniformizmu organizacyjnego. Ostatnią z tych cech jest wyspecjalizowane dowództwo i wyalienowani przywódcy[38].

Organizacje młodzieżowe mogą być stowarzyszeniami, grupami nieformalnymi, a także podlegać określonym fundacjom.

Formy organizacji młodzieżowych

W literaturze zamiennie stosuje się określenia „stowarzyszenie", „związek", „towarzystwo", „zrzeszenie". Opisem tej problematyki najgłębiej, spośród różnych autorów, zajął się Aleksander Kamiński, poświęcając liczne prace badawcze zagadnieniu działania stowarzyszeń i organizacji młodzieżowych, które powstawały w Polsce od początków XIX w.[39] W warunkach ustrojowych III Rzeczypospolitej pojęcie stowarzyszenia nabiera innego niż przed laty znaczenia. Obecnie

> [...] stowarzyszenia należą do instytucji życia społecznego legitymizowanych przez prawo, a więc odpowiednie normy prawne ściśle definiują ich cechy konstytutywne[40].

W pedagogice społecznej „stowarzyszenie" jest traktowane jako kategoria ogólna. W socjologii pojęcie to stanowi podkategorię „zrzeszenia", które

---

[37] D. Lalak, T. Pilch (red.), *Elementarne pojęcia...*, op. cit., s. 91.
[38] T. Pilch, *Grupa rówieśnicza...*, op. cit., s. 178.
[39] J. Szmagalski, *Stowarzyszenie...*, op. cit., s. 67.
[40] *Ibidem*, s. 68.

uwzględnia także takie określenia, jak: „związek", „towarzystwo", „klub", „koło". Opisują one zbiorowości ludzkie o charakterze grupowym[41].

Polskie prawo dopuszcza dwie formy organizacji pozarządowych: są to wcześniej wymieniane stowarzyszenia i fundacje.

O ile pojęcie fundacji wydaje się dość jednoznaczne, o tyle stowarzyszenie jest różnie rozumiane, w zależności od kontekstu, w jakim to słowo zostało użyte. Inne znaczenie ma stowarzyszenie jako kategoria socjologiczna, inne – jako kategoria pedagogiczna, a jeszcze inaczej jest pojmowane w świetle prawa.

Według Kamińskiego stowarzyszenie to każda zorganizowana grupa społeczna, którą cechują dążenie do osiągnięcia wspólnych celów, posiadanie własnej struktury organizacyjnej i członków, ustalone sposoby postępowania i zachowania się[42]. Ten sam autor podaje też drugie znaczenie tego pojęcia. Jest ono

> [...] zdefiniowane przez swoje społeczne funkcje rzeczywiste (w odróżnieniu od funkcji założonych, inaczej statutowych), czyli rezultatów nieokreślonych celami i zamierzeniami [...]. Po pierwsze stowarzyszenie wypełnia funkcję afiliacyjną – kompensując zanikanie tradycyjnych więzi sąsiedzkich, stwarza szansę „sąsiedztwa z wyboru". Po drugie, realizuje funkcję integracyjną, czyli wprowadza jednostkę w kulturę ponadlokalną: narodową i ogólnoludzką. Trzecia, ekspresywna funkcja nie dotyczy [...] wszystkich stowarzyszeń, ale np.: artystycznych, popularnonaukowych, religijnych, krajoznawczych. W tego rodzaju stowarzyszeniach członkowie mają możność wyrażania swoich upodobań, sposobność uczuciowego wiązania się z wartościami kulturowymi[43].

Zgodnie z definicjami prawniczymi stowarzyszenia to szczególny przypadek zrzeszeń cechujących się dobrowolnością uczestnictwa, trwałością, określonym przez statut ustrojem, niezarobkowym charakterem i samorządnością[44].

Stowarzyszenie jest ograniczone przez swój statut oraz prawo o stowarzyszeniach[45]. Stanowi grupę intencjonalną, celową, zorganizowaną przez człowieka dla realizacji konkretnych zadań[46].

Inne formy organizacji społecznych to: organizacje, które działają na podstawie odrębnych ustaw lub umów międzynarodowych, kościoły, związki wyznaniowe, organizacje religijne, komitety do spraw wyborów do sejmu i senatu, rad narodowych, organów samorządu, partie polityczne, związki zawodowe[47].

---

[41] *Ibidem.*
[42] A. Kamiński, *Prehistoria...*, op. cit., s. 15.
[43] A. Kamiński, *Funkcje pedagogiki społecznej...*, op. cit.
[44] M. Porowski, *Organizacje pozarządowe...*, op. cit., s. 460.
[45] Ustawa z dnia 7 kwietnia 1989 r. Prawo o stowarzyszeniach, Dz.U. z 1989 r. Nr 20, poz. 104, z późn. zm. (Dz.U. z 2001 r. Nr 79, poz. 855; Dz.U. z 2003 r. Nr 96, poz. 874; Dz.U. z 2004 r. Nr 102, poz. 1055).
[46] T. Pilch, *Grupa rówieśnicza...*, op. cit., s. 176.
[47] J. Szmagalski, *Stowarzyszenie...*, op. cit., s. 77.

Termin „stowarzyszenie" jest pojęciem wieloznacznym, różnie definiowanym w zależności od kontekstu. Na potrzeby niniejszej pracy będzie rozumiane zgodnie z wykładnią prawną zawartą w ustawie o stowarzyszeniach[48]. To rodzaj organizacji społecznej; może ono m.in. zrzeszać młodzież.

Funkcje organizacji młodzieżowych

Organizacje i stowarzyszenia spełniają różne funkcje założone i rzeczywiste. W literaturze spotyka się rozmaite typologie funkcji stowarzyszeń. Aleksander Kamiński wymienia trzy podstawowe funkcje:
- afiliacyjną, która opiera się na zasadzie sąsiedztwa z wyboru;
- integracyjną;
- ekspresyjną[49].

Inny podział bierze pod uwagę wspomaganie wszechstronnego rozwoju jednostki pod względem społecznym, kulturalnym i biologicznym; przygotowanie do pełnienia ról w społeczeństwie; wspomaganie rozwoju kreatywności jednostki; kształtowanie określonych postaw oraz wychowywanie do społeczeństwa obywatelskiego[50].

Podobne zadania stoją przed organizacjami młodzieżowymi – w swoich założeniach mają spełniać wielorakie funkcje: zaspokajać potrzeby kulturowe i poznawcze, wdrażać do zgłębiania wiedzy o otaczającym świecie, pomagać w zdobywaniu i doskonaleniu kwalifikacji zawodowych, przygotowywać do życia w społeczeństwie[51].

Funkcje stowarzyszeń i organizacji społecznych można podzielić także ze względu na zasięg i kierunek działalności, są to:
- funkcje dośrodkowe, „wewnętrzne" – związane z zaspokajaniem potrzeb, zainteresowań i aspiracji stowarzyszeniowych;
- funkcje odśrodkowe, „zewnętrzne" – związane z realizacją potrzeb pierwotnych i wtórnych (społeczno-kulturalnych) całej społeczności lokalnej lub określonej części[52].

Do tych drugich zalicza się funkcję opiekuńczo-wychowawczą i integracyjną.

Funkcja opiekuńczo-wychowawcza organizacji i stowarzyszeń społecznych przejawia się w celowej i planowej działalności organizacji i stowarzyszenia, nastawionej na kształtowanie instrumentalnych i kierunkowych cech osobowości dzieci oraz młodzieży. Ma także wyrównywać braki zarówno w sferze psychofizycznej podopiecznych, jak i warunkach środowiskowych. Wynika

---

[48] Ustawa z dnia 7 kwietnia 1989..., op. cit.
[49] A. Kamiński, *Funkcje pedagogiki społecznej...*, op. cit., s. 156–158.
[50] M. Winiarski, *Funkcje organizacji...*, op. cit., s. 197.
[51] B. Hillebrandt, *Polskie organizacje młodzieżowe...*, op. cit., s. 5.
[52] M. Winiarski, *Funkcje organizacji...*, op. cit., s. 197.

z niej dążenie do zaspokajania potrzeb grupowych młodych ludzi. Funkcja ta obejmuje zamierzone i niezamierzone skutki takiej działalności.

Funkcja założona oznacza zamierzone skutki działalności, które najczęściej są wyrażane w formie celów i zadań, natomiast w ramach **funkcji rzeczywistej** mieszczą się nie tylko zaplanowane cele i zadania, lecz także niezamierzone albo nawet nieuświadomione skutki działalności organizacji.

Zadania wynikające z funkcji opiekuńczo-wychowawczej ze względu na wiek działających podmiotów można podzielić na dwie grupy:
– dziedziny aktywności dzieci i młodzieży związane z wielostronnym rozwojem ich osobowości;
– dziedziny aktywności dorosłych zorientowane na zapewnienie pomyślnych warunków życia, rozwoju i wychowania młodej generacji.

Wśród dziedzin aktywności społeczności lokalnej można wymienić: aktywność poznawczą, czyli naukę; aktywność kreatywną, rekreacyjną, społecznie użyteczną i o charakterze opiekuńczym.

Funkcja integracyjna organizacji społecznych jest realizowana podczas kształtowania środowiska wychowawczego w miejscu zamieszkania. Oznacza to nadawanie działalności opiekuńczo-wychowawczej integralnego charakteru, łączącego wszystkie kierunki oraz formy działalności opiekuńczo-wychowawczej w strukturalną i funkcjonalną całość z uwagi na realizację celów i zadań wychowania i opieki. Działalność ta powinna być podejmowana z pełną świadomością i w sposób planowy przy zaangażowaniu wszystkich grup społecznych, instytucji i jednostek.

Podstawowymi warunkami integracji w środowisku lokalnym, biorąc pod uwagę realizację zadań w zakresie wychowania i opieki nad dziećmi i młodzieżą, są: korekcja, czyli modyfikowanie wpływów i oddziaływań wychowawczych; stymulacja – pobudzanie społeczności lokalnej do podejmowania zadań opiekuńczo-wychowawczych; rozwijanie współpracy; koordynacja i instytucjonalizacja, wyrażająca się w tworzeniu systemu urządzeń i placówek edukacyjnych[53].

Podstawowymi funkcjami współcześnie działających organizacji pozarządowych są zaspokajanie potrzeb i rozwiązywanie problemów społecznych[54].

Organizacja wobec przepisów prawnych, finansowych

Samorządność stowarzyszeń jest ograniczona z jednej strony statutem organizacji, a z drugiej – prawem o stowarzyszeniach, które określa warunki rejestracji oraz zasady nadzoru.

---

[53] *Ibidem*, s. 198–205.
[54] J. Szmagalski, *Stowarzyszenie...*, op. cit., s. 78.

Stowarzyszenia są więc formą sterowanej przez państwo aktywności społecznej. Akt rejestracji oznacza bowiem nie tylko zgodę na sam fakt istnienia danego stowarzyszenia, ale na równi z tym akceptację celu, ustroju wewnętrznego, reguł obowiązujących w kontaktach wzajemnych i w kontaktach z innymi pomiotami instytucjonalnej struktury państwa[55].

Charakterystyczną cechą ustroju demokratycznego jest prawo obywateli do stowarzyszania się. W poprzednim ustroju Polski prawo to – choć pozornie respektowane – było poddane cenzurze. Żadne stowarzyszenie nie było autonomiczne, a te niepokorne rozwiązywano.

Zgodnie z polskim prawem istnieją dwie zasadnicze formy organizacji pozarządowych – stowarzyszenia i fundacje. Organizacja pozarządowa może być uznana za stowarzyszenie wyższej użyteczności publicznej – i takimi są wszystkie organizacje harcerskie; oraz ubiegać się o miano organizacji pożytku publicznego – z możliwości tej skorzystały obecnie również wszystkie organizacje harcerskie. Wiąże się to z korzyściami finansowymi umożliwiającymi działalność statutową. Na rzecz stowarzyszeń wyższej użyteczności publicznej można przekazywać darowizny, z czego chętnie korzystają sponsorzy. Jest to wzajemna wymiana usług – sponsor daje pieniądze na działalność, a w zamian za to może darowaną kwotę odpisać sobie od podatku. Od 2004 r. istnieje możliwość przekazania 1% swojego podatku na rzecz wybranej organizacji. Dzięki takim wpływom zrzeszenia te mogą lepiej funkcjonować, a obywatel ma poczucie, że jego pieniądze zasiliły słuszny cel.

3. Znaczenie społeczne organizacji młodzieżowych

Rola, jaka przypada w życiu społecznym organizacjom młodzieżowym, zależy od rodzaju sprawowanej władzy. W systemie demokratycznym władza ogranicza się do sfery wyłącznie politycznej, zostawiając obywatelom swobodę zrzeszania się i działania na polu religijnym, gospodarczym, obyczajowym i kulturalnym. Systemy autokratyczne, totalitarne przypisują sobie misję kreowania rzeczywistości i w związku z tym w pełni kontrolują życie publiczne. W ten sposób przekształca się zrzeszenia w zetatyzowane i zbiurokratyzowane organizacje, w pełni posłuszne rządom.

W zależności od typu rządów stowarzyszenia dostosowują się do sytuacji i

[...] albo zagospodarowują przestrzeń zostawioną swobodnej inicjatywie ochotników, albo poszukują kompromisu, albo lokują się na obrzeżach organizacji *quasi* samorządowych, albo też przybierają postać różnego rodzaju grup nieformalnych, nieoficjalnych ruchów, zespołów zadaniowych o luźnej organizacji i zmiennym składzie[56].

---

[55] M. Porowski, *Organizacje pozarządowe...*, op. cit., s. 460.
[56] *Ibidem*, s. 457.

Cechą środowiska lokalnego w warunkach demokracji jest pluralizm, który urzeczywistnia się przez istnienie i funkcjonowanie różnych organizacji pozarządowych, skupiających dorosłych zaangażowanych i ukierunkowujących swoją aktywność na zaspokajanie potrzeb własnej grupy lub wspólnoty, a także koncentrujących się na rozwiązywaniu problemów środowiska lokalnego[57]. Miernikiem demokratyzacji państwa może być liczba działających i nowo powstających zrzeszeń w środowisku lokalnym. Zadania stowarzyszenia to uczenie obywateli odpowiedzialności za swoje sprawy, kształtowanie umiejętności dostrzegania problemów w swoim otoczeniu, a także nauka sposobów ich rozwiązywania[58].

W społeczeństwie obywatelskim szczególne miejsce przypada społecznościom lokalnym, wspólnotom – z tego względu, że są one najbliżej jednostki, a tym samym najlepiej znają jej potrzeby. Stwarza to również szansę na zaspokojenie tych potrzeb własnymi siłami środowiska lokalnego (co jest określane jako zasada subsydiarności). Organizacje społeczne odgrywają szczególną rolę z racji tego, że obywatele coraz większą liczbę swoich spraw biorą w swoje ręce i dzięki temu poszerzają się pola samopomocy i samorealizacji[59].

Stowarzyszenia pełnią funkcję normalizacyjną, stanowiąc płaszczyznę harmonizowania działalności ochotniczej z wymaganiami prawa, oraz poszerzają bazę zaspokajania potrzeb społecznych (organizacje społeczne zaspokajają te potrzeby, których nie jest w stanie zaspokoić państwo – choć powinno). Oddolne inicjatywy pojawiają się zazwyczaj tam, gdzie brakuje odpowiednich instytucji, które mogłyby zaspokoić potrzeby obywateli. Często powstają też wówczas, gdy państwo nie dostrzega jakiegoś istotnego problemu społecznego bądź nie chce się nim zająć, uznając, że należy on do sfery prywatnej obywateli. Działalność stowarzyszeniowa może być remedium na rozpad więzi społecznych charakterystyczny dla obecnych czasów. Największe znaczenie w tym zakresie mają niewielkie stowarzyszenia oparte na bezpośrednim kontakcie, które dają szanse rozwijania swoich zainteresowań[60].

Organizacje społeczne, w tym młodzieżowe, spełniają istotną rolę w zakresie zaspokajania potrzeb indywidualnych i społecznych w małej grupie, w atmosferze życzliwości, otwartości i wzajemnego zrozumienia. Uczą prezentowania czynnej postawy obywatelskiej wobec ludzkich problemów – indywidualnych i zbiorowych – wymagających rozwiązania w poczuciu wspólnego dobra. Propagują pluralizm w życiu społecznym, religijnym, kulturalnym. Pomagają rozwijać sektor realizacji zadań indywidualnych i społecznych, alternatywnych wobec działań rządowych; tym samym uczą respektowania zasady dobrowolności

---

[57] T. Pilch (red.), *Encyklopedia pedagogiczna...*, t. 3, op. cit., s. 905–911.
[58] M. Porowski, *Organizacje pozarządowe...*, op. cit., s. 457.
[59] T. Pilch (red.), *Encyklopedia pedagogiczna...*, t. 3, op. cit., s. 905–911.
[60] M. Porowski, *Organizacje pozarządowe...*, op. cit., s. 460–462.

w wyborze form i metod działania. Pobudzają grupy społeczne do współdziałania w podejmowaniu decyzji dotyczących różnych problemów życia społecznego. Kształtują poczucie podmiotowości i niezależności u wszystkich członków organizacji niezależnie od grupy wiekowej, do jakiej należą. Podnoszą poziom świadomości w zakresie odpowiedzialności za własne życie i funkcjonowanie oraz uczą współodpowiedzialności za swoją rodzinę, sąsiadów, wspólnotę i dobro wspólne[61].

Młodzieżowe organizacje społeczne mogą spełniać wiele istotnych dla społeczeństwa funkcji – mogą wspomagać rozwój, wspierać środowiska dysfunkcyjne, poszerzać pola zainteresowań, uczyć samodzielności i odpowiedzialności za siebie i swoje otoczenie. Warto podkreślić, że przejmują one także część wychowawczych funkcji rodziny.

4. Organizacje pozarządowe w Polsce – dane liczbowe

W Polsce podstawowymi formami prowadzenia działalności społecznej są organizacje pozarządowe – fundacje i stowarzyszenia.

Po długoletniej przerwie, w 1984 r., wraz z wprowadzeniem w życie ustawy o fundacjach, zaistniała możliwość tworzenia tego typu organizacji społecznych[62]. W grudniu 1985 r. uchwałą Rady Ministrów dopuszczono możliwość prowadzenia działalności gospodarczej przez fundacje[63]. W 1991 r. w życie weszła znowelizowana ustawa o fundacjach, która określała minimalny wkład własny, niezbędny do rozpoczęcia działalności (kwota minimalna wynosiła 1000 złotych).

W latach 1984–1989 nie zauważono znacznego wzrostu liczby tego typu organizacji – w ciągu pięciu lat powstało ich zaledwie 287, z czego w ciągu pierwszych czterech lat – 113, a wciągu pół roku – od czerwca do grudnia – aż 174. Do głównych obszarów działań fundacji, które powstały przed czerwcem 1989 r., należały: pomoc i opieka społeczna (31); działania kulturalne i artystyczne (26); działalność naukowo-oświatowa (27); działalność o charakterze gospodarczym (6); działalność oparta na podstawie ideologicznej, mająca na celu upowszechnianie wartości duchowych (13); ekologia (6); ideologie narodowo- -wyznaniowe (3). W następnych latach liczba fundacji systematycznie rosła, choć trend przyrostowy stopniowo malał: w 1990 r. zarejestrowano 958 nowych organizacji, z czego 670 to fundacje nowo zarejestrowane. W kolejnych

---

[61] T. Pilch (red.), *Encyklopedia pedagogiczna...*, t. 3, *op. cit.*, s. 905–911.
[62] Ustawa z dnia 6 kwietnia 1984 r. o fundacjach, Dz.U. z 1984 r. Nr 21, poz. 97.
[63] Rozporządzenie Rady Ministrów z dnia 2 grudnia 1985 r. w sprawie prowadzenia przez fundacje działalności gospodarczej, Dz.U. z 1985 r. Nr 57, poz. 293.

latach wyniki te przedstawiają się następująco: w 1991 r. były w sumie 1954 fundacje, a w stosunku do poprzedniego roku nastąpił wzrost o 996; w późniejszych latach odpowiednio: 1992 – 3297 fundacji, przyrost – 1343; 1993 – 4040 fundacji, przyrost – 743; 1994 – 4469, przyrost – 429; 1995 – 4787, przyrost – 318; 1996 – 5025, przyrost – 238. Przy czym można odnotować niewielki odsetek fundacji wykreślanych każdego roku z rejestru[64]. Jak wynika z raportu Stowarzyszenia Klon/Jawor, w 2010 r. zarejestrowanych było 12 tys. fundacji, a w 2012 r. liczba ta wynosiła 11 tys.[65] Z badań przeprowadzonych przez Główny Urząd Statystyczny wynika, że w 2011 r. w Polsce działało 7,1 tys. fundacji[66]. Zdecydowanie liczniejszą grupę organizacji pozarządowych stanowią stowarzyszenia – do końca 1994 r. w Polsce zarejestrowano ich 29 580. Według danych Głównego Urzędu Statystycznego w 1997 r. działało 21 972 tego typu organizacji. W 1998 r. ponad 70% trzeciego sektora stanowiły stowarzyszenia[67]. Rozbieżności w danych biorą się stąd, że różnie jest interpretowane pojęcie stowarzyszenia – w węższym znaczeniu chodzi o organizacje zarejestrowane w sądzie jako stowarzyszenie, w szerszym zaś zalicza się do tej grupy również związki wyznaniowe, nieformalne organizacje oraz te, które są stowarzyszeniami na mocy innych ustaw. Różne interpretacje tego pojęcia były również przyjmowane w wykonywanych co dwa lata badaniach sektora pozarządowego. Dlatego statystyki te mogą służyć do orientacji w wielkości zjawiska, a nie do dokładnych analiz.

W 2000 r. zarejestrowano około 45 tys. organizacji pozarządowych, przy czym przyjęto tu rozszerzoną definicję tego terminu, włączając w jego zakres, poza stowarzyszeniami i fundacjami, związki zawodowe, samorząd gospodarczy i Kościoły[68].

W 2006 r. odnotowano 55 016 stowarzyszeń i 8212 fundacji. Najwięcej zarejestrowanych organizacji w stosunku do liczby mieszkańców było w wo-

---

[64] M. Wawrzyński, *Fundacje w Polsce*, Centrum Informacji dla Organizacji Pozarządowych BORDO, Warszawa 1997, http://osektorze.ngo.pl/files/osektorze.ngo.pl/public/pdf/Fundacje/fund_pol.pdf, dostęp: 26.01.2014.
[65] J. Herbst, J. Przewłocka, *Podstawowe fakty o organizacjach pozarządowych. Raport z badania 2010*, Stowarzyszenie Klon/Jawor, Warszawa 2011, http://civicpedia.ngo.pl/files/civicpedia.pl/public/raporty/podstawowefakty_2010.pdf, dostęp: 16.10.2013; J. Przewłocka, P. Adamiak, J. Herbst, *Podstawowe fakty o organizacjach pozarządowych. Raport z badania 2012*, Stowarzyszenie Klon/Jawor, Warszawa 2013, http://www.ngo.pl/PodstawoweFakty_2012_raport/#/1, dostęp: 16.10.2013.
[66] *Podstawowe dane o stowarzyszeniach, podobnych organizacjach społecznych, fundacjach oraz społecznych podmiotach wyznaniowych działających w 2010 roku (SOF-1) – wstępne wyniki*, GUS, http://www.stat.gov.pl/gus/5840_13978_PLK_HTML.htm, dostęp: 27.01.2014.
[67] *Wybrane statystyki dotyczące funkcjonowania organizacji pozarządowych w Polsce w roku 1998*, http://wiadomosci.ngo.pl/files/civicpedia.pl/public/raporty/statystyki_98.pdf, dostęp: 26.01.2014.
[68] *Podstawowe fakty o organizacjach pozarządowych – raport z badania 2002*, Stowarzyszenie Klon/Jawor, Warszawa 2002.

jewództwie mazowieckim (19 organizacji na 10 tys. mieszkańców), najmniej zaś w województwie świętokrzyskim (11 organizacji na 10 tys. mieszkańców). Liczba stowarzyszeń i fundacji jest stała – co roku przybywa około 4 tys. stowarzyszeń i 500 fundacji, przy czym rokrocznie pewna liczba organizacji kończy swoją działalność[69].

Najczęstszym obszarem działania organizacji pozarządowych jest sport, turystyka, rekreacja i hobby (55% organizacji), drugim co do popularności – edukacja i wychowanie (42%) oraz kultura i sztuka (33%). Na kolejnych pozycjach znajdują się: usługi socjalne i pomoc społeczna (16%); rozwój lokalny (16%), ochrona zdrowia (15%)[70].

W sektorze pozarządowym zatrudnionych jest 120 tys. osób. W 2006 r. odnotowano, że 26% organizacji pozarządowych zatrudnia płatnych pracowników (w tym 19,4% stanowią pracownicy etatowi); w stosunku do 2004 r. nastąpił spadek o 7%[71]. Podobne dane wynikają z raportu z 2012 r. – 19% organizacji posiada pracowników zatrudnionych na podstawie umowy o pracę, a 21% ma stałych nieetatowych współpracowników[72].

Od 2002 do 2012 r. systematycznie malała liczba wolontariuszy współpracujących z organizacjami pozarządowymi (a równocześnie niebędącymi członkami tych organizacji). W 2000 r. współpracę z wolontariuszami deklarowało 47% organizacji, w 2004 r. odsetek ten zmalał do 45%, w 2010 r. wynosił on 40%, natomiast w 2012 r. wzrósł do 55%[73].

Wśród problemów, z jakimi najczęściej borykają się organizacje pozarządowe, wymienia się złą sytuację finansową i trudności w pozyskiwaniu funduszy oraz brak osób gotowych do bezinteresownej pracy na rzecz stowarzyszenia czy fundacji. Istotny jest też fakt, że blisko jedna trzecia organizacji deklaruje wypalenie się jej liderów.

5. Harcerstwo w nowej rzeczywistości

W opisane powyżej tło społeczne organizacji wpisuje się współczesny ruch harcerski. Organizacje harcerskie działają w ramach trzeciego sektora i są szczególnym typem organizacji młodzieżowej – stowarzyszeniem. W związku z tym działają zgodnie z prawnymi ustaleniami odnoszącymi się do stowarzyszeń. Jeden z aspektów, w jakim dokonała się znacząca zmiana, jest finansowanie

---

[69] M. Gumkowska, J. Herbst, *Podstawowe fakty o organizacjach pozarządowych. Raport z badania 2006*, Warszawa 2006, http://civicpedia.ngo.pl/files/civicpedia.pl/public/raporty/faktyNGO2006_last.pdf, dostęp: 26.01.2014.
[70] J. Przewłocka, P. Adamiak, J. Herbst, *Podstawowe fakty...*, op. cit.
[71] M. Gumkowska, J. Herbst, *Podstawowe fakty...*, op. cit.
[72] J. Przewłocka, P. Adamiak, J. Herbst, *Podstawowe fakty...*, op. cit.
[73] *Ibidem*.

działalności. W odróżnieniu od systemu dotacji, jaki funkcjonował w państwie opiekuńczym, w którym organizacja harcerska – ZHP – otrzymywała pieniądze na działalność bez określonego celu, obecnie przyznanie dotacji odbywa się na zasadach konkursowych i w związku z tym jest czynnikiem niepewnym, zależnym od poziomu i wartości proponowanego programu. Taki system wymaga od stowarzyszenia włożenia pewnego wysiłku w zdobycie środków, co niestety stanowi poważny problem, a także wymaga wiedzy, jak konstruować programy i gdzie szukać środków niezbędnych na ich realizację.

Organizacje harcerskie należą do organizacji *non for profit* („nie dla zysku"), co oznacza, że mogą prowadzić działalność zarobkową pod warunkiem, iż wszelkie uzyskane środki będą przeznaczone na działalność statutową. Najczęściej dotyczy to prowadzenia baz biwakowo-obozowych, stanic harcerskich czy wodnych, z których korzystają nie tylko harcerze, lecz także inne organizacje lub osoby prywatne. Uzyskany dochód z wynajmu bazy jest przeznaczany na jej funkcjonowanie, modernizację lub przekazywany do władz organizacji, a ta kieruje te środki na realizację innego celu statutowego (np. dofinansowanie akcji letniej czy zimowej). Do innych form działalności gospodarczej należy np. prowadzenie wydawnictw harcerskich.

Wszystkie organizacje harcerskie są uznane za stowarzyszenia wyższej użyteczności. Wszystkie również uzyskały status organizacji pożytku publicznego, co wiąże się z możliwością uzyskania kolejnych środków na działalność statutową.

Związek Harcerstwa Polskiego (ZHP)

Formalnie jest to organizacja, która zachowała swoją ciągłość od Zjazdu Założycielskiego, który się odbył w 1918 r. w Lublinie. Jednak, biorąc pod uwagę wszystkie zmiany, jakie zachodziły w Polsce przez te lata, trudno mówić o tej samej organizacji – ewoluowała ona, stale dostosowywała się do zmieniających się warunków.

Historia polskiego harcerstwa do lat osiemdziesiątych XX w. była utożsamiana z dziejami Związku Harcerstwa Polskiego. Po 1989 r. ZHP nadal działa i do dziś jest największą organizacją harcerską. Na początku lat dziewięćdziesiątych minionego wieku jej działania spotykały się z ostrą krytyką ze strony innych środowisk harcerskich – ZHP określano jako komunistyczne harcerstwo, pozostałość minionego ustroju, obarczano ówczesne władze organizacji za wszystkie winy ostatnich czterdziestu lat.

Inny problemem, z jakim spotkał się ZHP, była zmiana sytuacji formalnoprawnej funkcjonowania organizacji – większość kadry, przyzwyczajona do starych sposobów finansowania, nie potrafiła się odnaleźć w nowej rzeczywistości – konkurencji, konieczności zabiegania o fundusze, pisania atrakcyjnych programów.

Liczebność członków ZHP stale maleje[74]. W 1986 r. ZHP liczyło 2 049 840 członków; w 1989 r. liczba ta spadła do 1 542 234. W kolejnych latach, już po przełomie polityczno-gospodarczym, szeregi ZHP stale się zmniejszają – od 981 858 osób w 1990 r. do 400 210 w 1996 r. Brakuje danych z 1997 r. W styczniu 2006 r. odnotowano 134 655 zuchów, harcerzy i instruktorów w tej organizacji. W stosunku do 1998 r. jest to spadek o 252 506 osób, czyli 65%. W ciągu ostatniego roku rozwiązaniu uległo 111 drużyn harcerskich i 93 gromad zuchowych. Najbardziej stabilny (ale też najmniej liczny) jest pion wędrowniczy, w ramach którego powstały 3 nowe drużyny. Mimo że jest to duża strata, to tendencja ta z roku na rok ma charakter malejący i – jak wynika z raportu Wydziału Badań i Analiz GK ZHP 2006 r. – istniało duże prawdopodobieństwo, że proces ten ulegnie zahamowaniu w 2007 r., a stabilizację ZHP osiągnie po 2009 r. Warto zaznaczyć, że zmniejszającej się liczby harcerzy nie można tłumaczyć zmianami demograficznymi – niżem i starzeniem się społeczeństwa. Najliczniejszą grupę w tej organizacji stanowią dzieci w wieku 12-13 lat, najmniejszą – młodzi ludzie w wieku 19-25 lat[75]. W 2007 r. zanotowano kolejny spadek liczebności o 6,94%, ale zgodnie z prognozami był on mniejszy od poprzedniego i liczebność w ZHP wynosiła 125 297 osób[76]. Zgodnie z danymi ze sprawozdania merytorycznego za z 2012 r. organizacja ta ma 92 053 członków[77].

Według danych z 2006 r.[78] najliczniej ZHP było reprezentowane w Chorągwi Stołecznej (Warszawa i okolice), gdzie procent członków w stosunku do populacji osób w wieku 7-24 lata wynosił 3,99 (11 971 osób), oraz w Chorągwi Kieleckiej – 2,14% (7180 osób). Na kolejnych miejscach plasowały się chorągwie: Podkarpacka (1,76%, 10 553 osób), Łódzka (1,72%, 10 684 osób), Wielkopolska (1,6%, 14 586 osób), Warmińsko-Mazurska (1,54%, 6243 osób), Dolnośląska (1,5%, 10 935 osób), Ziemi Lubuskiej (1,47%, 4041 osób), Opolska (1,36%, 3682 osób), Śląska (1,24%, 14 382 członków), Kujawsko-Pomorska (1,23%, 6811 osób), Gdańska (1,13%, 6617 osób), Białostocka (1,08%, 3559 osób). Najmniej licznie organizacja ta była reprezentowana na terenach województwa zachodnio-pomorskiego (0,92%, 4079 osób), małopolskiego

---

[74] Prezentowane w tym rozdziale dane dotyczące liczebności poszczególnych organizacji harcerskich są wynikiem analizy danych statystycznych, którą szczegółowo opisano w rozdziale piątym.
[75] K. Wais, *Analiza spisu harcerskiego 2006 – informacje ogólne*, Wydział Badań i Analiz GK ZHP, http://www.spis2006.zhp.pl/wyswietl.php, dostęp: 2.01.2007.
[76] *Spis harcerski 2007. Informacje ogólne*, Wydział Badań i Analiz GK ZHP, http://www.spis2007.zhp.pl/wyswietl.php, dostęp: 9.02.2009.
[77] Roczne sprawozdanie merytoryczne z działalności organizacji pożytku publicznego za rok 2012, http://sprawozdania.zhp.pl/id-2012-r.644.html, dostęp: 16.10.2013.
[78] Wydział Badań i Analiz Związku Harcerstwa Polskiego od 2007 r. nie zamieszcza na stronie internetowej nowych danych dotyczących spisów harcerskich.

(0,88%, 7803 osób), lubelskiego (0,82%, 4881 osób) oraz mazowieckiego – z wyłączeniem terenów miasta Warszawy – (0,69%, 6638 osób)[79].

W skład naczelnych władz Związku Harcerstwa Polskiego wchodzą: Zjazd ZHP, Przewodniczący, Rada Naczelna, Główna Kwatera, Naczelnik, Centralna Komisja Rewizyjna, Naczelny Sąd Harcerski. Wszystkie władze pochodzą z wyboru. Najwyższą władzą jest Zjazd ZHP, który decyduje o najważniejszych sprawach związku:
– przyjmuje strategię rozwoju;
– uchwala Statut i dokonuje w nim zmian;
– przyjmuje podstawy wychowawcze;
– wybiera Przewodniczącego i – na jego wniosek – od jednego do trzech wiceprzewodniczących; – określa liczebność i wybiera Radę Naczelną;
– wybiera Naczelnika i – na jego wniosek – określa liczebność i wybiera pozostałych członków Głównej Kwatery ZHP;
– określa liczebność i wybiera Centralną Komisję Rewizyjną ZHP oraz Naczelny Sąd Harcerski ZHP[80].

Rada Naczelna, działająca pod kierownictwem Przewodniczącego, jest władzą uchwałodawczą pomiędzy Zjazdami. W skład Rady wchodzą wiceprzewodniczący oraz trzydziestu–czterdziestu członków wybranych z poszczególnych chorągwi na Zjeździe ZHP. Do zadań Rady należą m.in.: podejmowanie decyzji związanych z systemem metodycznym, kierunkiem pracy wychowawczej i kształceniowej, ocenianie realizacji uchwał Zjazdu, zatwierdzanie kierunków działania Głównej Kwatery, ustalanie budżetu na dany rok.

W ramach Rady Naczelnej funkcjonują cztery stałe komisje: statutowo--regulaminowa, do spraw programu i pracy z kadrą, zarządzania i finansów oraz wizerunku i rozwoju liczebnego.

Zarząd stowarzyszenia stanowi Główna Kwatera pod przewodnictwem Naczelnika. Do jej podstawowych zadań należą: tworzenie warunków do realizacji strategii rozwoju ZHP, wykonywanie zadań określonych w Statucie, uchwałach Zjazdu i Rady Naczelnej, przyjmowanie planu pracy Głównej Kwatery i planu kształcenia ZHP na dany rok kalendarzowy, przedkładanie Radzie Naczelnej projektów uchwał, podejmowanie uchwał o nabywaniu, zbywaniu i obciążaniu majątku nieruchomego ZHP, niebędącego majątkiem chorągwi, delegowanie przedstawicieli do reprezentowania Związku w innych podmiotach gospodarczych, w których ZHP ma udziały, oraz w fundacjach, powoływanie i likwidowanie centralnych jednostek organizacyjnych, uchwalanie regulaminów wewnętrznych i instrukcji; wspomaganie, koordynacja i nadzór nad pracą

---

[79] *Mapa ZHP – procent członków ZHP w populacji osób w wieku od 7 do 24 lat*, http://badania.zhp.pl/index.php/aktualnosci-czytaj/items/100.html, dostęp: 2.01.2007.
[80] Prezentowane w tym rozdziale struktura organizacyjna i zasady funkcjonowania poszczególnych organizacji harcerskich są wynikiem analizy treści dokumentów, którą szerzej omówiono w rozdziale piątym.

komendantów i komend chorągwi, centralnych jednostek organizacyjnych i gospodarczych ZHP oraz ocena ich działalności; koordynowanie działalności ruchu przyjaciół harcerstwa; powoływanie i odwoływanie ciał doradczych – rad, komisji i celowych zespołów roboczych. Główna Kwatera ma rozbudowaną strukturę, w ramach której funkcjonuje wiele wydziałów, m.in.: metodyczny, programowy, specjalności, pracy z kadrą, seniorów i starszyzny, badań i analiz, wdrażania strategii, ekonomiczno-finansowy, pozyskiwania środków, nadzoru i kontroli, obsługi prawnej, współpracy z komendami. Wydziałom podlegają zespoły i inspektoraty. ZHP prowadzi też Muzeum Harcerstwa oraz redaguje czasopismo „Czuwaj"[81], ponadto jest udziałowcem w spółkach (m.in. RH Contact Polska, Centralna Składnica Harcerska 4 Żywioły Sp. z o.o., Best Harctur Sp. z o.o., Świat Młodych SA) oraz fundatorem trzech fundacji (Fundacja Światowe Jamboree, Fundacja Harcerstwa Polskiego „Schronisko Głodówka", Fundacja Harcerstwa Centrum Wychowania Morskiego ZHP)[82].

Organem kontrolnym jest Centralna Komisja Rewizyjna. Naczelny Sąd Harcerski rozpatruje sprawy naruszenia statutu, uchwał i decyzji wydanych przez władze ZHP, dokonuje także wykładni Statutu.

Głównej Kwaterze podlegają chorągwie, będące jednostkami terenowymi działającymi na poziomie województwa. Chorągwiom podlegają hufce. Hufce skupiają podstawowe jednostki organizacyjne ZHP, jakimi są gromady zuchowe, drużyny harcerskie i wędrownicze oraz szczepy lub związki drużyn.

W ramach ZHP funkcjonują piony wiekowe: zuchy (6–10 lat), harcerze (10–13 lat), harcerze starsi (13–16 lat), wędrownicy (16–25 lat). Funkcje wychowawcze pełnią instruktorzy, których wiedza i umiejętności są poświadczone odpowiednim stopniem instruktorskim[83].

Organizacja ta dysponuje majątkiem, na który składają się: składki członkowskie, darowizny, zapisy, spadki, dochody pochodzące z działalności własnej, majątku Związku, ofiarności publicznej, dotacji i innych środków przekazanych na prowadzenie zadań i akcji zleconych przez organy publiczne oraz podmioty gospodarcze. Majątek organizacji może służyć tylko i wyłącznie do prowadzenia działalności statutowej[84].

Warto zwrócić uwagę, że ZHP to jedyna organizacja harcerska, w której pracują instruktorzy na funkcjach pracowników etatowych.

ZHP jest organizacją pożytku publicznego, członkiem Światowej Organizacji Ruchu Skautowego (WOSM) i Światowego Stowarzyszenia Przewod-

---

[81] Statut ZHP (tekst jednolity po zmianach uchwalonych przez XXXVII Zjazd ZHP), http://dokumenty.zhp.pl/pliki/glowny_20120829_101534_statut_zhp_-_29082012.pdf, dostęp: 27.01.2014.
[82] Roczne sprawozdanie merytoryczne z działalności organizacji pożytku publicznego za rok 2012, http://sprawozdania.zhp.pl/id-2012-r.644.html, dostęp: 16.10.2013.
[83] Wydział Zuchowy. Główna Kwatera ZHP, http://www.zuchy.zhp.pl, dostęp: 2.01.2007; Wydział Harcerski. Główna Kwatera ZHP, http://www.harcerze.zhp.pl, dostęp: 2.01.2007.
[84] Statut ZHP..., op. cit.

niczek i Skautek (WAGGGS). Określa siebie jako ogólnopolskie, patriotyczne stowarzyszenie, organizację otwartą i apolityczną. Jej cel stanowi wychowanie młodych ludzi na prawych, aktywnych i odpowiedzialnych obywateli w duchu wartości zawartych w Prawie Harcerskim. Misją ZHP jest wychowywanie młodego człowieka, czyli wspieranie go we wszechstronnym rozwoju i kształtowaniu charakteru:

> ZHP to nie tylko organizacja dzieci i młodzieży, to przede wszystkim ruch społeczny kształtujący postawy i charaktery. ZHP wspiera wychowanie dzieci i młodzieży zgodnie z harcerskimi wartościami, takimi jak: patriotyzm, braterstwo, przyjaźń, służba, wiara, praca, sprawiedliwość, wolność i pokój. Wartości te, zapisane w Obietnicy i Prawie Zucha oraz Przyrzeczeniu i Prawie Harcerskim odnajdujemy w tworzonej przez dziesiątki lat kulturze organizacji.
> Tradycyjne i uniwersalne wartości uwzględniamy w aktualnych i nowoczesnych programach działania gromad i drużyn, w zadaniach wynikających z potrzeb, zainteresowań oraz pragnień dzieci i młodzieży. Wartości te tworzą kodeks postępowania oraz kształtują styl życia członków ruchu harcerskiego, przy czym każdemu z nich pozwalają kreować osobistą drogę ich realizacji, w budowanych indywidualnie próbach na kolejne – harcerskie i instruktorskie – stopnie.
> W każdej drużynie i gromadzie jest budowany program działania mający na celu realizację postawionych sobie wspólnie celów wychowawczych. Jest realizowany głównie przez zdobywanie zuchowych i harcerskich sprawności, znaków służb, uprawnień państwowych, realizację zadań zespołowych i projektów.
> Formą aktywności programowej jest zabawa w kogoś lub w coś (w gromadach zuchowych), gra (w drużynach harcerskich), poszukiwanie (w drużynach starszoharcerskich) oraz służba i wyczyn (w drużynach wędrowniczych). Harcerskie działanie obejmuje wiele bardzo różnorodnych obszarów programowych[85].

Realizując misję i cele zawarte w statucie, ZHP tworzy i urzeczywistnia różne programy. W latach 2002–2005 zaproponowano „Barwy przyszłości", program, który opierał się na czterech priorytetach: wychowaniu patriotycznym, obywatelskim i europejskim; wspieraniu harcerstwa na wsi; wychowaniu ekonomicznym; wzmocnieniu wychowawczego charakteru organizacji. Inne programy to: „Każdy inny, wszyscy równi", „Od samorządności do demokracji", „Ścieżkami zdrowia", „Bądź gotów!", „Paszport do Europy", „Odkrywcy Nieznanego Świata", „Woda jest życiem". Najważniejszym programem, realizowanym w związku z obchodami stulecia skautingu, był „Jeden Świat – Jedno Przyrzeczenie", którego celem było przygotowanie do uświetnienia okrągłej rocznicy i odnowienia przyrzeczeń skautowych. Składał się z dwóch etapów, których zwieńczeniem był Zlot w Kielcach. W 2011 r. ogłoszono „Rok regionów", którego misją stanowiły koncentracja na budowaniu tożsamości regionalnej oraz popularyzacja idei małych ojczyzn[86].

---

[85] Związek Harcerstwa Polskiego, http://media.zhp.pl/o-zhp.html, dostęp: 26.01.2014.
[86] *Rok regionów w ZHP*, http://rokregionow.zhp.pl/o-roku-regionow.html, dostęp: 16.10.2013.

Związek Harcerstwa Rzeczypospolitej (ZHR)

Początki Związku Harcerstwa Rzeczypospolitej sięgają 1980 r., kiedy zaczęły powstawać Kręgi Instruktorów Harcerskich im. Andrzeja Małkowskiego (KIHAM). Celem tych kręgów była normalna praca wychowawcza, zgodna z ideałami harcerskimi, wolna od polityki. Kręgi te podjęły starania o odrodzenie harcerstwa. Powstał Niezależny Ruch Harcerski. W październiku 1981 r., w związku z wprowadzeniem stanu wojennego i brakiem możliwości dalszej pracy, podjęto decyzję o samorozwiązaniu Kręgów.

Później powstał Ruch Harcerstwa Rzeczypospolitej (RHR), którego działania były najbardziej widoczne podczas wizyt Jana Pawła II w Polsce – harcerze i harcerki pełnili wówczas służbę porządkową i sanitarną, tzw. białą służbę. 22 maja 1988 r. środowisko harcerskie ogłosiło „List Otwarty do Społeczeństwa", w którym wyrażało swój niepokój sytuacją zaistniałą w ZHP. Był to początek dwóch nowych organizacji, które wywodziły się z RHR: 12 lutego 1989 r. powstał Związek Harcerstwa Rzeczypospolitej, a 19 marca został utworzony Związek Harcerstwa Polskiego (rok założenia – 1918). 7 października 1992 r. doszło do połączenia obu organizacji w jeden ZHR[87].

Z danych liczbowych z 2002 r. wynika, że w sumie w ZHR działało wówczas 14 662 zuchów, harcerek, harcerzy i instruktorów[88]. Według danych ze strony internetowej organizacji pozarządowych liczba członków tego stowarzyszenia wynosi 13 500, przy czym nie wiadomo, z którego roku pochodzą te dane[89]. Niestety, nie udało się uzyskać dokładniejszych danych z lat 1989–2006. W ZHR nie działa osobny wydział (jak ma to miejsce w ZHP), który zajmowałby się przetwarzaniem i udostępnianiem danych statystycznych dotyczących tej organizacji. Stąd też nie ma możliwości dokonania analizy zmiany liczebności ZHR w ciągu dwudziestu czterech lat jego funkcjonowania. Według danych z 2005 r. ZHR liczył 15 070 członków. Zasięg działania ZHR obejmuje praktycznie wszystkie rejony Polski. Najliczniej organizacja była reprezentowana w województwach mazowieckim (3308 członków), małopolskim (2342 członków) i wielkopolskim (2020 członków). Najmniej członków ZHR liczył w województwie świętokrzyskim – 139 osób. Zgodnie z informacjami zamieszczonymi w sprawozdaniu merytorycznym z działalności organizacji pożytku publicznego w 2012 r. stowarzyszenie to zrzeszało 16 tys. członków, a w ciągu ostatniego roku pozyskało 1000 nowych osób[90].

Najwyższą władzą związku jest Zjazd Walny ZHR, który odbywa się co dwa lata. Pomiędzy zjazdami najwyższą władzę stanowi Rada Naczelna, która nad-

---

[87] U. Kret (red.), *My harcerki z ZHR*, Trifolium, Warszawa 1998, s. 13–15.
[88] F. Borodzik, *O nas*, http://www.zhr.pl/naczelnictwo/o_nas.php, dostęp: 3.01.2007.
[89] http://bazy.ngo.pl/search/info.asp?id=3822&p=daneInne, dostęp: 4.01.2007.
[90] Roczne sprawozdanie merytoryczne z działalności organizacji pożytku publicznego za rok 2012, http://sprawozdaniaopp.mpips.gov.pl/Search/Print/14523?reporttypeId=1, dostęp: 20.10.2013.

zoruje pracę związku, powołuje członków naczelnictwa, dokonuje interpretacji statutu, uchwala budżet związku, tworzy i likwiduje okręgi. Funkcję zarządu stowarzyszenia pełni Naczelnictwo, którego zadaniem jest kierowanie bieżącą pracą związku, uchwalanie regulaminów i instrukcji, uchylanie lub unieważnianie decyzji niezgodnych z przepisami związku, zarządzanie majątkiem oraz wykonywanie uchwał Rady Naczelnej. Na czele Naczelnictwa stoi Przewodniczący. Organem kontrolującym pracę w ZHR jest Komisja Rewizyjna Związku, a rozstrzyganiem sporów zajmuje się Sąd Harcerski.

W ramach Związku Harcerstwa Rzeczypospolitej funkcjonują Organizacja Harcerek i Organizacja Harcerzy – dwa niezależne piony organizacyjne. U podłoża takiego podziału leży przekonanie o odmienności zainteresowań, cech psychicznych oraz rozwoju dziewcząt i chłopców. To zupełnie inna struktura niż w ZHP, gdzie jest koedukacja – nie tylko na poziomie chorągwi i hufców, lecz często także na poziomie drużyn.

Na czele Organizacji Harcerek stoi Naczelniczka, a Organizacji Harcerzy przewodzi Naczelnik. Struktura organizacyjna obu pionów jest taka sama: Głównej Kwaterze podlegają chorągwie i namiestnictwa, niżej stoją hufce, które zrzeszają gromady zuchowe i drużyny harcerskie. Prace obu pionów na poziomie chorągwi od strony administracyjnej i finansowo-gospodarczej koordynują okręgi[91].

W ZHR występuje trochę inny podział wiekowy niż w ZHP: do zuchów przyjmowane są dzieci w wieku 8–11 lat, harcerze to grupa wiekowa 11–14 lat, wędrownicy – 13–18 lat, harcerze starsi i harcerki starsze – powyżej 18. roku życia.

Majątek związku stanowią nieruchomości i ruchomości będące jego własnością, inne prawa majątkowe oraz fundusze. Na fundusze składają się: składki członkowskie, dochody z działalności statutowej, dotacji, darowizn oraz ofiarności publicznej, dochody z majątku, spadków i zapisów. Zgodnie z zapisami w statucie działalność gospodarcza może być prowadzona wyłącznie w formie spółdzielni, spółki z ograniczoną odpowiedzialnością, spółki akcyjnej lub fundacji[92].

Gospodarka, rozumiana jako obrót i przechowywanie majątku oraz prowadzenie związanej z tym dokumentacji, służy zapewnieniu środków finansowych i rzeczowych niezbędnych do realizacji celów wychowawczych ZHR. Majątek służy realizacji celów statutowych.

Związek Harcerstwa Rzeczypospolitej to organizacja wychowawcza, która w swojej pracy opiera się na tradycyjnej metodzie harcerskiej oraz wartościach chrześcijańskich. ZHR podkreśla swój powrót do korzeni harcerstwa, które było nierozerwalnie związane z wiarą i religią[93].

---

[91] Komisja Rewizyjna Związku, http://www.zhr.pl/naczelnictwo/krz.php, dostęp: 2.01.2007.
[92] Statut ZHR..., op. cit.
[93] F. Borodzik, O nas, op. cit.

W ramach ZHR realizowane są różne programy. Do najważniejszych należy m.in. Harcerskie Ochotnicze Pogotowie Ratunkowe (HOPR), które zrzesza osoby (powyżej 15. roku życia) zdobywające lub posiadające kwalifikacje ratowników przedmedycznych. Celem jest kształtowanie postawy obywatelskiej w zakresie bezpieczeństwa publicznego, co wynika z harcerskiego nakazu służby Bogu, Polsce i Bliźnim. Podstawową jednostką organizacyjną jest patrol skupiający od czterech do sześciu członków, który działa przy drużynie lub hufcu. Patrole mogą działać w drużynach ratowniczych, które z kolei są zrzeszane w okręgach obejmujących teren jednego województwa. Na czele stoi Komendant HOPR mianowany przez Naczelnictwo. W ramach HOPR członkowie realizują pięciostopniowy system stopni[94].

Od listopada 2005 r. w ZHR realizowany jest program „Nieborak", mający na celu popularyzowanie zdrowego stylu życia oraz rozpowszechnianie wiedzy z zakresu profilaktyki nowotworowej. Program, nakierowany na działania drużyn harcerskich w środowisku lokalnym, dotyczy: uświadamiania zachowań prozdrowotnych, informowania o konieczności wykonywania badań profilaktycznych, propagowania wiedzy o objawach i sposobach postępowania w sytuacji zaistnienia choroby, służby na rzecz osób chorych (szpitale, hospicja)[95]. Poza tym co roku w ramach działań Organizacji Harcerek lub Organizacji Harcerzy realizuje się nowe programy, związane z rocznicami wydarzeń historycznych, celami wychowawczymi czy aktualnymi problemami społecznymi.

Skauci Europy – Stowarzyszenie Harcerstwa Katolickiego „Zawisza" Federacja Skautingu Europejskiego

Organizacja ta jest ruchem wychowawczym, który posługuje się metodą harcerską i opiera na zasadach religii rzymskokatolickiej. Stowarzyszenie to powstało w 1982 r., ale – jak podkreślają jego członkowie – nawiązuje do tradycji skautowej i harcerskiej z początków XX w.

Jego źródła to nie tylko myśl Roberta Baden-Powella, lecz także, a może przede wszystkim, przemyślenia i działania francuskiego jezuity ojca Jakuba Sevina. Przekształcił on baden-powellowską metodę skautową w jej katolicką wersję, a w 1920 r. założył organizację Skautów Francji. Według ojca Sevina skaut powinien być chrześcijaninem, który dąży do szerzenia wokół siebie Królestwa Chrystusowego. W latach pięćdziesiątych XX w. zarówno w harcerstwie polskim, jak i w skautingu nastąpił kryzys – odchodzono od założeń metody Baden-Powella i ojca Sevina. Odpowiedzią na ten kryzys było powstanie

---

[94] Harcerskie Ochotnicze Pogotowie Ratunkowe, http://hopr.zhr.pl, dostęp: 21.10.2013.
[95] E. Borkowska-Pastwa, *Program Nieborak*, http://nieborak.zhr.pl/program.php, dostęp: 23.10.2013.

w Niemczech i Francji Federacji Skautingu Europejskiego, która nawiązywała do zapomnianego dziedzictwa francuskiego jezuity. Celem stało się odnowienie braterstwa w duchu idei chrześcijańskich.

W Polsce pierwszych przejawów harcerstwa o takim zabarwieniu ideowym można się dopatrywać w utworzonych 27 października 1939 r. w Warszawie, przez Stanisława Sedlaczka, Hufcach Polskich. Ruch ten jednak zamarł z powodu wprowadzenia ustroju totalitarnego. Dopiero po zamieszkach w 1980 r., dwa lata później powstał ruch harcerstwa katolickiego, który w 1989 r. przekształcił się w Stowarzyszenie Harcerstwa Katolickiego „Zawisza", a w 1995 r. wstąpił do Federacji Skautingu Europejskiego. Od 2009 r. organizacja używa skrótowej nazwy Skauci Europy[96].

W 2009 r. Skauci Europy działali w kilkudziesięciu miastach w Polsce. Według stanu na luty tamtego roku w organizacji tej funkcjonowały trzy chorągwie harcerek – Mazowiecka, Lubelska i Dolnośląska, osiem hufców żeńskich i siedem męskich[97]. Jednostki tej organizacji działają na terenie województw: dolnośląskiego, wielkopolskiego, kujawsko-pomorskiego, mazowieckiego, pomorskiego, podlaskiego, świętokrzyskiego i lubelskiego oraz małopolskiego.

Z danych uzyskanych od SHK „Zawisza" wynika, że w sezonie 2003/2004 łącznie w tej organizacji było 1740 osób, w następnym roku liczba ta zmalała do 1560, a w latach 2005–2006 wynosiła 1670. W 2006 r. odnotowano kolejny, aczkolwiek niewielki, spadek liczebności – w organizacji działało 876 członków w pionie męskim oraz 713 – w żeńskim, co daje łączną liczbę 1589 osób[98]. W 2010 r. jednostki organizacyjne stowarzyszenia działały w 64 miejscowościach, w tym w 28 miejscowościach były to gromady, drużyny lub szczepy, a w 48 działały samodzielne zastępy. Od 2009 r. stopniowo zwiększa się liczba nowych drużyn – początkowo powstały 3 nowe drużyny męskie i 1 żeńska, a w 2010 r. powstało 11 drużyn lub gromad żeńskich i 10 męskich[99]. Ze sprawozdania merytorycznego za 2011 r. wynika, że w organizacji działało 2594 członków[100], a w 2012 było ich już 2706[101]. Podsumowując – po okresowym spadku liczebności stopniowo od 2010 r. organizacja ta poszerza swoją działalność.

---

[96] A. Sitek, *Skauci Europy – nowa naszywka*, http://skauci-europy.pl/aktualnosci/skauci-europy-
-nowa-naszywka, dostęp: 23.10.2013.
[97] Skauci Europy, http://skauci-europy.pl, dostęp: 27.01.2014.
[98] Dane wewnętrzne organizacji uzyskane z Biura Stowarzyszenia Harcerstwa Katolickiego „Zawisza".
[99] Sprawozdanie merytoryczne Stowarzyszenia Harcerstwa Katolickiego „Zawisza" Federacja Skautingu Europejskiego za rok 2010, http://skauci-europy.pl/upload/sprawozdania/sprawozdanie_merytoryczne_FSE_2010.pdf, dostęp: 23.10.2013.
[100] Roczne sprawozdanie merytoryczne z działalności organizacji pożytku publicznego za rok 2011, http://skauci-europy.pl/upload/sprawozdania/sprawozdanie-merytoryczne-skauci-europy-
-2011.pdf, dostęp: 23.10.2013.
[101] Roczne sprawozdanie merytoryczne z działalności organizacji pożytku publicznego za rok 2012, http://sprawozdaniaopp.mpips.gov.pl/Search/Print/9399?reporttypeId=1, dostęp: 20.10.2013.

Zgodnie ze statutem SHK „Zawisza" to organizacja katolicka w rozumieniu prawa polskiego, podlegająca nadzorowi władzy kościelnej. Posiada Duszpasterza Krajowego wybieranego przez Zarząd Stowarzyszenia i zatwierdzanego przez Konferencję Episkopatu Polski. Jest stowarzyszeniem najbardziej odbiegającym od innych organizacji harcerskich – pod względem struktury, podziałów wiekowych, symboliki i misji.

Pracę wychowawczą prowadzi się w dwóch Nurtach: Harcerek i Harcerzy; działania odbywają się w trzech gałęziach wiekowych: wilczków (8–12 lat), harcerek (od 12. do 16.–17. roku życia) i harcerzy (12–17 lat) oraz harcerzy wędrowników (powyżej 17. roku życia) i harcerek przewodniczek (powyżej 16.–17. roku życia). Podstawową jednostką organizacyjną jest gromada wilczków, na czele której stoi Akela (przewodnik gromady, w innych organizacjach określany jako drużynowy zuchowy) lub drużyna harcerzy/harcerek pod przewodnictwem drużynowego/drużynowej. Wędrownicy tworzą kręgi, a przewodniczki – ogniska. Jeżeli w danej miejscowości nie ma możliwości utworzenia drużyny, dopuszcza się też tworzenie samodzielnych zastępów, składających się maksymalnie z 10 osób pod przewodnictwem zastępowej czy zastępowego w wieku nie niższym niż 16 lat.

Gromada wilczków i drużyna harcerzy bądź harcerek mogą utworzyć szczep. Pracami drużyn, szczepów i samodzielnych zastępów na danym terytorium kieruje hufiec. W celu połączenia kilku hufców tworzona jest chorągiew. Na szczeblu krajowym działają Ekipy Krajowe powoływane oddzielnie przez Naczelnika Harcerzy i Naczelniczkę Harcerek.

Najwyższą władzą stowarzyszenia jest Sejmik, który zbiera się co trzy lata. Przyjmuje on sprawozdanie z działalności Naczelnika Harcerzy, Naczelniczki Harcerek, Zarządu i Rady Naczelnej; wybiera nowych członków Rady Naczelnej; przyjmuje założenia programowe na najbliższe trzy lata.

Funkcję organu kontroli i nadzoru wewnętrznego pełni Rada Naczelna, składająca się z sześciu–dwunastu osób. Spośród członków czynnych (osób pełniących funkcje wychowawcze) wybiera ona Przewodniczącego Stowarzyszenia, Naczelnika Harcerzy, Naczelniczkę Harcerek, Sekretarza Krajowego, Skarbnika Stowarzyszenia. Osoby te tworzą Zarząd Stowarzyszenia. Do zadań zarządu należy kierowanie bieżącą pracą SHK. Przewodniczący Stowarzyszenia jest wybierany na roczną kadencję przez Radę Naczelną, a jego główne zadanie polega na reprezentowaniu organizacji na zewnątrz, dbaniu o dobre zarządzanie, administrowanie oraz wykonywanie statutu i regulaminów.

Naczelnik i Naczelniczka są wybierani na trzyletnią kadencję i z urzędu otrzymują funkcje wiceprzewodniczących. Do ich głównych zadań należy kierowanie pracami podległych im Nurtów. Każdą gałęzią wiekową kierują Namiestnicy.

Na czele chorągwi (jeśli taka zostanie utworzona) stoi komendant chorągwi powoływany przez Naczelnika Harcerzy lub komendantka chorągwi powoływana przez Naczelniczkę Harcerek. Na niższych szczeblach są odpowiednio: komendant i komendant hufca oraz komendant i komendanta szczepu.

Stowarzyszenie może prowadzić działalność gospodarczą, której celem jest zabezpieczenie środków na cele statutowe. Majątek, na który składają nieruchomości, ruchomości i fundusze, pochodzi ze składek członkowskich, darowizn, zapisów, spadków, dochodów z własnej działalności, dotacji[102].

Celem pracy stowarzyszenia jest dostarczanie środków do rozwoju osobistego dzieci i młodzieży przez wykorzystanie metody skautowej Roberta Baden-Powella, rozwiniętej przez ojca Jakuba Sevina i Stanisława Sedlaczka, którzy oparli ją na zasadach religii rzymskokatolickiej. Federacja Skautingu Europejskiego przyjmuje do swego grona dzieci i młodzież będące członkami Kościoła katolickiego, prawosławnego lub jednego z Kościołów ewangelickich po reformacji. Przyrzeczenia skauta lub przewodniczki nie może złożyć osoba nieochrzczona. Na poziomie krajowym organizacja powinna być związana z jedną i tą samą wiarą i religią. Niedopuszczalne są wspólne spotkania i zbiórki drużyn różnych wyznań, gdyż mogłoby to wywołać poczucie sceptycyzmu i relatywizmu u młodych ludzi. Takie spotkania są możliwe dopiero na poziomie dorosłych przewodniczek i wędrowników.

Do najważniejszych programów należy organizowany co roku Euromoot, przeznaczony dla młodzieży starszej i szefów. Celem jest zapoznanie wędrowników i przewodniczek z chrześcijańską Europą. Projekt realizuje się przez wędrówki po Tatrach na określonych trasach; każdego dnia wszystkie wędrujące kręgi i ogniska z różnych krajów spotykają się na miejscu biwaku i uczestniczą we wspólnej mszy.

Do innych programowych przedsięwzięć SHK należą coroczny udział w obchodach Dnia Papieskiego i organizacja spotkań podczas Forum Młodych.

Stowarzyszenie Harcerskie (SH)

Stowarzyszenie Harcerskie jest organizacją, która wywodzi się z Hufców ZHP Warszawa Śródmieście. W 1996 r. w statucie ZHP wprowadzono zmiany, które uniemożliwiały osobom niewierzącym przynależność do harcerstwa. Instruktorzy Śródmiejskich Hufców, nie chcąc się zgodzić na takie wykluczenie, stworzyli odrębne stowarzyszenie. Wiosną 2006 r. SH obchodziło swoje dziesięciolecie, którego celem miało być podsumowanie pracy i dorobku minionej dekady oraz zaprezentowanie się na szerokim forum społecznym. Zorganizowano wiele akcji zakrojonych na dużą skalę, do których można zaliczyć obchody dziesięciolecia w szkołach, pokaz filmów harcerskich, Zlot.

---

[102] Statut SHK-Z FSE, http://skauci-europy.pl/o-nas/dokumenty-podstawowe-symbolika/statut-stowarzyszenia, dostęp: 27.01.2014.

Stowarzyszenie Harcerskie to najmniejsza organizacja harcerska, której działalność jest zauważana na szerszym forum społecznym. Działa tylko na terenie Warszawy i Warki. Organizacja ta w 2006 r. liczyła około 600 członków – instruktorów, instruktorek, harcerzy, harcerek i zuchów – skupionych w dwóch hufcach: Hufcu Harcerek SAD im. Powstania Warszawskiego oraz Hufcu Harcerzy im. Powstania Warszawskiego. W latach 1996–2004 SH odnotowywał stały spadek liczby swoich członków. W 2012 r. łącznie w 25 drużynach, gromadach zuchowych i patrolach wędrowniczych działało 458 osób[103].

Najwyższą władzą stowarzyszenia jest odbywający się co dwa lata Zjazd. Pomiędzy Zjazdami najwyższą władzę sprawuje Naczelnictwo, w skład którego wchodzą: Naczelnik SH, Skarbnik SH, Komendantka Hufca Harcerek, Komendant Hufca Harcerzy, Przedstawicielka Instruktorek i Przedstawiciel Instruktorów. Do niedawna w Stowarzyszeniu Harcerskim występowała dwuwładza – na czele stali Przewodniczący, odpowiedzialny za sprawy organizacyjne, oraz Naczelnik, odpowiadający za sprawy programowe. W wyniku dyskusji na forum instruktorów zmieniono strukturę na obecnie działającą. Funkcję organu nadzoru i kontroli pełni Komisja Rewizyjna Stowarzyszenia Harcerskiego, do której zadań należą m.in. interpretacja zapisów w statucie, kontrola akcji letniej i zimowej. Sąd Harcerski rozstrzyga spory i podejmuje decyzje w stosunku do jednostek lub instruktorów, których działalność jest sprzeczna ze statutem.

Zgodnie ze statutem w SH występuje podział na dwie grupy wiekowe: zuchy (7–11 lat) oraz harcerze (od 11. roku życia). Podstawowymi jednostkami organizacyjnymi są gromady zuchowe oraz drużyny harcerskie, tworzone odrębnie dla dziewcząt i chłopców. Drużyny i gromady podlegają hufcom. Pracami hufców kierują komendanci, którzy podlegają Naczelnikowi. Naczelnik reprezentuje SH na zewnątrz, koordynuje pracę wychowawczą i programową. Skarbnik dba o zapewnienie materialnych podstaw działania SH.

Stowarzyszenie dysponuje majątkiem składającym się ze składek członkowskich, darowizn, zapisów, spadków, dochodów z działalności własnej, dotacji i innych środków przekazanych na prowadzenie zadań zleconych przez organy administracji państwowej. SH może prowadzić działalność gospodarczą dla realizacji celów statutowych[104].

Stowarzyszenie jest organizacją wychowawczą, która stara się stwarzać warunki do wszechstronnego rozwoju: intelektualnego, duchowego, społecznego, fizycznego dzieci i młodzieży. Kładzie nacisk na zaspokajanie potrzeb i rozwija-

---

[103] Roczne sprawozdanie merytoryczne z działalności organizacji pożytku publicznego za rok 2012, http://sprawozdaniaopp.mpips.gov.pl/Search/Print/13022?reporttypeId=1, dostęp: 20.10.2013.
[104] Statut Stowarzyszenia Harcerskiego, http://www.sh.org.pl/statut-stowarzyszenia.html, dostęp: 4.01.2007.

nie zainteresowań swoich członków. Zgodnie z wartościami zawartymi w Prawie Harcerskim uczy odpowiedzialności, samorządności, demokracji, tolerancji, szacunku dla innych ludzi. Kształtuje zaradność, gospodarność, właściwe nawyki względem zdrowego stylu życia. Kultywuje tradycje narodowe i harcerskie. Przyjmuje w swoje kręgi osoby wierzące i niewierzące. Podkreśla, że bez względu na rodzaj wyznania bądź ateizm każdy może tu rozwijać wartości duchowe.

Stowarzyszenie współpracuje z innymi organizacjami harcerskimi podczas różnych akcji – przykładem mogą być udział w Białej Służbie wspólnie z ZHR w latach 1999–2002, współpraca z ZHP w ramach Kapituły Stopnia Harcerza Rzeczypospolitej. Ponadto SH współpracuje z Urzędem Dzielnicy Warszawa Śródmieście, biorąc dwa razy do roku udział w roznoszeniu paczek świątecznych. Obecnie realizuje program we współpracy z Okręgiem Mazowieckim Związku Harcerstwa Rzeczypospolitej – „Inicjatywy Młodzieżowe". Jego celem jest promowanie aktywności nieformalnych grup młodzieży gimnazjalnej i ponadgimnazjalnej przez udzielanie finansowego i merytorycznego wsparcia konkretnym projektom[105].

Inne organizacje harcerskie

Do ruchu harcerskiego po przełomie zaliczają się też niewielkie stowarzyszenia, które najczęściej powstały na bazie lokalnie działających środowisk instruktorów.

W czerwcu 1990 r. w Sądzie Wojewódzkim w Gdańsku został zarejestrowany Niezależny Krąg Instruktorów Harcerskich „Leśna Szkółka", który wywodzi się z kręgu instruktorskiego o tej samej nazwie, działającego od 1981 r. w ZHP. W stowarzyszeniu tym doszło do podziałów, część osób przeszła i przejściowo działała w ramach ZHR pod nazwą Krąg „Drzewo Pokoju". W 2000 r. odłączył się on od struktur ZHR, tworząc stowarzyszenie zwykłe[106]. W 2009 r. stowarzyszenie to liczyło 10 jednostek organizacyjnych – 7 drużyn harcerskich i 3 zastępy[107]. W 2013 r. działało tam 25 instruktorów oraz 199 harcerek i harcerzy w 4 jednostkach żeńskich i w 5 męskich[108].

Harcerski Ruch Ochrony Środowiska im. Franciszka z Asyżu został założony w 1986 r., a zarejestrowany w 1990. Określa się jako samodzielne stowarzyszenie harcerskie i ekologiczne. Wcześniej działał w ramach struktur ZHP. HROŚ

---

[105] *Inicjatywy młodzieżowe*, http://www.sh.org.pl/inicjatywy-m322odzie380owe.html, dostęp: 20.10.2013.
[106] Zgodnie z ustawą o stowarzyszeniach stowarzyszenie zwykłe mogą utworzyć trzy osoby, nie musi ono być wpisywane do Krajowego Rejestru Sądowego, jednak ma mniejsze możliwości pozyskiwania funduszy od stowarzyszeń zarejestrowanych w KRS. Stowarzyszenie zwykłe z czasem może się stać stowarzyszeniem pełnym, pod warunkiem spełnienia wymogów określonych w ustawie.
[107] *LS-Drzewo Pokoju*, http://www.ls-dp.prv.pl, dostęp: 8.03.2009.
[108] *Niezależny Krąg Instruktorów Harcerskich „Leśna Szkółka"*, http://nkihls.pl/zasiewy/NKIH%20 2013.pdf, dostęp: 20.10.2013.

jest organizacją wychowawczą opartą na harcerstwie, kulturach tubylczych, zdrowym stylu życia, działaniu w obronie Ziemi:

> HROŚ to organizacja pacyfistyczna, dlatego nie występują u nas elementy militarystyczne. Przez lata wprowadziliśmy własne nazewnictwo, np.: nie stosujemy musztry, zamiast apeli mamy krąg rady, zamiast wartowników – witajkowych, nosimy stroje harcerskie, a nie „mundury", itd. Klasyczne obozy hrosiowe też wyglądają inaczej. Przeważnie mieszkamy w indiańskich tipi; chodzimy boso, wstajemy i kładziemy się spać zgodnie z ruchem słońca; w celach wyrabiania zdolności i zaradności nie stosujemy gwoździ, a tylko liny; nie zatrudniamy żadnych osób (np. kucharek) – wszystko robimy sami, dużo pracujemy i działamy na rzecz środowiska. Zawsze nasze obozy są wzorcowe pod względem ekologicznym. Nigdy nie wybudowaliśmy pomostu, nie zakopaliśmy śmieci, ani gram detergentów nie dostał się do wody. Bywało, że aby nie płoszyć zwierząt, budowaliśmy wielkie, naturalne ściany z traw. […] Posiadamy własną tradycję organizacji zimowisk. Odbywają się one w opuszczonych, często zniszczonych obiektach, gdzie aby przetrwać trzeba się dobrze napracować i zorganizować. Nawet w najtrudniejszych warunkach potrafiliśmy np. upiec chleb[109].

Nic nie wiadomo o liczebności tego ruchu.

Wśród innych stowarzyszeń posługujących się metodą harcerską można wymienić Stowarzyszenie Harcerskie im. Zawiszy Czarnego, działające w Wołominie, oraz Stowarzyszenie Harcerskie „Skautfort", działające w Rudniku nad Sanem.

W maju 2011 r. powstała Fundacja Harcerstwa Drugiego Stulecia, której celem jest kultywowanie tradycji harcerskich, jak również szukanie odpowiedzi na podstawowe nurtujące ruch harcerski pytania, dotyczące funkcjonowania tego ruchu w obecnej rzeczywistości społecznej[110].

W ciągu ostatnich lat powstaje coraz więcej stowarzyszeń i fundacji związanych z harcerstwem, jednak nie stanowią one odrębnych ideowo organizacji harcerskich, a raczej ich zadaniem jest wspieranie działalności drużyn, hufców wcześniej wymienionych większych organizacji – ZHP, ZHR.

Do mających znaczenie dla ruchu harcerskiego organizacji należy także zaliczyć Związek Harcerstwa Polskiego Poza Granicami Kraju. Jednak z uwagi na to, że jest to organizacja bardzo złożona i działająca poza Polską – nie będzie ona analizowana w niniejszej publikacji.

Organizacje harcerskie łączą wspólna metoda wychowawcza, podobna struktura organizacyjna i wyznawane wartości. Dzielą je najczęściej historia i stosunek do wiary, a także personalne zatargi, które miały miejsce wiele lat temu.

---

[109] Harcerski Ruch Ochrony Środowiska, http://www.hros.mazury.pl/ogolnie.htm, dostęp: 10.01.2007.
[110] *Przesłanie dla Harcerstwa Drugiego Stulecia*, http://www.harcerstwo2stulecia.pl/?o-fundacji,1, dostęp: 20.10.2013.

Taka różnorodność jest wyrazem pluralizmu organizacji społecznych. W myśl zasady, że każdy może znaleźć coś dla siebie, na jednym terenie działa kilka podobnych organizacji, oferując podobne, ale jednak w jakimś stopniu odmienne przeżycie przygody harcerskiej.

* * *

Zmiany polityczno-gospodarcze, jakie dokonały się w Polsce w ciągu ostatnich kilkunastu lat, miały zasadniczy wpływ na działalność organizacji harcerskich. Przede wszystkim zmienił się ich status. Do 1989 r. istniał oficjalnie jeden Związek Harcerstwa Polskiego, będący właściwie organizacją państwową, podlegającą Ministerstwu Edukacji. ZHP było finansowane ze środków państwowych, nie musiało się troszczyć o swój byt materialny, ponieważ zawsze były środki na jego działalność. Po zmianie ustroju wszystkie organizacje harcerskie stały się częścią trzeciego sektora. Przestały być tylko organizacjami młodzieżowymi, a stały się stowarzyszeniami działającymi według określonych dla nich zasad. Pierwszym problemem, z jakim zetknęły się te organizacje, była konieczność samodzielnego pozyskiwania środków na działalność statutową. Tym samym instruktorzy szczebla kierowniczego musieli się nauczyć pozyskiwania środków na konkretne projekty, a nie na działalność w ogóle. Wiązało się to ze zdobyciem nowej wiedzy i szybkim wdrożeniem jej w życie. Wymusiło to konieczność tworzenia precyzyjnych, wybiegających daleko w przyszłość, planów pracy jednostek organizacyjnych.

Kolejny problem, jaki pojawił się w organizacjach harcerskich, stanowiło – używając określenia z dziedziny ekonomii – „pozyskiwanie klienta". Młody człowiek miał (i ma) wybór między różnymi organizacjami wyznającymi podobne systemy wartości. O jego wyborze często decydowały przypadek, bliskość danej organizacji, a także poglądy wyniesione ze środowiska rodzinnego. Chcąc ogarnąć swoim wpływem jak największe rzesze młodych ludzi, organizacje harcerskie musiały się zapoznać z kolejną nową dla nich dziedziną, jaką jest marketing.

Powodzenie harcerstwa warunkują atrakcyjne metody i formy pracy, które powinny uwzględniać potrzeby młodzieży i środowiska, w jakim działają te organizacje. Kolejnym postulatem dla ruchu harcerskiego jest wobec tego zapoznanie się z badaniami przeprowadzanymi wśród polskiej młodzieży odnośnie jej potrzeb i systemów wartości.

Wielość organizacji harcerskich wymusza kształtowanie postaw tolerancji, umiejętności osiągania kompromisów, a także tworzenie warunków do budowania współpracy.

Wyżej wymienione zmiany stały się konieczne do właściwego funkcjonowania organizacji harcerskich w nowej, transformacyjnej rzeczywistości. Są to zmiany, które w ruchu harcerskim cały czas się dokonują – nie jest to proces zakończony.

Nowe warunki postawiły przed harcerstwem nowe zadania. Jednym z nich jest wychowanie do życia w społeczeństwie obywatelskim, wychowanie ludzi aktywnych wobec otaczającej ich rzeczywistości, dostrzegających potrzeby swojego środowiska i odważnie realizujących swoje zamierzenia. Harcerstwo powinno wychowywać do społeczeństwa pluralistycznego, w którym istnieje wiele różnych światopoglądów, systemów wartości, grup i organizacji, powinno kształcić postawy tolerancji, ale też wrażliwości wobec innych.

Przed harcerstwem staje jeszcze jedno, bardzo istotne zadanie – nauczenie młodych ludzi pozytywnie rozumianego patriotyzmu. Patriotyzmu, który nie koncentruje się na walce przeciw komuś lub czemuś, ale na świadomym rozwoju i promowaniu własnego kraju.

ROZDZIAŁ IV

Młodzież w pluralistycznej rzeczywistości – samotnicy w grupie?

1. Młodzież jako kategoria społeczna

Termin **kategoria** jest zakorzeniony w filozofii. Definiuje się go jako rodzaj, klasę wyróżnioną w jakiejś klasyfikacji, typ, grupę osób lub przedmiotów. Mianem kategorii określa się zależności występujące między bytami lub ideami. Począwszy od filozofii Arystotelesa, interpretacja tego pojęcia ulegała ciągłym zmianom. Kategoria może być rozumiana trojako: jako pojęcie o szczególnym znaczeniu dla danej teorii; jako termin odmienny od pojęcia; jako termin, którego zakres znaczeniowy częściowo pokrywa się z terminem pojęcia, czyli jest jego szczególnym typem[1].

Na gruncie nauk społecznych funkcjonuje termin **kategoria społeczna**, będący szczegółowym rozwinięciem tego opisywanego powyżej. Oznacza on zbiór ludzi funkcjonujących w społeczeństwie w obrębie różnych struktur wyodrębniony na podstawie określonych cech, np. fizycznych lub innych, z którymi łączą się określone funkcje lub pozycje społeczne. Przynależność do danej kategorii warunkuje funkcje i pozycje danej osoby w strukturze społecznej[2].

Jedną z kategorii społecznych stanowi młodzież. Samo pojecie **młodzieży** jest niejednoznaczne. Najczęściej definiuje się je jako kategorię wiekową, która obejmuje jednostki będące w stadium przejściowym (czyli fazie młodości) między dzieciństwem a dorosłością, poddawane procesom socjalizacji mającym pomóc im w osiągnięciu celu, jakim jest dojrzałość. W naukach społecznych termin „młodzież" wiąże się z grupą społeczną, która przez swoje działania może być przyczyną społecznych zmian[3].

Kategoria młodzieży stanowi przedmiot wielu koncepcji teoretycznych, przykładem mogą być: psychoanalityczna koncepcja Erika H. Eriksona, koncepcje

---

[1] T. Pilch (red.), *Encyklopedia pedagogiczna XXI wieku*, t. 2, Żak, Warszawa 2003, s. 566–569.
[2] *Ibidem*, s. 569.
[3] T. Pilch (red.), *Encyklopedia pedagogiczna...*, t. 3, *op. cit.*, s. 327.

rozwoju poznawczo-moralnego Jeana Piageta i Lawrence'a Kohlberga, koncepcja antropologiczno-kulturowa Margaret Mead, socjologiczna koncepcja Karla Mannheima[4]. Badaniem zagadnienia młodzieży zajmują się dziedziny nauk społecznych: socjologia, psychologia społeczna, antropologia kulturowa, nauki o wychowaniu, psychologia rozwojowa i pedagogika społeczna[5]. Analizują one etapy życia człowieka oraz kolejne fazy rozwojowe, kryzysy tożsamości, kontakty rodzinne, subkultury, zjawisko przestępczości czy powstawanie pokoleń[6].

Definicje pojęcia młodzieży są różne. Pierwszym sposobem rozumienia, jak wspomniano wyżej, jest odniesienie do wieku jako zmiennej wyznaczającej ramy tej kategorii. Drugim – definiowanie tej grupy społecznej jako efektu stanu młodości będącego fazą przejściową. Pojęcie młodzieży można również pojmować jako formę zachowań współokreślaną i modyfikowaną przez zbiory norm i wartości. Młodzież opisuje się także przez odwołanie do jednego z aspektów młodości – przejściowości, zmiany pozycji w strukturze społecznej. Młodość postrzega się też jako czas wprowadzania w kulturę[7].

Jeszcze inny podział wiąże się z wyodrębnieniem dwóch kryteriów określania młodzieży jako grupy. Jedno z nich odnosi się do wieku, a drugie – do sytuacji edukacyjnej. I tak według pierwszego kryterium do młodzieży można zaliczyć te osoby, które mieszczą się w przedziale wiekowym 15–24 lata, w tym grupę 20–24 lata wyróżnia się jako młodych dorosłych. Zgodnie z drugim kryterium zaś do młodzieży zalicza się wszystkich, którzy się uczą[8]. Tym samym pojawia się problem z osobami, które skończyły swoją edukację na poziomie podstawowym bądź średnim i, mając np. 19 lat, nie zaliczają się już do kategorii społecznej, jaką jest młodzież, a są uważani za dorosłych. Nasuwa się pytanie, czy również pod względem dojrzałości psychicznej można ich zaliczyć do grupy dorosłych.

Słowa „młodzież" i „młodzieżowy" pochodzą z języka potocznego. W socjologii przyjmuje się, że okres młodzieńczy trwa od zakończenia dzieciństwa do uzyskania dojrzałości społecznej. Jest to jednak sformułowanie niejednoznaczne, w związku z czym za krańcowe wyznaczniki przynależności uznano początek dojrzewania płciowego oraz moment założenia rodziny lub podjęcia pracy zawodowej[9].

Młodzież jako kategoria społeczna jest wyodrębniania na podstawie różnych kryteriów: biologicznych, psychologicznych, pedagogicznych, społecznych, ekonomicznych i prawnych.

---

[4] T. Pilch (red.), *Encyklopedia pedagogiczna*..., t. 3, op. cit., s. 330–334.
[5] H.M. Griese, *Socjologiczne teorie młodzieży*, przeł. J. Dąbrowski, Impuls, Kraków 1996, s. 18.
[6] Z. Bokszański et al. (red.), *Encyklopedia socjologii*, t. 2: *K–N*, Oficyna Naukowa, Warszawa 1999, s. 253.
[7] W. Wrzesień, *Jednostka – rodzina – pokolenie*, WN UAM, Poznań 2003, s. 39–40.
[8] B. Fatyga, *Dzicy z naszej ulicy*..., op. cit., s. 50.
[9] Z. Bokszański et al. (red.), *Encyklopedia socjologii*, t. 2, op. cit., s. 254.

Kryteria biologiczne są związane z dorastaniem. W XX w. znacznie obniżył się wiek wchodzenia w okres dojrzewania, a wydłużył czas kształcenia i tym samym osiągania dojrzałości społecznej. Obecnie według tego kryterium okres młodości dotyczy osób w wieku od 10.–12. do 25. roku życia.

Kryteria psychologiczne odnoszą się do dojrzałości intelektualnej i emocjonalnej, rozwoju myślenia logicznego i abstrakcyjnego, umiejętności tworzenia coraz ogólniejszych koncepcji rzeczywistości oraz swojego obrazu w świecie. Początek tego okresu przypada na mniej więcej 12. rok życia, kiedy w myśleniu dokonuje się przemiana polegająca na przejściu od operacji konkretnych do myślenia hipotetyczno-dedukcyjnego. Równocześnie z rozwojem intelektualnym postępuje proces nabywania norm, kształtowania ocen moralnych, poglądów oraz własnej hierarchii wartości. W tym czasie może dojść do kryzysu tożsamości, a dopiero jego pokonanie świadczy o osiągnięciu dojrzałości.

Kryteria pedagogiczne odnoszą się do kształcenia i wychowania. W XX w. proces kształcenia znacznie się wydłużył czasowo, co wiązało się z rosnącym zapotrzebowaniem na wysoko wykwalifikowanych pracowników. W konsekwencji start życiowy młodzieży się opóźnił, a co za tym idzie – stan młodości trwa dłużej.

Kryteria społeczne wiążą się z podejmowaniem określonych ról społecznych – ucznia, studenta. Oznacza to, że kategorię młodzieży można podzielić na trzy podkategorie: gimnazjalistów (13.–16. rok życia), licealistów (16.–19. rok życia), studentów (19.–25. rok życia). W tym przypadku młodość kończy się w momencie podjęcia roli pracownika lub założenia rodziny.

Kryteria ekonomiczne dotyczą usamodzielniania się młodych ludzi. W Polsce obserwuje się opóźnianie tego momentu ze względu na trudną sytuację ekonomiczną kraju – duże bezrobocie oraz wysokie ceny mieszkań wielu młodym ludziom uniemożliwiają rozpoczęcie samodzielnego życia.

Do ostatniej grupy zaliczają się **kryteria prawne**, związane z możliwością uzyskania zdolności do czynności prawnych oraz odpowiedzialnością karną. W wieku 13–18 lat ma się ograniczoną zdolność do czynności prawnych, pełną uzyskuje się po skończeniu 18. roku życia. Odmiennie traktują młodych ludzi przepisy różnych działów prawa. W prawie pracy obowiązuje zakaz zatrudniania osób poniżej 15. roku życia, a w prawie karnym jako nieletniego określa się osobę do 12. roku życia, a dopiero po ukończeniu 16. roku życia sprawca może być sądzony jak dorosły[10].

Należy przyjąć, że kategoria młodzieży jest bardzo szeroka i trudno ją jednoznacznie opisać. Biorąc pod uwagę różnorodność podejść, można powiedzieć, że młodzież definiuje się przez nie zawsze sprecyzowane ramy wiekowe oraz jako: stan przejściowy między dzieciństwem a dorosłością; czas przystosowywania się do pełnienia nowych ról dorosłych ludzi; kreację ról charakterystycznych

---

[10] T. Pilch (red.), *Encyklopedia pedagogiczna...*, t. 3, op. cit., s. 327–330.

dla kultury młodzieżowej; negację systemów wartości narzuconych przez społeczeństwo; pokolenie, które ma wspólne przeżycia; redefiniowanie systemów grup odniesienia; wprowadzanie w kulturę[11].
Jak pisze Hartmut M. Griese,

> [...] młodzież nie jest przede wszystkim fazą wiekową czy produktem natury jak pokwitanie, lecz fenomenem społeczno-kulturowym, który w swoich przejawach podporządkowany jest czynnikom historyczno-społecznym. [...] Jest produktem społecznym, rezultatem przemiany struktury ludzkiego współżycia[12].

Najpełniejszą definicję sformułował Witold Wrzesień. Według niego młodzież należy traktować jako system działania lub interakcji, w którym z różnym nasileniem wartości, normy i wzory zachowań są odmienne od przyjętych w społeczeństwie, oraz jako system, dla którego charakterystyczne są modyfikacje podejmowanych ról społecznych, manipulacje i tworzenie nowych ról.

Młodzież to grupa społeczna, w której istnieją relacje pomiędzy członkami, prowadzące do wspólnoty świadomości, a w konsekwencji do wspólnego działania. Młodzież charakteryzuje się wspólnymi zainteresowaniami, specyficznymi cechami i formami świadomości, czyli wspólnotą więzi, która konstytuuje grupę społeczną[13].

Kategoria młodzieży jest zjawiskiem stosunkowo nowym – wykształciła się dopiero w XIX w., kiedy pojawił się problem wykorzystywania dzieci do pracy oraz wysunięto postulat obowiązku szkolnego. Można powiedzieć, że wiek młodzieńczy wyłonił się dzięki odpowiednim warunkom historycznym i społecznym. Dzięki temu, że pojawiła się luka między wkraczaniem w czas dojrzewania a dorosłością, odsunięty został moment rozpoczęcia pracy zawodowej i założenia rodziny. Na taki stan złożyło się kilka czynników. Po pierwsze wydłużeniu uległo życie ludzkie, w związku z tym zwiększyła się liczba osób mogących podejmować pracę i nie było konieczności zatrudniania dzieci. Po drugie rozwój cywilizacji i postęp techniczny zwiększyły konieczność lepszej, bardziej szczegółowej edukacji, aby móc obsługiwać coraz bardziej złożone technologie. Tym samym wydłużył się czas zdobywania wiedzy. Poprawiły się również warunki życia. Pozwala to wyciągnąć wniosek, że nie istnieje jeden model wieku młodzieńczego. Charakter młodzieży jest uzależniony od warunków historycznych, społecznych i politycznych, od kontekstu socjologicznego. Im większy postęp cywilizacyjny, tym niższa dolna granica wchodzenia w wiek młodzieńczy i wyższa wchodzenia w dorosłość – wówczas kategoria ta obejmuje coraz większą część społeczeństwa. Co istotne – ten czas w rozwoju człowieka dotyczy grupy o charakterze autonomicznym, która ma swój specyficzny

---

[11] W. Wrzesień, *Jednostka...*, op. cit., s. 40.
[12] H.M. Griese, *Socjologiczne teorie...*, op. cit., s. 19–20.
[13] W. Wrzesień, *Jednostka...*, op. cit., s. 41.

charakter oraz prawa i normy[14]. Grupa ta jest bardzo zróżnicowana i trzeba być ostrożnym przy wyciąganiu ogólnych wniosków, można jednak mówić o pewnym charakterystycznym stylu bycia nastolatków.

Problemy społeczne dotyczące młodzieży pojawiły się w społeczeństwach współczesnych. W społeczeństwach przedprzemysłowych etap dorastania wiązał się z dużą mobilnością, co uniemożliwiało podtrzymywanie silnych i trwałych relacji w ramach tej grupy, a tym samym stworzenie własnej kultury będącej w opozycji do kultury „dorosłych". Sytuacja zmieniła się w wyniku rozbudowy wielkich miast. Zmianie uległa organizacja pracy w rodzinach, co osłabiło kontrolę rodziców i społeczności lokalnych nad młodymi ludźmi. Pojawiły się grupy młodzieży – bezdomnych czy osieroconych – które przejawiały zachowania agresywne wobec innych. Próbą poradzenia sobie z tym problemem były organizacja czasu i kontrola nad zachowaniem młodych ludzi. Tym samym stworzono okazję do powstawania więzi grupowych, odczuwania wspólnoty losu[15].

Z kategorią młodzieży wiążą się pojęcia młodości, dojrzewania, dorastania, wieku młodzieńczego.

Dorastanie to okres przejściowy między dzieciństwem a dorosłością, charakterystyczny właśnie dla kategorii młodzieży. Zmiany te dotyczą morfologii i fizjologii, ale odnoszą się także do możliwości intelektualnych. Dorastanie jest silnie związane ze środowiskiem społecznym, które wpływa na: zakres i treść zmian intelektualnych, reakcje jednostki na zmiany fizjologiczne, a nawet w pewnym stopniu na moment, w którym te zmiany się pojawiają. Środowisko społeczne tworzą otoczenie rodzinne, społeczność lokalna, struktura społeczna, miejsce zamieszkania, a także konteksty polityczny, kulturowy, historyczny i ekonomiczny[16].

Mianem dorastania określa się całość procesów zachodzących w trakcie wkraczania młodego człowieka w dorosłość. Obejmuje ono dojrzewanie biologiczne, emocjonalne, społeczne, intelektualne, psychiczne. Rozpoczyna się w 11.–12., a kończy około 17.–18. roku życia[17]. Proces ten jest naturalnym etapem wewnętrznych konfliktów i niestałości zachowań. Według psychoanalizy podstawowymi zadaniami rozwojowymi w tym czasie są emocjonalne uniezależnienie się od opiekunów z okresu dzieciństwa oraz osiągnięcie autonomii osobowości. Wywołuje to zmiany nastroju, ambiwalencję emocjonalną, dezorientację, nadmierne zainteresowanie Ja, buntowniczość, nonkonformizm[18].

---

[14] W. Wrzesień, *Jednostka...*, op. cit., s. 12–14.
[15] Z. Bokszański et al. (red.), *Encyklopedia socjologii*, t. 2, op. cit., s. 254.
[16] A.S.R. Manstead, M. Hewstone, S.T. Fiske (red.), *Psychologia społeczna. Encyklopedia Blackwella*, przeł. A. Bieniek et al., Wyd. Jacek Santorski, Warszawa 2001, s. 59.
[17] W. Pomykało (red.), *Encyklopedia pedagogiczna*, Fundacja „Innowacja", Warszawa 1993, s. 114.
[18] A.S.R. Manstead, M. Hewstone, S.T. Fiske (red.), *Psychologia społeczna...*, op. cit., s. 59.

Przechodzenie od dzieciństwa do dorosłości łączy się ze zmianami fizycznymi i intelektualnymi. Zmiany fizyczne mają wpływ na związek między jednostką a jej społecznym otoczeniem, zmiany intelektualne oddziałują na sposób postrzegania przez jednostkę środowiska społecznego oraz zdolność do udziału w społecznych relacjach. Nie można jednak zapominać, że zmiany związane z tożsamością społeczną, obrazem samego siebie, wzorcami zachowań społecznych i seksualnych zależą od stosunku danej kultury i systemu do samego problemu dojrzewania[19].

Po etapie dorastania następuje **okres młodości** (między 17. a 25. rokiem życia) – jednostka wdraża się do pełnienia ról społecznych właściwych dla dorosłości. To czas uczenia się odpowiedzialności, umiejętności zdobywania środków do życia i poszukiwania swojego miejsca w społeczności. Otoczenie traktuje działania takiej jednostki jako próbę sprawdzenia swoich sił, sama jednostka zaś wdraża się do nowych ról, stale podnosząc poziom trudności stawianych przed sobą zadań[20].

Pojęcie **wieku młodzieńczego** często stosuje się wymiennie z terminem „dorastanie". Oba te terminy oznaczają proces, a nie stan. Wiek młodzieńczy często jest definiowany w kategoriach rozwoju seksualnego, mylony z terminami „dojrzewanie" lub „młodość". Tymczasem każde z tych pojęć oznacza coś innego. Dojrzewanie wiąże się z funkcjami organicznymi, młodość zaś odwołuje się do kontekstu społecznego – to cecha pokolenia zmierzającego do pełnej dorosłości. Wiek młodzieńczy natomiast jest zespołem przemian fizycznych i psychicznych, którym podlega jednostka między okresem dziecięcym a młodością. Kategorię wieku młodzieńczego rozgranicza się na „wczesny wiek młodzieńczy" – od 11. do 13. roku życia, „właściwy wiek młodzieńczy" – od 13. do 18. roku życia oraz „wczesny wiek dojrzały" – powyżej 18. roku życia[21].

Termin **dojrzewanie**, jak wcześniej wspomniano, odnosi się do różnych aspektów dorastania. Jednym z nich jest **dojrzewanie biologiczne**, czyli proces rozwojowy prowadzący do osiągnięcia dojrzałości somatycznej. Okres dojrzewania rozpoczyna się około 10.–12. roku życia, a kończy między 15. a 17., jego ramy czasowe zależą od płci i indywidualnych cech człowieka. W XX w. zaobserwowano zjawisko akceleracji rozwoju – coraz wcześniejszego wchodzenia w wiek dojrzewania biologicznego. Nie nadąża za tym jednak dojrzewanie psychiczne[22].

Dojrzałość emocjonalną osiąga ta jednostka, która jest zdolna do samokontroli emocjonalnej, jest w stanie zapanować nad skrajnymi reakcjami emocjonalnymi. To

---

[19] A.S.R. Manstead, M. Hewstone, S.T. Fiske (red.), *Psychologia społeczna...*, op. cit., s. 64.
[20] W. Pomykało (red.), *Encyklopedia pedagogiczna*, op. cit., s. 114.
[21] M. Côte-Jallade, *Młodzieńczość – trud istnienia*, przeł. M. Przylipiak, GWP, Gdańsk 1995, s. 11.
[22] T. Pilch (red.), *Encyklopedia pedagogiczna XXI wieku*, t. 1, Żak, Warszawa 2003, s. 732.

[...] stan, w którym reaktywność emocjonalna jednostki jest uważana za właściwą i normalną dla osoby dorosłej w danej społeczności[23].

Zmiany **intelektualne** są charakterystyczne dla drugiej dekady życia, ale nie występują u wszystkich młodych ludzi. Wielu z nich nie rozwija w pełni myślenia na poziomie formalnym. Z rozwojem intelektualnym wiążą się zmiany w zakresie dojrzewania do pełnienia ról społecznych, a także rozwój moralny[24].

Dojrzewanie może mieć też szerszy zakres i obejmować wszystkie aspekty życia i rozwoju. Jest to

[...] proces zmian ogarniających całą osobę człowieka, dzięki którym staje się on zdolny i skłonny do coraz skuteczniejszego i udanego wykonania zadań, warunkującego członkostwo w określonych zbiorowościach społecznych[25].

W tym rozumieniu dojrzewanie dotyczy nie tylko ludzi młodych, lecz może mieć miejsce w ciągu całego życia, na różnych jego etapach.

Problem definiowania młodzieży, a zwłaszcza ustalenia dla niej ram wiekowych można zaobserwować także na przykładzie stowarzyszeń harcerskich, analizując podziały na piony organizacyjne. W Związku Harcerstwa Polskiego wyróżnia się obecnie następujące piony: zuchy (6–10 lat), harcerki i harcerze (11–13 lat), harcerki i harcerze starsi (14–16 lat), wędrownicy (16–25 lat). W Związku Harcerstwa Rzeczpospolitej podział ten jest nieco odmienny: zuchy (7–10 lat), harcerze i harcerki (11–14 lat), wędrownicy i wędrowniczki (15–17 lat), harcerze starsi i harcerki starsze (od 18. roku życia). U Skautów Europy funkcjonuje taki podział: wilczki (8–12 lat), harcerze i harcerki (12–17 lat), przewodniczki i wędrownicy (17–25 lat). Mimo różnic w podziale wiekowym w poszczególnych organizacjach wspólnym problemem jest określenie dolnej granicy wiekowej dla młodzieży. Według organizacji harcerskich do tej grupy należą już osoby w wieku 11–12 lat, a zgodnie z przytoczonymi wyżej kryteriami czas „właściwej" młodości rozpoczyna się około 15. roku życia. W tym wypadku do młodzieży trzeba by zaliczyć piony organizacyjne od – odpowiednio – harcerek i harcerzy starszych (ZHP), wędrowniczek i wędrowników (ZHR), starszej części harcerek i harcerzy (Skauci Europy). Kim w takim razie są grupy młodsze (pomijając oczywiście zuchów/wilczki, traktowanych jak dzieci – i taką też metodą się z nimi pracuje)? Na potrzeby niniejszego opracowania grupa wiekowa 11–14 lat będzie określana terminem „młodsza młodzież" („wczesny wiek młodzieńczy").

---

[23] A.S. Reber, *Słownik psychologii*, przeł. B. Janasiewicz-Kruszyńska *et al.*, Scholar, Warszawa 2000, s. 1991.
[24] A.S.R. Manstead, M. Hewstone, S.T. Fiske (red.), *Psychologia społeczna...*, op. cit., s. 63.
[25] W. Pomykało (red.), *Encyklopedia pedagogiczna*, op. cit., s. 113.

2. Młodzież jako pokolenie – definicje

Podobnie jak w przypadku pojęć „młodzież" i „grupa", w naukach humanistycznych funkcjonują różne definicje pokolenia.

W socjologii przyjmuje się, że pokolenie wyłania się z szerszej zbiorowości na podstawie specyficznych więzi, jakie łączą dane jednostki. Jednostki te są w podobnym wieku i mają za sobą podobne doświadczenia życiowe, a ich przynależność do tej grupy kształtuje się na podstawie przeżycia pokoleniowego, będącego swego rodzaju inicjacją, wpływającą na postrzeganie świata. Jednostka może należeć tylko do jednego pokolenia[26].

Pokolenie definiuje się na podstawie różnych kryteriów: biologicznego, demograficznego, terytorialnego, cywilizacyjnego, temporalnego, psychologicznego, społecznego, kulturowego.

Perspektywa biologiczna bierze pod uwagę etapy życia człowieka; procesy dojrzewania i starzenia się jednostek; uwarunkowany biologicznie proces wymiany pokoleń obejmujący poprzedników, współczesnych i następców. Nie ma zgodności co do określenia wieku, w jakim formuje się pokolenie – może to być okres młodości, jak również dojrzałości. Zjawisko pokoleniowości związane jest tu z pojawieniem się tożsamości pokoleniowej.

Perspektywę demograficzną rozważa się często w połączeniu z czynnikiem biologicznym. Podejmuje się tutaj problem relacji kohorty i pokolenia. O ile kohorta może być pokoleniem, to nie każde pokolenie jest kohortą. **Kohortę** stanowią bowiem ludzie urodzeni w tym samym roku lub należący do sąsiadujących ze sobą roczników; natomiast osoby należące do jednego pokolenia mogą być w różnym wieku.

Perspektywa cywilizacyjna i terytorialna podkreśla, że pokolenie jako kategoria występuje raczej w społeczeństwach industrialnych i postindustrialnych niż tradycyjnych, a także częściej wśród społeczności miejskiej niż wiejskiej.

Perspektywa temporalna, inaczej **historyczna**, postrzega pokolenie z dwóch punktów widzenia – po pierwsze bierze pod uwagę rzeczywisty upływ czasu i związaną z nim wymianę pokoleń, próbując określić czas trwania pokolenia. Po drugie analizuje wpływ określonych wydarzeń na kondycję pokoleń.

Perspektywa psychologiczna podkreśla, że czas młodości to etap formowania się tożsamości pokoleniowej. **Perspektywa społeczna** zaś koncentruje się na specyfice pokolenia jako grupy społecznej. **Perspektywa kulturowa** z kolei wiąże pokolenie ze sferą symboliczną i sposobami manifestowania przynależności pokoleniowej[27].

---

[26] Z. Bokszański et al. (red.), *Encyklopedia socjologii. Suplement, op. cit.*, s. 193.
[27] Z. Bokszański et al. (red.), *Encyklopedia socjologii*, t. 1: *A–J*, Oficyna Naukowa, Warszawa 1998, s. 193–195.

2. Młodzież jako pokolenie – definicje

W naukach społecznych pojęcie pokolenia jest rozumiane na cztery sposoby:
- jako zbiór społeczny utożsamiany z określoną kategorią wieku jednostek znajdujących się w tym samym czasie i miejscu;
- jako grupa: struktura obejmująca wszystkich ludzi w podobnym wieku lub struktury o charakterze elitarnym występujące w obrębie całości;
- jako szerszą zbiorowość;
- jako krąg społeczny – zbiór ludzi mających wspólne zainteresowania[28].

Pokolenie może być pojmowane szeroko i wąsko. W pierwszym wypadku pojęcie pokolenia odnosi się do szerszych zbiorowości społecznych, które identyfikują się z niektórymi elementami złożonego przeżycia pokoleniowego[29]. W węższym znaczeniu pokolenie to określona grupa ludzi, która ma wspólne doświadczenia funkcjonujące jako swego rodzaju legendy. Często jednostki w ramach tej grupy łączą podobieństwo sytuacji, zajmowanego statusu oraz więzi przyjaźni[30].

Z pojęciem pokolenia wiążą się też inne, istotne dla jego zrozumienia określenia, takie jak: „generacja", „kohorta", „przeżycie pokoleniowe", „tożsamość pokoleniowa", „więź pokoleniowa", „konflikt pokoleń".

Określenia „generacja" używa się często wymiennie z terminem „pokolenie". Natomiast **kohorta** oznacza grupę ludzi, którzy przeżyli to samo w tym samym czasie – wzięli ślub, ukończyli szkołę itp.[31] Kohortę mogą stanowić ludzie urodzeni w tym samym roku lub sąsiadujące ze sobą roczniki, może to być dowolna grupa wyodrębniona przez badacza na potrzeby danych badań na podstawie kryterium przynależności do danego przedziału wiekowego bądź określonego roku wydarzenia (np. rok zawarcia związku małżeńskiego)[32].

Przeżycie pokoleniowe to wielki wstrząs społeczny, kulturowy, historyczny, ideowy, który miał wpływ na osobowość ludzi z danego pokolenia. Zdarzenie to wyznacza jednostce sposób widzenia świata i interpretacji dostrzeganych przez nią zjawisk. Jest tak silne, że późniejsze wydarzenia, o tym samym poziomie intensywności co przeżycie pokoleniowe, nie wywierają już takiego wpływu na jednostkę. Zdarzenie uznane za przeżycie pokoleniowe nie musi mieć charakteru traumatycznego, może to być również zdarzenie ludyczne. Kluczowe znaczenie przy zaliczaniu zdarzenia do przeżycia pokoleniowego ma kategoria protestu[33]. Jednak, jak dowodzą badania, taka definicja pokolenia

---

[28] W. Wrzesień, *Jednostka...*, op. cit., s. 15–16.
[29] T. Pilch (red.), *Encyklopedia pedagogiczna...*, t. 2, op. cit., s. 18.
[30] B. Fatyga, *Polska młodzież w okresie przemian* [w:] M. Marody (red.), *Wymiary życia społecznego. Polska na przełomie XX i XXI wieku*, Scholar, Warszawa 2004, s. 319.
[31] G. Marshall (red.), *Słownik socjologii i nauk społecznych*, przeł. A. Kapciak et al., WN PWN, Warszawa 2004, s. 149.
[32] Z. Bokszański et al. (red.), *Encyklopedia socjologii*, t. 1, op. cit., s. 193.
[33] T. Pilch (red.), *Encyklopedia pedagogiczna...*, t. 2, op. cit., s. 17.

zawęża pole rozważań. Hanna Świda-Ziemba zwraca uwagę na to, że pokoleniem może być również ta generacja,

> [...] której okres dojrzewania przebiega w podobnej sytuacji społeczno-kulturowej, która tym samym podlega [...] zbliżonym procesom socjalizacyjnym[34].

Zatem w tym przypadku nie występuje przeżycie pokoleniowe jako zdarzenie – traumatyczne bądź nie – ale znaczenie ma cała sytuacja społeczno-kulturowa, w jakiej dojrzewają młode osoby.

Więź pokoleniowa to rodzaj więzi społecznej, która łączy jednostki w grupy. Opiera się m.in. na świadomości przynależności do grupy, wspólnocie wartości i interesów, identyfikacji działań i przekonań z działaniami i przekonaniami grupy[35]. Według Anny Przecławskiej, aby zaistniała więź pokoleniowa, konieczny jest wspólny sposób przeżywania doświadczeń historycznych[36].

Konflikt pokoleń wynika ze wzajemnych stosunków miedzy pokoleniem młodych i starszych ludzi. Dorośli, zachowując przywileje wynikające ze starszeństwa, nie dopuszczają młodych do głosu, co u tych ostatnich rodzi postawy buntu[37]. Konflikt pokoleń najczęściej występuje między dwiema generacjami: rodziców i dzieci, jest częstym zjawiskiem związanym z przemianami psychofizycznymi okresu adolescencji[38].

Pierwszą teorię powstawania pokoleń stworzył Karl Mannheim. Według niego pokolenie to nie tylko kategoria biologiczna ustalana na podstawie kryterium wieku, lecz także rezultat procesów społecznych i historycznych. Ludzi jednego pokolenia łączą wspólna przestrzeń społeczna, specyficzny, wspólny rodzaj przeżywania, myślenia, postrzegania. Dane pokolenie decyduje o kształcie całego społeczeństwa, będąc jego siłą napędową, twórczą. Pokolenie tworzy kulturę. Kolejne pokolenia odchodzą wypierane przez nowe, dzięki czemu stale jest podtrzymywana i tworzona kultura. Proces zmiany społecznej przebiega według określonych etapów: dane pokolenie musi najpierw wrosnąć w kulturę, zrozumieć ją, potem może przejść do etapu usamodzielniania się i kwestionowania kultury panującej, aż wreszcie staje się obiektem ataku ze strony następnego młodego pokolenia[39].

Maria Ossowska podkreśla, że istotne są trzy sposoby rozumienia pojęcia pokolenia, na które zwrócił uwagę Mannheim: pokolenie jako ogniwo biologiczne, ogniwo kulturowe oraz jako ogniwo historyczne. Pokolenie jako ogniwo biologiczne to występowanie po sobie kolejnych generacji: dziadków, rodziców, dzieci. Każda z tych generacji będzie odrębnym pokoleniem. Pojmowanie

---

[34] H. Świda-Ziemba, *Obraz świata...*, op. cit., s. 6.
[35] K. Olechnicki, P. Załęcki, *Słownik socjologiczny*, Graffiti BC, Toruń 1997, s. 244.
[36] A. Przecławska, L. Rowicki, *Młodzi Polacy...*, op. cit., s. 9.
[37] T. Pilch (red.), *Encyklopedia pedagogiczna...*, t. 2, op. cit., s. 19.
[38] K. Olechnicki, P. Załęcki, *Słownik socjologiczny*, op. cit., s. 99.
[39] T. Pilch (red.), *Encyklopedia pedagogiczna...*, t. 3, op. cit., s. 334.

pokolenia w sensie kulturowym odnosi się do przekazywania tradycji, wiedzy i umiejętności. Pokolenie jako ogniwo historyczne jest związane z określonymi datami procesu dziejowego. Ossowska zwraca szczególną uwagę właśnie na tę ostatnią interpretację. W tym wypadku pokolenie to grupa ludzi, których łączą wspólne postawy mające swoje podłoże we wspólnych doświadczeniach historycznych, powodujących ukształtowanie takiej a nie innej osobowości.

Według Witolda Września pokolenie to

> [...] zbiór kręgów społecznych, traktowany w kategoriach szerszej rówieśniczej zbiorowości, odpowiedzialnej za przebieg procesu socjalizacji wtórnej. Procesu, w efekcie którego pojawiają się różnorodne grupy pokoleniowe. Grupy te stanowią element procesu dyferencji pokoleń[40].

3. Młodzież jako grupa

W naukach społecznych młodzież opisuje się nie tylko jako kategorię, lecz także jako grupę. Czy można ją tak określić? Grupa, w myśl socjologii, zapewnia ciągłość społeczną, przez przekazywanie i utrwalanie form organizacyjnych oraz schematów działania, a także przez utrzymywanie ciągłości więzi społecznej[41].

Grupa odróżnia się od przypadkowego zbioru jednostek tym, że tworzy struktury wewnątrzgrupowe – socjometryczną, władzy, komunikacji; istnieje w niej przymus strukturalny (specyficzna relacja między grupą a jej członkami); tworzy wzory zachowań, systemy norm i wartości, do których może się odwołać jednostka. Grupa społeczna jest zbiorowością o ściśle określonych wewnętrznych strukturach, systemach wartości oraz specyficznej kulturze[42].

W socjologii występują trzy typy definicji grupy. Do pierwszego należą definicje koncentrujące się wokół określonej cechy, wyróżniającej zbiorowość spośród innych. Drugi typ dotyczy struktury w grupie, skupia się na stosunkach i więziach, jakie łączą poszczególnych członków grupy. Typ trzeci to definicje dotyczące interakcji w grupie[43]. Jest to ogólna typologia, która nie pozwala na precyzyjne określenie cech grupy. Problemem definiowania grupy zajmowało się wielu naukowców. Michael S. Olmsted, Albion W. Small, Florian Znaniecki podkreślali znaczenie świadomości odrębności społecznej jako cechy konstytutywnej grupy. John C. Turner, opierając się na tym twierdzeniu, zbudował koncepcję teorii samokategoryzacji. Smokategoryzacja jest procesem poznawczym, w wyniku którego jednostka tworzy pojęcia „my" i „oni" i na tej podstawie wyodrębnia jednych jako członków swojej grupy, a innych jako

---
[40] W. Wrzesień, *Jednostka...*, op. cit., s. 17.
[41] Z. Bokszański et al. (red.), *Encyklopedia socjologii*, t. 1, op. cit., s. 260.
[42] *Ibidem*.
[43] J. Szmagalski, *Przewodzenie małym grupom. Działanie grupowe*, CAK, Warszawa 1998, s. 9–10.

obcych. George C. Holmes, Robert K. Merton za czynnik decydujący w tworzeniu się grupy uznają powstawanie interakcji między jednostkami. Teorie te opierają się jednak na zbyt nieostrych kryteriach, żeby można było odróżnić zbiorowość od grupy[44].

Szczegółowa definicja grupy zakłada, że wewnątrz niej istnieją struktury socjometryczne, przywództwa oraz komunikowania. Struktura socjometryczna powstaje w wyniku uzewnętrzniania się indywidualnych emocjonalno-afiliacyjnych potrzeb jednostek oraz występowania bliskości fizycznej, co sprzyja powstawaniu i utrwalaniu interakcji, a także w rezultacie pojawienia się podobieństwa postaw. Struktura przywództwa jest rozbudowana i obejmuje wiele pozycji o różnorodnym charakterze. Do integralnych składników tej struktury należą: wywieranie wpływu na innych, zdolność do kierowania lub modyfikowania zachowaniami innych, przywództwo formalne. Szczególnie istotny wpływ na funkcjonowanie grupy ma struktura komunikowania. Zależy ona od modelu komunikacji występującego w grupie i stopnia jego scentralizowania. Kolejną ważną cechą grupy jest spójność, czyli stan, stopień nasilenia relacji wewnątrzgrupowych. Na spójność składają się wspólne postawy, działania, wartości i normy[45].

Grupy społeczne można podzielić na rozmaite typy, przyjmując za podstawę podziału różne właściwości, np.: liczebność, rodzaj dominującej więzi, stopień zorganizowania. Przykładem może być podział na grupy małe i duże. Do małych grup zalicza się te, w których występują możliwość bezpośredniej interakcji oraz silna więź osobista. Duże grupy to liczne zbiory osób, w których jednostki nie mają możliwości osobistego poznania wszystkich – ich wyróżnikiem jest więź bezosobowa (przedmiotowa). Kolejnym typem mogą być grupy o przewadze więzi osobistej lub bezosobowej. Inne podziały to: ze względu na stopień zorganizowania; sposób powstawania – grupy refleksyjne i spontaniczne; swoiste środki integrujące – grupy zamknięte (ekskluzywne) i otwarte (ogólnodostępne); ze względu na typ sprawowanej władzy – scentralizowane lub zdecentralizowane. Nie wyczerpuje to wszystkich możliwych typologii[46].

Szczegółową definicję grupy proponuje Stanisław Mika. Według niego, aby dana zbiorowość mogła być uznana za grupę, muszą być spełnione odpowiednie warunki. Przede wszystkim do stworzenia grupy są potrzebne dwie lub więcej osób. Pomiędzy tymi osobami musi zaistnieć bezpośrednia interakcja oraz muszą się wytworzyć wspólnie ustalone normy. Po pewnym czasie osoby te tworzą strukturę grupową i kształtuje się u nich poczucie odrębności. Każdy z tych czynników w danej grupie może występować z różnym nasileniem[47].

---

[44] Z. Bokszański *et al.* (red.), *Encyklopedia socjologii*, t. 1, op. cit., s. 261.
[45] *Ibidem*, s. 262–263.
[46] T. Pilch (red.), *Encyklopedia pedagogiczna...*, t. 2, op. cit., s. 130–131.
[47] S. Mika, *Psychologia społeczna*, PWN, Warszawa 1981, s. 335.

Młodzież, jako kategoria, ma poczucie odrębności, ale pomiędzy poszczególnymi młodymi ludźmi nie występuje bezpośrednia interakcja. Tym samym nie można całej młodzieży określić jako grupy, a tylko jako pewną zbiorowość. W pracach naukowych często pojawia się określenie młodzieży jako grupy, należy jednak podkreślić, że nie chodzi o klasyczną definicję grupy, ale o opisanie pewnej zbiorowości, która ma cechy wspólne – poglądy, zachowania, styl bycia. Natomiast w obrębie kategorii społecznej, jaką jest młodzież, funkcjonuje wiele grup, które łączą wspólne przeżycia, poglądy czy wspólne doświadczenia. Biorąc pod uwagę typologię, grupy istniejące w ramach zbiorowości młodzieży można by określić przeważnie jako grupy duże, o przewadze więzi bezosobowych, małym stopniu zorganizowania, powstające w sposób spontaniczny. Oczywiście w ramach zbiorowości młodzieży istnieją też grupy zorganizowane, powstające w sposób refleksyjny, inkluzyjne, będące organizacjami, stowarzyszeniami.

Barbara Fatyga w wyniku przeprowadzonych przez siebie badań wyróżniła wśród polskiej młodzieży lat dziewięćdziesiątych XX w. pewne typy, kategorie – można je określić grupami – dla których charakterystyczne są określone postawy i zachowania[48].

Najliczniej reprezentowaną grupą wśród młodzieży są tzw. **normalsi**. Zazwyczaj pochodzą z rodzin robotniczych lub średniej inteligencji technicznej oraz biurowej – są to dzieci proletariatu lub strefy budżetowej. Matka ma wyższe wykształcenie niż ojciec. Naukę podejmują głównie w średnich szkołach technicznych, a wybierając studia, kierują się intratnością przyszłego zawodu. Ci, którzy nie dostaną się na studia, kształcą się dalej w szkołach pomaturalnych lub uczęszczają na kursy doszkalające. Najwyżej cenią sobie wartości rodzinne, na drugim miejscu w ich hierarchii wartości znajduje się praca, ale tylko jako wartość instrumentalna pozwalająca zapewnić godne życie.

Do drugiej kategorii można zaliczyć **młodzież inteligencką**. W tym przypadku przynajmniej jedno z rodziców ma wyższe wykształcenie, a rodzinę cechuje dobra pozycja ekonomiczna. Rodzice mają aspiracje do kształcenia dzieci – wykształcenie jest elementem dziedzicznego etosu lub czynnikiem podwyższającym etos rodziny. Stanowi również wartość instrumentalną, dzięki której można osiągnąć wysoką pozycję społeczną. Tę grupę młodzieży tworzą głównie uczniów liceów i studentów. Jako pewną podkategorię można tu wymienić **pracoholików**, dla których wysokopłatna praca staje się sensem życia. Nie ma czasu na służbę społeczną, ale można się udzielać charytatywnie i „w blasku reflektorów" przeznaczać duże sumy pieniędzy na szlachetny cel po to, aby potem odpisać sobie tę kwotę od podatku.

---

[48] B. Fatyga, *Dzicy z naszej ulicy...*, op. cit., s. 60–70.

Kolejną kategorię stanowi **młodzież ze szkół zasadniczych**. Są to zazwyczaj dzieci drobnych przedsiębiorców, wśród których panuje przekonanie, że wszystko da się kupić. Cenną wartością okazuje się tu umiejętność „załatwienia" każdej sprawy z korzyścią finansową, nierzadko działanie to jest niezgodne z prawem lub wiąże się z wykorzystywaniem luk prawnych. Wykształcenie nie jest wartością, gdyż liczą się tylko pieniądze. Podobnie praca – to tylko ostateczność, jeśli nie uda się „zakombinować". W kontaktach z innymi przewagę zyskuje ten, kto ma siłę i pieniądze. Wiara jest tylko powierzchowna. Dla kobiet w tym świecie przewidziano tradycyjne role.

Następną grupę tworzą **nieudacznicy**. To uczniowie liceów i szkół zawodowych, których rodziców nie stać na dalsze kształcenie dzieci, a także bezrobotni absolwenci. Młodzież ta jest nastawiona na przetrwanie, ma roszczeniową postawę wobec państwa. Wykształcenie stanowi tutaj rzadkie dobro traktowane instrumentalnie. Najwyższą wartością jest praca – również traktowana instrumentalnie. Wiara ma tu tradycyjną postać. Grupę tę cechują wycofanie z życia publicznego i bierność.

Młodzież ze **zubożałych rodzin inteligenckich** tworzy kolejny typ. Ci młodzi ludzie przywiązują dużą wagę do ideału służby społecznej. Skończyli dobre licea, są oczytani. Chętnie działają społecznie – udzielają się na rzecz grup upośledzonych społecznie. Są to osoby głęboko wierzące, pojmujące wiarę w sposób świadomy, surowo przestrzegające jej zasad. W hierarchii wartości wysoko stawiają rodzinę. Cenią sobie sprawność działania.

Ostatnią kategorią są **subkultury młodzieżowe**, w ramach których można wyróżnić trzy grupy – punków i anarchistów; ruchy prawicowe (głównie skinheadzi); grupy, dla których naczelną wartością jest ludyczność (np. skateowcy).

Mimo że od przedstawionych wyżej wyników badań upłynęło kilkanaście lat, nadal w polskim społeczeństwie, wśród młodzieży, można zauważyć występowanie opisanych typów. Poza Barbarą Fatygą badaniami typologii młodzieży zajmowała się Hanna Świda-Ziemba, która wyróżniła grupy młodych menedżerów, młodych społeczników oraz młodzież licealną z prowincji[49]. Inny podział młodzieży zaproponował OBOP – autorzy opracowania wyodrębnili trzy typy młodzieży: nastawiony na naukę i oczekujący akceptacji; typ o upodobaniach zabawowych i konsumpcyjnych; typ o potrzebach imponowania, sukcesu i posiadania[50].

Wyniki te potwierdzają tezę o różnorodności młodzieży i występowaniu w ramach jednej kategorii społecznej różnych typów, cechujących się odmiennymi postawami wobec życia.

---

[49] H. Świda-Ziemba, *Młodzi w nowym świecie*, WL, Kraków 2005.
[50] *Dzieci i młodzież o sobie. Ocena rodziny i szkoły. Sprawy ważne aktualnie i dążenia na przyszłość*, OBOP, Warszawa 1998, s. 8–11.

4. Kultura młodzieżowa

Człowiek należy do gatunku żyjącego gromadnie, dla którego zbiorowa koegzystencja to jeden z naturalnych warunków wytwarzania kultury[51]. Kultura jest przedmiotem zainteresowania antropologii. Antropologia zajmuje się badaniem biologicznych, kulturowych i społecznych osobliwości człowieka. Inaczej mówiąc, antropologia to nauka o kulturze. Kultura może być rozumiana w dwojaki sposób – wartościujący i niewartościujący. W tym drugim znaczeniu kultura, będąca zespołem wielu wzajemnie powiązanych i uwarunkowanych zjawisk, może być poddawana analizie i opisowi, ale muszą one być pozbawione wartościowania. Kultura może być atrybutem, stałą cechą życia ludzkiego albo zbiorem cech i zjawisk występujących w określonej zbiorowości. Kultura nieodłącznie wiąże się z człowiekiem – jest on jednocześnie twórcą, nosicielem i odbiorcą kultury. Ani człowiek bez kultury, ani kultura bez człowieka nie mogą istnieć[52].

Pojęcie to występuje z różnymi określeniami: dominująca, masowa, elitarna, wyższa, młodzieżowa, między którymi zachodzą rozmaite relacje.

Kultura narodowa jest zbiorem norm, wartości i symboli, których akceptacja daje zbiorowościom narodowym poczucie wspólnoty i stanowi podstawę tożsamości jednostek. To poczucie wspólnoty oraz stopień identyfikacji z grupą nie są wartościami stałymi. Ich nasilenie zmienia się w toku rozwoju narodów i życia jednostek. Konsolidacja w ramach tej grupy i częstsze odwoływanie się do wartości kultury narodowej są charakterystyczne w sytuacjach zagrożenia, podczas emigracji, w sytuacji pogranicza.

Kultura masowa, w ogólnym rozumieniu, to kultura, do której wszyscy – bez względu na status, wiek czy pochodzenie – mają łatwy dostęp. Nośnikiem kultury są tu środki masowego przekazu, które oferują odbiorcom „łatwo przyswajalną" informację, treść, niemającą zwykle większej wartości.

Kultura elitarna, czyli wyższa, wykorzystuje w najszerszym zakresie wzory kultury ogólnej (narodowej), stanowiąc wzorzec dla edukacji i łącząc się z procesami pomnażania kultury. Uczestnictwo w kulturze wyższej jest uzależnione od przyjętego w danym środowisku stylu życia, edukacji szkolnej i pozaszkolnej oraz własnych preferencji[53].

Kultura młodzieżowa funkcjonuje w ramach kultury dominującej, pełni istotne funkcje socjalizacyjne względem młodych ludzi –

> [...] dostarcza im schematów identyfikacyjnych, wskazuje normy, formułuje sankcje, gratyfikuje sławą i/ lub prestiżem. Jest istotnym czynnikiem więziotwórczym i wzorotwórczym. Umożliwia wymianę poglądów i wrażeń bez skrępowania rygorami

---

[51] Z. Bokszański *et al.* (red.), *Encyklopedia socjologii*, t. 2, op. cit., s. 101.
[52] E. Nowicka, *Świat człowieka – świat kultury*, WN PWN, Warszawa 2000, s. 33, 57–59.
[53] Z. Bokszański *et al.* (red.), *Encyklopedia socjologii*, t. 2, op. cit., s. 106, 112, 114.

obecnymi w innych postaciach dyskursu, [...] upowszechnia informacje, dostarczając w ten sposób wiedzy, kształtując kanony znawstwa[54].

Z pojęciem kultury młodzieżowej związane są takie określenia, jak: „podkultura", „subkultura", „antykultura" i „kultura alternatywna".

Podkultura młodzieżowa jest definiowana jako podsystem kultury dominującej, odnoszący się do sfery wartości i norm określonej grupy społecznej. Obejmuje takie style życia, które na ogół nie są akceptowane w ramach kultury dominującej. Współcześnie w ramach podkultury można zaobserwować dwie tendencje w kształtowaniu własnego środowiska i jego relacjach z kulturą dominującą – z jednej strony jest to dążenie jednostki do samorealizacji, z drugiej – do zachowań dewiacyjnych[55].

Dyskusję na temat pojęcia **subkultury** przytacza Witold Wrzesień, wskazując różne sposoby jego rozumienia. Po raz pierwszy termin „subkultura" pojawił się po II wojnie światowej w czasach wielkiego kryzysu i określał młodzieżowe grupy dewiacyjne – przestępcze. Takie definiowanie ma zdecydowanie pejoratywny wydźwięk. W drugim znaczeniu pojęcie subkultury odnosi się do podkategorii kultury dominującej – służy do opisywania grup zawodowych, etnicznych, religijnych. W latach sześćdziesiątych ubiegłego wieku subkultura oznaczała grupę manifestacji, ekspresji kultury młodzieżowej. Obecnie pod terminem „subkultura" częściej rozumie się wybrane podgrupy i ruchy młodzieży niż całą młodzież[56].

Kolejnym pojęciem używanym w odniesieniu do grup młodych ludzi była **kontrkultura**. Termin ten oznaczał odrzucenie utrwalonych elementów kultury zastanej jako niegodnych kontynuowania. W ramach kontrkultury pojawiały się próby tworzenia nowej kultury określanej jako **kultura alternatywna**[57].

W takim ujęciu terminy „subkultura" i „podkultura" wydają się tożsame. Nie można jednak postawić znaku równości między subkulturą a kulturą młodzieżową. Nie są to pojęcia jednoznaczne, pojęcie kultury młodzieżowej jest bowiem szersze i zawiera w sobie subkulturę.

Młodzież jako grupa społeczna, bez względu na to, czy postrzega siebie jako pokolenie czy też nie, tworzy charakterystyczną dla siebie kulturę młodzieżową, w ramach której funkcjonują różne subkultury. Subkultury młodzieżowe mają ważne znaczenie dla kształtowania się tożsamości pokoleniowej.

> Subkultury, często formujące się na bazie grup rówieśniczych, są w takim ujęciu zjawiskiem socjalizacyjnie pozytywnym. Odpowiedzialne są za współtworzenie indywidualnych systemów aspiracji, wartości interesów, a w konsekwencji poczucia tożsamości społecznej pokoleń. Ponadto subkulturom, modom i fascynacjom

---

[54] B. Fatyga, *Dzicy z naszej ulicy...*, op. cit., s. 103.
[55] T. Pilch (red.), *Encyklopedia pedagogiczna...*, t. 3, op. cit., s. 345.
[56] W. Wrzesień, *Jednostka...*, op. cit., s. 45–46.
[57] M. Filipiak (red.), *Subkultury młodzieżowe wczoraj i dziś*, WSSG, Tyczyn 2001, s. 17–20.

młodzieżowym zawdzięczamy też kształtowanie poczucia dystansu wobec systemu normatywnego społeczeństwa i jego podsystemów: polityczno-prawnego i obyczajowo-moralnego[58].

Jak subkultura funkcjonuje w ramach kultury młodzieżowej, a ta z kolei jest częścią kultury dominującej, tak samo w hierarchii względem siebie są ustawione pojęcia społeczeństwa, pokolenia i grupy pokoleniowej. Między tymi zbiorami pojęć występują wzajemne relacje: społeczeństwo tworzy kulturę dominującą i według jej zasad funkcjonuje, podobnie dane pokolenie może tworzyć kulturę młodzieżową, a istniejące w jego ramach grupy pokoleniowe mogą budować subkultury.

Schemat 6. Relacje między kulturą a społeczeństwem

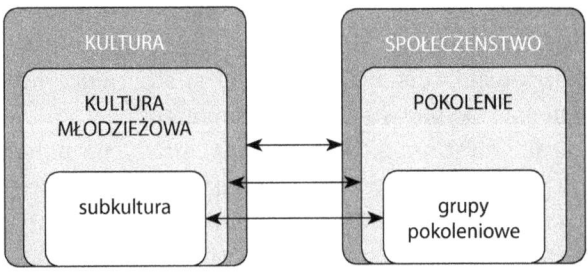

Źródło: opracowanie własne.

5. Obraz społeczeństwa pluralistycznego

Transformacja ustrojowa w Polsce wywarła wpływ na wszystkie dziedziny życia. Zmienił się ustrój polityczny, a co za tym idzie – warunki społeczne i gospodarcze. Zmiana ta przyniosła zarówno pozytywne, jak i negatywne skutki dla kraju. Rozwinęła się gospodarka rynkowa, zniesiono cenzurę, można było swobodnie wyrażać swoje poglądy polityczne, zaczął się rozwijać sektor gospodarki prywatnej. Przede wszystkim zaś transformacja przyniosła długo oczekiwaną wolność – wolność słowa, wyboru, myśli, działania. Zanim jednak z tego przywileju będzie można w pełni korzystać, trzeba się tej wolności nauczyć. Droga uczenia się życia w społeczeństwie obywatelskim jest długa i trudna. Wymaga zmiany postaw, sposobu myślenia i postrzegania świata. Społeczeństwo obywatelskie niesie ze sobą pluralizm. Różnorodność poglądów, przekonań, stylów życia, możliwości kształcenia wymuszają na obywatelach konieczność dokonania wyboru własnej drogi życiowej. Społeczeństwo obywatelskie to wolność, ale także odpowiedzialność i samodzielność. Polskie społeczeństwo podzieliło się na tych, którzy potrafili się odnaleźć w nowej rzeczywistości, i tych, którzy nie mogli sobie z nią poradzić. Odejście państwa od roli opiekuńczej w kierunku

---

[58] *Ibidem*, s. 52.

decentralizacji i delegowanie jego zadań do jednostek niższego rzędu, przyjęcie demokratycznego systemu politycznego, a tym samym położenie nacisku na samodzielność i odpowiedzialność, postawiło wiele osób w sytuacji bezradności i bezsilności. Konieczność zmiany postaw z biernej na aktywną odsunęła niektóre grupy na margines społeczeństwa. Pojawiło się bezrobocie w skali będącej zjawiskiem nowym i obcym dla Polaków. Polskie społeczeństwo nie wypracowało sobie dotychczas odpowiednich wzorów postępowania, brak doświadczeń w tym zakresie uniemożliwiał dostosowanie się do nowej sytuacji. Konsekwencją bezrobocia często jest bieda, a nawet bezdomność (tzw. syndrom 3B – bezrobocie, bieda, bezdomność)[59]. Taka sytuacja życiowa powoduje frustrację i depresję. Bezrobotni są spychani na margines społeczny, a przez klasę pracującą postrzegani jako grupa zbędna i próżniacza. Tym samym pogłębia się przepaść między pracującymi i bezrobotnymi – ci ostatni, zamiast otrzymać wsparcie, są ignorowani, odsuwani od życia społecznego. Sytuację potęguje syndrom 4B – „bogaci się bogacą, a biedni biednieją"[60].

Bezrobocie w dużym stopniu obejmuje ludzi młodych – ponad 20% Polaków w wieku 18–24 lata to bezrobotni bez stażu pracy. Najwięcej bezrobotnych jest wśród absolwentów zasadniczych szkół zawodowych[61]. Taka sytuacja życiowa może wywołać negatywne następstwa – od postaw bierności, zachowawczych, zniechęcenia po agresję i patologię społeczną (przestępczość, przemoc, uzależnienie)[62].

Bieda, będąca konsekwencją bezrobocia, obejmuje – według opinii Polaków (z badań przeprowadzonych w 2000 r.) – od 33 do 45% społeczeństwa. Przyczyn ubóstwa ankietowani upatrują w największym stopniu (60%) w bezrobociu. Winą za taki stan rzeczy 15% badanych obciąża politykę gospodarczą i socjalną, 6% zaś wskazuje na niezaradność życiową i brak umiejętności przystosowania się do zmian. Dane te ulegają zmianie przy postawieniu pytania o powody niemożności wyjścia z sytuacji biedy. Największą barierą jest bezrobocie, na które wskazuje 79% badanych, a także brak wsparcia ze strony państwa (35%) oraz brak zaradności życiowej (27%)[63].

W latach dziewięćdziesiątych minionego wieku coraz mniej Polaków uważało, że jeśli jest się „dobrym fachowcem w swojej dziedzinie, to praca sama się znajdzie" (33%), większość – 55% – wyrażała pogląd, że sukces zależy od umiejętności „sprzedania" i dobrego zaprezentowania swojej osoby[64].

---

[59] A. Wiśniewska-Czaja, *Bezrobocie jako zjawisko społeczne* [w:] S. Kawula, E. Marynowicz-Hetka, A. Przecławska (red.), *Pedagogika społeczna...*, op. cit., s. 166–168.
[60] S. Kawula, *Kwestia ubóstwa i bezrobocia a modele pomocniczości w pracy socjalnej* [w:] S. Kawula, E. Marynowicz-Hetka, A. Przecławska (red.), *Pedagogika społeczna...*, op. cit., s. 277.
[61] „Mały Rocznik Statystyczny Polski 2002", GUS, Warszawa 2002, s. 153, tabl. 12 (97) – *Bezrobotni zarejestrowani według poziomu wykształcenia, czasu pozostawania bez pracy, stażu pracy*.
[62] A. Wiśniewska-Czaja, *Bezrobocie...*, op. cit., s. 169.
[63] S. Kawula, *Kwestia ubóstwa...*, op. cit., s. 264–267.
[64] *Tradycja w życiu rodzinnym*, OBOP, Warszawa 1994, s. 4.

Walka z ubóstwem opiera się na trzech kierunkach działania: kształceniu zawodowym i oświacie; tworzeniu warunków korzystnej komunikacji społecznej i informacji z udziałem ludzi ubogich; gwarantowanych dochodach najniższych. Z jednej strony szkoła, zwłaszcza podstawowa, powinna umacniać dziecko w dążeniu do sukcesu[65], z drugiej jednak wprowadzenie do niej atmosfery rywalizacji prowadzi nierzadko do frustracji, której konsekwencją może być agresja.

Szkoła postrzegana jest przez uczniów jako układ represyjny z licznymi symptomami przemocy. Panujący w niej system wymagań oraz organizacja pracy rodzą napięcia, frustracje i bezosobowe stosunki międzyludzkie. Szkoła [...] nie jest dobrym środowiskiem do modelowania u dzieci zachowań nieagresywnych, prospołecznych, kształcenia solidaryzmu ludzkiego i empatii. [...] Filozofia współczesnego wychowania sakralizuje rywalizację, dominację, wyprzedzenie, organizację i wszelkie inne atrybuty osobniczej nadsprawności. U tych, którzy takim wymogom sprostają i przyjmą je za wartości kierunkowe – tworzą one mentalność buldożera. U tej części młodzieży, która nie może sprostać wymogom konkurencji, nadsprawności i wyprzedzania – rodzi poczucie porażki, mniejszej wartości i uruchamia mechanizmy ucieczki[66].

Powstaje zamknięty krąg. Przyczyną bezrobocia i biedy jest brak zaradności życiowej. Szkoła jako jedna z instytucji społecznych powinna przeciwdziałać temu zjawisku, wprowadzając profilaktykę w postaci wychowania do sukcesu – wykształcenia u młodego człowieka postawy aktywnej w stosunku do swojego życia, odpowiedzialnej. Paradoksalnie, rodzi to frustrację i dokonuje ponownego podziału społeczeństwa – na tych, którzy mają siłę przebicia, i tych, którzy sobie nie radzą. U jednych i drugich mogą się wykształcić postawy agresywne mające swe podłoże bądź w chęci zdobycia większej władzy (lub dóbr osobistych), bądź w frustracji i bezsilności.

Poglądy i postawy młodzieży są odzwierciedleniem sytuacji, która ją otacza. Jak wykazują badania przeprowadzone w 1998 r., młodzi ludzie na pierwszym miejscu wśród najistotniejszych dla nich spraw wymienili usatysfakcjonowanie rodziców, zapewnienie sobie możliwości dalszej nauki, dobre towarzystwo, na drugim zaś – sympatię kolegów, odnoszenie sukcesów i dobre wyniki w nauce. Kolejną pozycję w hierarchii wartości zajęły sprawność fizyczna oraz posiadanie ładnego mieszkania lub pokoju. Na tej podstawie autorzy badań wskazali trzy typy postaw charakterystyczne dla współczesnej młodzieży: typ nastawiony na naukę i oczekujący akceptacji; typ o upodobaniach zabawowych i konsumpcyjnych; typ o potrzebach imponowania, sukcesu i posiadania. Młodzi

---

[65] J. Boczoń, W. Toczyński, A. Zielińska, *Ubóstwo jako zjawisko społeczne oraz przedmiot pracy socjalnej* [w:] T. Pilch, I. Lepalczyk (red.), *Pedagogika społeczna...*, op. cit., s. 360–361.
[66] T. Pilch, *Agresja i nietolerancja jako mechanizmy zagrożenia ładu społecznego* [w:] T. Pilch, I. Lepalczyk (red.), *Pedagogika społeczna...*, op. cit., s. 422.

ludzie, pytani o to, co będzie dla nich najważniejsze w przyszłości, najczęściej odpowiadali, że bycie szczęśliwym (81%), bycie profesjonalistą w swoim zawodzie (73%), dobre pełnienie ról rodzicielskich (70%), odniesienie sukcesu (63%), bycie lubianym (61%). Najmniej istotne dla młodzieży okazały się bycie działaczem społecznym (17%), postawa nonkonformistyczna (8%), zajmowanie się polityką (4%)[67]. Podobne pytanie postawiono młodym ludziom w 2003 r. Na pierwszym miejscu znalazło się wówczas udane życie rodzinne (99%), na drugim – życzliwi, serdeczni przyjaciele (98%), na trzecim – ciekawa praca (98%), kolejne pozycje zajęły: miłość, ludzki szacunek, czyste sumienie, wiedza i wykształcenie, bycie pożytecznym (wszystkie wskazania powyżej 90%). Dopiero na ósmej pozycji wymieniono wysokie zarobki, a na jedenastej – sukces zawodowy. Piętnastą pozycję zajęła chęć wpływania na losy swojego narodu i państwa (59% wskazań), a ostatnią, szesnastą – władza nad innymi ludźmi (8% wskazań)[68]. Jak widać, w ciągu pięciu lat zmieniła się hierarchia wartości młodzieży – wzrosło znaczenie rodziny oraz tego, co o młodych ludziach myślą inni i jak się do nich odnoszą (życzliwość, bycie lubianym), w niewielkim stopniu wzrosło znaczenie postaw altruistycznych – bycie pożytecznym nadal nie jest priorytetem w życiu, ale zajmuje wyższą pozycję niż kiedyś. Spadło natomiast znaczenie sukcesu zawodowego oraz wiedzy i wykształcenia – jeśli można to utożsamiać z profesjonalizmem w swoim zawodzie. Równie niską pozycję jak poprzednio zajmuje polityka. Może to świadczyć o pewnej zmianie postaw, młodzi ludzie zaczynają być zmęczeni ciągłym wyścigiem szczurów, chcą być dostrzegani przez innych, lubiani, szukają przyjacielskich kontaktów, chcą być traktowani podmiotowo.

Odrębne zagadnienie stanowi wykształcenie. Dla współczesnego społeczeństwa staje się ono wartością. Osiągnięcie sukcesu zawodowego wiąże się przede wszystkim z wykształceniem – dla 65% Polaków warunkuje to życiowe powodzenie. W porównaniu z badaniami sprzed dwudziestu czterech lat jest to wzrost o 24%. Ludzie wykształceni charakteryzują się wyższym poziomem intelektualnym, innymi poglądami, odmiennym sposobem myślenia i postrzegania świata, wyróżniają się również kulturą osobistą i obyciem towarzyskim. 30% badanych twierdzi, że osoby wykształcone mają wyższy status społeczny, większe możliwości pracy i awansu; 9% ankietowanych uważa, że wykształcenie ma związek z większą operatywnością i zaradnością[69].

Mimo korzyści, jakie niesie ze sobą wyższe wykształcenie, młodzi ludzie nie mają równych szans w dostępie do kształcenia[70]. Tylko 10,2% polskiego społeczeństwa ma wyższe wykształcenie i, mimo tendencji wzrostowej (w 2002 r. –

---

[67] *Dzieci i młodzież o sobie...*, op. cit., s. 8–11.
[68] *Szczęśliwe życie*, OBOP, Warszawa 2003, s. 2, http://obop-arch.tnsglobal.pl/archive-report/id/1462, dostęp: 27.01.2014.
[69] *Wykształcenie – szansa na sukces czy przeżytek?*, OBOP, Warszawa 2000, s. 2, 5.
[70] *Ibidem*, s. 6.

6,5%), jest to nadal mało[71]. Wraz ze wzrostem liczby osób z wyższym wykształceniem rośnie również liczba bezrobotnych po studiach wyższych – w latach 1995–2002 odsetek tych osób wzrósł z 1,5 do 3,9%[72].

Pozytywnym rezultatem zmiany ustroju był znaczny rozwój szkolnictwa wyższego. Za sprawą ustawy z 12 września 1990 r. szkoły wyższe stały się jednostkami w pełni autonomicznymi. Stale jest poszerzana ich oferta edukacyjna przez tworzenie nowych kierunków na uczelniach państwowych, powstawanie wyższych uczelni zawodowych oraz wyższych uczelni niepaństwowych. Większość uczelni umożliwia studiowanie nie tylko w trybie dziennym, lecz także zaocznym i wieczorowym. Wprowadzono dwustopniowy system kształcenia na tytuł magistra. Powstały trzyletnie zawodowe studia dla nauczycieli w zakresie nauczania języka obcego. Utworzono kierunki, na których językiem wykładowym jest język obcy[73].

W roku akademickim 1990/1991 liczba osób studiujących wynosiła 403,8 tys., a w 2004/2005 – 1926,1 tys. To znaczny wzrost, który jest godny odnotowania. Analizując dane z lat 1990–2005 dotyczące współczynnika skolaryzacji[74], można zauważyć, że największy jego wzrost wystąpił w latach dziewięćdziesiątych – w roku akademickim 1990/1991 wynosił on 12,9% (brutto), pięć lat później wartość ta wzrosła do 22,3%, a roku 2000/2001 wyniosła 40,7%. W ciągu następnych pięciu lat (2001–2005) współczynnik ten nie podniósł już tak gwałtownie, jednak stale odnotowuje się jego wzrost (w 2005 r. – 47,8%). W porównaniu z latami 1990/1991 znacznie wzrosła liczba studentów kształcących się w innym systemie niż dziennie – studenci zaoczni, wieczorowi, eksternistyczni stanowią 47,9% wszystkich uczących się. W roku akademickim 2004/2005 na dziennych studiach uczyło się 923,1 tys.; na zaocznych – 913,5 tys.; na wieczorowych – 66,1 tys.; eksternistycznie – 23,5 tys. osób. Na początku lat dziewięćdziesiątych minionego wieku liczby te wynosiły odpowiednio: 311,7 tys., 89,1 tys., 1,6 tys., 3,5 tys. Wówczas studenci innych kierunków niż dzienne stanowili 22,8% wszystkich studentów. W roku akademickim 2004/2005 zarejestrowano 427 szkół wyższych, z czego 126 było uczelniami państwowymi. Większość

---

[71] „Mały Rocznik Statystyczny Polski 2002", GUS, Warszawa 2002, tabl. 3 (65) – *Ludność według poziomu wykształcenia*.
[72] „Mały Rocznik Statystyczny Polski 2002", GUS, Warszawa 2002, tabl. 12 (96) – *Bezrobotni zarejestrowani według poziomu wykształcenia, czasu pozostawania bez pracy, stażu pracy*.
[73] *Szkoły wyższe i ich finanse w 2004 r.*, GUS, http://www.stat.gov.pl/gus/5840_1177_PLK_HTML.htm, dostęp: 26.01.2014.
[74] Definicja współczynnika skolaryzacji za „Rocznikiem Statystycznym Rzeczypospolitej Polskiej 2013" (GUS, s. 339): „współczynnik skolaryzacji brutto jest to (wyrażony procentowo) stosunek wszystkich osób uczących się na danym poziomie do całej populacji (według stanu w dniu 31 grudnia) osób będących w wieku nominalnie przypisanym temu poziomowi kształcenia. Współczynnik skolaryzacji netto to stosunek (procentowy) liczby studentów w nominalnym wieku kształcenia na danym poziomie do liczby ludności zdefiniowanej [...], czyli do całej populacji osób będących w wieku nominalnie przypisanym temu poziomowi kształcenia".

szkół niepaństwowych kształci na poziomie licencjackim, głównie na kierunkach ekonomicznych. Często uczelnia niepaństwowa, zakładając swoje ośrodki w małych miastach, stanowi tańszą alternatywę dla dużych ośrodków uniwersyteckich.

Od 1998 r. w Polsce funkcjonują wyższe szkoły zawodowe mające prawo nadawania tytułu zawodowego licencjata lub inżyniera. W roku akademickim 2004/2005 w tego typu szkołach uczyło się 45,6% wszystkich studiujących. W ciągu sześciu lat liczba tego typu szkół wzrosła do 181, przy czym w ciągu ostatniego roku powstało ich 30.

W ciągu szesnastu lat transformacji stale rosło zainteresowanie następującymi kierunkami studiów: ekonomicznymi, pedagogicznymi, informatycznymi, administracyjnymi, społecznymi oraz usług dla ludności; spadało natomiast zainteresowanie kierunkami technicznymi, rolniczymi, leśnymi.

Szybko zmieniający się rynek, a także nowe wymogi prawne i co za tym idzie – wprowadzenie w życie ustawy o szkolnictwie wyższym pozwoliły na rozwój systemu kształcenia na poziomie podyplomowym – w stosunku do początku lat dziewięćdziesiątych XX w. liczba słuchaczy tego typu studiów wzrosła czterokrotnie. W tym samym czasie aż dwunastokrotnie wzrosła liczba osób na studiach doktoranckich[75].

Rozwinięto również system świadczeń pomocy materialnej dla studentów uczelni państwowych i niepaństwowych.

> Studenci studiów dziennych uczelni państwowych mogą ubiegać się o stypendia socjalne, stypendia specjalne dla osób niepełnosprawnych, stypendia za wyniki w nauce, stypendia ministra za osiągnięcia w nauce lub w sporcie, dopłaty do zakwaterowania, dopłaty do posiłków oraz zapomogi. Od 1994 roku możemy zaobserwować stopniowy wzrost pomocy stypendialno-zapomogowej dla studentów szkół niepaństwowych ze strony władz lokalnych lub różnego rodzaju fundacji. Od 2001 r. ze stypendiów socjalnych korzystają również studenci studiów dziennych uczelni niepaństwowych i szkół wyższych zakładanych i prowadzonych przez Kościół katolicki. Mogą się oni również ubiegać o stypendia ministra za osiągnięcia w nauce[76].

Zmiana ustroju umożliwiła Polakom swobodnie przemieszczanie się poza granice kraju, co dało nowe możliwości – turystyczne i zarobkowe. Po początkowym wzroście w ostatnich latach daje się zauważyć zmniejszenie zainteresowania podróżami zagranicznymi. W 2004 r. Polacy wzięli udział w 6,3 mln podróży zagranicznych – jest to spadek w stosunku do roku poprzedniego o 12,5%, a biorąc pod uwagę wyjazdy długookresowe, spadek ten wyniósł 19%. Głównymi celami wyjazdu były rekreacja i wypoczynek (38% wszystkich wyjazdów), podróże służbowe stanowiły 33% wszystkich wyjazdów, dla 22%

---

[75] *Szkoły wyższe...*, op. cit.
[76] *Ibidem*.

wyjeżdżających celem były odwiedziny znajomych lub rodziny. Porównując te dane z wynikami z 2003 r., widać wyraźnie malejącą liczbę wyjazdów wypoczynkowych – o 10% oraz wzrost liczby wyjazdów służbowych – również o 10%[77]. Obecnie może niepokoić wyraźny wzrost migracji, głównie młodych Polaków, za granicę w celach zarobkowych. Jeszcze bardziej niepokojące są deklaracje o pozostaniu na stałe za granicą. Sytuację taką spowodowały z jednej strony otwarcie granic związane z wejściem Polski do Unii Europejskiej, a z drugiej – brak zapewnienia godziwych warunków pracy i płacy w kraju.

Inny problem stanowi zmniejszające się znaczenie roli rodziny w codziennym wychowaniu młodego człowieka. Odpowiedzialność za dziecko często ceduje się na szkołę, która w opinii rodziców powinna nie tylko kształcić, lecz także wychowywać. Zaniedbywane wychowawczo są dzieci zarówno z rodzin biedniejszych, jak i bogatych. Konsekwencją tego jest przyswajanie przypadkowych wartości, bez ich zrozumienia i właściwej hierarchii. Przykładem może być stosunek do wiary – duża część młodych ludzi deklaruje się jako osoby wierzące i praktykujące, a jednocześnie nie przestrzega podstawowych zasad wiary. Współczesna młodzież charakteryzuje się niespójnymi poglądami społecznymi i politycznymi: z jednej strony popiera zróżnicowanie dochodów w zależności od zdobytych kwalifikacji, a z drugiej na równi postuluje konieczność dominacji prywatnej gospodarki oraz upaństwowiony przemysł. Popiera i uważa za konieczny rozwój różnych form samorządu, ale opowiada się za silną władzą centralną, która będzie decydować o wszystkich ważnych sprawach społecznych[78]. Brak zaufania do władz z jednoczesnym preferowaniem modelu państwa opiekuńczego również świadczy o niespójności poglądów. Badania dowodzą, że mimo upływu lat poglądy młodzieży nie ulegają zasadniczym zmianom – młodzi ludzi, pytani w 2003 r. o rolę państwa, zdecydowanie opowiadali się za modelem państwa opiekuńczego i dość ostrożnie przyjmowali rozwiązania charakterystyczne dla gospodarki rynkowej[79].

Dzieci bezkrytycznie przyjmują opinie przekazywane przez media masowe, mają dostęp do programów, które nie odpowiadają ich dojrzałości psychicznej i zainteresowaniom[80].

Mimo iż ponad dwie trzecie badanych uważa rodzinę za najbardziej pożądaną instytucję w kształtowaniu obyczajów i zachowań młodzieży, to jako instytucja w największym stopniu wpływająca na młodzież postrzegana jest telewizja. Aż

---

[77] *Turystyka w 2004 r.*, GUS, http://www.stat.gov.pl/gus/5840_1758_PLK_HTML.htm, dostęp: 27.01.2014.
[78] A. Przecławska, L. Rowicki, *Młodzi Polacy...*, op. cit., s. 118, 138.
[79] A. Przecławska, *Młodzi Polacy po dziesięciu latach – próba refleksji* [w:] T. Lewowicki (red.), „Gorące" problemy edukacji w Polsce. Ekspertyzy i opinie, KNP PAN – WSP ZNP, Warszawa 2007, s. 270.
[80] L. Strumska-Białko, N. Pęcherzewska-Kaczmarek, *Media a wychowanie*, „Edukacja i Dialog" 1997, nr 7.

ponad dwie piąte badanych uważa ten wpływ za niekorzystny, zaś tylko jedna dziesiąta respondentów uważa wpływ telewizji za korzystny[81].

Według opinii Polaków z początku XXI w. na młodzież największy wpływ mają telewizja (61%) i rówieśnicy (55%), najmniejszy – Kościół (14%) i radio (6%). Szkoła oddziałuje na młodych ludzi również w niewielkim stopniu – tylko 27% badanych wskazało ją jako istotną. 44% badanych powiedziało, że rodzina ma istotny wpływ na młodzież. Respondenci, pytani o instytucje, które powinny mieć wpływ na wychowanie młodych ludzi, aż w 87% wskazali rodzinę, natomiast szkoła otrzymała tylko 9% wskazań[82].

Bieda i brak perspektyw życiowych wywołują postawy buntu – powstają subkultury i kontrkultury. Pojawiają się niechęć do pracy, wysiłku, konsekwencji w działaniu; wartościami stają się siła, brutalność[83], przemoc fizyczna i psychiczna. Powodzeniem zaczynają się cieszyć sekty, które przyciągają swoją pozorną jednością, braterstwem, pomocą. Zdają się odpowiadać na potrzeby młodych ludzi. Wprowadzają w błąd w kwestii istotnych aspektów funkcjonowania swojej grupy[84].

Zmiany nastąpiły także w dostępie do dóbr kulturalnych i uczestnictwie w kulturze. Mimo wzrostu nakładów finansowych z budżetu państwa na działalność placówek kulturalnych ich liczba maleje. Przykładem mogą być biblioteki publiczne, których liczba w 2004 r. zmniejszyła się o 74 w porównaniu z rokiem poprzednim. Liczba bibliotek systematycznie malała od 1990 r., co było wynikiem przeniesienia finansowania tych placówek na samorządy terytorialne oraz wprowadzenia w 2001 r. ustawy zabraniającej łączyć biblioteki z innymi instytucjami. Natomiast stale wzrasta liczba zarejestrowanych czytelników, co może świadczyć o dużym zapotrzebowaniu na tego typu placówki kulturalne. Od 1995 r. rośnie liczba muzeów – z 589 do 668 w 2004 r., tym samym wzrosła zarówno liczba wystaw, jak i zwiedzających, ale zmalała liczba wycieczek szkolnych. W 2000 r. zaobserwowano wzrost liczby przedstawień teatralnych, ale w następnych latach odnotowuje się stały spadek. Zmiany nastąpiły także w liczbie i typie kin – zwiększa się liczba kompleksów kinowych, dysponujących kilkunastoma salami, a zamykane są kina oferujące jedną salę. Obniżyła się frekwencja w kinach, ale miało to związek ze zwiększonymi możliwościami dostępu do repertuaru filmowego w domu przez korzystanie z takich urządzeń

---

[81] *Opinie o wpływie telewizji i innych instytucji na młodzież*, OBOP, Warszawa 2001, s. 6.
[82] *Ibidem*, s. 2–4.
[83] I. Kurowska-Branderburska, *Dzielność u progu XXI wieku*, materiały na konferencję Rady Naczelnej ZHP „Rola i miejsce harcerstwa w czasach kryzysu wartości i wychowania", Warszawa, 6 marca 2004, materiały niepublikowane.
[84] *Raport o niektórych zjawiskach związanych z działalnością sekt w Polsce*, Międzynarodowy Zespół do Spraw Nowych Ruchów Religijnych MSWiA, Warszawa 2000, http://www.ipsir.uw.edu.pl/UserFiles/File/Katedra_Socjologii_Norm/TEKSTY/raport_MSWiA_o_sektach.pdf, dostęp: 5.02.2006.

audiowizualnych, jak odtwarzacze wideo, DVD, komputery multimedialne czy zestawy kina domowego. Warto odnotować, że stale rośnie liczba placówek kulturalno-oświatowych przystosowanych do potrzeb osób niepełnosprawnych[85].

Nadal jednak można zaobserwować pogłębiające się podziały społeczeństwa w dostępie do instytucji kultury, zróżnicowanie jest widoczne zwłaszcza w wypadku miasta i wsi. Na możliwości korzystania z oferty kulturalnej wpływają gęstość sieci placówek kulturalnych oraz koszt uczestnictwa w imprezach[86].

Współczesna młodzież stoi przed koniecznością dokonywania wyborów w świecie pluralistycznych wartości, prądów myślowych, postaw, warunków życia. Obecnie rzeczywistość pełna jest skrajności, trudno podjąć właściwą decyzję. Co więcej, młodym ludziom nie potrafi pomóc starsze pokolenie – tak samo (a może jeszcze bardziej) zagubione w nowym świecie.

Młody człowiek ma trudności ze znalezieniem swojego miejsca w polskim społeczeństwie, pełnym sprzecznych postaw i oczekiwań. Pewną rolę porządkującą, wychowawczą, socjalizacyjną mogłyby pełnić organizacje młodzieżowe, działające w ramach trzeciego sektora. Organizacje takie, prezentując różne poglądy, postawy, uczą tolerancji wobec odmienności, umiejętności wybierania celów i kierowania własnym życiem, aktywnej postawy wobec otaczającego świata, a także tego, jak być prawdziwym obywatelem w demokratycznej rzeczywistości.

Transformacja ustrojowa wpłynęła na wszystkie dziedziny życia społecznego. Zmiany, jakie zostały wówczas zainicjowane, miały znaczenie na poziomie nie tylko jednostkowym, mikrospołecznym, lecz także makrospołecznym. Dotyczyły przede wszystkim polityki i przemian gospodarczych, objęły też sferę edukacji, kultury, a co za tym idzie – mediów. Celem transformacji ustrojowej było doprowadzenie do zmiany roli państwa. Wszystkie te przemiany miały wpływ pośrednio bądź bezpośrednio na rodzinę, której zadaniem stało się wychowanie młodego człowieka do nowej rzeczywistości.

Transformacja, jak każda zmiana społeczna, niesie ze sobą zarówno pozytywne, jak i negatywne skutki. Do tych drugich, w zakresie polityki, można zaliczyć zmianę postaw – wśród polityków coraz wyraźniej widać dbanie o własny interes, a nie o dobro społeczeństwa. Zmiany gospodarcze doprowadziły do wzrostu bezrobocia, a tym samym umocniły podział na biednych i bogatych. Szkoła, zgodnie z wymogami nowego rynku pracy, ma teraz wychowywać do sukcesu, w związku z czym uczy bezwzględnej rywalizacji, nastawienia na zdobywanie wykształcenia, które w coraz większym stopniu funkcjonuje jako wartość tylko instrumentalna.

Konieczność wprowadzenia wymierności w postaci testów w edukacji spowodowała zepchnięcie na dalszy plan indywidualnych zdolności jednostki – liczy się jak największa liczba zadań rozwiązanych w jak najkrótszym czasie.

---

[85] *Kultura w 2004*, GUS, http://www.stat.gov.pl/gus/5840_9091_PLK_HTML.htm, dostęp: 27.01.2014.
[86] *Ibidem*.

A jeśli już dopuszcza się talent do głosu, to też jest on traktowany jak towar, który można sprzedać. Mimo tak deklarowanego celu przy wprowadzaniu reformy edukacji szkoła nie daje równych szans, nadal istnieją duże różnice w dostępie do kształcenia wysokiej jakości. Większe szanse mają dzieci z dużych miast i z zasobnych rodzin. Zachodzą również duże przemiany w kulturze – zamykane są ośrodki kultury, małe kina. Rozwija się kultura masowa oferująca płytką rozrywkę za (pozornie) niską cenę. Początkowo media w niekontrolowany sposób zalewały odbiorcę ogromną ilością rozmaitych treści, w tym takich, które nigdy nie powinny trafić do młodego odbiorcy. Dopiero ostatnio widać zachodzące w tym aspekcie przemiany. Kładzie się większy nacisk na dokonywany przez rodziców świadomy dobór programów dla dzieci – przykładem może tu być wprowadzenie oznaczeń wiekowych przy emitowanych programach. W konsekwencji takich przemian gospodarczych i edukacyjnych tworzy się duża społeczność sfrustrowanych jednostek, nienadążających za szybkim tempem przemian. Ma to wpływ na funkcjonowanie rodziny, na wychowanie jej młodych członków. Rodzina w obliczu nowej rzeczywistości jest często zagubiona i nieporadna.

Do pozytywnych rezultatów transformacji w zakresie polityki można zaliczyć swobodę wyrażania poglądów. W gospodarce rozwinął się sektor prywatny i poszerzył dostęp do dóbr materialnych. Zmieniła się również rola państwa – w wyniku decentralizacji zadań większy nacisk kładzie się na pracę terytoriów samorządowych, tym samym istnieje możliwość rozwijania inicjatyw pozarządowych, tworzenia stowarzyszeń, ruchów nieformalnych, które mogą walczyć o istotne dla swojej grupy lub szerszej społeczności sprawy. W związku z wprowadzeniem możliwości niepaństwowej edukacji rozwinęła się sieć szkół prywatnych i społecznych, zwiększyła się oferta szkół językowych, kursów różnego stopnia, studiów podyplomowych i studiów na prywatnych uczelniach. Obecnie jest o wiele więcej możliwości kształcenia się niż przed 1989 r. Zmiany dotyczą również programów szkolnych, które dopuszczając do głosu samych nauczycieli, są ciekawsze, bardziej dostosowane do potrzeb danego środowiska. Dzięki otwarciu granic polskie społeczeństwo ma teraz szeroki dostęp do kultury zagranicznej, zostaliśmy włączeni w globalną wioskę, na skutek szybkiego przepływu informacji możemy równocześnie z innymi krajami uczestniczyć w światowych wydarzeniach. Zwiększyły się również możliwości rodziny w zakresie dostępu do różnego rodzaju dóbr – materialnych i niematerialnych.

Wpływu transformacji na te dziedziny życia społecznego nie da się jednoznacznie ocenić. Jest to zmiana o szerokim zakresie, która niesie ze sobą zarówno zyski, jak i koszty. Należy jednak dostrzegać obszary, które w wyniku tych przemian ucierpiały, aby móc wprowadzać działania korygujące i poprawiające sytuację.

6. Współczesne pokolenie młodzieży

W Polsce na przełomie wieków przeprowadzano liczne badania nad młodzieżą koncentrujące się na różnych aspektach: wartościach, aspiracjach, orientacjach życiowych i społecznych młodzieży, poczuciu tożsamości narodowej i kulturowej, zjawiskach patologii, przemocy i agresji, problematyce subkultur młodzieżowych. Tematyką tą zajmowało i zajmuje się wielu polskich badaczy, m.in.: Hanna Świda-Ziemba, Stanisław Kawula, Agnieszka Fatyga, Anna Przecławska, Barbara Galas.

Z badań tych wyłania się specyficzny obraz pokolenia młodzieży czasu transformacji ustrojowej. Młodzi ludzie czują się zagubieni w gwałtownie zmieniającej się rzeczywistości, odczuwają niepokój i niepewność związaną z przyszłością. Pojawiają się obawa przed bezrobociem oraz brak poczucia bezpieczeństwa, wzrasta strach przed agresją, przestępczością, dominuje wycofanie się z aktywności społecznej, skupianie się na konsumpcji, rozrywkach i wygodnym życiu. Przyjmowane są postawy sprzeczne: orientacja na rodzinę przy jednoczesnym odraczaniu decyzji o zawarciu małżeństwa; akceptacja przemian demokratycznych bez aprobowania przemian ekonomicznych. Jest to negatywny obraz, przedstawiający młodych ludzi raczej jako biernych, niezainteresowanych działaniami we wspólnocie, wycofanych w świat płytkich przeżyć i mających realistyczne, praktyczne podejście do życia[87].

W literaturze można się spotkać z różnymi określeniami pokolenia lat dziewięćdziesiątych XX w. Witold Wrzesień nazywa tę generację „pokoleniem końca wieku". Jak zauważa autor, generacja ta upodabnia się do „pokolenia X", które to określenie pojawiło się w polskich mediach w połowie lat dziewięćdziesiątych minionego wieku, ale nie miało ze swoim pierwowzorem wiele wspólnego. W pierwotnej wersji nazwę tę stosowano do osób urodzonych między 1961 a 1983 r. Jest to dosyć szeroka grupa, zróżnicowana,

> [...] starająca się jak najskuteczniej opierać manipulacyjnemu wpływowi mediów, reklamy, polityki. Pokolenie demograficznego niżu, ukształtowane w znacznej mierze przez media. Pokolenie, które ma niższy poziom wykształcenia od pokolenia rodziców (*Boomers*) i jest przez ich przedstawicieli uważane za pozbawione ambicji i nastawione na konsumpcję[88].

Do polskiego „pokolenia końca wieku" zaliczają się przede wszystkim osoby z niżu demograficznego odczuwające skutki utrzymywania coraz większej liczby emerytów. Również w tym wypadku jest to grupa ukształtowana przez media, choć może nie aż w takim stopniu jak „pokolenie X" w Stanach Zjednoczonych. To dzieci zapracowanych rodziców, którzy chcą „dotrwać do

---

[87] T. Pilch (red.), *Encyklopedia pedagogiczna...*, t. 3, op. cit., s. 335–336.
[88] W. Wrzesień, *Jednostka...*, op. cit., s. 56.

pierwszego" lub się „dorobić". Pokolenie to z jednej strony akceptuje zasady gospodarki rynkowej i demokracji, z drugiej jednak dystansuje się od przemian politycznych. Wykształcenie stanowi środek do osiągnięcia celu, jakim jest lepsza pozycja przetargowa na rynku pracy. Pokolenie to zaczyna odchodzić od pogoni za sukcesem na rzecz realizacji własnych aspiracji, osiągania satysfakcji z tego, co się robi.

> Przedstawiciele Pokolenia Końca Wieku zachowują dystans wobec otaczającej rzeczywistości, przyjmują postawę refleksyjną i rezygnują z jawnego manifestowania postaw buntowniczych wobec „wrogiego" środowiska ludzi starszych, rodziców, wobec instytucji społecznych czy działań systemu polityczno-prawnego państwa, skierowanych przeciwko młodzieży jako grupie podważającej istniejące systemy norm, wartości i wzorów zachowań. Dla coraz większej liczby młodych Polaków wartością staje się robienie tego, co naprawdę się chce, a nie tego, co uważa się, że powinno się robić[89].

W ramach „pokolenia końca wieku" Wrzesień wymienia trzy generacje: „pokolenie '89", „dzieci transformacji" oraz „maruderów końca wieku".

Do pierwszej grupy zalicza się osoby urodzone w latach 1964–1970. Charakteryzując tę grupę, trzeba podkreślić, że najważniejszą wartością jest dla nich praca i kariera zawodowa. Istotne dla tego pokolenia były zapożyczenia z mody zachodniej często już nieaktualnych elementów, a także zapoczątkowanie mody na narkotyki i nielegalne zarabianie pieniędzy. Młodzi tej generacji wprowadzili nową jakość spędzania czasu wolnego – przeważnie poza domem, głównie na zabawach podczas końca tygodnia, spędzanie urlopów w egzotycznych krajach. Na znaczeniu straciła kultura wyższa na rzecz konsumpcji kultury masowej.

„Dzieci transformacji" to ludzie urodzeni w latach 1971–1976. Również w tym wypadku istotną pozycję zajmuje praca, ale pojawiają się alternatywne formy osiągania wyższego statusu społecznego. Przedstawiciele tego pokolenia czas wolny spędzają w pubach, restauracjach McDonald's, Pizza Hut lub na dyskotekach. Narkotyki i alkohol stały się stałym towarzyszem zabaw, modne jest bywanie w solariach, fitness klubach, dbanie o kondycję fizyczną. Stosunek do kultury wyższej jest taki sam jak poprzednio wymienianej generacji. Młodzi są bardzo podatni na manipulację przemysłu rozrywkowego, nie interesuje ich tworzenie kultury, negują istniejącą kulturę młodzieżową.

„Maruderzy końca wieku" to osoby urodzone w latach 1977–1982. Praca jest bardzo ważnym elementem ich życia, ale mają też świadomość dużej konkurencyjności rynku. Z tego powodu coraz bardziej zaczynają kompleksowo inwestować w swoje wykształcenie – studiując na kilku kierunkach. Osoby te po 25. roku życia zaczynają zwalniać tempo. W sferze zabawy nie różnią się

---

[89] W. Wrzesień, *Jednostka...*, op. cit., s. 58–59.

zbytnio od wspomnianych wyżej pokoleń. W modzie łączą różne elementy, tworząc styl eklektyczny, ale bez konkretnego wyrazu[90].

Według Świdy-Ziemby w ciągu ostatnich dwudziestu lat, w związku z przemianami, jakie zachodziły w Polsce, można zaobserwować pojawienie się dwóch pokoleń – **pokolenia przełomu**, którego okres dojrzewania przypadł na koniec lat osiemdziesiątych i początek dziewięćdziesiątych XX w.; oraz pokolenia, które jako pierwsze dojrzewało już w nowej rzeczywistości – **pokolenia transformacji**. Pokolenie przełomu pamięta jeszcze czasy PRL, pokolenie transformacji zaś jest wolne od wspomnień peerelowskiej rzeczywistości. Młodzież okresu transformacji można krótko scharakteryzować słowami samej autorki:

> Otóż przytłaczająca większość młodych, krytykując rzeczywistość – nie tworzy „buntowniczych" form alternatywnych, nie zadaje „bazowych" pytań, nie ma nastawienia na zmianę czegokolwiek [...]. W ramach świata, który „przyjmuje do wiadomości" – pragnie jedynie kształtować osobiste życie. Przy tym optymizm i poczucie wartości młodych [...] pozwala żywić przekonanie, że uda się uformować to życie na własny, indywidualny kształt, wpisując się zarazem w istniejącą rzeczywistość, także wtedy, gdy nie będzie się chciało żyć według nurtów i mód aktualnie dominujących. Możliwości kształtowania „sensownego" własnego życia wydają się młodym nieskończenie szerokie, a rzeczywistość [...] ogromnie pojemna na różne indywidualne warianty[91].

Współcześnie młodzi ludzie, w przeciwieństwie do obiektywnych obserwatorów, nie postrzegają siebie jako pokolenia, co wyraźnie podkreślają w swoich wypowiedziach. Jednak o tym, że stanowią oni pokolenie, może świadczyć określanie swoich rówieśników w kategoriach „my, młodzież", „młodzież współczesna", „różnimy się od starszych tym, że...". Jest to zjawisko charakterystyczne dla tej grupy, z którym wcześniej się nie zetknięto. We wszystkich materiałach, jakie wzięto pod uwagę przy badaniu tego pokolenia przez autorkę (prace nadesłane na konkurs, ankiety, wywiady), pojawia się teza, że nie można nazwać współczesnej młodzieży pokoleniem. Swoją opinię młodzi ludzie argumentują tym, że współczesna młodzież jest zróżnicowana, stanowi zbiór jednostek o odmiennych doświadczeniach, postawach, poglądach i planach życiowych. Młodzi nie postrzegają siebie jako grupy. Nowy świat, w jakim przyszło im dojrzewać, nie stwarza możliwości wytworzenia więzi pokoleniowej. Proponuje on różnorodność. W tym przypadku brak świadomości odrębności pokoleniowej nie może jednak świadczyć o braku pokolenia. Należy brać pod uwagę świadomość wspólnych warunków socjalizacji, z których młodzi zdają sobie sprawę[92].

---

[90] *Ibidem*, s. 60–67.
[91] H. Świda-Ziemba, *Obraz świata...*, op. cit., s. 135.
[92] *Ibidem*, s. 48–53, 62–63.

Powodem nieuznawania siebie i swoich rówieśników za pokolenie jest stereotypowe myślenie o pojęciu pokolenia. Według opinii młodych ludzi pokolenie mogą tworzyć ci, którzy wspólnie przeżyli istotne dla ich życia zdarzenie – przeżycie pokoleniowe. Przykładem mogą tu być: pokolenie Kolumbów, pokolenie '68, pokolenie '80. Ludzi danego pokolenia łączyły wspólna walka, bunt, czyn. Współcześnie młodzi ludzie się nie buntują, nie walczą, a tym samym nie uważają się za wspólnotę. Jeszcze inną przyczyną niepostrzegania siebie jako pokolenie jest szeroki dostęp do informacji, który uświadamia różnorodność społeczną. Na takie myślenie o sobie i swoich rówieśnikach wpływa również koncentracja młodych ludzi na własnym życiu[93].

Do tej pory w literaturze opisywano pokolenia młodych ludzi, którzy kształtowali swoje dorosłe życie na przełomie zmian ustrojowych lub też jako pierwsi wzrastali bez politycznej przeszłości. Być może następnym pokoleniem, jeszcze niezbadanym, ale już widocznym, będzie „pokolenie Unii Europejskiej" czy „pokolenie zawodowej emigracji".

Współczesne pokolenie młodzieży należy traktować

> [...] jako zbiór kręgów społecznych, ujmowany w kategoriach szerszej rówieśniczej zbiorowości, w ramach której funkcjonuje wiele grup pokoleniowych. Brak tutaj jednak grupy o charakterze elity, zdolnej do stworzenia silnej pokoleniowej legendy i do narzucenia jej szerszej zbiorowości[94].

To samo przeżycie pokoleniowe, ta sama sytuacja społeczna, w jakiej przyszło dojrzewać młodym ludziom, może powodować różne reakcje, skutkować odmiennymi sposobami dostosowania się i radzenia sobie w takiej a nie innej rzeczywistości. Dlatego też trudno mówić o jednolitych poglądach pokoleniowych. Można raczej powiedzieć, że jedno wydarzenie pokoleniowe kształtuje różne grupy pokoleniowe.

7. Współczesna młodzież – altruiści, egoiści, samotnicy czy potrzebujący wspólnoty?

Współczesna młodzież polska jest trudna do scharakteryzowania. Nie stanowi jednorodnej grupy. Wynika to z bardzo dynamicznych zmian zachodzących w polskiej rzeczywistości społecznej, kulturowej, politycznej. Obok siebie żyje wiele pokoleń, które dzieli niewielka różnica wieku, mających odmienny bagaż doświadczeń; równocześnie w tym samym pokoleniu funkcjonują odmienne grupy młodzieży.

---

[93] H. Świda-Ziemba, *Obraz świata...*, op. cit., s. 65.
[94] W. Wrzesień, *Jednostka...*, op. cit., s. 54.

Polska jest krajem, który dopiero uczy się, czym jest społeczeństwo obywatelskie. Sukces zmian zależy od całego społeczeństwa, ale przede wszystkim od młodych ludzi, którzy powinni idee społeczeństwa obywatelskiego rozwijać i kontynuować. Wiara w ich powodzenie opiera się na tym, że nie są oni obciążeni bagażem doświadczeń wyniesionym z okresu ustroju socjalistycznego. Dla współczesnych młodych ludzi Polska Ludowa jest taką samą historią jak II wojna światowa. Nasuwa się pytanie: czy ci młodzi ludzie potrafią budować społeczeństwo obywatelskie? Czy mają albo czy chcą wykształcić cechy, które powinien posiadać dobry obywatel? I czy czują potrzebę budowania wizji państwa opartej na społeczeństwie obywatelskim?

W niniejszej pracy do charakterystyki współczesnej młodzieży wykorzystano wyniki badań przeprowadzonych przez Hannę Świdę-Ziembę[95], Krzysztofa Kicińskiego[96], Annę Przecławską i Leszka Rowickiego[97], a także zespół składający się z Romana Dolaty, Krzysztofa Koseły, Anny Wiłkomirskiej i Anny Zielińskiej[98] oraz wyniki badań CBOS z 2003 r.[99] Wszystkie te badania zostały przeprowadzone po przełomowym dla Polski 1989 r., ale nie dotyczą tej samej grupy. Obejmują różne kategorie wiekowe, społeczne, a także odbywały się w różnym czasie. Tym samym prezentacja wyników tych badań nie ma na celu ich porównywania, ale raczej pokazanie pewnych tendencji, różnorodności lub obalenie mitów dotyczących młodzieży. Wymienione wyżej wyniki badań dają pewien obraz zmieniających się postaw młodego pokolenia w przeobrażającej się rzeczywistości.

Najstarsze z omawianych badań zostały przeprowadzone przez Annę Przecławską i Leszka Rowickiego na przełomie 1993/1994 r. i obejmują szeroką populację Polaków w wieku 17–29 lat. Jest to najstarsza z charakteryzowanych tutaj grup, jak również najbardziej zróżnicowana wiekowo oraz pod względem zdobywanego (zdobytego) wykształcenia[100]. Grupę tę za Hanną Świdą-Ziembą można określić **pokoleniem przełomu**[101]. Kolejne wyniki, tym razem uzyskane przez wspomnianą badaczkę, dotyczą konkretnej kategorii społecznej, jaką są licealiści, którzy w latach 1996–1998 mieli 17 lat. Jest to tak zwane **pierwsze pokolenie transformacji**. Badania te obejmują populację polskiej młodzieży licealnej. Podobną grupą zainteresował się Krzysztof Kiciński – w 1997 r. badał licealistów klas trzecich[102]. Następne z wykorzystywanych wyników pochodzą z badania przeprowadzonego w dwóch etapach – pierwszy objął populację

---

[95] H. Świda-Ziemba, *Obraz świata...*, op. cit.
[96] K. Kiciński, *Młodzież wobec problemów polskiej demokracji*, LTW, Warszawa 2001.
[97] A. Przecławska, L. Rowicki, *Młodzi Polacy...*, op. cit.
[98] R. Dolata et al., *Młodzi obywatele. Wyniki międzynarodowych badań młodzieży*, Wyd. UW, Warszawa 2004.
[99] CBOS, *Młodzież 2003*, „Opinie i Diagnozy" 2004, nr 2.
[100] A. Przecławska, L. Rowicki, *Młodzi Polacy...*, op. cit., s. 18.
[101] H. Świda-Ziemba, *Obraz świata...*, op. cit., s. 15.
[102] K. Kiciński, *Młodzież wobec problemów...*, op. cit., s. 7.

14-latków (1999 r.), drugi – dotyczył populacji 17-latków (2000 r.). Są to badania porównawcze międzynarodowe, obejmujące młodzież młodszą od wcześniej prezentowanych prób oraz w przypadku siedemnastolatków – nieselekcjonowaną, tzn. obejmującą losowo uczniów wszystkich typów szkół średnich[103]. CBOS analizie poddał młodzież ostatnich klas szkół ponadgimnazjalnych. Pod uwagę wzięto zarówno szkoły publiczne, jak i niepubliczne: licea ogólnokształcące, zawodowe, techniczne i profilowane oraz technika i zasadnicze szkoły zawodowe[104]. Do opisu postaw młodzieży wykorzystano także wyniki badań przeprowadzonych wśród młodzieży w 2003 r. Badanie to, analogicznie do tego z 1993 r., przeprowadzono wśród populacji osób w wieku 17–29 lat[105].

Współczesna młodzież jest kategorią bardzo zróżnicowaną i niełatwą do ujęcia. W zrozumieniu potrzeb młodych ludzi często przeszkadzają stereotypy funkcjonujące w mentalności społeczeństwa. Problemem jest też dynamika zachodzących zmian w społeczeństwie – badania nad młodzieżą mogą dowodzić tego, że wyniki są charakterystyczne tylko dla tej grupy młodzieży, ale niekoniecznie mogą być podstawą do prognozowania na temat przyszłych pokoleń młodzieży.

W potocznym ujęciu panuje stereotyp młodzieży zepsutej i zblazowanej, nieradzącej sobie ze współczesną rzeczywistością. Czesław Cekiera postrzega młodych ludzi jako zagubionych, żyjących

> [...] w ustawicznej obawie o życie zagrożone wynalazkami, bronią nuklearną, [...] w strachu przed terrorystami, gwałtem, utratą wolności, zniewoleniem[106].

Młodzi pełni są sprzeczności, cenią bardziej wartości materialne niż duchowe, a kiedy osiągną swój cel, odsuwają się od innych znudzeni. Wzrastają przestępczość, deprawacja, narkomania. Przyczyn takiego stanu autor upatruje w systemach totalitarnych, jakie opanowały Europę w XX w. – w hitleryzmie i stalinizmie.

> Dziś dopiero wyraźniej ujawniają się ich skutki – poczucie bezsensu, zagubienie, brak motywacji do życia, poczucie izolacji, relatywizm norm, nieufność, dzieci niechciane, poczucie sieroctwa, podejrzliwość, wandalizm, brutalizm, agresja itp.[107]

---

[103] R. Dolata, K. Koseła, *Opis próby, procedur i narzędzi badawczych* [w:] R. Dolata et al., *Młodzi obywatele...*, op. cit., s. 17–19.
[104] CBOS, *Młodzież 2003*, op. cit., s. 7.
[105] A. Przecławska, *Bóg, honor i ojczyzna w recepcji współczesnej młodzieży* [w:] M. Dudzikowa, M. Czerepaniak-Walczak, *Wychowanie. Pojęcia – procesy – konteksty. Interdyscyplinarne ujęcie*, t. 4, GWP, Gdańsk 2008.
[106] C. Cekiera, *Zagrożenia dzieci i młodzieży w środowisku wychowawczym* [w:] S. Kawula, H. Machel (red.), *Podkultury młodzieżowe w środowisku szkolnym i pozaszkolnym*, Wyd. Adam Marszałek, Gdańsk – Toruń 1995, s. 37.
[107] *Ibidem*, s. 38.

Nowe niebezpieczeństwo, jakie grozi młodemu pokoleniu, to źle pojęta wolność, kierowanie się w życiu zasadą przyjemności, które prowadzą do konsumpcjonizmu, postaw roszczeniowych. Na młodego człowieka w jego środowisku wychowawczym czyha wiele zagrożeń – ze strony przyrody, cywilizacji, rodziny, szkoły i grup nieformalnych.

Jednym z wielu zagrożeń w rozwoju młodego pokolenia jest ludyczne podejście do życia, do nauki i studiów – brak etosu studiów i pracy. Gotowe recepty na łatwe życie i szczęście biernie odbierane przez telewizję i inne środki społecznego przekazu formułują bierne postawy, zanik u młodzieży samodzielności myślenia i działania, słabą znajomość kultury i historii Polski, zubożenie słownictwa, co przejawia się dość często w prymitywizmie i wulgaryzmie językowym, obserwowanym w szkołach, na uczelniach, w pociągach, na ulicy[108].

Temu pesymistycznemu obrazowi młodego pokolenia, przynajmniej w części, przeciwstawiają się wyniki badań, o których była mowa wyżej.

Punktem odniesienia do analizy wartości współczesnej młodzieży będzie harcerski system wartości zawarty w Prawie Harcerskim. Takiego wyboru dokonano ze względu na temat niniejszej pracy oraz fakt, że Prawo Harcerskie jest jasno sprecyzowanym, formalnie udokumentowanym zbiorem norm i wartości, który pozwala na dokonanie porównania. Warto sprawdzić, na ile jego idee są ważne i żywe w postawach młodzieży opisanych przez wybranych badaczy.

W polskim ruchu harcerskim istotną rolę pełnią cztery organizacje, z których każda kieruje się zasadami zawartymi w Prawie i Przyrzeczeniu Harcerskim. Treść tych dokumentów jest prawie taka sama we wszystkich organizacjach. Różnice widać w punkcie odnoszącym się do wyznawanej wiary. Najbardziej radykalni, ale też najjaśniej precyzujący swoje stanowisko są Skauci Europy, którzy wymagają od swoich członków życia zgodnego z wiarą katolicką. Najmniej radykalne, pozostawiające wolność pod względem wiary jest Stowarzyszenie Harcerskie, które dopuszcza do swoich szeregów zarówno osoby wierzące, jak i niewierzące. Innym punktem różniącym organizacje jest tak zwana czystość – w myśli, mowie i uczynkach. Organizacje ZHP, ZHR i SH uzupełniają tę myśl stwierdzeniem o abstynencji od wszelkiego rodzaju używek. Natomiast Prawo Skautów Europy nie zabrania wprost swoim członkom picia alkoholu czy palenia tytoniu (ale też nie oznacza to przyzwolenia).

W wyniku analizy treści Prawa Harcerskiego poszczególnych organizacji dokonano spisu wartości oraz postaw, jakimi powinien się cechować harcerz. Wyniki tej analizy zebrano w tabeli 3.

---

[108] *Ibidem*, s. 42.

Tabela 3. Porównanie wartości zawartych w Prawie Harcerskim różnych organizacji harcerskich

ZHP	ZHR	Skauci Europy	SH	Wartości
Harcerz sumiennie spełnia swoje obowiązki wynikające z Przyrzeczenia Harcerskiego	Harcerz służy Bogu i Polsce i sumiennie spełnia swoje obowiązki	Harcerz dba o swój honor, aby zasłużyć na zaufanie	Harcerz służy Polsce i sumiennie spełnia swoje obowiązki	Patriotyzm, wiara, służba, sumienność, honor – życie w zgodzie z ideałami, godne
Na słowie harcerza polegaj jak na Zawiszy	Na słowie harcerza polegaj jak na Zawiszy	Harcerz jest lojalny wobec swojego kraju, rodziców, przełożonych i podwładnych	Na słowie harcerza polegaj jak na Zawiszy	Lojalność, honor, bycie godnym zaufania, punktualność, rzetelność, prawdomówność, solidność, dotrzymywanie słowa
Harcerz jest pożyteczny i niesie pomoc bliźnim	Harcerz jest pożyteczny i niesie pomoc bliźnim	Harcerz jest powołany do służby bliźniemu i jego zbawieniu	Harcerz jest pożyteczny i niesie pomoc bliźnim	Służba społeczna, a także nauka i praca jako forma służby
Harcerz w każdym widzi bliźniego, a za brata uważa każdego innego harcerza	Harcerz w każdym widzi bliźniego, a za brata uważa każdego innego harcerza	Harcerz jest przyjacielem wszystkich i bratem dla każdego innego harcerza	Harcerz w każdym widzi bliźniego, a za brata uważa każdego innego harcerza	Solidarność grupowa, przyjaźń, tolerancja, demokracja
Harcerz postępuje po rycersku	Harcerz postępuje po rycersku	Harcerz jest uprzejmy i rycerski	Harcerz postępuje po rycersku	„Czyste reguły gry", kultura osobista, uprzejmość, umiejętność osiągania kompromisów
Harcerz miłuje przyrodę i stara się ją poznać	Harcerz miłuje przyrodę i stara się ją poznać	Harcerz widzi w przyrodzie dzieło Boże, szanuje rośliny i zwierzęta	Harcerz miłuje przyrodę i stara się ją poznać	Szacunek do przyrody
Harcerz jest karny i posłuszny wszystkim swoim przełożonym	Harcerz jest karny i posłuszny wszystkim swoim przełożonym	Harcerz jest karny, każde zadanie wykonuje sumiennie do końca	Harcerz jest karny i posłuszny rodzicom i wszystkim swoim przełożonym	Karność, posłuszeństwo, uznawanie autorytetów, umiejętność podporządkowania się, sumienność, a także poszanowanie tradycji
Harcerz jest zawsze pogodny	Harcerz jest zawsze pogodny	Harcerz jest panem samego siebie, uśmiecha się i śpiewa w kłopotach	Harcerz jest zawsze pogodny	Samokontrola, optymizm, pozytywne nastawienie do życia

Harcerz jest oszczędny i ofiarny	Harcerz jest oszczędny i ofiarny	Harcerz jest gospodarny i troszczy się o dobro innych	Harcerz jest oszczędny i ofiarny	Gospodarność, planowanie wydatków, przeciwstawienie marnotrawstwu, oszczędność w używaniu rzeczy i dóbr – też związane z przyrodą – ekologia, segregacja, oszczędzanie wody
Harcerz jest czysty w myśli mowie i uczynkach, nie pali tytoniu i nie pije napojów alkoholowych	Harcerz jest czysty w myśli mowie i uczynkach, nie pali tytoniu i nie pije napojów alkoholowych	Harcerz jest czysty w myśli, mowie i uczynkach	Harcerz jest czysty w myśli, w mowie i uczynkach; nie pali tytoniu i nie pije napojów alkoholowych	Kultura osobista, uczciwość, zdrowie i kondycja fizyczna, w tym niepodleganie nałogom
Jedna wersja	Dwie wersje – żeńska i męska	Dwie wersje – żeńska i męska	Dwie wersje – żeńska i męska	Brzmienie Prawa Harcerskiego jest praktycznie identyczne w przypadku trzech organizacji: ZHP, ZHR i SH. Przyrzeczenie SHK jest odmienne w brzmieniu, ale nie różni się treściowo (z wyjątkiem punktu dziesiątego, gdzie nie ma zakazu palenia i picia alkoholu). W przypadku ZHR, SHK, i SH są dwie wersje praw zależne od płci

Źródło: opracowanie własne.

Prawo Harcerskie jest zbiorem dziesięciu punktów opisujących konkretny system wartości.

Pierwszą naczelną wartością, do której chce wychowywać harcerstwo, jest **patriotyzm** – służba Polsce. Harcerstwo oczekuje od swoich członków postaw obywatelskich. Drugą wartość – choć niewystępującą we wszystkich przykładach – stanowi służba Bogu, **wiara** w Kościół, spełnianie wobec niego wszystkich swoich powinności. Trzecia wartość to **honor**, pod którym kryją się prawdomówność, wierność, zgodność słów z czynami. Kolejną wartością jest **altruizm**, służenie swojej społeczności. Służba jest też rozumiana jako sumienna nauka, zdobywanie wykształcenia. Następną wymienianą wartością jest **tolerancja** dla postaw innych, a także zrozumienie, przyjaźń, braterstwo. W piątym punkcie zwraca się uwagę na **kulturę osobistą**, uprzejmość. Szósty punkt za wartość uznaje otaczającą nas **przyrodę**, od młodych ludzi wymaga się jej poszanowania, chronienia, życia w zgodzie z nią, przeciwdziałania zagrożeniom środowiska. Kolejną wartością jest **rodzina**, a wraz z nią szacunek dla starszych, posłuszeństwo przełożonym – tu stawia się pytanie o autorytety. W punkcie ósmym jest mowa o **optymistycznym nastawieniu do życia**, pogodzie ducha. Przedostatnią wartość stanowi **gospodarność, ofiarność** w stosunku do innych, chęć dzielenia się z drugim człowiekiem. Ostatnia wartość to **czystość** – myśli, mowy, uczynków, wstrzemięźliwość od używek, dbałość o kondycję fizyczną i zdrowie.

Harcerz służy Bogu i Polsce oraz sumiennie spełnia swoje obowiązki

Wiara i religia

W każdej organizacji pojęcie Boga jest rozumiane trochę odmiennie: jako wyznawanie katolicyzmu, jako wartość najwyższa, ale bez określenia wyznania, i wreszcie jako aspekt, który należy pominąć – zgodnie z założeniem, że każdy ma prawo do odmiennej wiary, jak również do bycia niewierzącym.

Jaki stosunek do wiary ma współczesna młodzież?

Młodzież badana na początku lat dziewięćdziesiątych minionego wieku w 95% deklaruje się jako wierząca. Jednak są to wyniki trochę mylące, które nie oznaczają głębokiej wiary. Tylko 44% młodych ludzi odpowiedziało, że praktykuje regularnie; 13% zachowuje najważniejsze praktyki; 37% praktykuje nieregularnie. Na powyższe deklaracje wpływ mają takie czynniki, jak: płeć, wiek, pochodzenie, wykształcenie, ale nie są one bardzo znaczące. Nieznacznie częściej jako głęboko wierzące określają się kobiety. Młodsi trochę częściej deklarują brak wiary. Jest też inna zależność – młodzież uczestnicząca w kulturze wyższego poziomu rzadziej wskazuje na zaangażowanie w wiarę i wykonywanie jej założeń, w tym uczestnictwo w praktykach religijnych.

Najważniejszą jednak rolę odgrywa dom rodzinny – ogromny wpływ na postawy młodych ludzi w zakresie wiary mają poziom wykształcenia rodziców i ich stosunek do wiary. Młodzi ludzie uważają się za wierzących i wychowywanych w duchu wiary, jednak w większości wiara ta nie jest w pełni świadomie przyjmowana, a raczej przyswajana zgodnie z panującą w rodzinie tradycją. Dowodem na to mogą być ujemne zależności występujące między deklaracją wiary a wykształceniem respondenta oraz jego uczestnictwem w kulturze wyższej. Więcej osób deklaruje wyznawanie wiary niż jej praktykowanie[109]. Jest to konsekwencja przyjmowania postawy relatywizmu wobec rzeczywistości, co skutkuje stosowaniem się do tych wymagań, które aktualnie danej jednostce odpowiadają.

Młodzież jest niekonsekwentna w stosunku do deklarowanej wiary – wygłasza poglądy będące zdecydowanie w sprzeczności z naukami Kościoła: 43,9% uważa, że nie należy za wszelką cenę utrzymywać małżeństwa; 37,3% opowiada się za eutanazją; 44% dopuszcza współżycie przed ślubem; 64,5% przyzwala na użycie kłamstwa w celu rozwiązania problemów; 48,4% dopuszcza możliwość przerywania ciąży w uzasadnionych przypadkach; 54,7% uznaje, że życie nastawione na przyjemności i rozrywkę to nic nagannego; 51,3% dopuszcza możliwość zapłodnienia *in vitro*[110]. Młodzież, która została poddana podobnemu badaniu dziesięć lat później, prezentuje podobne postawy[111]. Są to poglądy ewidentnie sprzeczne z naukami Kościoła.

Powyższe wnioski potwierdzają badania Świdy-Ziemby. Wynika z nich, że wierzący młodzi ludzie nie znają zbyt dobrze nauk Kościoła. Wiarę traktują w kategoriach wspomagania zdrowia psychicznego, a nie jako wyznacznik moralnych zasad, przy czym uwagę zwraca fakt, że około 20% młodzieży bierze z wiary to, co im odpowiada, tworząc „wiarę indywidualną"[112].

Być może na taką postawę ma wpływ zarzut stawiany przez badanych Kościołowi – nadmiernej ingerencji w sprawy państwa i politykę[113]. Pogląd ten – mówiący o konieczności rozdzielności Kościoła od państwa i polityki – potwierdzają wyniki badań z lat 1998 i 2003, kiedy odpowiednio 77% i 72% młodych ludzi opowiadało się za tym stwierdzeniem[114].

Postawy młodzieży wobec wiary mogą obrazować również poglądy na nauczanie religii w szkole. Wśród badanych licealistów połowa to zwolennicy nauczania tego przedmiotu w szkole, a połowa – przeciwnicy. Przy czym zwolennicy zwracają raczej uwagę na praktyczny wymiar takiego rozwiązania – jest w tym samym miejscu co lekcje, chodzi się niejako „siłą rozpędu", można uzyskać sakrament bierzmowania. Przeciwnicy natomiast zwracają uwagę na naruszenie zasad demokracji, brak odpowiedniej atmosfery do nauczania tego przedmiotu w szkole.

Respondenci opowiadają się także za konkretną formą nauczania religii – jest to postulat nauczania bardziej religioznawstwa lub wręcz etyki, która prezentowałaby różne wyznania, po to aby uczeń sam mógł wybrać sobie to, co go interesuje. Za takim rozwiązaniem jest prawie 60% badanych. Za modelem

---

[109] A. Przecławska, L. Rowicki, *Młodzi Polacy...*, op. cit., s. 116–117.
[110] *Ibidem*, s. 118.
[111] A. Przecławska, *Bóg...*, op. cit., s. 77.
[112] H. Świda-Ziemba, *Obraz świata...*, op. cit., s. 212.
[113] *Ibidem*, s. 213.
[114] CBOS, *Młodzież 2003*, op. cit., s. 59.

„katechetycznym" zaś, koncentrującym się na prezentowaniu wiary katolickiej, opowiada się 25% uczniów[115].

Z badań przeprowadzonych w 2003 r. wynika, że 90% młodzieży (bez względu na typ szkoły, do jakiej uczęszczają) deklaruje, iż chodzi na lekcje religii. Opinie na temat atrakcyjności lekcji religii są zróżnicowane w zależności od typu szkoły. I tak, najbardziej krytyczne oceny wystawiają uczniowie liceów ogólnokształcących (38% twierdzi, że są nudne), natomiast wśród uczniów techników i liceów zawodowych panuje opinia o atrakcyjności tego przedmiotu. Ogólne wyniki dla badanej populacji przedstawiają się następująco: 41% uważa lekcje religii za ciekawe, 34% twierdzi, że są takie same jak inne lekcje, a 25% ocenia je jako nieciekawe i nudne[116]. Co ciekawe, młodzi ludzie za bardzo ważny (połowa badanych) dla siebie symbol uznają krzyż[117]. Świadczy to o dwoistości lub niespójności postaw młodzieży.

Młodzież licealna badana w latach 1998/1999 na pytanie o związek wiary i moralności najczęściej wybierała odpowiedź, że wiara pomaga w wyborze właściwego postępowania, ale i bez niej człowiek może postępować moralnie (67%). Podobnego zdania byli nauczyciele – 60% popierało taką postawę (badanie z lat 1991/1992). Tej samej grupie nauczycieli zadano pytanie o normy i wartości, na jakich powinno się opierać wychowanie w szkole państwowej – zdecydowana większość (81,7%) opowiedziała się za wartościami i normami wywodzącymi się z ogólnoludzkiego humanizmu odwołującego się nie do uzasadnień religijnych, lecz do zasad wspólnych wierzącym i niewierzącym. To samo stanowisko poparło 64,2% uczniów[118].

Związek między deklaracją a praktyką jest niewielki. Młodzież, pytana w badaniach 2003 r. o cele życiowe, tylko w 7% wskazuje, że jednym z najważniejszych jest dla niej życie w zgodzie z zasadami religijnymi. Deklaracje młodzieży w stosunku do wiary przedstawiają się następująco: 6% uważa się za głęboko wierzących, a 72% – za wierzących; 7% deklaruje, że uczestniczy w praktykach religijnych kilka razy w tygodniu, a 41% – że przynajmniej raz w tygodniu takie praktyki odbywa. Ten drugi wskaźnik uległ zmniejszeniu w stosunku do lat poprzednich (1996 r. – 55%; 1998 r. – 48%)[119].

Należy jeszcze podkreślić, że rodzice kładą nacisk na uczestnictwo w praktykach religijnych – 52% rodziców wymaga od młodych ludzi, żeby chodzili do kościoła[120].

---

[115] K. Kiciński, *Młodzież wobec problemów...*, op. cit., s. 294.
[116] CBOS, *Młodzież 2003*, op. cit., s. 36–37.
[117] A. Przecławska, L. Rowicki, *Młodzi Polacy...*, op. cit., s. 83.
[118] K. Kiciński, *Młodzież wobec problemów...*, op. cit., s. 296, 314.
[119] CBOS, *Młodzież 2003*, op. cit., s. 11, 113.
[120] M. Gwozda, *Badania opinii publicznej o młodzieży końca dekady 1990–2000* [w:] M. Filipiak (red.), *Subkultury młodzieżowe...*, op. cit., s. 263.

Podsumowując, można powiedzieć, że młodzież wykazuje ambiwalentny i niekonsekwentny stosunek do wiary i nauk Kościoła. Wiara pozostaje w sferze deklaratywnej, a w rzeczywistości pojawia się w życiu młodych ludzi o tyle, o ile aktualnie jest w zgodzie z ich potrzebami. Młodzi ludzie tworzą wiarę indywidualną – biorą do swojego systemu te wartości, które im odpowiadają, dostosowują zasady do swojego stylu życia, a nie na odwrót. Należy jednak pamiętać, że istnieje grupa młodzieży, pochodząca ze zubożałych rodzin inteligenckich, o której pisała Agnieszka Fatyga, kierująca się w życiu zasadami wiary katolickiej z pełną ich świadomością, bez wyjątków.

Patriotyzm

Służba Polsce jako wartość to pytanie o patriotyzm, postawy obywatelskie, rozumienie demokracji, stosunek do polityki.

Jak młodzi ludzie postrzegają swoją rolę w budowaniu demokracji w Polsce? Jakie są ich postawy wobec polityki, polityków, państwa? Jak pojmują patriotyzm? Jakie znaczenie mają dla nich postawy obywatelskie, obowiązki wobec kraju, a tym samym, jaki jest ich stosunek do sceny politycznej i działań polityków, polityki kraju? W punkcie tym zawiera się pytanie o poglądy, ale przede wszystkim jest założenie działania – służby.

Młodzież badana w latach 1993/1994 jeszcze nie przyjmuje do świadomości nowej roli państwa. Preferuje jego opiekuńczą rolę. Ponad połowa badanych opowiada się za rozszerzeniem opieki socjalnej dla bezrobotnych, ubogich, osób starszych oraz ogólnym zapewnieniem przyzwoitego poziomu życia wszystkim obywatelom. Natomiast tylko 15,6% respondentów zdecydowanie popiera nieograniczone możliwości zakładania własnych przedsiębiorstw w dowolnej dziedzinie przez każdego; 14,8% uznaje silnie zróżnicowane dochody zależne od kwalifikacji; 9% popiera prywatną własność jako dominującą w gospodarce. Podobnie niski procent uznaje za ważne możliwość nieograniczonego tworzenia organizacji i stowarzyszeń oraz działania w opozycji politycznej (odpowiednio: 14%; 13,9%).

Poparcie dla państwa opiekuńczego zmieniało się w ciągu lat dziewięćdziesiątych – w latach 1990–1991 wyraźnie spadło, ale już w 1993 r. podniosło się do poziomu z końca lat osiemdziesiątych. Badani oczekują od państwa zapewnienia każdemu obywatelowi pracy, opieki zdrowotnej, bezpłatnego szkolnictwa[121]. Podobne postawy prezentuje młodzież badana w 2003 r.[122]

Według respondentów o poziomie zamożności ludzi w Polsce ciągle decydują takie czynniki, na jakie zwracano uwagę w minionym okresie. Wśród wymienianych są: spryt i cwaniactwo, prowadzenie działalności handlowej

---

[121] A. Przecławska, L. Rowicki, *Młodzi Polacy...*, op. cit., s. 24–25.
[122] A. Przecławska, *Bóg...*, op. cit., s. 77.

z wykorzystaniem luk prawnych, zajmowanie wysokich stanowisk państwowych, posiadanie układów i znajomości[123].

Do pozytywnych aspektów należy zaliczyć wyrażaną przez młodych ludzi chęć do angażowania się w sprawy społeczne i włączanie się w ulepszanie życia społecznego. Jest to tylko jednak deklaracja powinności, postawa bierna, bo gdy przychodzi odpowiedzieć na pytanie o potrzebę osobistego zaangażowania w działalność społeczną, to 49,2% odpowiada „raczej nie"[124].

Stosunek młodzieży do pojęcia patriotyzmu jest inny, niż się powszechnie sądzi – tylko 7,6% uważa, że jest to pojęcie przestarzałe, 29,8% ma wątpliwości co do jego aktualności. Również w przypadku konieczności ryzykowania życiem dla obrony kraju większość popiera taką postawę – 34,7% odpowiedziało „zdecydowanie tak", 45,2% – „raczej tak" (w 2003 r. na to samo pytanie 28,4% odpowiedziało „zdecydowanie tak", a 46,6% – „raczej tak").

> Świadczy to o funkcjonowaniu w deklarowanych poglądach młodzieży określonego modelu patriotyzmu, przy czym można by chyba powiedzieć, że młodzież częściej opowiada się za obowiązkiem podjęcia określonych działań (obrona ojczyzny) niż za nazywaniem tego słowem patriotyzm[125].

Podobne wnioski wysnuwają autorzy międzynarodowych badań porównawczych – polska młodzież, na tle innych krajów, zdecydowanie przejawia najsilniejsze uczucia patriotyczne. Przy czym trudno określić, skąd taka żarliwość się bierze. Młodzi ludzie są skłonni ryzykować życiem dla kraju, są skłonni do zrywu, kiedy tylko przyjdzie taka potrzeba[126]. Świadczy to również o czymś innym – Polakom trudno jest pracować na rzecz kraju długo i wytrwale, łatwiej się zmobilizować do konkretnej akcji – wówczas dają z siebie wszystko, działają całym sobą.

Z badań Świdy-Ziemby wynika, że z jednej strony młodzież nie uznaje Polski za wartość, wobec której ma określone zobowiązania osobiste – dbanie o prestiż, godność, rozwój, gotowość do obrony[127]. Z drugiej strony tylko 5,1% badanych deklaruje chęć mieszkania w innym kraju.

> [...] zmiana ustroju i odzyskanie niepodległości (choć nie odnotowane w świadomości młodych) wpływa jednak na związanie osobiste z Polską jako krajem zakorzenienia. Niewątpliwie (też prawdopodobnie bezrefleksyjnie) odgrywa dla badanych znaczenie fakt, że istnieje szansa swobodnego poruszania się po świecie, a także większa wolność i możliwości zawodowo-finansowe[128].

---

[123] A. Przecławska, L. Rowicki, *Młodzi Polacy...*, op. cit., s. 26.
[124] *Ibidem*, s. 29.
[125] *Ibidem*, s. 121–122.
[126] K. Koseła, *Młodzi obywatele – podsumowanie* [w:] R. Dolata et al., *Młodzi obywatele...*, op. cit., s. 232–233.
[127] H. Świda-Ziemba, *Obraz świata...*, op. cit., s. 69.
[128] *Ibidem*, s. 71.

Postawa ta uległa zmianie w ciągu ostatnich kilku lat (po 2003 r.), kiedy to młodzi ludzie masowo emigrują z Polski w poszukiwaniu lepszych warunków życia, lepszej pracy. Wielu z nich deklaruje, że do ojczyzny nigdy już nie powróci, ponieważ ona nie ma im nic do zaoferowania.

Postrzeganie tożsamości narodowej zależy od płci. Chłopcy częściej niż dziewczęta mówią, że są dumni ze swojego narodu i częściej się z nim utożsamiają. Nie jest jednak tak, że młodzi ludzie nie dostrzegają problemów Polski, nie interesują się nimi. Często krytykują sytuację w kraju, polityków i politykę, ale krytycyzm ten nie jest konstruktywny, nie prowadzi do deklaracji o przeciwdziałaniu takiemu stanowi rzeczy. To bierna krytyka.

Młodzież nie podchodzi do Polski z czcią, nie uznaje jej za „święty mit"; traktuje państwo polskie raczej jako miejsce zakorzenienia, przywiązania niż w kategoriach zobowiązania. Młodzi ludzie czują się zakorzenieni, a jednocześnie nie przeszkadza im to operować negatywnym obrazem własnego narodu.

Autorka zwraca uwagę, że poczucie przynależności narodowej jest ważną podstawą tożsamości społecznej, lecz tożsamość ta ma charakter bierny.

> Nie wynika z niej automatycznie duma ze wspólnoty, do której badani się przypisują (częściej „bolesne" prawo do krytyki) – ani też zobowiązanie do jakiejkolwiek aktywnej postawy – na rzecz dobra „ojczyzny" (czy jej „naprawy"), ani też traktowanie jej w charakterze „świętego symbolu" – jak miewało to miejsce w innych pokoleniach[129].

Potoczne opinie o młodzieży sugerują, że nie interesuje się ona w ogóle polityką kraju. Badania Kicińskiego wskazują na inne wnioski. Większość młodzieży nie interesuje się polityką jako terenem samorealizacji czy kariery; problemy związane z polityką nie są też dla niej istotne w życiu codziennym. O pewnym zainteresowaniu sceną polityczną i jej znajomości świadczy jednak zróżnicowany poziom zainteresowań politycznych młodych ludzi.

> [...] wśród badanych występuje stosunkowo często rozbieżność pomiędzy deklarowanym brakiem zainteresowania dla polityki – chodzi tu o pewną stereotypową reakcję na hasło „polityka" – a przejawami rzeczywistego zainteresowania niektórymi konkretnymi sprawami, które wprawdzie mają ewidentny wymiar polityczny, ale z punktu widzenia respondentów zainteresowanie nimi nie świadczy o zainteresowaniu problematyką polityczną rozumianą generalnie (należą do nich np. niektóre problemy związane z integracją Polski z Unią Europejską)[130].

Z badań wynika, że 40% badanej młodzieży interesuje się polityką tylko w okresie kampanii wyborczych, natomiast tylko 14,9% młodych ludzi deklaruje, że interesuje się wieloma sprawami o politycznym charakterze[131].

---

[129] *Ibidem*, s. 77–81.
[130] K. Kiciński, *Młodzież wobec problemów...*, op. cit., s. 14–15.
[131] *Ibidem*, s. 16.

Badania 14-latków wykazują, że wiedzą oni, jakimi cechami powinien się odznaczać dobry obywatel. Na pierwszym miejscu wymieniają oni **przestrzeganie prawa** (82% wszystkich odpowiedzi); na drugim – **gotowość do podjęcia służby woskowej** na rzecz swojego kraju (67%); na trzecim – **bycie patriotą** oddanym swojemu krajowi (61%); na czwartym – **znajomość historii** swojego kraju (57%). Na kolejne cechy wskazuje już mniej niż połowa respondentów: branie udziału w każdych wyborach (47%), praca społeczna na rzecz innych ze swojego otoczenia (40%); śledzenie bieżących wydarzeń w kraju (37%). Najmniejszą liczbę wskazań otrzymały takie stwierdzenia, jak: okazywanie szacunku ludziom rządzącym krajem (27%); uczestniczenie w pokojowym proteście przeciwko prawu, które uważa się za niesprawiedliwe (24%); częste uczestniczenie w dyskusjach politycznych (11%); przynależność do partii politycznej (7%). Podobne wyniki uzyskano przy badaniu próby 17-latków. Nasuwa się wniosek, że mimo iż młodzież wie, co znaczy prezentowanie postawy obywatelskiej, to nie jest pewne, czy potrafi ją realizować w swoim życiu. Jak pokazują wyniki, młodzież charakteryzują postawy bierne. Potrafi ona wskazać czynniki teoretyczne, ale nie chce, nie potrafi bądź nie wierzy w sens ich realizacji. Wśród młodzieży z obu grup wiekowych (14- i 17-latków) mniejszość stanowią ci, którzy należą do różnego rodzaju stowarzyszeń, udzielają się na forum organizacji, dyskutują na tematy polityczne i są przekonani, że swoją postawą i działaniem mogą coś zmienić w otaczającej ich rzeczywistości. To pokolenie młodzieży w sposób umiarkowany włącza się w życie obywatelskie. O ile np. zgłasza chęć udziału w wyborach, o tyle dość niechętnie podejmuje działania na rzecz społeczności lokalnej, spada jej gotowość do aktywnego uczestniczenia w życiu społecznym i politycznym[132]. Trafnie podsumowuje to Krzysztof Koseła:

> [...] z analiz wyłania się obraz generacji, która wprawdzie akceptuje formalne zasady demokracji i widzi swoje miejsce w strukturach demokratycznego państwa, ale nie jest skora aktywnie wspierać jego instytucji. Jednocześnie nie przejawia kontestacyjnych skłonności i nie obiecuje rewolucyjnych poczynań. Pokolenie to nie będzie poświęcać się dla demokracji, ale nie będzie jej niszczyć ani osłabiać[133].

Podobnie jak w poprzednim punkcie (dotyczącym wiary i religii), i tutaj należy stwierdzić, że za deklaracjami młodych ludzi nie idzie działanie praktyczne. Polska nie jest dla nich wartością najwyższą, aczkolwiek mają świadomość toczących się w niej procesów i przemian. Są skłonni do krytyki, ale tylko biernej.

---

[132] A. Zielińska, *Opinie nastolatków o zadaniach ekonomicznych i socjalnych państwa* [w:] R. Dolata et al., *Młodzi obywatele...*, op. cit., s. 65, 85.
[133] K. Koseła, *Młodzi obywatele...*, op. cit., s. 229.

Na słowie harcerza polegaj jak na Zawiszy
Honor, słowność, prawdomówność

Jak współczesna młodzież pojmuje honor? Czy ceni prawdomówność, rzetelność, słowność?

W ramach badań przeprowadzonych w 1993 r. przez Przecławską analizowano stosunek młodzieży do symboli. Tylko 3,5% młodych ludzi deklaruje, że ważne są dla nich honor (kilka wskazań), wolność, uczciwość, serce, przyjaźń, miłość. Należy także zwrócić uwagę, że mniejszy procent respondentów niż w podobnym badaniu z 1991 r. (30%) dodaje symbole spoza prezentowanej przez badaczy listy (22%), co może oznaczać, że symbole pełnią coraz mniejszą rolę w życiu jednostki[134]. Jednak, patrząc na wyniki z 2003 r., można zauważyć, że symbole stają się bardziej istotne dla młodych ludzi – wzrosło znaczenie symboli związanych z religią, odnoszących się do patriotyzmu, a także kultury. Na pierwszym miejscu badani wskazują krzyż (59,9%), „biało-czerwona" (51,2%) oraz orła (51,7%). Dla jednej piątej respondentów ważnym symbolem jest dzień 3 Maja (21%), 12,6% ankietowanych wskazuje „Solidarność". Warto również zaznaczyć, że symbol Unii Europejskiej jest ważny dla 10,6% badanych, a dla 33,3% – obojętny[135].

Młodzi ludzie uważają, że państwo powinno wspierać uczciwość i moralne zachowanie obywateli – popiera ten postulat 56% 14-latków i 67% 17-latków[136].

Honor, prawdomówność nie mają również w tym przypadku większego znaczenia dla młodzieży. Nie oznacza to, że odrzucają te wartości świadomie – raczej po prostu o nich nie myślą. Gdyby zadano pytanie o rozumienie pojęcia honoru, zapewne większość miałaby problem z podaniem definicji.

Harcerz jest pożyteczny i niesie pomoc bliźnim
Służba społeczna, wykształcenie, altruizm, troska o innych

W badaniach Przecławskiej dotyczących celów i dążeń życiowych młodzieży tylko 23,2% badanych wymienia wśród celów ważnych „poczucie, że działanie jest pożyteczne dla innych". Natomiast jako cel najważniejszy wskazuje go tylko 3,3% młodych ludzi[137]. Dziesięć lat później cele te okazują się jeszcze mniej istotne dla młodzieży[138].

---

[134] A. Przecławska, L. Rowicki, *Młodzi Polacy...*, op. cit., s. 84.
[135] *Ibidem*, s. 80–82.
[136] A. Zielińska, *Opinie nastolatków...*, op. cit., s. 89.
[137] A. Przecławska, L. Rowicki, *Młodzi Polacy...*, op. cit., s. 93.
[138] *Ibidem*, s. 79.

Zdecydowanie inaczej wygląda to wówczas, gdy mowa o deklaracjach – ponad 68% badanych uważa, że należy się angażować w bardziej ogólne sprawy społeczne i włączać w ulepszanie życia społecznego wszędzie tam, gdzie widzi się taką potrzebę. Do obszarów swojej aktywności 48,7% młodych ludzi włączyłoby społeczność lokalną, 29% zainteresowałoby się sprawami miejsca pracy lub szkoły, a tylko 22,3% – sprawami całego kraju[139].

Młodzi ludzie, pytani o atrybuty dobrego obywatela, wymieniają m.in. pracę społeczną na rzecz ludzi ze swojego otoczenia – za bardzo ważną uznaje ją 40% respondentów, a raczej ważną – 48%[140].

Jak podkreśla Świda-Ziemba,

> [...] „pomoc innym" (czy zrozumienie innego) jest dla młodzieży ważną wartością osobistą i aksjologiczną. Tyle że przy braku pełnej samoświadomości i samokontroli czynna realizacja owej wartości może odbiegać (zwłaszcza jeśli idzie o konsekwencję postępowania) tak od odczuć osobistych, jak deklarowanych ocen. To jednak nie wyklucza uwrażliwienia tego pokolenia – na to, co jest dobrem i krzywdą człowieka, jak również tego, by podstawowym postulatem wobec rzeczywistości – była pomoc wzajemna, życzliwość i afiliacyjna harmonia[141].

Brak związku z deklarowanymi postawami bądź opiniami „jak być powinno" potwierdzają odpowiedzi na pytanie o cele życiowe. Bycie użytecznym, praca na rzecz innych stanowi cel dla 9% młodzieży. Przy czym trzeba zaznaczyć, że procent wskazań tej odpowiedzi systematycznie malał w latach 1994–2003 – w 1994 r. jako cel życiowy wymieniło go 15% młodych ludzi, w 1996 r. już tylko 13%, a w 1998 – jedynie 11%. Jeszcze wyraźniej taką tendencję można zauważyć w odpowiedziach młodzieży na pytanie o planowane miejsce pracy – zaledwie 3% widzi siebie w organizacji społecznej bądź politycznej. Natomiast z jednej strony 78% młodzieży uważa, że ludzie powinni sobie pomagać, ale z drugiej nie ma do innych zaufania – 83% wskazań[142].

Wykształcenie stanowi dla młodych ludzi ważną wartość, ale młodzież nie postrzega go w kategoriach służby. Jest wartością instrumentalną – służy osiągnięciu lepszego statusu społecznego, zdobyciu lepszej pracy, uzyskaniu wyższych zarobków. Osiągnięcie wysokiej pozycji zawodowej i zrobienie kariery jest istotnym punktem planów życiowych dla jednej trzeciej młodzieży. Jak wynika z danych z 1998 r., po ukończeniu szkoły średniej 57% młodych ludzi chce podjąć studia wyższe – jest to wzrost o 32% w stosunku do 1989 r. Potwierdzają to wyniki innych badań – dla 60% młodzieży istotne jest zapewnienie sobie przyszłości rozumianej jako możliwość dalszej nauki[143].

---

[139] A. Przecławska, L. Rowicki, *Młodzi Polacy...*, op. cit., s. 130, 132.
[140] A. Zielińska, *Koncepcje obywatelstwa i planowana przez nastolatki aktywność w sferze publicznej* [w:] R. Dolata et al., *Młodzi obywatele...*, op. cit., s. 65.
[141] H. Świda-Ziemba, *Obraz świata...*, op. cit., s. 422.
[142] CBOS, *Młodzież 2003*, op. cit., s. 11, 16, 110.
[143] M. Gwozda, *Badania opinii publicznej o młodzieży...*, op. cit., s. 265–266.

Praca, która powinna wynikać z wykształcenia, też jest traktowana instrumentalnie. Młodzi ludzie nie szukają pracy, która byłaby zgodna z ich zainteresowaniami, ani cieszącej się uznaniem społecznym.

Rosną bogowie profesjonalizmu, pragmatyczni, kulturowo niedorozwinięci, pozbawieni „energii utopijnych", poszukiwania alternatywności, „starsi" od swoich rodziców. Rzutuje to bezpośrednio na sferę wartościowania: naczelną zasadą jest utylitaryzm, hedonizm. W tym typie wartościowania „lepsze" równa się wygodniejsze, przyjemniejsze[144].

Dla młodzieży końca lat dziewięćdziesiątych XX w. charakterystyczne było silne nastawienie na indywidualizm – postrzeganie innych nie jak swoich bliźnich, lecz jako swoich konkurentów. Troszczyli się przede wszystkim o swoją karierę, kwalifikacje zawodowe, natomiast nie liczyły się dla nich aktywność społeczna, polityczna czy obywatelska[145]. Na tym tle trochę bardziej optymistycznie przedstawiają się wyniki badań prowadzonych w latach 1998–2004, których celem było badanie postaw obywatelskich. Od 1998 r. stopniowo rośnie odsetek młodych ludzi w wieku 18–24 lata angażujących się w pracę organizacji społecznych – początkowo wynosił on 22%, rok później wzrósł do 24%, w 2002 wynosił już 28%, a w 2004 – 30%. Biorąc pod uwagę zaangażowanie w prace społeczne nie tylko w formalnych organizacjach, ale także udział w działalności na rzecz swojego środowiska lokalnego, procent ten jest jeszcze większy – w 2002 r. osób zaangażowanych społecznie było 38%, a dwa lata później już 43%. W badaniach sprawdzano też deklaracje w kwestii współpracy z innymi ludźmi – i tu też wyniki nie są tak pesymistyczne. Jak wynika z analizy Mariana Filipiaka, porównując wyniki badań z 2002 i 2004 r., w grupie wiekowej 18–24 lata daje się zauważyć wzrost chęci współdziałania z innymi ludźmi. Przykładowo, badani są bardziej skłonni pożyczyć komuś z rodziny wartościową rzecz – nastąpił tu wzrost takich deklaracji z 65% do 80%. Gotowość do podjęcia wspólnej pracy społecznej w 2004 r. deklarowało 66% (w 2002 – 48%); chęć podjęcia wspólnej działalności gospodarczej wzrosła z 51 do 67%, a działalności politycznej – z 31 do 55%[146]. Być może takie rozbieżności wynikają z różnicy wieku badanych grup, a także z tego, że pomiędzy badaniami minęło kilka lat.

Po raz kolejny można zauważyć, że młodzi ludzie chętniej mówią, jak być powinno, niż realizują wymieniane postulaty. Pozytywny jest fakt, że coraz większa część młodych ludzi angażuje się w prace na rzecz swojego środowiska bądź też realizuje się w organizacjach pozarządowych.

---

[144] M. Filipiak, *Polska młodzież lat 90-tych XX wieku: kontestacja czy przystosowanie?* [w:] M. Filipiak (red.), *Subkultury młodzieżowe...*, op. cit., s. 250–251.
[145] *Ibidem*, s. 251.
[146] B. Wciórka, *Społeczeństwo obywatelskie 1998–2004*, „Opinie i Diagnozy" 2008, nr 1, s. 15, 28, 52.

Harcerz w każdym widzi bliźniego, a za brata uważa każdego innego harcerza. Braterstwo, przyjaźń, tolerancja

Młodzi Polacy, jak wynika z badań przeprowadzonych w latach 1999/2000, są tolerancyjni wobec imigrantów – jest to zasługa szkoły, która kształci do demokracji. To dzięki niej młodzież uważa, że dzieci cudzoziemców muszą mieć te same możliwości kształcenia, używania swojego języka i kultywowania własnej tradycji co Polacy[147]. Postulują również równouprawnienie kobiet i mężczyzn. Na pytanie o to, czy państwo powinno zapewnić kobietom i mężczyznom równe możliwości działania w polityce, odpowiada twierdząco 62% 14-latków i 68% 17-latków[148]. Postawę tolerancji pośrednio można odczytać z badań dotyczących wartości i norm, na których powinno się opierać wychowanie w szkole państwowej. Zdecydowana większość nauczycieli (81,7%) oraz większość uczniów (64,2%) jest zdania, że powinny się one wywodzić z ogólnoludzkiego humanizmu, który odwołuje się do wspólnych zasad dla wierzących i niewierzących[149].

Być może taka tolerancja wynika z przyjmowania odmienności i oryginalności za stan naturalny. Jak podkreśla Świda-Ziemba –

> [...] świadomość różnorodności świata i wynikającej stąd konieczności „wielowymiarowości ocen" wiąże się z uznaniem podmiotowości i suwerenności każdego człowieka oraz tym samym, z szacunkiem dla jego odmienności[150].

Warto tu przytoczyć także wyniki badań Mirosława Szymańskiego[151]. Wskazują one na to, że młodzież najbardziej ceni sobie wartości allocentryczne – istotne są dla nich przyjaźń, wspólne przeżycia, możliwość liczenia na siebie w trudnych sytuacjach. Drugie miejsce w hierarchii wartości badanej młodzieży zajmują wartości prospołeczne.

Podsumowując, można powiedzieć, że wartości zawarte w tym punkcie nie są sprzeczne z systemem wartości większości młodzieży.

Harcerz postępuje po rycersku. Rycerskość, uprzejmość, dzielność

Wbrew potocznym opiniom współczesna młodzież nie pochwala agresji, bezwzględności, obojętności i okrucieństwa tego świata. Dla nich najbardziej osobistą wartością jest kontakt afiliacyjno-allocentryczny z innymi ludźmi[152].

---

[147] K. Koseła, *Postawy nastolatków wobec narodu* [w:] R. Dolata et al., *Młodzi obywatele...*, op. cit., s. 231.
[148] A. Zielińska, *Opinie nastolatków...*, op. cit., s. 89.
[149] K. Kiciński, *Młodzież wobec problemów...*, op. cit., s. 314.
[150] H. Świda-Ziemba, *Obraz świata...*, op. cit., s. 362, 503.
[151] M. Szymański, *Młodzież wobec wartości*, IBE, Warszawa 2000.
[152] H. Świda-Ziemba, *Obraz świata...*, op. cit., s. 433.

Zachowania agresywne są charakterystyczne dla niektórych subkultur – skinów, dresiarzy. O ile można znaleźć dane na temat agresji wśród młodzieży, o tyle brakuje informacji o stosunku młodych do agresji i sposobach, w jakie temu zjawisku przeciwdziałają. Pewnym wyznacznikiem mogą być wyniki badań CBOS dotyczące niepożądanych zachowań w szkole. W sumie 15% badanych deklaruje, że w ich szkole zdarzają się przypadki fizycznego znęcania się jednych uczniów nad drugimi; 5% wie o przypadkach wymuszania pieniędzy i tyle samo zgłasza przypadki odbierania siłą rzeczy osobistych (plecaków, zegarków, telefonów); aż 20% mówi o tym, że zdarzają się kradzieże; również 5% młodych ludzi informuje o przypadkach grożenia nauczycielom przez uczniów[153]. Nie zadano jednak pytania o to, czy młodzież próbuje się przeciwstawić takim przejawom agresji.

Nie ma też badań, które wskazywałyby, czy bycie uprzejmym, życzliwym wobec innych, a także dzielnym, odważnym jest jakąś wartością – dlatego też nie można tu wysuwać żadnych wniosków dotyczących tych postaw.

Harcerz miłuje przyrodę i stara się ją poznać
Szacunek do przyrody, postawy proekologiczne

Młodzież, pytana o atrybuty dobrego obywatela, nie uznaje za szczególnie ważne zajmowania się ochroną środowiska. Nie można jednak powiedzieć, że nie dostrzega wagi tego problemu – 31% stwierdza, że to istotna cecha dobrego obywatela, a 44% twierdzi, że jest to raczej istotne[154].

Również na pytanie o powinności państwa nastolatki zwracają uwagę na konieczność kontrolowania zanieczyszczeń środowiska – popiera to 52% 14-latków i 67% 17-latków[155].

Wśród młodzieży szkolnej dość popularne jest organizowanie akcji na rzecz ochrony środowiska – np. „sprzątanie świata" czy akcja szczepienia kasztanów. Młodzież uczestniczy w tych przedsięwzięciach dość masowo. Trudno jednak stwierdzić, jakie są prawdziwe przyczyny takich zachowań – czy nie wynikają one np. z chęci „urwania się z lekcji"?

Harcerz jest karny i posłuszny rodzicom oraz wszystkim swoim przełożonym. Karność, posłuszeństwo, uznawanie autorytetów, poszanowanie tradycji

Młodzież czuje się silnie związana z rodziną – twierdzi tak ponad 84% badanych. Można zauważyć, że młodzi ludzie, którzy byli wychowywani w atmosferze

---

[153] CBOS, *Młodzież 2003, op. cit.*, s. 44.
[154] A. Zielińska, *Koncepcje obywatelstwa..., op. cit.*, s. 65.
[155] *Ibidem*, s. 89.

religijnej i sami deklarują wiarę, silniej podkreślają wpływ rodziców na kształtowanie się ich światopoglądu[156].

Badania przeprowadzone w 2003 r. dowodzą, że bardziej znaczącą osobą dla młodych ludzi jest matka niż ojciec. To na jej uznaniu zależy młodym ludziom (50% wskazań), to do niej mogą się zwrócić w trudnych chwilach (63%)[157]. Jest to dość zaskakujący wynik, który może wskazywać na utratę przez ojca uprzywilejowanej pozycji w rodzinie.

Należy podkreślić, że młodzież nie traktuje pokolenia rodziców jako wszystkowiedzących starszych, którzy wprowadzą ich w dorosłe życie. Młodzi ludzie mają świadomość, że rodzicom trudniej jest się odnaleźć w nowej rzeczywistości, choćby dlatego że wychowywali się w innych warunkach. Maleje autorytet rodziców, tylko 28% badanych poszukuje go w rodzinie. Jest to niewiele większy odsetek, niż ten, jaki uzyskuje grupa rówieśnicza – 22%[158].

Im niższy wiek badanych, tym częściej wskazują oni, że najważniejszą dla nich sprawą jest spełnienie oczekiwań rodziców oraz wywiązywanie się z obowiązków w szkole. Takie cele wskazuje odpowiednio 74% i 69% dzieci w wieku 10–13 lat. Młodzież w 60% popiera posłuszeństwo rodzicom[159].

Badani 14-latkowie zwracają uwagę, że dobrym obywatelem jest ten, kto okazuje szacunek ludziom rządzącym krajem (31% uważa, że jest to bardzo ważne, a 51% – raczej ważne). U 17-latków te proporcje wyglądają inaczej – odpowiednio 19% i 54%[160]. Mimo tego młodzież nie ma zaufania do ludzi rządzących krajem.

Młodzież, jak określa to Filipiak, przejawia „uogólnioną nieufność". Szkoła jako instytucja nie jest dla niej autorytetem, bo nie przygotowuje do życia w takim stopniu, jak jest to oczekiwane, ale też nie wzbudza postaw buntu. Polityka nie cieszy się popularnością – 90% badanych deklaruje apolityczność. Młodzi ludzie nie przejawiają tendencji do obalania autorytetów na drodze buntu, po prostu nie mają do nich zaufania[161].

Warto tu wspomnieć o zaufaniu do harcerstwa – badania przeprowadzone przez CBOS wskazują, że ten ruch młodzieżowy darzy zaufaniem 75% badanych[162].

Młodzież nie akceptuje bezrefleksyjnie autorytetów. Z postaw osób uznawanych za autorytet bierze tylko to, co jej odpowiada.

---

[156] A. Przecławska, L. Rowicki, *Młodzi Polacy...*, op. cit., s. 104–112.
[157] CBOS, *Młodzież 2003*, op. cit., s. 97.
[158] M. Gwozda, *Badania opinii publicznej...*, op. cit., s. 263.
[159] *Ibidem*, s. 266.
[160] A. Zielińska, *Koncepcje obywatelstwa...*, op. cit., s. 65–66.
[161] M. Filipiak, *Polska młodzież...*, op. cit., s. 251–252.
[162] B. Wciórka, *Społeczeństwo obywatelskie...*, op. cit., s. 38.

Harcerz jest zawsze pogodny. Samokontrola, optymizm, pozytywne nastawienie do życia

Beztroski optymizm nie jest cechą współczesnej młodzieży. Ma ona przeświadczenie, że kieruje swoimi sprawami w życiu. Uważa, że stanowi pokolenie, które ma przed sobą większe szanse na lepsze życie niż ich rodzice, a także twierdzi, że sukces w życiu zależy przede wszystkim od nich – młodych[163].

W stosunku do lat poprzednich nieznacznie spada odsetek młodzieży, która uważa, że w życiu jej się udaje – w 1998 r. za tą opcją opowiadało się 75%, a w 2003 r. – 72%[164].

Brak dostatecznych danych nie pozwala na wyciąganie wniosków na temat postaw młodzieży w tym zakresie.

Harcerz jest oszczędny i ofiarny. Gospodarność, planowanie wydatków, przeciwstawienie się marnotrawstwu, oszczędność w używaniu rzeczy i dóbr

Pojęcie oszczędności, ofiarności i gospodarności można zacząć charakteryzować wówczas, gdy ustalone zostanie, jakie znaczenie dla współczesnej młodzieży mają wartości materialne i kategoria pieniądza. Wbrew obiegowym opiniom, że młodzież jest nastawiona tylko na wartości materialne, połowa z niej ceni inne wartości. Jednak pieniądz jest dla młodych ludzi ważny – nie jako cel sam w sobie, ale jako wartość instrumentalna. Jak pisze Świda-Ziemba,

> [...] „pieniądz" jest dla młodzieży drugiej połowy lat dziewięćdziesiątych kategorią ważną, a „ekonomiczność" rzeczywistości traktowana jest przez młodych ludzi – jako pewna „zastana", naturalna oczywistość. Fakt ten ma znaczenie dla osobistych postaw, ocen i konstruowania planów życiowych[165].

Zarabianie nie jest dla młodych ludzi rzeczą nową. Co prawda, o stałej pracy mówi tylko 5% badanych, ale do pracy dorywczej przyznaje się już 30%, a do pracy podczas wakacji aż 56%. Pracując, młodzi ludzie zdobywają nowe doświadczenia – 75% potwierdza, że nauczyło się sporo nowych rzeczy. Dla 42% badanych istotne były zarobki. Tylko 7% doszło do wniosku, że nie warto pracować[166].

Młodzi ludzie mają pieniądze na własne wydatki z różnych źródeł: 55% otrzymuje pieniądze nieregularnie od rodziców lub rodziny; 37% ma stałe kieszonkowe; 34% pracuje dorywczo. Ciekawy jest rozkład odpowiedzi dotyczący

---

[163] CBOS, *Młodzież 2003, op. cit.*, s. 110.
[164] *Ibidem*, s. 111.
[165] H. Świda-Ziemba, *Obraz świata..., op. cit.*, s. 219, 233.
[166] CBOS, *Młodzież 2003, op. cit.*, s. 74–76.

tego, na co uczniowie wydają otrzymane pieniądze – 50% kupuje sobie odzież, 21% – kosmetyki, 19% płaci za rachunki telefoniczne (komórkowe), 17% przeznacza kwotę na rozrywkę, zabawę. Aż 11% przyznaje się, że pieniądze wydaje na papierosy, a 9% na alkohol! Natomiast tylko 2% młodych ludzi oszczędza, a 1% pomaga finansowo rodzinie[167].

Młodzież (71% badanych) deklaruje, że w przyszłości chce podjąć działalność gospodarczą na własny rachunek[168].

Może trudno wprost wnioskować o oszczędności i gospodarności młodych ludzi, ale pewien obraz daje odpowiedź na pytanie „Gdybyś miał(a) dużą sumę pieniędzy, to co byś z nią zrobił(a)?". Najczęstszą odpowiedzią (37% wskazań) było włożenie na oprocentowane konto w banku, na drugim miejscu znalazło się wydanie pieniędzy na bieżące potrzeby (swoje lub rodziny). W stosunku do poprzednich badań z 1998 r. nastąpiła zmiana – wówczas więcej osób umieściłoby pieniądze na lokacie (46%), a mniej wydałoby na bieżące potrzeby (21%)[169].

Powyższe dane nie dają dostatecznej podstawy do wyciągania wniosków o oszczędności w używaniu rzeczy i dóbr. Można jednak przypuszczać, że większość młodzieży, zwłaszcza mieszkającej w dużych miastach, nie zastanawia się nad oszczędnością czy umiarkowaniem – styl życia wymaga od nich pewnej rozrzutności. Niepodporządkowanie się temu społecznemu wymogowi powoduje odrzucenie przez grupę.

Harcerz jest czysty w myśli, mowie i uczynkach, nie pali tytoniu i nie pije napojów alkoholowych
Kultura osobista, uczciwość, zdrowie i kondycja fizyczna, nieuleganie nałogom

Jak wynika z badań przeprowadzonych w 2003 r., młodzież wskazuje, że w różnym stopniu w ich szkole obecne są przemoc oraz inne niepożądane zachowania. Największe wskazania osiągnęło palenie papierosów – 66% deklaruje, że jest to zjawisko występujące w ich szkole bardzo często, a 20% – że dość często. Odpowiednio 10% i 20% młodych ludzi stwierdza, że w ich szkole miało miejsce zażywanie narkotyków, a 10% i 18% – że dotyczy to również picia alkoholu. Należy także odnotować przypadki znęcania się fizycznego jednych uczniów nad drugimi, kradzieży, które dużo częściej występują w szkołach zasadniczych zawodowych.

---

[167] CBOS, *Młodzież 2003, op. cit.*, s. 85.
[168] *Ibidem*, s. 78.
[169] *Ibidem*, s. 79.

Coraz więcej młodych ludzi akceptuje wolny seks (42%), 74% popiera współżycie przedmałżeńskie.

Młodzi ludzie korzystają z używek – 30% przyznaje się, że regularnie pali papierosy, a 18% – że robi to okazyjnie. Równie niepokojące są dane dotyczące picia alkoholu – aż 45% uczniów ujawniło, że w miesiącu poprzedzającym badanie przynajmniej raz się upiło[170]. Prawie jedna czwarta uczniów przyznaje się, że w ciągu ostatniego roku używała narkotyków.

Analizując powyższe dane, można dojść do wniosku, że młodzież w dużym stopniu nie zachowuje „czystości w myśli, mowie i uczynkach". Zjawisko palenia i picia jest dość powszechne i mało bulwersujące dla młodych ludzi.

Stoi to w sprzeczności z nowym trendem – zdrowego stylu życia, „bycia fit". Młodzi ludzie wysoko plasują w hierarchii wartości swoje zdrowie (86,4%), twierdząc, że jest ono ważniejsze niż dobrobyt i wysoka pozycja społeczna[171]. Często też nie widzą sprzeczności między uprawianiem sportu a nadużywaniem alkoholu czy paleniem papierosów.

W tabeli 4 zestawiono obraz młodzieży, jaki wyłania się z badań, z wartościami i postawami, jakich oczekuje od młodych ludzi harcerstwo.

Tabela 4. Porównanie postaw młodzieży i wartości zawartych w treści Prawa Harcerskiego

Lp.	Treść punktu Prawa	Wartości i postawy w nim zawarte	Postawy młodzieży	Wniosek
1.	Harcerz służy Bogu i Polsce i sumiennie spełnia swoje obowiązki	– służba Bogu – służba Polsce – lojalność	Powierzchowna wiara Tworzenie wiary indywidualnej Krytyka sytuacji polityczno-społecznej w kraju Bierna postawa wobec zmian zachodzących w państwie	Postawy młodzieży są powierzchowne, nie realizują tego punktu
2.	Na słowie harcerza polegaj jak na Zawiszy	– honor – słowność – prawdomówność	Honor nie jest istotną wartością Dopuszczanie kłamstwa dla wyższych celów	Brak w świadomości pokolenia takiego pojęcia jak honor
3.	Harcerz jest pożyteczny i niesie pomoc bliźnim	– altruizm – troska o innych	Deklaracje o powinności działania na rzecz innych Mały udział młodzieży w działalności społecznej	Brak deklaracji o działaniu – postawa powierzchowna, bierna

---

[170] CBOS, *Młodzież 2003*, op. cit., s. 44–45, 123, 132.
[171] A. Przecławska, *Bóg...*, op. cit., s. 78.

Tabela 4. Porównanie postaw młodzieży… cd.

Lp.	Treść punktu Prawa	Wartości i postawy w nim zawarte	Postawy młodzieży	Wniosek
4.	Harcerz w każdym widzi bliźniego, a za brata uważa każdego innego harcerza	– braterstwo – przyjaźń – tolerancja	Duży stopień tolerancji dla innych – wyznawców innej wiary, imigrantów, osób o innym światopoglądzie	Duży stopień tolerancji – w tym punkcie młodzież odpowiada postawom postulowanym przez Prawo
5.	Harcerz postępuje po rycersku	– rycerskość – uprzejmość – dzielność	Świadomość negatywnych zjawisk zachodzących w otoczeniu Brak danych na temat chęci przeciwdziałania im	Brak świadomości, czym jest rycerskość – pojęcie współcześnie nie funkcjonuje Brak aktywnych postaw
6.	Harcerz miłuje przyrodę i stara się ją poznać	– szacunek dla przyrody	Postulat powinności państwa względem ochrony przyrody Uczestnictwo w akcjach ekologicznych	Młodzież ma świadomość zagrożeń i w pewnym stopniu stara się im przeciwdziałać
7.	Harcerz jest karny i posłuszny rodzicom i wszystkim swoim przełożonym	– posłuszeństwo rodzicom i przełożonym – karność – sumienność	Duże znaczenie rodziny Większy szacunek dla matki niż ojca Brak szacunku do osób rządzących krajem Branie z autorytetów tego, co uważa się dla siebie za istotne	W zakresie szacunku do rodziców można powiedzieć, że postulowane wartości i postawy młodzieży są zgodne. Ale nie ma bezwzględnego posłuszeństwa – rodzice nie są autorytetem
8.	Harcerz jest zawsze pogodny	– pogoda ducha – optymizm	Pozytywne nastawienie do życia Wiara w sukces	Zgodność treści punktu z postawami młodzieży
9.	Harcerz jest oszczędny i ofiarny	– oszczędność – ofiarność – gospodarność	Wczesne podejmowanie pracy zarobkowej Wydawanie pieniędzy na potrzeby doraźne bez myślenia o przyszłości Pieniądz jako wartość instrumentalna	Świadomość wartości pracy i pieniądza Niechęć do oszczędzania
10.	Harcerz jest czysty w myśli, mowie i uczynkach; nie pali tytoniu i nie pije napojów alkoholowych	– czystość w myśli – czystość w mowie – czystość w uczynkach – unikanie używek	Duży procent młodzieży korzysta z używek	Postawy młodzieży są sprzeczne z treścią zawartą w tym punkcie

Źródło: opracowanie własne.

Podsumowując, należy zastrzec, że porównanie postaw młodzieży do postaw oczekiwanych i zawartych w treści Prawa Harcerskiego nie ma na celu sprawdzenia, czy współczesna młodzież może należeć do harcerstwa. Jest to porównanie, które ma uświadomić, jakie są różnice między tym, co proponuje harcerstwo, a tym, czego oczekuje czy co wyraża młodzież. Taka analiza może być punktem wyjścia do dalszej dyskusji o wizji współczesnego harcerstwa.

Jak wynika z porównania, w większości punktów postawy młodzieży nie są adekwatne do postulatów zawartych w Prawie Harcerskim. Młodzież nie widzi sensu służby dla kraju – poza akcjami spontanicznymi nie jest gotowa się poświęcać. Można zauważyć tendencję do deklarowania pewnych poglądów, zauważania pewnych niekorzystnych zjawisk, ale nie idzie za tym w parze działanie. To młodzież bierna, nastawiona raczej na realizację swoich własnych zamierzeń, bez oglądania się na resztę społeczeństwa. Chętniej krytykuje, niż podejmuje konkretne działania. To grupa, która konstruuje swój światopogląd na bazie różnych wartości, dobieranych według własnych potrzeb. Może dlatego, że młodzi ludzie sami budują swój świat z różnych elementów, są bardziej wyrozumiali dla innych –wyznających inną wiarę czy różniących się pochodzeniem.

Sprzeczne w niektórych aspektach wyniki badań potwierdzają tezę, że współczesna młodzież jest niejednorodną kategorią – składa się nań wiele grup o odmiennych postawach wobec życia i przyszłości. Warto tu zwrócić uwagę na wnioski Świdy-Ziemby, która na podstawie wywiadów przeprowadzonych przez swoich magistrantów pokazuje dwie odmienne, a jednocześnie podobne grupy młodzieży. Jest to grupa tzw. młodych menadżerów i społeczników. O ile menadżerowie nie prezentują postaw zgodnych z harcerskim systemem wartości, o tyle społecznicy jak najbardziej się w ten system wpisują. Dla nich ważne jest robienie czegoś dla innych, w ten sposób spełniają „samych siebie"[172]. Warto tu podkreślić, że postawy prospołeczne wśród tych osób mają swoje źródło w tradycjach rodzinnych i... harcerstwie. Często harcerstwo kształciło te postawy i potem ci ludzie przenosili się na pole działań wolontariatu. Można z tego wyciągnąć dwa wnioski – to, czy harcerski system wartości odpowiada młodzieży, zależy od systemu wartości wpajanego tej młodzieży w domu. I wniosek drugi – z wcześniejszego porównania wynika, że dla większości młodych ludzi harcerstwo nie jest odpowiedzią na ich potrzeby, czy też nie jest zgodne z ich postawami. Ale zawsze pozostaje ta reszta, te kilka procent, które się z tymi postawami zgadzają, co oznacza, że ruch harcerski ma swoich odbiorców, ale jest to określona grupa. Oznacza to, że przy takich postawach dziś harcerstwo nie może być masowe, bo nie znajdzie masowego odbiorcy.

Ruch harcerski może mieć tu duże pole do działania – chcąc na nowo przywrócić dawne znaczenia określonym wartościom, musi to czynić w sposób nowatorski i dostosowany do współczesnego modelu życia młodzieży. Pytanie tylko, czy jest to zadanie możliwe do zrealizowania.

---

[172] H. Świda-Ziemba, *Młodzi...*, op. cit.

8. Stosunek młodzieży do organizacji, stowarzyszeń, działań grupowych

Kryzys związany z uczestnictwem młodzieży w organizacjach nie jest problemem nowym. W latach osiemdziesiątych XX w. autorzy badań nad funkcjonowaniem harcerstwa także zwracali uwagę na ten problem[173]. W międzynarodowych badaniach porównawczych polska młodzież wypadła pod tym względem najgorzej – najrzadziej uczestniczy w działaniach stowarzyszeń czy grup tworzących społeczeństwo obywatelskie[174]. Choć należy pamiętać, że w skali kraju odsetek uczestnictwa w działalności organizacji pozarządowych rośnie.

Współczesny świat oferuje młodzieży bogatą ofertę zindywidualizowanych działań mogących być sposobem realizacji własnych planów, marzeń czy zamierzeń. Świda-Ziemba wyróżniła na podstawie swoich badań dziewiętnaście charakterystycznych form aktywności pozaszkolnej młodzieży – wśród tego licznie reprezentowana jest działalność społeczna – w grupach formalnych i nieformalnych. Nie znalazło się wśród tych form harcerstwo[175].

O braku zainteresowania uczestnictwem w działalności grup formalnych mogą też świadczyć wyniki badań CBOS – aż 63% uczniów deklaruje, że nigdy nie brała udziału wyborach do samorządu szkolnego. Postawa taka świadczy o niechęci do działania na rzecz własnej wspólnoty, a także o braku zainteresowania wpływem na życie w szkole.

Te same badania pokazują, że aż 68% uczniów nie należy do żadnego stowarzyszenia, klubu itp. Tylko 1% młodzieży deklaruje przynależność do harcerstwa. Największym powodzeniem cieszą się organizacje o charakterze sportowym[176].

Młodzi ludzie chętnie uczestniczą w dodatkowych zajęciach pozalekcyjnych (23%) oraz pozaszkolnych (35%). Do najpopularniejszych należą: korepetycje (46%), kursy języków obcych (35%), zajęcia sportowe (38%), kursy przygotowawcze na studia (38%), kursy na prawo jazdy (37%). Jest to na ogół aktywność nastawiona na pogłębianie wiedzy (a więc traktowana instrumentalnie, jako środek do lepszego wykształcenia) lub rozwijanie sprawności fizycznej. Młodzież niechętnie bierze udział w działaniach, w których trzeba się poświęcać. Niechęć do zrzeszania się może wynikać z nastawienia na realizację indywidualnych celów w życiu, zamykania się we własnym świecie wobec burzliwych przemian zachodzących wokół. Przyczyną takiej sytuacji może też być brak czasu – młodzi ludzie, chcąc się odnaleźć na rynku pracy, muszą już teraz inwestować w swoje kwalifikacje zawodowe, a na działalność społeczną nie starcza im czasu.

---

[173] J. Burska, L. Słysz, *Analiza funkcjonowania organizacji...*, op. cit., s. 3.
[174] K. Koseła, *Młodzi obywatele...*, op. cit., s. 228.
[175] H. Świda-Ziemba, *Obraz świata...*, op. cit., s. 308, 315.
[176] CBOS, *Młodzież 2003*, op. cit., s. 40, 107.

***

Współczesna młodzież jest kategorią bardzo zróżnicowaną i niedającą się w prosty sposób opisać. Można raczej mówić o wielu typach młodzieży funkcjonujących w ramach jednego pokolenia. Ruch harcerski ma dziś niełatwe zadanie – dostosowania sposobów realizacji fundamentalnych wartości do potrzeb współczesnej młodzieży. Nie można do niej mówić językiem sprzed kilkudziesięciu lat, gdyż będzie on zupełnie niezrozumiały, a wartości w nim przekazywane będą puste. Jak dotrzeć do samotników, indywidualistów i namówić ich do wspólnego, grupowego działania na rzecz innych? A może harcerstwo musi się pogodzić z tym, że nie może być już organizacją masową, że będzie kierować swoją ofertę do konkretnych grup młodzieży, a nie do wszystkich, że w pewnym sensie będzie elitarne?

ROZDZIAŁ V
Założenia metodologiczne badań

1. Cel i problematyka badań

Celem pracy jest poznanie idei i wartości, jakie niesie ze sobą ruch harcerski współcześnie, oraz znalezienie odpowiedzi na pytanie, czy harcerstwo w obecnym swoim kształcie może wychowywać młodych ludzi do aktywnego uczestnictwa i budowania społeczeństwa obywatelskiego, a jeżeli tak, to w jakim zakresie może się to odbywać.

Harcerstwo tworzy określone środowisko wychowawcze, które w teoretycznych założeniach powinno realizować postulat celowego organizowania wpływów obejmujących swoim zakresem system bodźców przyrodniczych, kulturowych i społecznych.

W ostatnich dwudziestu latach w Polsce można zaobserwować wyraźny wzrost liczby organizacji działających w ramach sektora pozarządowego, co jest wynikiem stworzenia możliwości prawnych zakładania i funkcjonowania takich jednostek.

Transformacja ustrojowa w Polsce oraz rozwój demokracji stały się powodem do budowania nowego modelu społeczeństwa – społeczeństwa obywatelskiego. Społeczeństwo takie wymaga od swoich członków postawy aktywnej, przedsiębiorczej, brania czynnego udziału w kształtowaniu środowiska lokalnego, umiejętności zdefiniowania potrzeb owego środowiska, akceptacji pluralizmu – organizacyjnego, poglądów, systemów wartości, a co za tym idzie – wymaga umiejętności dokonywania wyborów, tolerancji i szacunku.

Jednym z zadań organizacji społecznych może być zapobieganie negatywnym skutkom poczucia destabilizacji i braku poczucia bezpieczeństwa, charakterystycznym dla państw przechodzących transformację. Mogą one pomóc w aktywnym budowaniu nowego porządku politycznego i społecznego, uczeniu się jego reguł, rozumieniu ich oraz wdrażaniu w życie codzienne. Organizacje społeczne realizują edukację obywatelską przez uczenie, jak radzić sobie w nowych sytuacjach, jak zabiegać o interesy swojej grupy czy społeczności, co ma ogromne znaczenie dla budowania społeczności lokalnej oraz wyłaniania się samodzielnych inicjatyw społecznych. Działalność organizacji społecznych cechują: bezpośredniość kontaktów z jednostkami i wspólnotami wymagającymi pomocy;

nowatorskie oraz podkreślające potrzebę samorozwoju metody pracy; wpływanie na kształt polityki społecznej; osłabianie ubocznych skutków reform[1].

Ruch harcerski działa w określonej rzeczywistości społecznej. Jego oddziaływanie jest celowe, ma wychowywać młodego człowieka do ustalonych wartości, uczyć konkretnego stylu życia, co w swoich założeniach odpowiada wymogom środowiska wychowawczego. W założeniach harcerskie wychowanie jest celowe, ale czy ten cel jest zbieżny z potrzebami, jakie mają młodzi ludzie, i z wymogami, jakie niesie ze sobą społeczeństwo obywatelskie?

Harcerstwo, w związku ze zmianami, jakie przeszło i przechodzi od dwudziestu lat, boryka się z wieloma problemami, które są konsekwencją transformacji. Do najczęściej podkreślanych należą: spadek liczebności, wielość organizacji, spory ideowe; spadek atrakcyjności i brak zainteresowania harcerstwem ze strony młodzieży. Źródła tych problemów są wielorakie. Pierwszym z nich jest sytuacja Polski, która znacząco wpływa na działalność ruchu, przy czym najważniejsze są tu relacje z państwem zarówno od strony podmiotu uczestniczącego w budowaniu społeczeństwa obywatelskiego, jak i podmiotu podlegającego nowym przepisom formalnoprawnym. Drugim istotnym źródłem problemów jest zmiana w postawach odbiorców organizacji harcerskich – młodzieży. Trzecie źródło konfliktów to brak jasno określonej drogi, jaką chciałyby kroczyć poszczególne organizacje w najbliższej przyszłości, brak poczucia tożsamości oraz umiejętności jasnego określenia siebie i umiejscowienia w rzeczywistości społecznej.

Najważniejszym zadaniem harcerstwa powinno być określenie jego roli we współczesnej Polsce oraz uświadomienie sobie celów, jakie powinno postawić przed sobą jako środowisko wychowawcze.

Aby osiągnąć poznawcze cele badania, sformułowano główny problem badawczy: **Czy współczesny ruch harcerski może wychowywać do aktywnego uczestnictwa w budowaniu społeczeństwa obywatelskiego?** Z tak sformułowanego problemu głównego wyłaniają się pytania szczegółowe:
1. Czy wartości i ideały proponowane przez ruch harcerski sprzyjają potrzebom społecznym wynikającym z budowania społeczeństwa obywatelskiego w Polsce?
2. Czy wartości, ideały oraz metoda proponowane przez ruch harcerski odpowiadają na potrzeby i zainteresowania współczesnej młodzieży?
3. Czy proponowane przez ruch harcerski formy realizacji ideałów społeczeństwa obywatelskiego są takie same, podobne czy też całkowicie różne od form proponowanych przez inne organizacje, ruchy społeczne?

---

[1] A. Ciesiołkiewicz, *Organizacje społeczne...*, op. cit.; H. Górecka, *Włączanie organizacji pozarządowych do systemu...*, op. cit.

2. Techniki zbierania danych, narzędzia badawcze i procedury badań

W badaniach własnych zastosowano dwie metody: sondaż diagnostyczny oraz metodę niereaktywną – analizy treści dokumentów. Połączono techniki jakościowe z ilościowymi zarówno na etapie zbierania, jak i opracowywania danych. W celu zebrania opinii respondentów wykorzystano trzy techniki – ankietę audytoryjną, wywiad indywidualny oraz wywiad focusowy – w pięciu grupach badanych. Tak rozbudowany model wynika ze złożoności badanego problemu i konieczności ujęcia go z różnych stron.

Analiza dokumentów

Analizę dokumentów zastosowano, aby móc odpowiedzieć na szczegółowe pytania badawcze. Do badań wykorzystano dwie metody – analizę treści oraz analizę danych statystycznych.

Posłużenie się metodą jakościowej analizy treści miało celu ustalenie, czy i jak ulegały zmianom harcerski system wartości oraz metoda harcerska. W obu przypadkach zastosowano analizę pionową i poziomą. Analizie poddano również programy wychowawcze oraz strukturę organizacyjną i zasady funkcjonowania poszczególnych organizacji harcerskich.

Drugi typ analizy dokumentów – metodę analizy danych statystycznych – zastosowano w celu uzupełnienia tła badawczego zgodnie z opinią, że

> [...] istniejące dane statystyczne często mogą dostarczyć kontekstu historycznego czy pojęciowego, w którym można umieścić oryginalne badania[2].

Do analiz wykorzystano dane statystyczne Głównego Urzędu Statystycznego, Centralnego Ośrodka Badań Społecznych, Ośrodka Badań Opinii Publicznej, a także dane liczbowe pochodzące z poszczególnych organizacji harcerskich. Wyniki analiz dostarczyły odpowiedzi na szczegółowe problemy badawcze.

Procedura doboru próby do badań ankietowych w szkołach i drużynach harcerskich

Ankieta audytoryjna została przeprowadzona w dwóch grupach – wśród harcerzy oraz wśród uczniów niebędących aktualnie harcerzami z gimnazjum i liceum ogólnokształcącego. Wywiad indywidualny przeprowadzono wśród instruktorów harcerskich czterech organizacji, a wywiad zbiorowy – w dwóch

---

[2] E. Babbie, *Badania społeczne w praktyce*, przeł. W. Betkiewicz et al., WN PWN, Warszawa 2004, s. 353.

grupach: wśród instruktorów harcerskich będących studentami pedagogiki oraz wśród studentów pedagogiki na kierunku animacja społeczno-kulturalna. Studenci pedagogiki w toku swoich studiów zapoznają się z różnymi metodami oddziaływań wychowawczych, których przykładem może być również metoda harcerska. Można zakładać, że przyszli pedagodzy będą mieć większą świadomość wpływów i efektów oddziaływań wychowawczych, stąd też, jak można przypuszczać, będą potrafili analizować działalność ruchu harcerskiego oraz metody, jakimi się posługuje, z profesjonalnego a zarazem niezaangażowanego punktu widzenia.

Doboru próby do ankiety audytoryjnej wśród harcerzy dokonano w sposób celowy. Uzasadnieniem takiego postępowania jest fakt trudnego, a czasem niemożliwego dotarcia do spisów jednostek poszczególnych organizacji i w związku z tym brak możliwości zdobycia operatu losowania i dokonania losowania. Założeniem było, że w badaniu biorą udział drużyny harcerskie z czterech najbardziej znanych organizacji z różnych regionów Polski. Chętnych do badania poszukiwano przez ogłoszenia w mediach harcerskich, na forach internetowych oraz przez kontakty osobiste badacza w środowisku harcerskim.

Badania wśród drużyn harcerskich prowadzono od czerwca do grudnia 2007 r. Poprzedzono je pilotażem, który miał miejsce w maju 2007 r.

Ankietę audytoryjną przeznaczoną dla harcerzy rozesłano w 643 egzemplarzach, z czego uzyskano zwrot w liczbie 231 sztuk, co oznacza, że procent zwrotu ankiet wyniósł 35,9%. W badaniach nie brały udziału drużyny harcerskie Skautów Europy, co wynikało z braku zgody na udział w badaniach poszczególnych instruktorów. Do łącznej liczby ankiet można doliczyć jeszcze 36 kwestionariuszy, które uzyskano podczas badań prowadzonych w szkołach wśród uczniów. W sumie przebadano 267 harcerzy.

Porządkującym założeniem, które przyjęto, było przeprowadzenie badań wśród osób niezrzeszonych w organizacjach harcerskich w dwóch województwach. W tym celu wybrano województwo mazowieckie, które jest reprezentowane przez wszystkie organizacje harcerskie i stanowi też województwo, w którym wszystkie te organizacje są najliczniej reprezentowane pod względem liczbowym. Drugim województwem, w którym przeprowadzono badania, było zachodniopomorskie. Uzasadnieniem takiego wyboru było dobranie województwa, w którym ruch harcerski jest mało popularny. Działają tam dwie organizacje – ZHP oraz ZHR. Badając łączną liczbę członków organizacji harcerskich w poszczególnych województwach, można zauważyć, że zachodniopomorskie znajduje się na trzynastej pozycji z szesnastu.

Tabela 5. Liczebność poszczególnych organizacji harcerskich w określonych województwach

ZHP			ZHR			Skauci Europy		
woj.	suma	pozycja	woj.	suma	pozycja	woj.	suma	pozycja
Mazowieckie	18 609	1	Mazowieckie	3308	1	Mazowieckie	636	1
Wielkopolskie	14 586	2	Małopolskie	2342	2	Lubelskie	491	2
Śląskie	14 382	3	Wielkopolskie	2020	3	Dolnośląskie	196	3
Dolnośląskie	10 935	4	Dolnośląskie	1322	4	Świętokrzyskie	97	4
Łódzkie	10 684	5	Pomorskie	1229	5	Łódzkie	71	5
Podkarpackie	10 553	6	Podkarpackie	815	6	Małopolskie	40	6
Małopolskie	7 803	7	Zachodnio-pomorskie	805	7	Pomorskie	23	7
Świętokrzyskie	7 180	8	Śląskie	787	8	Warmińsko-mazurskie	13	8
Kujawsko-pomorskie	6 811	9	Łódzkie	742	9	Śląskie	10	9
Pomorskie	6 617	10	Lubelskie	381	10	Podlaskie	9	10
Warmińsko-mazurskie	6 243	11	Kujawsko-pomorskie	346	11	Wielkopolskie	0	16
Lubelskie	4 881	12	Podlaskie	341	12	Podkarpackie	0	16
Zachodnio-pomorskie	4 079	13	Warmińsko-mazurskie	257	13	Zachodnio-pomorskie	0	16
Lubuskie	4 041	14	Opolskie	236	14	Kujawsko-pomorskie	0	16
Opolskie	3 682	15	Świętokrzyskie	139	15	Opolskie	0	16
Podlaskie	3 559	16	Lubuskie*	0	16	Lubuskie	0	16

* W ZHR województwo lubuskie i wielkopolskie stanowią jedną chorągiew, z której uzyskuje się wspólne dane dla tego regionu. Nie da się rozbić tych danych na poszczególne województwa.

Źródło: opracowanie własne na podstawie danych uzyskanych ze spisów harcerskich poszczególnych organizacji za 2006 r.

Kolejnym argumentem przemawiającym za takim doborem jest procent zuchów i harcerzy w stosunku do populacji ludzi młodych w wieku 7–24 lat[3], który sytuuje dane województwo na przedostatnim, piętnastym miejscu.

---

[3] Za tak przyjętym przedziałem wiekowym przemawia podział na grupy wiekowe w organizacjach harcerskich. Uogólniając (w poszczególnych organizacjach kategorie te nieznacznie się różnią), można stwierdzić, że dzieci w wieku 7–11 lat to zuchy, 12–16 lat – harcerze, 17–24 lat – wędrownicy, przy czym od 18. roku życia można pełnić funkcje instruktorskie.

Tabela 6. Procent zuchów i harcerzy (ze wszystkich organizacji) w stosunku do populacji ludzi młodych w wieku 7–24 lat

Woj.	% harcerzy	Pozycja
Świętokrzyskie	2,21	1
Podkarpackie	1,90	2
Wielkopolskie	1,82	3
Łódzkie	1,80	4
Mazowieckie	1,79	5
Dolnośląskie	1,71	6
Warmińsko-mazurskie	1,60	7
Lubuskie	1,47	8
Opolskie	1,44	9
Pomorskie	1,34	10
Śląskie	1,30	11
Kujawsko-pomorskie	1,29	12
Podlaskie	1,18	13
Małopolskie	1,15	14
Zachodniopomorskie	**1,10**	**15**
Lubelskie	0,97	16

Źródło: opracowanie własne.

Doboru szkół dokonano losowo, warstwowo, zakładając, że dane województwo powinno być reprezentowane przez szkołę gimnazjalną i licealną z miasta wojewódzkiego, miasta gminnego oraz wsi (tylko w przypadku doboru gimnazjów). Badaniem planowano objąć cztery licea oraz sześć gimnazjów. W każdej szkole badano jedną klasę, losowo wybraną z każdego poziomu nauczania. Nie udało się, niestety, uzyskać zwrotów wypełnionych kwestionariuszy ze wszystkich wylosowanych szkół. Badania prowadzono w okresie dużej niechęci szkół do jakiejkolwiek autoprezentacji, spowodowanej różnymi restrykcyjnymi akcjami ówczesnego ministra edukacji.

W sumie przebadano uczniów z czterech gimnazjów (dwa z województwa mazowieckiego i dwa z województwa zachodniopomorskiego) oraz pięciu liceów (dwa z zachodniopomorskiego i trzy z mazowieckiego), co daje łączny wynik 433 ankiet.

Gimnazja, które objęto badaniem, w trzech przypadkach są ulokowane w miastach gminnych, a w jednym – na wsi. Licea znajdują się w miastach wojewódzkich oraz gminnych.

Badania prowadzono od grudnia 2007 do czerwca 2008 r. Poprzedzono je pilotażem w grudniu 2007 r.

Opis kwestionariusza ankiety dla harcerzy i uczniów

Kwestionariusz dla harcerzy obejmował łącznie czterdzieści pytań – czternaście zamkniętych z możliwością wyboru jednej odpowiedzi, siedemnaście zamkniętych z półotwartą kafeterią odpowiedzi; osiem otwartych, w tym jedno obejmujące interpretacje dziesięciu zdań – punktów Prawa Harcerskiego oraz jedno pytanie, na które składało się dziewiętnaście stwierdzeń, do których badani mieli się ustosunkować, zaznaczając odpowiednią odpowiedź na skali: „zgadzam się zupełnie", „czasem tak, a czasem nie", „nie wiem", „nie zgadzam się".

Celem ankiety było uzyskanie obrazu działania drużyn harcerskich w zależności od organizacji oraz terenu działania. Badani byli pytani o funkcjonowanie drużyn, ocenę działań w niej prowadzonych, pytano także o stosunek do Prawa Harcerskiego, jego interpretację, postawy względem wartości preferowanych przez harcerstwo.

Kwestionariusz dla uczniów obejmował siedemnaście pytań – pięć z zamkniętą kafeterią; pięć zamkniętych z półotwartą kafeterią oraz sześć otwartych. Zamieszczono tu dwa pytania takie same jak w kwestionariuszu dla harcerzy – dotyczące interpretacji Prawa Harcerskiego oraz badające postawy względem wartości. Celem takiego zabiegu było porównanie interpretacji zapisu wartości harcerskich przez osoby zrzeszone i niezrzeszone w ruchu harcerskim, a tym samym – próba odpowiedzi na pytanie o to, czy te wartości są dziś rozumiane przez młodzież.

Podstawowym celem badania było uzyskanie odpowiedzi na pytanie dotyczące postaw względem ruchu harcerskiego oraz prezentowanych przez niego wartości.

W obu kwestionariuszach metryczka obejmowała wiek, płeć badanego, miejsce zamieszkania (województwo i nazwę miejscowości) oraz typ szkoły, w jakiej się uczy. Mimo tak ograniczonej metryczki nie wszyscy badani ją wypełniali – część nie wypełniała wieku, część płci lub miejscowości.

Procedura doboru próby do wywiadu indywidualnego

W wywiadzie indywidualnym zastosowano dobór celowy, chętnych do badania wybrano spośród instruktorów harcerskich działających w czterech organizacjach. Podstawom założeniem doboru do wywiadu było uzyskanie szerokiej zróżnicowanej grupy pod względem wiekowym oraz stażu instruktorskiego – stąd respondentami są zarówno osoby bardzo młode, dopiero zaczynające swoją karierę instruktorską, jak i doświadczeni instruktorzy z kilkunasto-, a nawet kilkudziesięcioletnim stażem pracy.

Wywiady przeprowadzono od września 2006 do czerwca 2007 r. Wszystkie były nagrywane. Zastosowano technikę wywiadu z dyspozycjami obejmującego szereg problemów związanych z sytuacją ruchu harcerskiego w Polsce.

W sumie uzyskano czterdzieści wywiadów z instruktorami sześciu organizacji harcerskich, przy czym dwie z nich działają poza terytorium Polski. W jednym przypadku instruktorka działa równocześnie w ZHR oraz w ZHP PGK (przebywając za granicą działała w tamtejszej organizacji, a w ZHR uzyskała urlop instruktorski). Najwięcej instruktorów udzielających wywiadów należało do SH, następnie do ZHP. Czas trwania wywiadów wahał się od 25 minut do 1,25 godziny. Łączny czas nagrań wynosi 32 godziny i 34 minuty.

Problematyka wywiadu indywidualnego

Celem wywiadu było uzyskanie opinii instruktorów o różnych problemach związanych z aktualną sytuacją ruchu harcerskiego w Polsce. Badanych zapytano o ich opinię w kwestii niezmienności metody harcerskiej, trwałości wartości harcerskich, adekwatności wartości do potrzeb młodzieży, zmian, jakie zaszły w ruchu harcerskim po 1989 r. Pytano także o rozumienie pojęcia społeczeństwa obywatelskiego, nawiązywanie współpracy z innymi organizacjami, interpretację pojęcia służby instruktorskiej. Rozmawiano o problemach, z jakimi borykają się ich środowiska harcerskie, oraz sposobach zaradzenia im. Poruszano kwestę stosunku do niższej liczebności ruchu harcerskiego i konsekwencji z tego płynących. Pytano także o stosunek do pluralizmu w ruchu harcerskim i ewentualne prognozowanie jego przyszłości. Respondentom zadano także bardziej osobiste pytania – o wpływ działalności harcerskiej na ich życie osobiste i zawodowe, o stosunek do zapisów w Prawie Harcerskim i Zobowiązaniu Instruktorskim oraz wywiązywanie się z nich.

Procedura doboru próby do wywiadów focusowych

Wywiady focusowe przeprowadzono w dwóch grupach respondentów. Z jednej strony rozmowa toczyła się w gronie studentów pedagogiki robiących specjalizację w zakresie animacji społeczno-kulturalnej, a z drugiej – w gronie studentów pedagogiki będących instruktorami harcerskimi.

Celem obu wywiadów focusowych było porównanie postaw dwóch grup ludzi młodych dorosłych – z jednej strony zaangażowanych w działalność instruktorską, świadomych wychowawców, przyszłych pedagogów, a z drugiej – studentów pedagogiki, niezrzeszonych w ruchu harcerskim, ale studiujących na kierunku i specjalności, na którym aktywność, twórczość i nowatorskie działanie z grupą są podstawą profesji.

Jako pierwszy został przeprowadzony wywiad wśród studentów niezrzeszonych, co było celowym zabiegiem, gdyż wywiad z drugą grupą – studentami instruktorami – miał być swoistą odpowiedzią na problemy poruszone w pierwszym wywiadzie. Poza moderatorem, badani z drugiej grupy nie wiedzieli, jakie opinie prezentowali badani z pierwszej. Założeniem moderatora było zbadanie, czy badani instruktorzy mają świadomość, jak są postrzegani przez swoich rówieśników. Ponadto dla badacza istotna była opinia o ruchu harcerskim ze strony osób zaangażowanych w działalność społeczną (większość uczestników wywiadu jest lub była wolontariuszami różnych organizacji społecznych), ale niedziałających wcześniej w ruchu harcerskim.

Wywiady focusowe są uzupełnieniem wywiadów oraz ankiet, materiałem rozszerzającym interpretację wyników, swoistym podsumowaniem, a także, jak się okazało, potwierdzeniem wyników uzyskanych podczas badań ankietowych i wywiadów indywidualnych.

Opis scenariusza wywiadu grupowego

W wywiadzie grupowym wzięło udział czternastu studentów, w tym jedenaście kobiet i trzech mężczyzn. Zapytano ich o wiedzę na temat harcerstwa, ich stosunek do ruchu harcerskiego, skojarzenia z nim związane, a także o to, jaką rolę dla harcerstwa widzą w społeczeństwie dzisiaj.

W wywiadzie wśród instruktorów wzięły udział cztery osoby z dwóch organizacji, w tym trzy kobiety i jeden mężczyzna. Instruktorów zapytano o to, czy mają świadomość, jak oni i harcerstwo są postrzegani przez osoby niezrzeszone, jakie są reakcje nowego środowiska (np. pracy, szkoły), do którego wchodzą, na informację o tym, że są instruktorami harcerskimi, oraz w jaki sposób zachęcają innych do wstąpienia do tego ruchu i jakie są tego rezultaty. Próbowano także odpowiedzieć na pytanie, po co jest harcerstwo (pytanie, które postawili studenci niezrzeszeni podczas swojego wywiadu), jakie są dziś jego słabe strony i jak sobie instruktorzy wyobrażają jego przyszłość za kilka, kilkanaście lat.

3. Charakterystyka próby

Uczniowie

Wiek badanych

W związku z różną liczebnością klas w poszczególnych grupach wiekowych uzyskano różny rozkład procentowy. W gimnazjum najliczniej reprezentowani są 14-latkowie, a najmniej licznie – 17-latkowie. W liceum najliczniejszą grupę stanowią 18-latkowie, a najmniej liczną 15- i 20-latkowie, co jest zupełnie zrozumiałe, gdyż obie te grupy wiekowe standardowo nie należą już do przedziału wiekowego, jaki obejmuje ten typ szkoły.

Płeć badanych

W obu grupach część osób nie zaznaczyła płci w ankiecie, a po treści odpowiedzi (końcówki fleksyjne w odpowiedziach otwartych) również nie można było ustalić, jakiej płci jest badany. Więcej takich osób było w gimnazjum niż w liceum. W przypadku gimnazjum odsetek badanych dziewcząt i chłopców jest podobny – nieznacznie wyższy na korzyść chłopców. W przypadku liceum dysproporcja jest znacznie większa – zdecydowaną większość stanowią dziewczęta.

Działalność harcerska w szkołach

Na dziewięć przebadanych szkół tylko w jednej faktycznie działa drużyna harcerska. W trzech przypadkach taka drużyna lub szczep jeszcze do niedawna działały, ale zakończyły swoją działalność w ciągu ostatnich kilku lat. W pięciu szkołach drużyny harcerskiej nigdy lub dawno nie było, przy czym „nigdy lub dawno" należy tu rozumieć jako „od ponad dziesięciu lat". Warto tu także zaznaczyć, że dyrektorzy szkół nie zawsze są pewni, czy na terenie ich szkoły działa drużyna harcerska, co może być potwierdzeniem zmniejszającej się roli harcerstwa w środowisku szkolnym.

Przynależność do harcerstwa

Na wstępie badani byli pytani o swoją ewentualną przynależność obecnie lub wcześniej do harcerstwa. Zdecydowana większość badanych w obu typach szkół deklaruje, że nigdy nie działała w drużynie harcerskiej czy zuchowej.

Związki z harcerstwem

Badanych pytano o to, czy w ich rodzinie jest ktoś, kto działa aktualnie lub był w drużynie harcerskiej. W przypadku gimnazjum wyniki rozkładają się prawie równomiernie – jedna trzecia twierdzi, że taka osoba była, trochę więcej – że nikogo takiego nie było, a trochę mniej nie wie, czy ktoś taki był w rodzinie. W przypadku liceum większość twierdzi, że osoba związana z harcerstwem jest lub była w jego rodzinie, mniej – że nikogo takiego nie było, a tylko 17% twierdzi, że nic o tym nie wie. Takie zróżnicowanie odpowiedzi w zależności od szkoły może wynikać z większej świadomości licealistów w odniesieniu do historii własnej rodziny i z większego w tym wieku zainteresowania różnego rodzaju działalnością – społeczną, polityczną itp.

Harcerze

Przynależność organizacyjna

W badaniu wzięło udział 173 członków Związku Harcerstwa Polskiego, 42 ze Związku Harcerstwa Rzeczpospolitej, 43 ze Stowarzyszenia Harcerskiego oraz 9 osób, które nie umiały określić organizacji, do jakiej należały (były to osoby, które wypełniały ankiety w szkole – jedna z nich w rubryce organizacja wpisała „zuch"). Dwie z dziewięciu wspomnianych osób nadal działają w harcerstwie. Trudno określić, czy nazwy organizacji nie wpisały celowo, przez roztargnienie, czy też z niewiedzy.

Badaniu poddano dwanaście środowisk harcerskich (drużyn lub patroli wędrowniczych) ze Związku Harcerstwa Polskiego, cztery środowiska ze Stowarzyszenia Harcerskiego oraz trzy ze Związku Harcerstwa Rzeczpospolitej. Ponadto z badań przeprowadzonych w szkołach uzyskano osiemnaście ankiet z sześciu różnych miast od harcerzy działających w ZHP oraz osiem z trzech miast od harcerzy z ZHR. Ponadto otrzymano osiem ankiet z trzech różnych miast od respondentów, którzy nie określili organizacji, w jakiej działali.

Tabela 7. Udział procentowy członków poszczególnych organizacji w badaniu ankietowym

Organizacja	% badanych
Związek Harcerstwa Polskiego	64,8
Stowarzyszenie Harcerskie	16,1
Związek Harcerstwa Rzeczpospolitej	15,7
Brak odp.	3,0
Inne („zuch")	0,4
Skauci Europy	0,0
Suma	**100,0**

Źródło: opracowanie własne.

Szkoła

Respondenci wypełniający ankietę najczęściej byli uczniami gimnazjum, w drugiej kolejności byli to uczniowie liceum. Na trzecim miejscu znaleźli się uczniowie szkoły podstawowej, jednak stanowili oni niewiele ponad jedną dziesiątą całej próby. Sporadycznie zdarzały się osoby, które uczyły się w technikum lub były studentami.

Tabela 8. Rodzaj szkoły, do jakiej uczęszczają badani harcerze

Szkoła	% badanych
Gimnazjum	44,2
Liceum ogólnokształcące	34,5
Szkoła podstawowa	11,6
Technikum	3,4
Liceum zawodowe	0,7
Szkoła zawodowa	0,4
Inne (studia, praca zawodowa)	5,2
Suma	**100,0**

Źródło: opracowanie własne.

Staż

Najwięcej badanych (27,3%) deklaruje, że w harcerstwie jest od roku, 14,2% należy do harcerstwa od dwóch do trzech lat; 12,7% – trzy do czterech lat, a 12% – rok–dwa lata. Zdarzają się również pojedyncze przypadki osób, które deklarują dłuższą przynależność do harcerstwa, trwającą dziesięć, dwanaście, powyżej piętnastu, a nawet powyżej trzydziestu lat. Takie dane są rezultatem wypełnienia ankiety przez instruktorów prowadzących drużyny.

Wykres 1. Procentowy rozkład stażu (okresu przynależności) w organizacji harcerskiej

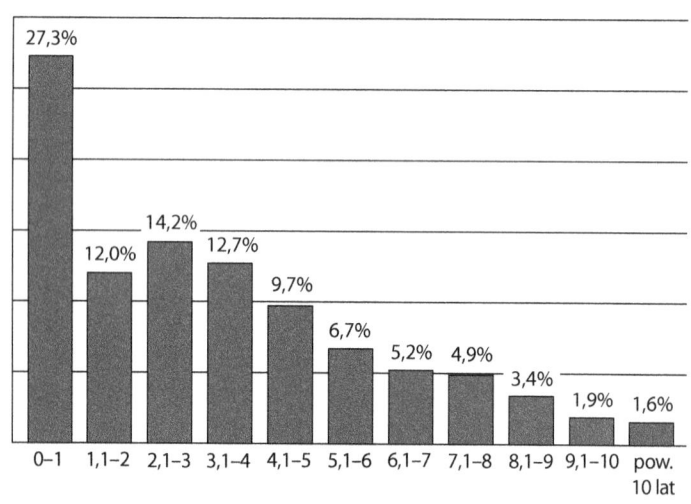

Źródło: opracowanie własne.

Dane te różnią się w poszczególnych organizacjach: w ZHP i ZHR najwięcej było osób z najkrótszym stażem, natomiast w SH ze stażem dwu- i czteroletnim.

Wiek

Największa grupa respondentów miała 14 lat (17,6%), kolejna licznie reprezentowana grupa to 16- (15,7%) i 15-latkowie (15%). Najmniej licznie reprezentowani byli harcerze w wieku 9 i 10 lat oraz powyżej 20. roku życia (od 0,7 do 2,6%). Ostatnie dwie grupy właściwie nie są w wieku harcerskim – młodsi wiekowo należą jeszcze do zuchów, a starsi są w wieku instruktorskim. O ile można wyjaśnić wypełnienie ankiet przez starszych (drużynowi), o tyle zastanawiający jest fakt, że w drużynach harcerskich znalazły się dzieci w wieku zuchowym.

Wykres 2. Rozkład wiekowy badanych harcerzy

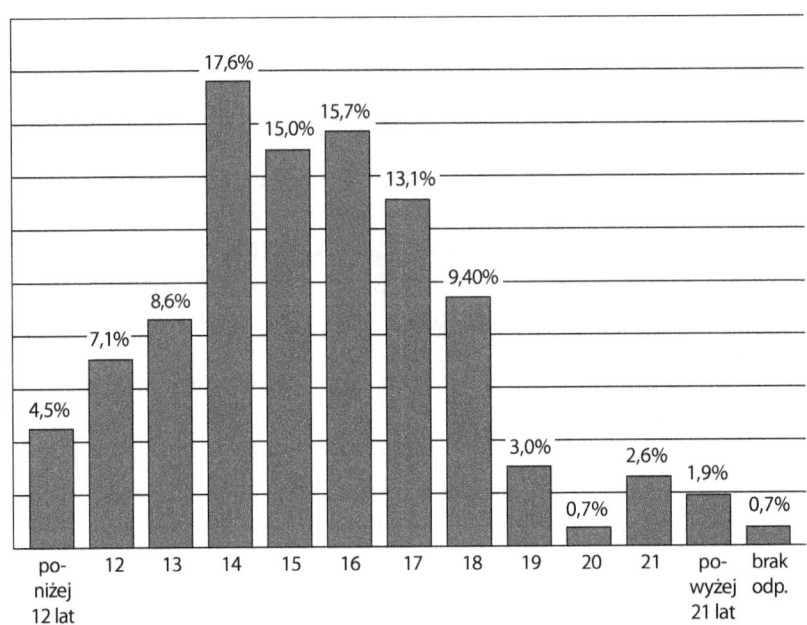

Źródło: opracowanie własne.

Analizując dane w poszczególnych organizacjach, widać, że w ZHR i SH najliczniejszą grupę stanowili 14-latkowie, a w ZHP – 16-latkowie, przy czym w SH rozkład wiekowy jest bardziej jednorodny niż w ZHP i ZHR.

Wykres 3. Rozkład wiekowy badanych w poszczególnych organizacjach harcerskich

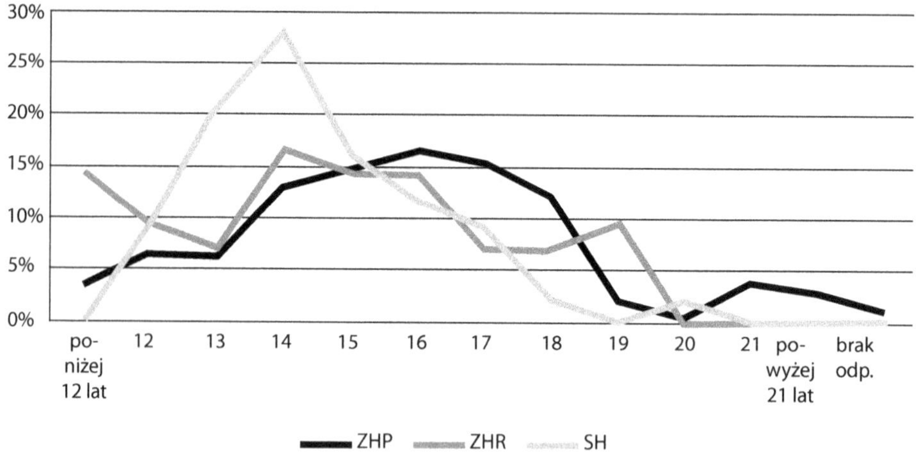

Źródło: opracowanie własne.

Płeć

W badaniu wzięło udział ponad dwukrotnie więcej dziewcząt niż chłopców – 67% i 30,3%. Siedem osób (2,6%) nie zaznaczyło swojej płci w kwestionariuszu. Najwięcej badanych chłopców jest z ZHP – tam stosunek badanych dziewcząt do chłopców wyniósł 2 : 1. Najmniej zaś w ZHR – stosunek dziewcząt do chłopców wyniósł 4 : 1 (w SH – 3 : 1). Analizując dane ze spisów harcerskich, można zauważyć, że proporcje te nie odzwierciedlają faktycznego rozkładu płci w tych organizacjach, aczkolwiek są do nich zbliżone. W ZHP działa znacznie więcej kobiet niż mężczyzn – 57% do 43% (a biorąc pod uwagę dziewczęta i chłopców w wieku badanych, stosunek ten wynosi 58% do 42%). W ZHR proporcje te są podobne – harcerki stanowią 56% wszystkich członków organizacji, a harcerze 44%. W przypadku SH brakuje danych o stosunku liczby dziewcząt do liczby chłopców. Można więc uznać, że przyczyną większego udziału dziewcząt w badaniu jest po pierwsze większe uczestnictwo dziewcząt w tego typu organizacjach oraz po drugie bardziej prospołeczne nastawienie do badań ankietowych, które mogło być motywowane przyszłymi korzyściami dla organizacji płynącymi z wyników niniejszych badań.

Wykres 4. Rozkład badanych pod względem płci – ogółem

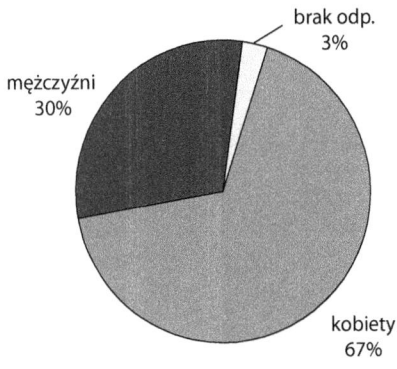

Źródło: opracowanie własne.

Miejsce zamieszkania

Zebrane ankiety pochodzą z dziewięciu województw. Najliczniej reprezentowane jest województwo mazowieckie (42,7% ankiet), drugie w kolejności jest województwo podlaskie – 26,2%. Najmniej licznie jest reprezentowane województwo wielkopolskie – 0,7% (dwie osoby).

Najwięcej osób pochodzi z miasta wojewódzkiego – 44,2%, a 39,7% mieszka w mieście powiatowym. Na obszarze wiejskim mieszka w sumie 7,9% respondentów, w tym 3% we wsi mającej status gminy.

Miejsce działania drużyny

Z przeprowadzonych badań wynika, że podobny procent harcerzy należy do drużyn, które działają na terenie szkoły, w której się uczą, co w innym miejscu – poza szkołą. 16% deklaruje, że należy do drużyny działającej na ich osiedlu, a 17% działa w drużynie działającej w innej szkole. Sumując wyniki, można uznać, że połowa badanych drużyn działa na terenie szkół, a połowa poza nimi, w innym miejscu. Jest to efekt ówczesnych zmian wprowadzonych w szkołach, których wynikiem było przeznaczanie dawnych harcówek przez szkoły na dodatkowe sale, pomieszczenia szkolne lub pod wynajem na działalność komercyjną.

Wykres 5. Miejsce działania drużyny harcerskiej

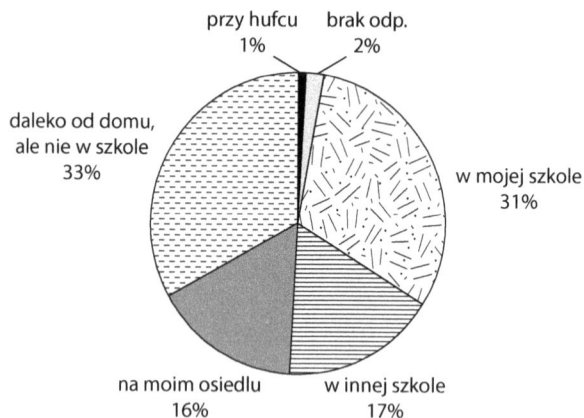

Źródło: opracowanie własne.

Istnieje wyraźna różnica między SH a ZHP i ZHR, jeśli chodzi o teren działania drużyn harcerskich. W SH ponad połowa badanych deklaruje, że ich drużyna działa na terenie szkoły respondenta, natomiast w ZHR i ZHP około 40% badanych odpowiada, że należy do drużyny działającej daleko od ich miejsca zamieszkania.

Tabela 9. Teren działania drużyn w poszczególnych organizacjach (dane w %)

Teren działania drużyny	ZHP	ZHR	SH
W mojej szkole	26,0	19,0	**62,8**
W innej szkole	15,0	9,5	30,2
Na moim osiedlu	14,5	33,3	4,7
Daleko od mojego domu (inne osiedle itp.), ale nie w szkole	**40,5**	**38,1**	2,3
Przy hufcu	0,6	0,0	0,0
Brak odp.	3,5	0,0	0,0

Źródło: opracowanie własne.

Poziom drużyny harcerskiej

Z odpowiedzi respondentów wynika, że 37,7% harcerzy działa w drużynach harcerskich; 11,6% – w drużynach młodszoharcerskich; 9,6% – w starszoharcerskich; 12,6% – w wędrowniczych; 12,9% – w drużynach wielopoziomowych. Tak zróżnicowany rozkład wynika z różnej nomenklatury poziomów drużyn w poszczególnych organizacjach.

Bardzo często się zdarza, że w ramach jednej drużyny harcerze nie potrafią jednoznacznie określić typu drużyny, mają różne zdania na ten temat. W takich przypadkach głos decydujący o tym, jakiego typu to jest drużyna, przypada kadrze, która brała udział w badaniach – przybocznym i drużynowym. Rozbieżność taka w przypadku ZHP wynika z przeprowadzonej w trakcie trwania badań reorganizacji poziomów jednostek, która polegała na przystosowaniu poziomów drużyn do nowego podziału na typy szkół – szkoła podstawowa, gimnazjum i liceum. ZHP wyróżniło odpowiednio trzy poziomy drużyn – młodszoharcerską, przystosowaną dla uczniów szkoły podstawowej w klasach piątych i szóstych; starszoharcerską – dla uczniów gimnazjum i wędrowniczą – dla uczniów szkół średnich. Nowy podział nie został przez wszystkich zaadaptowany najczęściej z przyczyn kadrowych (brak kadry, która mogłaby prowadzić drużynę na każdym z poziomów i tym samym np. utrata ciągłości w szczepach) lub lokalowych (w danym typie szkoły nie ma miejsca na działalność harcerską). Stąd też powstało wyjście awaryjne – tzw. drużyna wielopoziomowa obejmująca dwa lub trzy poziomy harcerskie. W ZHR i SH nadal jest stary podział: na drużyny młodszoharcerskie i wędrownicze, przy czym do drużyn wędrowniczych mogą wstępować osoby w wieku 15–16 lat. Ponieważ w tych organizacjach nie ma rozgraniczenia na drużyny młodszoharcerskie i starszoharcerskie, często ten pierwszy poziom określa się po prostu drużyną harcerską. W przypadku ZHP określenie takie nie jest już jednoznaczne.

Klasyfikując drużynę do określonego poziomu, trzeba się kierować odpowiedziami większości respondentów z danego środowiska, odpowiedziami kadry oraz wiekiem badanych. W niektórych przypadkach określenie poziomu jest właściwie niemożliwe, gdyż z wieku respondentów wynika zupełnie coś innego niż z ich odpowiedzi.

Podsumowując, można określić, że udało się przeprowadzić badania wśród respondentów z sześciu środowisk na poziomie odpowiadającym drużynom młodszoharcerskim, pięciu z wędrowniczych oraz ośmiu z wielopoziomowych. Należy zaznaczyć, że jest to wynik analiz badacza, a nie zawsze samych jasnych i jednoznacznych odpowiedzi respondentów.

Tabela 10. Liczba przebadanych środowisk z danego poziomu drużyny
 (bez danych uzyskanych podczas badań w szkołach)

Poziom drużyny	ZHP	ZHR	SH	Razem
Młodsoharcerska	–	2	4	6
Straszoharcerska	–	–	–	0
Wędrownicza	4	1	–	5
Wielopoziomowa	8	–	–	8
Razem	**12**	**3**	**4**	**19**

Źródło: opracowanie własne.

W powyższych analizach nie zostały uwzględnione dane uzyskane podczas badań w szkołach. Dane te odrzucono ze względu na to, że badaniu była poddana tylko część danej drużyny (ci uczniowie, którzy chodzą akurat do danej klasy), co nie może stanowić nawet przybliżonej reprezentacji danego środowiska, a także z racji tego, że nie ma informacji o samym środowisku harcerskim badanego.

Jak wynika z powyższego zestawienia, najwięcej trudności sprawia dotarcie do środowisk starszoharcerskich. Wśród instruktorów panuje przekonanie, że najtrudniej założyć i prowadzić drużynę w gimnazjum, co mogłoby potwierdzać problem z dotarciem do środowisk starszoharcerskich. Przeczy temu jednak fakt, że najwięcej przebadanych osób z drużyn harcerskich jest właśnie w wieku gimnazjalnym. Nie jest też tak, że tak duży odsetek uczniów gimnazjum należących do harcerstwa (ze wszystkich badanych) wynika z licznej przynależności młodszych uczniów do drużyn. Gdyby tak było, wśród respondentów musiałby być znacznie wyższy odsetek osób w wieku 12–13 lat.

Przedstawiona tu próba, ze względu na dobór badanych, a także relatywnie niewielką liczbę respondentów, nie może być uważana za reprezentatywną, dlatego też wnioski te nie mogą być odnoszone do tendencji w całym ruchu harcerskim. Wnioski takie można by wysnuć po analizie spisów harcerskich poszczególnych drużyn, uznając je wcześniej za wiarygodne źródło informacji. Powyżej zarysowany problem można określić tylko jako tendencję wartą dalszego sprawdzenia.

Funkcja

Respondenci pytani o funkcję pełnioną w harcerstwie najczęściej odpowiadali, że są szeregowymi – 42%. W drugiej kolejności znaleźli się przyboczni – 18,6%, a następnie zastępowi – 16,7%. Ankietę wypełniło również 6,3% drużynowych. Pierwotnie ankieta nie miała być przeznaczona dla drużynowych, gdyż znajdują się w niej pytania oceniające pracę drużynowego. Jednak po namyśle postanowiono włączyć te ankiety do badań, nie biorąc pod uwagę odpowiedzi udzielonych na wyżej wymienione pytania. Decyzja taka została podjęta, gdyż odpowiedzi udzielone na inne pytania są bardzo interesujące i dużą wnoszą do samych badań (np. poziom zrozumienia i interpretacji Prawa Harcerskiego lub postawa prezentowana w codziennym życiu).

Zdarzyły się dwa przypadki pełnienia dwóch funkcji w drużynie: przybocznego i kwatermistrza oraz podzastępowego i skarbnika. W pozostałych przypadkach respondenci nie pisali o łączeniu dwóch lub więcej funkcji.

Pięć osób (1,7%) nie udzieliło odpowiedzi na to pytanie.

Wykres 6. Funkcje pełnione w drużynie przez respondentów

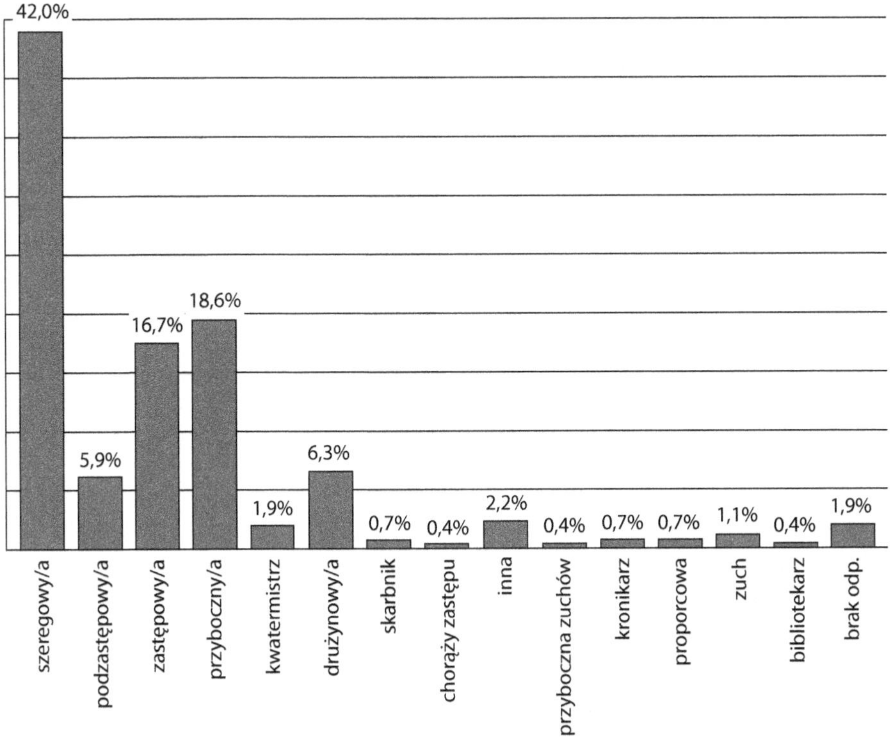

Funkcja	%
szeregowy/a	42,0%
podzastępowy/a	5,9%
zastępowy/a	16,7%
przyboczny/a	18,6%
kwatermistrz	1,9%
drużynowy/a	6,3%
skarbnik	0,7%
chorąży zastępu	0,4%
inna	2,2%
przyboczna zuchów	0,4%
kronikarz	0,7%
proporcowa	0,7%
zuch	1,1%
bibliotekarz	0,4%
brak odp.	1,9%

Źródło: opracowanie własne.

Instruktorzy

Przynależność do organizacji

Instruktorzy nie byli chętni do udzielania wywiadów – w sumie o wywiad poproszono 116 osób, z czego 52 udzieliły odpowiedzi wymijającej, 2 wprost się nie zgodziły na rozmowę, a 62 wyraziły wstępną zgodę na jego udzielenie. W sumie przeprowadzono 40 wywiadów z instruktorami 6 organizacji, przy czym 2 z nich są organizacjami harcerskimi działającymi poza terytorium Polski. Najwięcej instruktorów, którzy udzielili wywiadu, należało do SH, następnie do ZHP.

Tabela 11. Przynależność do organizacji uczestników wywiadu indywidualnego

Organizacja	Liczba badanych
ZHP	13
ZHR	6
SHK	4
SH	16
ZHP na Litwie	1
ZHP PGK	1*
Suma	40

* Osoba, która równocześnie działa w ZHR.

Źródło: opracowanie własne.

Teren działania

Zdecydowana większość instruktorów działa na terenie Warszawy, wyjątkowo (po jednym przypadku) miejscem działania było miasto powiatowe, gminne oraz wieś. Dwie osoby swym zasięgiem obejmują całe województwo mazowieckie, co wynika z ich funkcji (Komendant Chorągwi oraz Namiestnik).

Stopień instruktorski

Prawie połowa badanych posiada stopień przewodnika, blisko jedna trzecia – stopień podharcmistrza, sześć osób – harcmistrza. Cztery osoby to instruktorzy należący do Skautów Europy – w tej organizacji nie ma stopni instruktorskich takich jak w pozostałych organizacjach harcerskich, tu osiąganie funkcji instruktorskiej wygląda nieco inaczej, o czym będzie mowa później.

Tabela 12. Rozkład badanych pod względem posiadanego stopnia instruktorskiego

Stopień instruktorski	Łącznie	ZHP	ZHR	SHK	SH	ZHP na Litwie
Kończy pwd.	1	1	0	0	0	0
Pwd.	18	7	4	0	7	0
Phm.	11	5	0	0	5	1
Hm.	6	0	2	0	4	0
Instruktor SHK	4	0	0	4	0	0
Suma	**40**	**13**	**6**	**4**	**16**	**1**

Źródło: opracowanie własne.

Staż instruktorski

Zdecydowanie najwięcej badanych to instruktorzy młodzi, których staż nie przekroczył jeszcze roku (jedna piąta badanych). Druga najliczniejsza grupa to instruktorzy o stażu pięcioletnim. Grupując staż respondentów w przedziały, okazuje się, że najliczniejszą grupę stanowią instruktorzy młodzi, ale mający już pewien, kilkuletni, staż instruktorski.

Tabela 13. Rozkład stażu instruktorskiego w przedziałach w rozbiciu na organizacje

Staż	ZHP	ZHR	SHK	SH	ZHP na Litwie	Łącznie
0–1 rok	5	3	1	0	1	10
2–5 lat	6	1	1	5	1	14
6–10 lat	2	0	3	5	0	10
11–20 lat	0	1	0	2	0	3
Powyżej 20 lat	0	1	0	3	0	4

Źródło: opracowanie własne.

Warto tu jeszcze dodać, że czterech badanych instruktorów miało okazję działać w poprzednim ustroju i w związku z tym mają możliwość porównania obrazu harcerstwa z poprzedniego systemu z tym, jak działa ono obecnie.

Wiek

Zdecydowanie najwięcej badanych miało 23 lata. Podobnie jak wyżej, można pogrupować badanych w pewne kategorie: 18–25 lat (koniec szkoły średniej i okres studencki); 26–30 lat (młodzi dorośli); 30–40 lat (instruktorzy z doświadczeniem); powyżej 40 (instruktorzy z dużym doświadczeniem).

Tabela 14. Wiek badanych instruktorów

Wiek	ZHP	ZHR	SHK	SH	ZHP na Litwie	Łącznie
18–25 lat	11	4	3	5	1	**24**
26–30 lat	2	0	1	6	0	**9**
31–40 lat	0	1	0	2	0	**3**
Powyżej 40	0	1	0	3	0	**4**

Źródło: opracowanie własne.

Płeć

Blisko dwie trzecie badanych to kobiety, ponad jedna trzecia – mężczyźni. W SH ta dysproporcja jest znacznie większa, w ZHP jest prawie równy udział obu płci, natomiast w ZHR relacje są odwrócone, dominują mężczyźni.

Tabela 15. Płeć uczestników wywiadu indywidualnego

Płeć	ZHP	ZHR	Skauci Europy	SH	ZHP na Litwie	Łącznie
Kobieta	7	2	2	13	1	**25**
Mężczyzna	6	4	2	3	0	**15**

Źródło: opracowanie własne.

Funkcja

Najczęściej pełnioną dotychczas funkcją przez respondentów była funkcja drużynowego (19,9%) i przybocznego (16,9%), co wydaje się zupełnie naturalne, gdyż najczęstsza ścieżka rozwoju to: zastępowy, przyboczny, drużynowy. Dopiero dalsze funkcje nie są już tak oczywiste.

Grupując poszczególne funkcje w poziomy działania charakterystyczne dla organizacji, nadal widać, że funkcje pełnione w drużynie są najczęściej wymienianymi. Na drugim miejscu znajdują się funkcje pełnione na poziomie hufca, ale jest to prawie czterokrotnie mniejszy wynik niż w przypadku pierwszej odpowiedzi. Nie należy brać pod uwagę niskiego wyniku funkcji pełnionych w zastępie, nie oznacza on, że większość badanych pominęła tę funkcję w toku rozwoju harcerskiego, po prostu najczęściej nie wymieniali jej, uznając ją za nieistotną.

W przypadku funkcji pełnionej w trakcie trwania badań ponownie na pierwszy plan wysuwa się funkcja drużynowego – ponad jedna piąta badanych podaje, że aktualnie pełni taką funkcję. Po pogrupowaniu odpowiedzi w kategorie odpowiadające poziomom organizacyjnym widać, że jedna czwarta badanych pełni funkcję na poziomie drużyny, po 13,5% badanych wskazało, że pełni funkcję na poziomie hufca lub że udzielają się w komisji czy kapitule stopni, o 2% mniej badanych pełni funkcje na poziomie organizacji.

Odpowiadając na to pytanie, czterdziestu respondentów wymieniło pięćdziesiąt dwie pełnione funkcje, z czego wynika, że niektórzy badani pełnią kilka funkcji równocześnie. Trzydzieści dwie osoby podały, że pełnią jedną funkcję, pięć przyznało się do pełnienia dwóch, dwie – do pełnienia trzech, a jedna – aż czterech równocześnie. W siedmiu przypadkach na osiem jedną z pełnionych funkcji jest kształcenie lub komisja czy kapituła stopni. W przypadku dwóch funkcji drugą jest w dwóch przypadkach drużynowy, w pozostałych przypadkach są to funkcje pełnione w komendzie hufca, namiestnikowskie oraz w Sądzie Harcerskim. W przypadku trzech funkcji poza pełnieniem obowiązków w komisji stopni dochodzą jeszcze: komisja rewizyjna, szefowanie Akcji Letniej, tworzenie stron internetowych oraz Komenda Hufca. Osoba, która pełni cztery funkcje, wykonuje działania drużynowego, instruktora odpowiedzialnego za kształcenie, namiestnika i działa w komendzie hufca. Badani pełniący kilka funkcji to, poza jednym przypadkiem, osoby młode, w wieku od 20 do 27 lat. Ich staż jest bardzo zróżnicowany – od jednego roku aż do czterdziestu kilku lat. Jeśli chodzi o stopnie instruktorskie, to najwięcej jest tu przewodników – czterech, dwóch podharcmistrzów oraz jeden harcmistrz i jeden instruktor Skautów Europy.

Łącznie, biorąc pod uwagę wszystkie grupy respondentów, zbadano 754 osoby w wieku od 9 do 59 lat.

ROZDZIAŁ VI
Idee i wartości we współczesnym ruchu harcerskim – założenia i praktyka

O ruchu harcerskim mówi się, że jest to **ruch młodych dla młodych** lub **ruch młodych organizowany przez młodych**. Jednak aby działalność tego ruchu, czy mieszczących się w nim organizacji, zakończyła się sukcesem, konieczne jest dobre zrozumienie się obu stron – zarówno tych, którzy już są w tym ruchu, jak i tych, którzy mogą się stać jego przyszłymi członkami. Młodzi, zaangażowani w działalność ruchu, chcąc przekazać idee harcerskie kolejnemu pokoleniu, muszą sami dobrze je rozumieć, a także wiedzieć, jakie są oczekiwania potencjalnych odbiorców.

1. Wartości w Prawie i Przyrzeczeniu Harcerskim – stałe czy zmienne?

Prawo Harcerskie to zbiór zasad, wartości najważniejszych dla ruchu harcerskiego. W czwartym rozdziale niniejszej książki opisano już, jak Prawo Harcerskie jest sformułowane dzisiaj w różnych organizacjach harcerskich i jakie wartości zawierają poszczególne punkty. Najważniejsze z nich to: braterstwo, przyjaźń, tolerancja, uprzejmość, honor, dzielność, szacunek dla przyrody, posłuszeństwo rodzicom i przełożonym, karność, sumienność, pogoda ducha, optymizm, oszczędność, ofiarność, gospodarność, czystość w myśli, w mowie i w uczynkach, unikanie używek.

Nasuwa się pytanie: czy Prawo Harcerskie jest takie samo jak kiedyś, na początku kształtowania się ruchu harcerskiego? Ulegało ono przemianom czy też jest czymś stałym? Jeśli się zmieniało, to jaki charakter miały te przemiany – tylko redakcyjny czy również merytoryczny? Odpowiedź na to pytanie jest istotna z tego względu, że pokaże, czy ruch harcerski zmieniał wartości, do których dążył, czy też przez 100 lat swego istnienia pozostał wierny swym zasadom, a także ujawni, na ile wartości te są zbieżne z wartościami wynikającymi z idei społeczeństwa obywatelskiego.

Chcąc udzielić odpowiedzi na pytanie zawarte w tytule tego podrozdziału, Prawo i Przyrzeczenie Harcerskie poddano analizie treści pod względem pionowym i poziomym. Celem analizy pionowej było porównanie treści zawartych w wymienionych dokumentach funkcjonujących w ruchu harcerskim w latach 1911–1996, a analizy poziomej – treści zawartych w Prawie i Przyrzeczeniu Harcerskim obecnie działających organizacji harcerskich. Za jednostki analizy przyjęto wartości zawarte w poszczególnych zapisach.

W 1911 r. w czasopiśmie „Skaut" opublikowano Prawo Skautowe, które zawierało dziewięć punktów:

1) Na słowie skauta można polegać jak na Zawiszy
2) Skaut jest wierny Ojczyźnie
3) Skaut jest obowiązany być pożytecznym i pomagać innym
4) Skaut jest przyjacielem wszystkich, a bratem każdego innego skauta
5) Skaut jest rycerski
6) Skaut jest przyjacielem zwierząt
7) Skaut jest karny i posłuszny
8) Skaut śmieje się i gwiżdże w najcięższym nawet położeniu
9) Skaut jest oszczędny[1].

Podstawową różnicą w odniesieniu do współczesnych redakcji Prawa Harcerskiego jest brak punktu dziesiątego traktującego o czystości w myśli, mowie i uczynkach. Brzmienie punktu „Na słowie harcerza polegaj jak na Zawiszy" jest dziś takie samo w trzech organizacjach (ZHP, ZHR, SH). Pozostałe punkty zawierają taką samą treść jak dzisiejsze Prawo, ale są inaczej sformułowane.

Prawo skautowe opublikowane w tym samym czasopiśmie, ale trzy lata później, zawiera już dziesięć punktów. Ostatni, dziesiąty punkt brzmi tak jak dzisiejsze wersje: „Skaut jest czysty w myśli, mowie i uczynkach, nie pali tytoniu, nie pije napojów alkoholowych"[2].

Pozostałe punkty są sformułowane podobnie do aktualnych wersji Prawa, np.:

[...]
3) Skaut jest pożyteczny i niesie pomoc bliźnim
4) Skaut w każdym widzi bliźniego, a za brata uważa każdego innego skauta [...]
6) Skaut miłuje przyrodę i stara się ją poznać
7) Skaut jest karny, posłuszny rodzicom i wszystkim swoim przełożonym
8) Skaut jest zawsze pogodny
9) Skaut jest oszczędny i ofiarny[3].

---

[1] Za: O. Fietkiewicz (red.), *Leksykon...*, *op. cit.*, s. 374.
[2] Za: *ibidem*, s. 375.
[3] Za: *ibidem*.

W 1919 r. słowo „skaut" zostało zamienione na „harcerz". W latach trzydziestych XX w. zamieniono kolejność dwóch pierwszych punktów, a także treść jednego z nich na „Harcerz służy Bogu i Polsce i sumiennie spełnia swoje obowiązki"[4].

Prawo Harcerskie, funkcjonujące w latach 1945–1989, zmieniało się kilkakrotnie i odbiegało znacznie od swoich pierwotnych wersji. Najbardziej zbliżona była jeszcze wersja z 1945 r.:

1) Harcerz służy Polsce Demokratycznej i spełnia dla niej sumiennie swoje obowiązki
2) Harcerz miłuje wolność i sprawiedliwość, broni prawa do nich każdego człowieka
3) Harcerz czci pracę, szanuje ludzi pracy i uczy się od nich
4) Harcerz miłuje przyrodę i stara się ją poznać
5) Harcerz mówi prawdę i dotrzymuje słowa
6) Harcerz jest karny, opanowany i pogodny
7) Harcerz jest odważny
8) Harcerz jest uczynny i ofiarny
9) Harcerz jest oszczędny i gospodarny
10) Harcerz jest szlachetny w myśli, mowie i uczynkach, nie pali tytoniu, nie pije napojów alkoholowych[5].

Natomiast już od 1947 r. modyfikacje te były coraz większe. Do Prawa Harcerskiego doszły takie wartości, jak: służba Polsce Ludowej, walka o wolność i pokój narodów, szacunek do pracy i wspólnej własności, które nieodłącznie kojarzą się z okresem socjalizmu w Polsce i dziś są negatywnie oceniane przez środowisko harcerskie. Pojawiły się także sformułowania, które nie mają politycznych odniesień, ale w działających współcześnie organizacjach są nieobecne: szacunek do starszych, rodziców i nauczycieli, pomoc rodzicom, podkreślanie wartości nauki („chce wiedzieć więcej, niż wie, i umieć więcej, niż umie"[6]), miłości i szacunku do domu rodzinnego czy walki z nałogami („Harcerz jest czysty w myśli, mowie i czynach, nie pali tytoniu, nie pije napojów alkoholowych i walczy z nałogami"[7]) oraz dbałość o sprawność fizyczną.

Po analizie treści piętnastu wersji Prawa Skautowego i Harcerskiego, kolejno obowiązujących w Polsce w latach 1911–2006, można stwierdzić, że są dwie wartości, które pojawiają się we wszystkich tekstach. Jedną z nich jest **służba ojczyźnie**, czasem określana mianem **wierności, miłości** lub **lojalności wobec kraju**. Drugą wartością występującą we wszystkich wersjach jest **miłość, szacunek do przyrody**. Kolejną pozycję zajmuje poznawanie przyrody.

---

[4] Za: *ibidem*.
[5] Za: *ibidem*, s. 374.
[6] Wersja Prawa Harcerskiego z lat 1947, 1956, 1964 i 1981, za: *ibidem*.
[7] *Ibidem*.

W dwunastu wersjach jest mowa o karności. W jedenastu – o dotrzymywaniu słowa, obowiązkowości, powstrzymywaniu się od picia napojów alkoholowych i palenia tytoniu. W dwóch trzecich podkreśla się chęć niesienia pomocy innym, zachowanie czystości w myśli, mowie i uczynkach, braterstwo i pogodę ducha oraz przyjaźń. O rycerskości, byciu pożytecznym, oszczędności jest mowa w dziewięciu tekstach.

Szczegółowe wyniki tej analizy przedstawia tabela 16.

Tabela 16. Wartości w Prawie Harcerskim w latach 1911–2006

Liczba wersji PH, w których jest mowa o danej wartości	Najczęstsze sformułowanie występujące w PH	Pozostałe sformułowania
16	(12) Służba ojczyźnie	Wierność ojczyźnie Obrona kraju Miłość do ojczyzny Lojalność wobec kraju
15	(07) Miłowanie przyrody	Przyjaciel przyrody Szacunek do przyrody Przyjaciel zwierząt Ochrona przyrody Gospodarowanie siłami przyrody
13	(13) Poznawanie przyrody	
12	(12) Karność	
11	(11) Słowność	
11	(11) Obowiązkowość	
11	(11) Nie pije	
11	(11) Nie pali	
10	(10) Pomoc	
10	(10) Czystość uczynków	
10	(10) Czystość myśli	
10	(10) Czystość mowy	
10	(10) Braterstwo	
10	(08) Pogoda ducha	Uśmiech
10	(03) Przyjaźń	Kolega Towarzysz Przyjaciel wszystkich
09	(09) Rycerskość	
09	(09) Pożyteczny	
09	(09) Polegać jak na Zawiszy	
09	(09) Oszczędność	
08	(08) Ofiarność	
07	(07) Posłuszeństwo	
07	(07) Dostrzegać bliźnich w innych	

06	(06) Sprawiedliwość	
06	(04) Szacunek do starszych	Lojalność wobec rodziców Lojalność wobec przełożonych i podwładnych
06	(04) Pracowitość	Praca
05	(05) Wolność	
05	(02) Wspólne dobro	Wspólna własność Dobro społeczne Dobro innych
05	(02) Obrona pokrzywdzonych	Broni słusznej sprawy Obrona praw
04	(02) Zmiana świata na lepsze	Budowanie lepszego świata
04	(04) Pokonywanie trudności	
04	(04) Odwaga	
04	(04) Nauka	
04	(03) Służba Bogu	Boże dzieło w przyrodzie
03	(03) Pomoc rodzicom	
03	(03) Opanowanie	
03	(03) Gospodarność	
03	(01) Szacunek do domu rodzinnego	Miłość do domu rodzinnego Dbałość o dom rodzinny
03	(02) ZMP	Młodzież postępowa
02	(02) Walka z nałogami	
02	(02) Uczynność	
02	(02) Sprawność	
02	(02) Siła	
02	(02) Równość	
02	(02) Prawdomówność	
01	(01) Zaufanie	
01	(01) Wytrwałość	
01	(01) Uprzejmość	
01	(01) Szacunek do człowieka	
01	(01) Sumienność	
01	(01) Stawianie celów	
01	(01) Przyjaźń ze zmieniającymi świat na lepsze	
01	(01) Przyjaźń z walczącymi o sprawiedliwość	
01	(01) Pokój	
01	(01) Honor	
01	(01) Dzielność	

Źródło: opracowanie własne.

Powyższa analiza uwzględnia tylko te wartości, które są wprost sformułowane w treści Prawa Harcerskiego. Interpretacja może być również inna, bardziej szczegółowa i dogłębna – będzie to zależeć od osoby, która jej dokonuje – czy to będzie młody harcerz, czy wędrownik, lub młody czy też doświadczony instruktor. Każdy z nich odczyta Prawo trochę inaczej. Przykładem może tu być wspomniana wcześniej miłość do domu rodzinnego, o której dziś nie mówi się wprost. Można jednak stwierdzić, że jest ona obecna w punkcie, który mówi o posłuszeństwie rodzicom czy miłości bliźniego.

Nasuwa się tutaj wniosek, że zestaw wartości w ruchu harcerskim jest raczej taki sam, jednak w zależności od sytuacji historycznej, społecznej, nacisk na poszczególne wartości się zmieniał, jedne stawały się ważniejsze, inne schodziły na dalszy plan.

Podobnie jak zmieniały się wersje Prawa Harcerskiego, przemianom uległa również rota przyrzeczenia. Przemiany te miały różnoraki charakter[8].

W 1911 r. wraz z pierwszą wersją Prawa Skautowego opublikowano również pierwszą rotę Ślubowania Skautowego:

> Ślubuję: 1. Wierność ojczyźnie, 2. Gotowość do niesienia pomocy w każdej chwili innym. 3. Posłuszeństwo Prawu Skautowemu[9].

Wersje dziś obowiązujące w ZHP i ZHR są takie same jak te z lat 1914 i 1932:

> Mam szczerą wolę całym życiem służyć Bogu i Polsce, nieść chętną pomoc bliźnim i być posłusznym Prawu Harcerskiemu[10].

Warto podkreślić, że w 1945 r. rota przyrzeczenia uległa znaczącej zmianie:

> Przyrzekam uroczyście całym swym życiem dążyć do budowy Niepodległej, Demokratycznej i Sprawiedliwej Polski, pracować dla dobra powszechnego, postępować zawsze szlachetnie i być posłusznym Prawu Harcerskiemu. Tak mi dopomóż Bóg[11].

W 1947 r. wprowadzono dwie roty przyrzeczenia, a od 1950 r. funkcjonowała już tylko jedna wersja[12].

---

[8] Zmiany w Przyrzeczeniu Harcerskim szeroko opisuje Bogusław Śliwerski w książce *Przyrzeczenie Harcerskie*, Impuls, Kraków 1994.
[9] Za: O. Fietkiewicz (red.), *Leksykon...*, op. cit., s. 384.
[10] Za: *ibidem*.
[11] Za: *ibidem*.
[12] Do dwóch rot przyrzeczenia ponownie powrócono w 1989 r., w 1996 r. pozostawiono tylko jedną wersję, zawierającą odniesienie do służby Bogu. Stało się to przyczyną kolejnego rozłamu w ZHP – powstało Stowarzyszenie Harcerskie, w którym obowiązywały obie roty przyrzeczenia.

W 1950 r. harcerki i harcerze przyrzekali uroczyście

[...] wobec kolegów i narodu polskiego uczyć się i pracować dla dobra Ojczyzny i sprawy socjalizmu [...] wiernie przestrzegać Prawa Harcerskiego, całym sercem zawsze i wszędzie służyć Polsce Ludowej[13].

W 1957 r. rota ponownie uległa zmianie, by przybrać następujące brzmienie:

Mam szczerą wolę całym życiem pełnić służbę Polsce Ludowej, walczyć o prawdę i sprawiedliwość społeczną, nieść chętną pomoc każdemu człowiekowi, być posłusznym Prawu Harcerskiemu[14].

Obecnie obowiązujące roty przyrzeczenia w poszczególnych organizacjach nieznacznie się od siebie różnią. W ZHP i ZHR tekst jest oparty na wersji z 1932 r.:

Mam szczerą wolę całym życiem pełnić służbę Bogu i Polsce, nieść chętną pomoc bliźnim i być posłuszną/posłusznym Prawu Harcerskiemu[15].

U Skautów Europy formuła jest zupełnie inna:

Na mój honor, z łaską Bożą, przyrzekam całym życiem służyć Bogu, Kościołowi, mojej Ojczyźnie i Europie chrześcijańskiej, nieść w każdej potrzebie pomoc bliźnim, i przestrzegać Prawa Harcerskiego[16].

W Stowarzyszeniu Harcerskim obowiązują dwie roty przyrzeczenia, do wyboru przez składającego przyrzeczenie:

Mam szczerą wolę całym życiem pełnić służbę Bogu i Polsce, nieść chętną pomoc bliźnim, być posłuszną/posłusznym Prawu Harcerskiemu[17].

Mam szczerą wolę całym życiem pełnić służbę Polsce, dążyć do Prawdy i Sprawiedliwości, nieść chętną pomoc bliźnim, być posłuszną/posłusznym Prawu Harcerskiemu[18].

Zmiany wartości w opinii instruktorów

W środowisku harcerskim zdania na temat zmian wartości są podzielone – jedni mówią o stałości wartości, wyłączając z analizy lata PRL, uważając, że wtedy nie było prawdziwego harcerstwa. Inni mówią o zmienności, uwzględniając ten okres w swoich rozważaniach, jeszcze inni skupiają się na esencji, podstawach Prawa Harcerskiego, uważając, że pozostały one niezmienne.

---

[13] Za: *ibidem*.
[14] Statut ZHP..., *op. cit.*; Statut ZHR..., *op. cit.*
[15] Statut ZHP..., *op. cit.*; Statut ZHR..., *op. cit.*
[16] *Przyrzeczenie harcerskie*, http://skauci-europy.pl/o-nas/dokumenty-podstawowe-symbolika/przyrzeczenie-harcerskie, dostęp: 20.10.2013.
[17] Statut Stowarzyszenia Harcerskiego, *op. cit.*
[18] *Ibidem*.

Chcąc się bliżej przyjrzeć temu problemowi, instruktorom w wywiadzie zadano pytanie dotyczące ich opinii o stałości bądź zmienności wartości w ruchu harcerskim.

Siedmiu z czterdziestu badanych instruktorów wskazuje, że harcerski system wartości uległ zmianom w okresie PRL; tyle samo uważa, że ma on niezmienne podstawy. Również siedem osób twierdzi, że w ogóle jest niezmienny. Są to odpowiedzi częściowo się wykluczające, z czego wynika, że instruktorzy mają podzielone zdanie na temat tego, jak kształtował się system wartości harcerskich przez ostatnie 100 lat.

Badani, którzy uważają, że zmiany nastąpiły w okresie PRL, argumentują to m.in. w ten sposób:

Były próby wypaczeń tych ideałów w okresie PRL, co wywołało różne reakcje – np. odsunięcie od pracy w organizacji Kamińskiego (instruktor SH, hm.[19]).

Teraz wróciliśmy do tego, co było na początku, w okresie PRL było coś innego (instruktorka SH, pwd.).

W latach 80' harcerstwo było podzielone – z inną fasadą, a innym wnętrzem (instruktor SH, hm.).

W okresie PRL wpakowano w harcerstwo budowanie socjalizmu i skrzywiono niektóre idee, ale okres ten to czas „błędów i wypaczeń" i mamy go za sobą, wróciliśmy do korzeni (instruktorka ZHP, pwd.).

Część instruktorów podkreśla, że istnieją jednak niezmienne podstawy:

Ideały jednak według mnie są wciąż aktualne (instruktor ZHR, pwd.).

Kręgosłup jest taki sam (instruktor ZHR, pwd.).

Nie, wartości jako takie nie [zmieniły się – przyp. E.P.K.] (instruktorka ZHP, pwd.).

Ogólne założenia się nie zmieniły (instruktorka SH, pwd.).

Prawo Harcerskie nie uległo zmianie, to można powiedzieć, że w takiej skondensowanej formie te ideały są takie same (instruktor ZHR, hm.).

System wartości generalnie pozostaje niezmienny (instruktorka ZHP, phm.).

W kluczowej kwestii się nie zmieniał, ale jest jedna rzecz, która spędza harcerzom sen z powiek – abstynencja alkoholowa (instruktor ZHP, pwd.).

---

[19] Skróty pwd., phm., hm. oznaczają stopnie instruktorskie, odpowiednio: przewodnik/przewodniczka, podharcmistrz/podharcmistrzyni, harcmistrz/harcmistrzyni.

Instruktorzy, którzy uważają, że system wartości pozostał niezmienny, nie formułują konkretnych argumentów, wypowiedzi mają raczej charakter ogólnikowy:

Mam głębokie przekonanie, że są stałe i niezmienne (instruktorka ZHP, pwd.).

Wartości będą stałe niezależnie od tego, czy to było sto lat temu, czy teraz (instruktorka SH, phm.).

Są niezmienne (instruktorka ZHR, pwd.; instruktorka SHK, staż – 7 lat; instruktorka SHK, staż – 3 lata; instruktor ZHP, phm.).

Wykres 7 prezentuje odpowiedzi instruktorów pogrupowane w poszczególne kategorie.

Wykres 7. Zmienność harcerskiego systemu wartości w opinii instruktorów

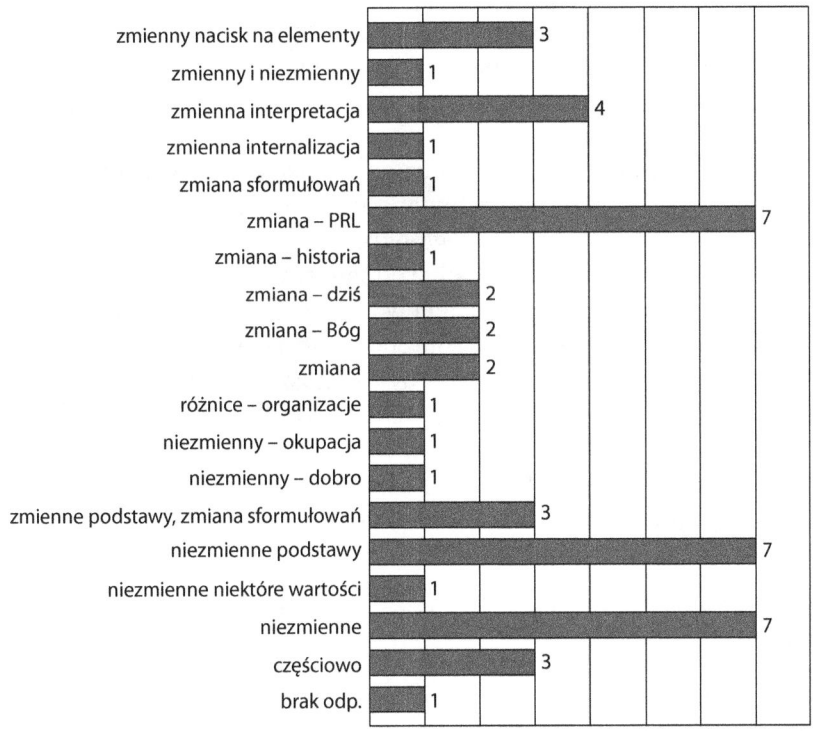

Źródło: opracowanie własne.

Łącząc poszczególne wypowiedzi w bardziej ogólne grupy: „niezmienny zdecydowanie", „zmienny zdecydowanie" (w tym zmiany w zakresie wiary w Boga, historyczne, aktualne i w okresie PRL), „niezmienne podstawy" oraz „zmienny

częściowo" (sformułowania, interpretacja, nacisk na elementy), uzyskuje się następujące oceny stopnia zmienności systemu wartości:
- zmienny częściowo: piętnaście osób;
- niezmienne podstawy: dziesięć osób;
- zmienny zdecydowanie: dziewięć osób;
- niezmienny zdecydowanie: siedem osób.

Przy czym dwie osoby udzieliły odpowiedzi należących do dwóch kategorii – „niezmienne podstawy" i „zmienny częściowo". Ponieważ odpowiedzi te się nie wykluczają, zostały one uwzględnione w analizie.

Wyraźnie widać, że instruktorzy są raczej skłonni przyznawać, że system wartości częściowo ulegał zmianie, ale zależało to od interpretacji, nacisku na poszczególne elementy. W tej kategorii największą grupą, która udzieliła takich odpowiedzi, byli instruktorzy z SH (dziewięć osób), wypowiedzi instruktorów z pozostałych organizacji rozłożyły się równomiernie w poszczególnych grupach. Stopień instruktorski nie miał wpływu na udzielaną odpowiedź, z wyjątkiem już wspomnianej kategorii „zmienny częściowo", w której odpowiedzi udzieliło najwięcej przewodników (dziesięć osób), odpowiedzi instruktorów z pozostałymi stopniami instruktorskimi rozłożyły się po równo w poszczególnych grupach.

Chcąc uzyskać dokładniejszy obraz opinii instruktorów na temat przemian wartości w ruchu harcerskim, zapytano ich o to, co się zmieniło w systemie wartości harcerskich w ciągu całego okresu działalności ruchu harcerskiego. Prawie połowa badanych nie udzieliła odpowiedzi na to pytanie, co w większości wynikało z odpowiedzi udzielonej w poprzednim pytaniu. Pozostałe osoby wskazują najczęściej na zmiany w obrębie **postawy patriotycznej** i **wiary** (po sześć osób) oraz **służby** (cztery osoby); odnoszą się także do poprzedniego ustroju i mówią o **wychowaniu socjalistycznym** (cztery osoby).

Instruktorzy podkreślają, że zmieniło się podejście do **postawy patriotycznej**, według nich wyraźnie widać, że dzisiaj nie ma ona już takiego znaczenia jak dawniej, a przynajmniej nie w takim stopniu jak dawniej było rozumiane to pojęcie:

> *Przed wojną inaczej rozumiało się patriotyzm niż w tej chwili* (instruktorka SH, phm.).

> *Dawniej głównym celem była walka o niepodległość, dziś patriotyzm nie ma już tego znaczenia. Dziś trudno pracować z patriotyzmem, bo trudno go zdefiniować* (instruktor ZHP, phm.).

> *Dziś trochę inaczej rozumie się patriotyzm* (instruktorka SH, pwd.).

> *To widać na przykładzie stosunku do służby Polsce, bo bardzo się zmienia pojęcie patriotyzmu. To bardzo głęboko sięga w pracę harcerską, bo to dotyka chociażby takich kategorii jak wychowanie militarne czy wojskowe. Przed wojną żaden 18-latek*

nie wstydziłby się, jakby go do wojska wzięli, a teraz się wstydzi, jak go wezmą, bo nie dostał się na studia (instruktor ZHR, hm.).

Na samym początku, podczas tworzenia harcerstwa, sądzę, że przewodnią wartością był patriotyzm i chęć działania na rzecz wyzwolenia Polski (instruktor ZHP, pwd.).

Dziś mniej jest manifestowany patriotyzm, dziś jest mniej drużyn, które można nazwać nacjonalistycznymi, a więcej, które są zupełnie obojętne w sprawach Polski (instruktor ZHP, phm.).

Na kwestię **wiary w Boga** badani mają różne spojrzenie. Część podkreśla, że dziś harcerstwo odchodzi od wiary, dopuszcza uczestnictwo w ruchu harcerskim również niewierzących:

Na pewno jest to kwestia Boga – przedwojenne harcerstwo było dla osób wierzących. Po wojnie w tej kwestii był zamiana – przynajmniej w oficjalnej formie. A dziś w różnych organizacjach różnie to wygląda (instruktorka SH, pwd.).

[…] na początku harcerstwo było silnie związane z religią, teraz są organizacje, które pozwalają być w swoich szeregach osobom niewierzącym, a wyznającym ten uniwersalny system wartości zawarty w konstytucji (instruktorka SH, hm.).

[…] patrząc na wszystkie organizacje – dziś widać odejście większości od Boga (instruktor ZHR, pwd.).

[…] w sposób naturalny zmieniał się stosunek do Boga, jest to pochodna tego, co się dzieje dookoła (instruktorka ZHP, phm.).

Zmieniało się także Przyrzeczenie, kiedyś były dwie roty, teraz jest jedna – głównie chodzi o obecność Boga w niej. W tym przypadku uważam, że coś się zmieniło i nie do końca wiemy, na czym tu się zaczepić (instruktorka ZHP, pwd.).

[…] wykreślenie Boga w harcerstwie w latach 80', co wróciło do ZHP dopiero w połowie lat 90 (instruktor SH, hm.).

Wśród instruktorów pojawiają się głosy, że trudno jest dziś zinterpretować **pojęcie służby**. Zastanawiają się oni także nad przyrzekaniem na służbę krajowi i zobowiązaniami z tego wynikającymi:

[…] zmienia się podejście do służby (instruktor ZHP, phm.).

Na ile ludzie w okresie PRL to traktowali z perspektywy służby krajowi, a na ile służby systemowi? (instruktor SH, pwd.)

[…] wydaje mi się, że struktura państwa jest drugorzędna w stosunku do tego, jakie harcerze wyznają wartości i mimo wszystko nie miało to większego znaczenia, czy

> *ktoś przyrzekał służbę Polskiej Rzeczpospolitej Ludowej czy służbę już teraz Polsce* (instruktor SH, pwd.).
>
> [...] *trudno jest dziś znaleźć drogę służby Polsce* (instruktor ZHR, pwd.).

Wychowanie socjalistyczne jest chyba najmniej dyskusyjnym elementem w systemie wartości harcerskich – było kiedyś, a teraz go nie ma:

> *Harcerstwo kierowało się innymi celami, co wyznaczała obowiązująca polityka. Mówiło o miłości do Polski Ludowej, o wychowaniu socjalistycznym; to, czego my obecnie zupełnie nie praktykujemy* (instruktorka SH, pwd.).
>
> *Przykładem może być socjalizm, który był zawarty w zapisach, teraz go nie ma* (instruktorka SH, pwd.).
>
> [...] *w czasie PRL oficjalne wartości harcerskie się zmieniły* (instruktor ZHR, pwd.).

Powyższe odpowiedzi potwierdzają to, o czym była mowa wcześniej – że trudno jednoznacznie określić, czy system wartości wyrażanych w Prawie i Przyrzeczeniu Harcerskim się zmienił czy też nie, ponieważ część wartości, a nawet zapisów pozostała taka sama. Poza tym zapisy te były różnie interpretowane, zmieniało się ich znaczenie, a także zmieniał się nacisk na poszczególne elementy tego systemu. Mimo że nie jest to opinia większości badanych instruktorów, można by powiedzieć, że harcerski system wartości ulegał częściowym zmianom, jednak zawsze odwoływał się do niezmiennych podstaw.

2. Prawo Harcerskie w życiu codziennym

W poprzednim podrozdziale opisano systemy wartości zawarte w Prawie Harcerskim poszczególnych organizacji działających współcześnie. Zapisy te w trzech organizacjach różnią się nieznacznie, aczkolwiek jest to różnica ważna – chodzi o odniesienie do wiary. W czwartej z tych organizacji sformułowania poszczególnych punktów znacznie odbiegają od prawa w ZHP, ZHR czy SH, jednak po analizie można stwierdzić, że dotyczą tych samych wartości i oczekiwanych postaw.

Harcerzom i instruktorom w interpretacji Prawa Harcerskiego mają pomagać komentarze, które szczegółowo objaśniają, jak należy rozumieć dany punkt i co należy robić, aby żyć w zgodzie z nim. Od strony teoretycznej więc jest jasno sprecyzowane, czego ruch harcerski oczekuje od osób, które chcą w nim uczestniczyć.

Jedną z zasad metody harcerskiej jest dobrowolność przynależności. Do bycia harcerzem nie można nikogo zmusić. Można by się więc spodziewać, że osoby należące do harcerstwa całkowicie podzielają zasady, jakie w nim panują, stosują się do nich i w pełni je rozumieją. Czy tak jest rzeczywiście?

W badaniu ankietowym harcerzom zadano pytanie o to, jak ich drużyna pracuje z Prawem Harcerskim. Najczęstszą odpowiedzią było: „jego tekst wisi w harcówce w widocznym miejscu" (49,8%), na drugim miejscu znalazła się wypowiedź: „mamy zbiórki specjalnie poświęcone temu tematowi" (49,1%). 43,1% badanych twierdzi, że wszyscy muszą je znać na pamięć; 41,6% uważa, że drużynowy często odwołuje się na zbiórkach do Prawa, a 39% pisze: „drużynowy często przypomina nam, co jest zgodne z Prawem, a co nie". Tylko 2,6% twierdzi, że nie rozmawia na ten temat w drużynie. Obraz, jaki wyłania się z tych wypowiedzi, dobrze rokuje – oznacza, że drużynowi są świadomi roli Prawa Harcerskiego w wychowaniu harcerskim. Zastanawiać może tylko wysoki wynik, jaki uzyskała odpowiedź „wszyscy muszą je znać na pamięć". Metoda harcerska zakłada uczenie pośrednie, co oznacza, że harcerze powinni poznawać zasady przez działanie czy przez przykład innych – harcerzy, instruktorów, a nie uczyć się ich na pamięć. Trzeba tu zwrócić uwagę, że największa grupa harcerzy, która zaznaczyła tę odpowiedź, wywodziła się z SH – aż 76,7% badanych. W ZHR najważniejsze okazało się to, że tekst Prawa wisi w harcówce w widocznym miejscu, natomiast harcerze z ZHP podkreślają, że mają specjalne zbiórki poświęcone Prawu.

Szczegółowy rozkład najczęściej wybieranych odpowiedzi przedstawia tabela 17.

Tabela 17. Odpowiedzi harcerzy (z podziałem na organizacje) dotyczące pracy z Prawem Harcerskim w drużynie (dane w %)

Odpowiedź	ZHP	ZHR	SH	Razem
Jego tekst [Prawa] wisi w harcówce w widocznym miejscu	48,6	**64,3**	41,9	**49,8**
Mamy zbiórki specjalnie poświęcone temu tematowi	**54,3**	35,7	48,8	49,1
Wszyscy muszą je znać na pamięć	34,7	47,6	**76,7**	43,1
Drużynowy często odwołuje się na zbiórkach do Prawa	41,0	57,1	34,9	41,6
Drużynowy często przypomina nam, co jest zgodne z Prawem, a co nie	38,7	52,4	30,2	39,0
Nie rozmawiamy na ten temat w drużynie	2,9	4,8	0,0	2,6

* Dane nie sumują się do 100%, gdyż można było zaznaczyć więcej niż jedną odpowiedź.

Źródło: opracowanie własne.

Odpowiedzi badanych na pytanie o ich stosunek do Prawa Harcerskiego potwierdzają powyższe wyniki. Badani mogli zaznaczyć dowolną liczbę odpowiedzi, a także dopisać własną. Wszystkie odpowiedzi pogrupowano w dwanaście kategorii. Najczęstszą jest wspomniana już wcześniej znajomość Prawa na pamięć (48,7%). Jednak już na drugim miejscu pojawia się odpowiedź, która powinna niepokoić – prawie połowa badanych ma do Prawa stosunek ambiwalentny, wybiórczy, przy czym najczęściej wybieraną odpowiedzią w tej kategorii było: „stosuję się do niektórych punktów, a do innych nie" (46,1%). Tylko jedna piąta respondentów pisze, że zawsze go przestrzega (21,7%). Niecałe 14% zaś deklaruje, że stara się go przestrzegać (13,9%). Mniej niż 4% respondentów przyznaje, że go nie rozumie.

W poszczególnych organizacjach badani odpowiadali podobnie, z tą tylko różnicą, że w SH ponownie została podkreślona konieczność znajomości treści Prawa na pamięć, natomiast w pozostałych organizacjach na plan pierwszy wysuwają się odpowiedzi świadczące o ambiwalentnym stosunku do Prawa. Największy odsetek badanych uznających ten tekst za niedzisiejszy i nieaktualny jest w ZHP, co może mieć związek z dyskusją, jaka toczyła się wokół Prawa Harcerskiego i jego ewentualnych zmian w czasie, kiedy były prowadzone badania.

Tabela 18. Odpowiedzi harcerzy (z podziałem na organizacje) dotyczące ich stosunku do Prawa Harcerskiego (dane w %)

Grupa odpowiedzi	ZHP	ZHR	SH	Razem
Znam na pamięć	45,1	42,9	**76,7**	**48,7**
Ambiwalencja	**47,4**	**57,1**	34,9	46,1
Zawsze go przestrzegam	23,7	19,0	18,6	21,7
Staram się przestrzegać	11,6	11,9	27,9	13,9
Jest przestarzałe	11,0	7,1	2,3	9,7
Nie rozumiem	4,0	4,8	0,0	3,7
Nie pamiętam	2,3	2,4	0,0	1,9
Rozumiem je	1,2	2,4	0,0	1,1
Jest dla mnie wzorem	0,6	0,0	2,3	0,7
Łamanie prawa	0,6	0,0	0,0	0,4
Nie zgadzam się	0,0	2,4	0,0	0,4
Jest tabu	0,6	0,0	0,0	0,4

* Dane nie sumują się do 100%, gdyż można było zaznaczyć więcej niż jedną odpowiedź.

Źródło: opracowanie własne.

Sama znajomość treści Prawa Harcerskiego nie oznacza jeszcze jego rozumienia. Badani deklarowali, że w większości przypadków zapisy te są dla nich zrozumiałe, deklaracje te zostały sprawdzone przez dwa zadania. Pierwsze wymagało zinterpretowania poszczególnych punktów Prawa Harcerskiego, drugie – ustosunkowania się do opisanych stwierdzeń przez zakreślenie jednej z odpowiedzi: „zgadzam się zupełnie"; „czasem tak, a czasem nie"; „nie wiem"; „nie zgadzam się". W stwierdzeniach tych ukryte były pożądane lub niepożądane postawy opisane w kolejnych punktach Prawa Harcerskiego.

2. Prawo Harcerskie w życiu codziennym

Celem takiego działania było zbadanie znajomości i rozumienia Prawa Harcerskiego przez harcerzy, a także ustalenie, czy harcerze rzeczywiście kierują się postawami (w sferze deklaratywnej)[20] opisanymi w Prawie Harcerskim.

W tabeli 19 przyporządkowano poszczególne stwierdzenia konkretnym punktom Prawa, a także podano najbardziej pożądane odpowiedzi, które są wyrazem postaw i podzielanych wartości zawartych w treści każdego punktu.

Tabela 19. Postawy odpowiadające poszczególnym punktom Prawa Harcerskiego oraz oczekiwane odpowiedzi badanych

Punkt Prawa Harcerskiego	Stwierdzenie	Oczekiwana odpowiedź
Harcerz służy Polsce i sumiennie spełnia swoje obowiązki	Nie wyobrażam sobie stałego wyjazdu za granicę, chcę mieszkać i w przyszłości pracować w Polsce	Zgadzam się zupełnie
	Czuję się „obywatelem świata". Nie ma znaczenia, w jakim kraju mieszkam, byle byłyby tam dobre warunki do nauki, pracy i godnego życia	Nie zgadzam się
Na słowie harcerza polegaj jak na Zawiszy	Nigdy nie zawiodłem zaufania kolegów, koleżanek czy osób starszych. Zawsze dotrzymuję danego słowa	Zgadzam się zupełnie
	Można mi powierzyć tajemnicę – zawsze dochowam sekretu	Zgadzam się zupełnie
Harcerz jest pożyteczny i niesie chętną pomoc bliźnim	Zawsze pomagam innym, jeśli tego potrzebują	Zgadzam się zupełnie
	Uważam, że każdy powinien sam sobie radzić ze swoimi problemami. Proszenie o pomoc świadczy o słabości charakteru	Nie zgadzam się
Harcerz w każdym widzi bliźniego, a za brata uważa każdego innego harcerza	Gdybym był na obozie razem z harcerzami z innych organizacji, to trzymałbym tylko ze „swoimi"	Nie zgadzam się
	Jeżeli kolega z innej klasy (z którą nasza klasa niespecjalnie się lubi) potrzebowałby pomocy w odrobieniu zadania domowego, to chętnie bym mu pomógł	Zgadzam się zupełnie
Harcerz postępuje po rycersku	Potrafię przyznać się do popełnionego błędu, choć nie jest to łatwe	Zgadzam się zupełnie
	Potrafię zrezygnować z czegoś, na czym mi bardzo zależy, jeśli to przyniosłoby radość komuś z moich bliskich	Zgadzam się zupełnie
Harcerz miłuje przyrodę i stara się ją poznać	Jak zobaczę leżący na ziemi papierek czy inny śmieć, to zawsze go podniosę	Zgadzam się zupełnie
	Lubię wyjeżdżać poza miasto z przyjaciółmi i organizować tam imprezy: jest głośna muzyka, dużo jedzenia i dobrej zabawy	Nie zgadzam się

---

[20] Zbadanie rzeczywistych postaw w takim badaniu jest niemożliwe.

Tabela 19. Postawy odpowiadające poszczególnym punktom Prawa Harcerskiego... cd.

Punkt Prawa Harcerskiego	Stwierdzenie	Oczekiwana odpowiedź
Harcerz jest karny i posłuszny rodzicom i wszystkim swoim przełożonym	Zawsze wypełniam polecenia starszych, a zawłaszcza rodziców	Zgadzam się zupełnie
	Uważam, ze rodzice czy inni dorośli często nie mają racji. Dlatego zawsze postępuję tak, jak uważam to za słuszne	Nie zgadzam się
Harcerz jest zawsze pogodny	Uważam, że nie powinno się ukrywać emocji. Jeśli mam zły humor, to go okazuję. Ukrywanie emocji jest szkodliwe dla zdrowia	Nie zgadzam się
Harcerz jest oszczędny i ofiarny	Kiedy dostaję kieszonkowe, to staram się zbierać pieniądze na konkretny cel	Zgadzam się zupełnie
	Uważam, że dawanie pieniędzy żebrzącym o to ludziom nie ma sensu. To w niczym im nie pomoże, powinni sami poszukać jakiejś pracy	Nie zgadzam się
Harcerz jest czysty w myśli, w mowie i uczynkach, nie pali tytoniu i nie pije napojów alkoholowych	Uważam, że stosowanie różnych używek (palenie papierosów, picie alkoholu, używanie narkotyków) świadczy o słabości charakteru	Zgadzam się zupełnie
	Uważam, że palenie papierosów czy picie alkoholu podnosi moją pozycję w oczach kolegów czy koleżanek. Jestem doroślejszy od nich	Nie zgadzam się

Źródło: opracowanie własne.

Niżej przedstawiono wyniki z obu pytań kwestionariusza – opisano interpretacje dokonane przez badanych i równocześnie zaprezentowano deklarowane postawy harcerzy.

Harcerz służy Polsce i sumiennie spełnia swoje obowiązki

W kwestionariuszu zamieszczono treść Prawa Harcerskiego jednej z organizacji. W punkcie pierwszym każda z organizacji ma inaczej sformułowaną treść. W ZHP punkt ten brzmi: **„Harcerz sumiennie spełnia swoje obowiązki wynikające z Przyrzeczenia Harcerskiego"**; w ZHR: „Harcerz służy Bogu i Polsce i sumiennie spełnia swoje obowiązki", a w SH: „Harcerz służy Polsce i sumiennie spełnia swoje obowiązki".

Ukrytym celem badacza było również ustalenie, czy osoby z innych organizacji zaznaczą, że u nich ten punkt jest sformułowany inaczej, co świadczyłoby o dobrej znajomości tekstu. Niestety tylko jedna osoba spośród wszystkich badanych zaznaczyła, że w jej organizacji ten punkt brzmi inaczej.

39% badanych interpretuje dany punkt w kategoriach obowiązkowości; poniżej przykładowe odpowiedzi:

Ponosi konsekwencje za swoje obowiązki.

Wypełnia obowiązki bez ociągania się.

[…] wypełnia codzienne obowiązki.

Wypełnia obowiązki nałożone przez kraj.

Rozsądnie wykonuje obowiązki.

Z zaangażowaniem wykonuje obowiązki.

Wypełnia obowiązki z całego serca.

Dokładnie wypełnia obowiązki.

Wypełnia obowiązki z przyjemnością.

Spełnia obowiązki powierzone przez przełożonego.

Wypełnia obowiązki domowe.

Wypełnia obowiązki szkolne.

Wypełnia obowiązki wynikające z Konstytucji i Prawa.

Wypełnia obowiązki wynikające z Prawa Harcerskiego.

Wypełnia swoje obowiązki w określonym czasie.

Wypełniam powierzone zadania.

Wypełnia obywatelskie obowiązki.

Robi, co trzeba.

Robienie czegoś, co do nas należy.

Stara się jak najlepiej wywiązywać ze swoich obowiązków.

Wypełnia obowiązki z czystym sumieniem.

Wypełnia zadania, które sam na siebie przyjął.

Zobowiązuje się do pełnienia określonych funkcji.

Na drugim miejscu znalazła się postawa patriotyczna, określana przez badanych po prostu jako „patriotyzm" (24,7%). Jedna piąta harcerzy pisze o wierności krajowi (21%). Niektóre z tych sformułowań brzmią górnolotnie i można się zastanawiać, skąd taka interpretacja dokonana przez młodych, nastoletnich ludzi – czy jest to wynik przejmowania opinii zasłyszanych z mediów i od starszych? Nasuwa się pytanie, czy za tymi sformułowaniami idzie praktyczne działanie. Poniżej przytoczono przykładowe odpowiedzi:

Kiedy trzeba, broni kraju.

Dba o kraj.

Dba o dobre imię ojczyzny.

Dba o dobro ojczyzny.

Jest dumny z bycia Polakiem.

Działanie na rzecz ojczyzny.

Kocha ojczyznę.

W pierwszej kolejności zajmuje się sprawami kraju.

Oddany ojczyźnie.

Podziwia piękno kraju.

Polska jest dla niego ważna.

Pomaga ojczyźnie.

Poświęca się dla kraju.

Jesteśmy przyszłością narodu.

Reprezentuje godnie kraj.

Reprezentuje kraj swoją postawą.

Służy Polsce w trudnych chwilach.

Sprawy ojczyzny są dla niego istotne.

Szanuje Polskę.

Walczy za ojczyznę.

Wierny ojczyźnie.

Wpływa korzystnie na ojczyznę.

Ma zobowiązania wobec ojczyzny.

Żyje dla Polski.

Trochę ponad jedna dziesiąta badanych wspomina o służbie (11,6%):

Gotowość do pełnienia służby.

Podejmowanie różnego rodzaju służby.

Służy krajowi jak żołnierz.

Służy miastu.

Służy narodowi.

Służy ojczyźnie w potrzebie.

Służy Polsce.

Służy Polsce tak jak jest to możliwe.

Stosunkowo niewiele harcerzy wspomina o nauce, konieczności sumiennej i rzetelnej pracy, udziale w świętach narodowych, a tylko 1,1% badanych mówi o wierze w Boga.

Jedna piąta badanych nie podjęła próby zinterpretowania tego punktu, a 2,6% otwarcie pisze, że go nie rozumie.

Sumując poszczególne wypowiedzi w kategorie, otrzymano rozkład, który przedstawia tabela 20.

Tabela 20. Interpretacja pierwszego punktu Prawa Harcerskiego – odpowiedzi najczęściej udzielane przez harcerzy

Odpowiedź	% respondentów
Obowiązkowość	39,0
Patriotyzm	24,7
Wierność ojczyźnie	21,0
Służba	11,6
Pomaganie innym	7,1
Nauka	7,1
Udział w świętach narodowych	5,2
Praca	5,2
Sumienność	4,5
Kierowanie się ideałami	4,5
Brak odp.	19,1

* Dane nie sumują się do 100%, gdyż można było zaznaczyć więcej niż jedną odpowiedź.

Źródło: opracowanie własne.

Interpretacja ta jest zgodna z treścią pierwszego punktu, nie zawiera w sobie oryginalnych podejść do rozumienia go. Tylko nieliczni próbują w tym wypadku opisywać postawy lub czyny, które wprost nie są zawarte w treści, np. o konieczności dobrej nauki czy pracy.

W badaniu dotyczącym postaw na początku harcerze mieli się ustosunkować do kwestii wyjazdu na stałe za granicę. Najwięcej – 39% – przyznaje, że czasami nie wyobraża sobie wyjazdu na stałe z kraju, 27% deklaruje, że na pewno pozostaliby na miejscu, a tylko 15% wyjechałoby za granicę.

W poszczególnych organizacjach różnice są niewielkie. W sumie decyzję o pozostaniu w Polsce podjęłoby najwięcej osób z ZHP, a najmniej z SH. Równocześnie najwięcej osób z SH nie wie, co zrobiłoby w takiej sytuacji.

W drugim ze stwierdzeń dotyczących pierwszego punktu Prawa Harcerskiego w sumie ponad połowa badanych przyznaje rację, że może tak się zdarzyć, że nie będzie miało dla nich znaczenia, gdzie mieszkają i pracują. 13,5% nie wie, co zrobiłoby w takiej sytuacji, a tylko jedna czwarta przyznaje, że nie czuje się obywatelem świata i nie opuści kraju w poszukiwaniu pracy czy dobrobytu.

Największy odsetek osób, które wyjechałyby za granicę za dobrą pracą czy lepszymi warunkami życia, jest w SH, najmniejszy zaś – w ZHP.

Wcześniej ponad połowa badanych stwierdziła, że nie opuściłaby kraju. Jest to pewien brak spójności w poglądach.

Na słowie harcerza polegaj jak na Zawiszy, czyli dotrzymuje obietnic

Zdecydowana większość badanych podaje jedną interpretację tego punktu – „słowność" (53,9%); oto najczęstsze wypowiedzi:

Nie jest gołosłowny.

Dotrzymuje obietnic.

Dotrzymuje słowa.

Nie rzuca słów na wiatr.

Bezwzględne dotrzymywanie słowa.

Jeśli złamie dane słowo, to nie jest godzien być harcerzem.

Nie daje słowa, kiedy wie, że się z niego nie wywiąże.

Słowo harcerza jest święte.

Słowo harcerza jest wiele warte.

Słowo harcerza nie może być podważone.

Prawie jedna piąta badanych wspomina także o prawdomówności (23,6%), podając najczęściej odpowiedzi: „nie kłamie, broni prawdy", „dzięki prawdomówności jest się harcerzem", „prawdomówny", „szczery". Około jednej dziesiątej badanych uważa, że zapis taki oznacza, iż na harcerzu można polegać (10,5%) oraz że jest on godny zaufania (9%).

Badani są raczej zgodni co do interpretacji tego punktu, mimo że powszechnie uważa się, iż jest on jednym z trudniejszych do zrozumienia.

Tabela 21. Interpretacja drugiego punktu Prawa Harcerskiego – odpowiedzi najczęściej udzielane przez harcerzy

Odpowiedź	% respondentów
Słowność	53,9
Prawdomówność	23,6
„Można na nim polegać"	10,5
Bycie godnym zaufania	9,0
Brak odp.	21,0

* Dane nie sumują się do 100%, gdyż można było zaznaczyć więcej niż jedną odpowiedź.

Źródło: opracowanie własne.

Ustosunkowując się do drugiego z analizowanych stwierdzeń, ponad połowa badanych deklaruje, że stara się nie zawodzić zaufania swoich kolegów, a ponad jedna czwarta przyznaje, że nigdy nie zawiodła zaufania. Należy jednak pamiętać, że są to tylko deklaracje. Tylko 5,2% przyznaje, że nie spełnia tego wymogu; jest to wysoki wynik, biorąc pod uwagę, że trzeba było się przyznać do słabości swojego charakteru.

Zdecydowanie najwięcej osób, które uważają się za godne zaufania, jest w SH, a najmniej w ZHR, nie są to jednak wyniki, które można traktować jako wskaźnik stanu faktycznego, zależą one bowiem od poziomu samokrytycyzmu badanych w stosunku do siebie – być może w ZHR harcerze patrzą na siebie bardziej krytycznie i surowiej się oceniają.

W odniesieniu do kolejnego twierdzenia ponad połowa badanych zadeklarowała, że zawsze dochowuje tajemnic, a jedna czwarta – że czasami tak, a czasami nie. Znowu jednak – tak jak poprzednio – można to traktować tylko jako deklarację.

Zdecydowanie najbardziej pewni swojej dyskrecji są harcerki i harcerze w SH, a najmniej w ZHR. Może to wynikać z przyczyn, o których była mowa wyżej.

Harcerz jest pożyteczny i niesie chętną pomoc bliźnim, czyli pomaga wszystkim, również wrogom

Podobnie jak w poprzednim punkcie, tutaj badani również są zgodni co do jego interpretacji – 82% pisze o szeroko rozumianej pomocy w różnym kontekście: nieodtrącaniu, pomaganiu, ale nie wyręczaniu w zadaniach; pomocy dyskretnej, bezinteresowniej; w konkretnych sytuacjach: w nauce, w domu, w szkole, w pracy, w nagłej potrzebie; określonym osobom: obcym, potrzebującym, słabszym, rodzeństwu, rodzicom, sąsiadom, starszym, a nawet społeczeństwu. Mowa jest o pomaganiu, które sprawia równocześnie radość, a także pomaganiu nawet najmniejszym gestem – np. uśmiechem. Pojawiają się wypowiedzi traktujące pomoc jako bezwzględny obowiązek, ale również takie, które mówią o działaniu w miarę własnych możliwości. Najciekawsze wypowiedzi przytoczono poniżej:

Pomaga, gdy go o to poproszą.

Pomaga nawet wtedy, kiedy mu się nie chce.

Pomaga podnieść się tym, co upadli.

Pomaga w miarę swoich możliwości.

Pomaga wszystkim, również wrogom.

Pomaga z własnej woli.

Zachęca innych do bezinteresownej pomocy.

Pomoc jest jego obowiązkiem.

Szuka sytuacji, aby pomóc innym.

Nie stoi z boku tylko pomaga.

Nie boi się pomocy.

Pozostałe wypowiedzi nie uzyskały nawet 10% wskazań ze strony badanych, co obrazuje tabela 22.

Tabela 22. Interpretacja trzeciego punktu Prawa Harcerskiego – odpowiedzi najczęściej udzielane przez harcerzy

Odpowiedź	% respondentów
Pomocny	82,0
Pożyteczny	7,5
Empatyczny	5,2
Słowny	3,4
Brak odp.	23,2

* Dane nie sumują się do 100%, gdyż można było zaznaczyć więcej niż jedną odpowiedź.

Źródło: opracowanie własne.

Ustosunkowując się do podanych zdań, zdecydowana większość badanych odpowiada, że zawsze udziela pomocy tym, którzy tego potrzebują, a ponad jedna trzecia – że robi to czasami. Nikły procent przyznaje, że nie pomaga innym. Odpowiedzi takie mają charakter deklaratywny, trudno sprawdzalny w rzeczywistości, jednak sam fakt zaznaczenia takiej odpowiedzi świadczy o tym, że respondenci wiedzą, że „tak powinno być", co z kolei jest dowodem na przyswojenie w jakimś stopniu zapisu z tego punktu. Nie znaczy to jednak, że osoby spoza harcerstwa takiej pomocy by nie udzieliły bądź że sądzą one, iż nie trzeba udzielać takiej pomocy. Pomoc bliźnim jest wartością uniwersalną, obecną także w dekalogu chrześcijańskim.

Analiza odpowiedzi z podziałem na poszczególne organizacje wyraźnie wskazuje, że znowu najbardziej pewni swojej postawy są członkowie SH, a najmniej – osoby należące do ZHP. W sumie we wszystkich organizacjach ponad 90% badanych deklaruje, że czasem bądź zawsze pomaga innym.

Ze stwierdzeniem, że każdy powinien radzić sobie sam, nie zgodziło się ponad 70% badanych, 13,5% uznaje, że czasem tak powinno być, a 3,7% w pełni się z tym zgadza.

Podobnie wyniki rozkładają się w poszczególnych organizacjach, z tą różnicą, że w SH więcej osób dopuszcza sytuację, kiedy może się to zdarzyć, natomiast nie ma osób, które bezwzględnie to akceptują.

Harcerz w każdym widzi bliźniego, a za brata uważa każdego innego harcerza... bez względu na organizację

W przypadku interpretacji tego punktu badani nie są już tak zgodni jak poprzednio. Jedna czwarta respondentów podkreśla, że tu istotne jest szczególne odnoszenie się do innych harcerzy (25,1%) – traktowanie ich jak swoich braci, poczucie bycia jedną wielką rodziną, przyjaźń ponad podziałami organizacyjnymi, wspólnota wynikająca z jednakowych ideałów, celów czy symboli – o czym świadczą cytowane poniżej wypowiedzi:

Lubi innych, nawet jeśli jest z innej drużyny.

Traktuje innego harcerza jak siebie samego.

Każdego innego harcerza traktuje jak brata.

Harcerze są wielką rodziną.

Harcerzy łączy przepiękna idea.

W szczególności jest przyjacielem dla kolegów z drużyny.

Za brata uważa każdego innego harcerza bez względu na organizację.

Nie ma wrogów wśród harcerzy.

W drugiej kolejności badani mówili o szacunku (12,7%), a następnie o pozytywnym nastawieniu do innych i braterstwie. Na uwagę zasługuje to, że w pierwszej kolejności harcerze koncentrują się na stosunku wobec innych harcerzy. Może to wynikać z różnych powodów – np. z tego, że obecnie młode pokolenie instruktorów bardzo podkreśla to, że różnice między organizacjami nie mogą być przyczyną waśni, kłótni, wywyższania się (co miało miejsce zaraz po dokonaniu się podziałów organizacyjnych). Inną przyczyną może też być niezrozumienie pierwszej części tego punktu, czyli stwierdzenia, że harcerz „w każdym widzi bliźniego". Są to tylko przypuszczenia, a nie wnioski, które mogą być uogólniane w odniesieniu do wszystkich postaw harcerskich w tym względzie.

Tabela 23 przedstawia najczęściej udzielane odpowiedzi interpretujące ten punkt Prawa Harcerskiego.

Tabela 23. Interpretacja czwartego punktu Prawa Harcerskiego – odpowiedzi najczęściej udzielane przez harcerzy

Odpowiedź	% respondentów
Szczególne odnoszenie się do innych harcerzy	25,1
Szacunek	12,7
Pozytywne nastawienie do innych	9,0
Braterstwo	9,0
Równość	8,6
Tolerancja	8,6
Zgoda	8,2
Koleżeństwo	7,1
Brak dyskryminacji	6,4
Pomoc	5,2
Brak odp.	26,2

* Dane nie sumują się do 100%, gdyż można było zaznaczyć więcej niż jedną odpowiedź.

Źródło: opracowanie własne.

Blisko 60% badanych nie zgadza się z opinią, że należy trzymać tylko z harcerzami ze swojej organizacji. 6,4% deklaruje, że tak by postąpiło, po 15% badanych przyznaje, że czasami tak się zachowuje oraz że nie wie, jak by się zachowało. Wynik taki potwierdzałby interpretacje tego punktu przez harcerzy – szczególny stosunek do innych harcerzy jest dla nich czymś ważnym i istotnym.

Najwięcej badanych niezgadzających się z taką opinią jest w ZHP (63%), a najmniej w ZHR (47,6%). Z kolei w ZHR najwięcej osób dopuszcza taką sytuację czasami. Ciekawe jest też to, że w SH nikt nie zaznaczył odpowiedzi „zgadzam się zupełnie". Postawa taka może wynikać z tego, że SH to najmniejsza organizacja działająca w aglomeracji warszawskiej, która – chcąc się utrzymać na tzw. rynku – musi współpracować z innymi organizacjami i mieć z nimi dobre kontakty.

Blisko połowa badanych deklaruje, że pomogłaby w lekcjach koledze z innej klasy, a prawie jedna trzecia, że zrobiłaby to czasami. 16,5% nie wie, jak zachowałoby się w takiej sytuacji, a 4,1% na pewno by takiej pomocy nie udzieliło.

Ponad połowa badanych z SH udzieliłaby takiej pomocy w każdej sytuacji, w dwóch pozostałych organizacjach wskaźnik ten jest nieznacznie poniżej połowy, a we wszystkich organizacjach około jednej czwartej w pewnych sytuacjach takiej pomocy by udzieliło. Równocześnie najwięcej badanych z SH nie udzieliłoby takiej pomocy (4,7%).

Harcerz postępuje po rycersku

Interpretując ten punkt, badani udzielili największej liczby różnorodnych odpowiedzi, które nie dały się pogrupować w kilka kategorii. Blisko jedna czwarta badanych mówi o odwadze (24,3%), o połowę mniej wspomina o honorze (12,4%), a 8,6% pisze po prostu, że harcerz jest rycerski.

Tabela 24. Interpretacja piątego punktu Prawa Harcerskiego – odpowiedzi najczęściej udzielane przez harcerzy

Odpowiedź	% respondentów
Odwaga	24,3
Honor	12,4
Bycie rycerskim	8,6
Dobre wychowanie	7,5
Stawanie w obronie innych	6,7
Pomoc	5,6
Dzielność	5,2
Posiadanie określonych zasad	5,2
Bycie szlachetnym	4,9
Brak odp.	27,7

* Dane nie sumują się do 100%, gdyż można było zaznaczyć więcej niż jedną odpowiedź.

Źródło: opracowanie własne.

Blisko 90% badanych deklaruje, że potrafi się przyznać do błędu w każdej sytuacji lub prawie zawsze. Tylko 2,2% przyznaje, że tego nie potrafi.

Najwięcej osób deklarujących, że zawsze potrafią się przyznać do błędu, jest w SH – blisko 60%, a najwięcej takich, którym udaje się to czasem – w ZHR.

Podobnie sytuacja wygląda z odpowiedziami na drugie pytanie w tym punkcie – zdecydowana większość twierdzi, że potrafiłaby z czegoś zrezygnować dla osoby bliskiej.

Widać pewne różnice w poszczególnych organizacjach – znowu najwięcej najbardziej pewnych takiej postawy jest w SH, z najmniej w ZHR.

Harcerz miłuje przyrodę i stara się ją poznać, czyli „wybiera chodnik, bo przyroda też żyje"

Blisko połowa badanych uważa, że najważniejsze jest, by nie niszczyć przyrody (45,3%), co opisuje bardzo obrazowymi stwierdzeniami:

Wybiera chodnik, bo przyroda też żyje.

Nie wbija gwoździ w drzewa.

Zero wandalizmu.

Nie niszczy przyrody dla radochy.

Nie niszczy ziemi, która daje mu życie.

Niszcząc przyrodę, niszczy innych ludzi.

Niszcząc przyrodę, niszczy siebie.

Nie zrywa żywych gałęzi drzew.

Nie depcze roślin.

Nie niszczy krzaczków.

Nie wolno palić trawy.

Nie zrywa kwiatów bez potrzeby.

Gdy idę przez las, nie wyrywam garści trawy, żeby się nią pobawić.

Po 24% uzyskały dwie kategorie – wiedza oraz szacunek do przyrody, a 13,9% podkreśla konieczność dbałości o przyrodę.

Tabela 25 zawiera najczęściej udzielane odpowiedzi.

Tabela 25. Interpretacja szóstego punktu Prawa Harcerskiego – odpowiedzi najczęściej udzielane przez harcerzy

Odpowiedź	% respondentów
Nieniszczenie przyrody	45,3
Szacunek	24,0
Wiedza	24,0
Dbałość o przyrodę	13,9
Nieśmiecenie	9,7
Bycie częścią natury	6,0
Ekologia	4,9
Brak odp.	25,5

* Dane nie sumują się do 100%, gdyż można było zaznaczyć więcej niż jedną odpowiedź.

Źródło: opracowanie własne.

Zdecydowana większość harcerzy przyznaje, że czasami zbiera papierki z ziemi, a czasami nie. Niecałe 10% przyznaje, że robi to zawsze. Taki przykład został tu użyty celowo, choć może się kojarzyć ze stereotypowym wizerunkiem harcerza, który właśnie zbiera papierki z ziemi i przeprowadza staruszki przez ulicę. Kwestia porządku, nieśmiecenia jest chyba pierwszą poruszaną w sposób praktyczny w odniesieniu do punku o poszanowaniu przyrody – „nie śmieć", „sprzątaj po sobie". Jak widać, nie wszyscy przyswoili sobie, że tak powinni się zachowywać, o czym świadczy 14,2% odpowiedzi respondentów, którzy nie zgadzają się z tym stwierdzeniem. Zastanawia też 13,1% osób, które nie potrafią odpowiedzieć, czy tak postępują. Pytanie jest jasne i proste – albo się zbiera, albo nie – więc trudno zrozumieć odpowiedź „nie wiem".

Analiza związku odpowiedzi z przynależnością do organizacji wyraźnie pokazuje, że większy odsetek osób z SH niż z pozostałych organizacji czasami sprząta zauważone śmieci, z kolei w ZHR najwięcej osób przyznaje, że tego nie czyni – 21%, w ZHP zaś jest największy w porównaniu z pozostałymi organizacjami odsetek osób, które nie wiedzą, jak postępują.

Harcerz jest karny i posłuszny rodzicom i wszystkim swoim przełożonym, czyli słucha, kiedy trzeba

Zdecydowana większość badanych pisze tutaj o posłuszeństwie (71,2%), wymieniając osoby, którym powinno się być posłusznym (rodzicom, przełożonym, starszym, nauczycielom, opiekunom), lub dopełniając to słowo konkretnym określeniem:

Bezwzględne posłuszeństwo.

Posłuszeństwo to cnota boska.

Powinien być posłuszny rodzicom.

Po złożeniu przysięgi musi być bezwzględnie posłuszny przełożonym.

Słucha, kiedy trzeba.

Tylko 18,7% harcerzy pisze o szacunku do starszych, rodziców czy przełożonych, a niewiele mniej (16,9%) wspomina o wykonywaniu poleceń. Jest to jeden z punktów, w odniesieniu do których większość badanych jest jednomyślna w kwestii interpretacji treści.

Tabela 26. Interpretacja siódmego punktu Prawa Harcerskiego – odpowiedzi najczęściej udzielane przez harcerzy

Odpowiedź	% respondentów
Posłuszeństwo	71,2
Szacunek	18,7
Wykonywanie poleceń	16,9
Stosowanie się do kar	7,9
Brak odp.	25,8

* Dane nie sumują się do 100%, gdyż można było zaznaczyć więcej niż jedną odpowiedź.

Źródło: opracowanie własne.

Ponad 60% badanych deklaruje, że nie zawsze udaje im się być posłusznym wobec rodziców, a 6,7% przyznaje, że nigdy nie są posłuszni. Nie widać różnic w odpowiedziach ze względu na przynależność do poszczególnych organizacji.

Już w następnym stwierdzeniu – o nieposłuszeństwie wobec rodziców i podważaniu ich autorytetu – blisko połowa mówi, że czasem tak jest, a 13,5%, że zawsze. Tylko 15,7% deklaruje, że uważa dorosłych za autorytet.

Zdecydowanie największy odsetek osób kwestionujących pozycję rodziców jest w ZHP (14,5% zgadza się zupełnie ze stwierdzeniem, że dorośli często nie mają racji, 50,9% zaś twierdzi, że jest tak czasem), a najmniejszy w SH (analogicznie – 9,3% i 39,5%), przy czym równocześnie to w SH najwięcej jest takich osób, które z tym stwierdzeniem się nie zgadzają (27,9%). Największy odsetek osób, które nie wiedzą, czy uważają rodziców za autorytet, jest w ZHR (26,2%).

Tu wyraźnie widać rozbieżność między interpretacją treści tego punktu a deklarowaną postawą. Z interpretacji można wnioskować, że badani rozumieją, jaką postawę powinni przyjąć, chcąc realizować ten punkt, z postaw deklarowanych wynika jednak, że mają z tym duży problem.

Harcerz jest zawsze pogodny, czyli zawsze się uśmiecha i nigdy nie jest smutny

W punkcie tym zastosowano nieco inną technikę grupowania odpowiedzi, mianowicie niekoniecznie zgodnie z podobnym znaczeniem wypowiedzi, a według nasilenia nakazu, jaki niesie dana odpowiedź. Uzasadnieniem takiej formy są dyskusje nad tym punktem w środowisku harcerskim, gdzie często zwraca się uwagę na to, że nie można być „zawsze uśmiechniętym" albo „nigdy się nie smucić". Instruktorzy podkreślają, że zapis taki to przenośnia, że chodzi o zachowanie pogody ducha w każdej sytuacji. Odpowiedzi harcerzy analizowano pod kątem przyswojenia tego typu interpretacji – wyróżniono m.in. kategorię „nigdy/zawsze", do której przypisywane były wypowiedzi zawierające ten przysłówek. I właśnie ta kategoria uzyskała największą liczbę odpowiedzi

(18%), choć nie twierdzi tak zdecydowana większość badanych. Według badanych harcerz zawsze powinien być dobry, miły, pogodny, radosny, sympatyczny, uśmiechnięty, wesoły, zadowolony, życzliwy, mieć dobry humor, a nigdy nie powinien tracić dobrego nastroju, marudzić, poddawać się, smucić czy załamywać.

Jedna dziesiąta badanych pisze o nastawieniu, które tu zostało określone jako „promieniowanie pozytywną energią do innych" (11,2%):

> *Pociesza innych.*
>
> *Dzieli się z innymi dobrym nastrojem.*
>
> *Zaraża pogodą ducha.*
>
> *Pozytywnie nastawiony do innych ludzi.*
>
> *Daje innym przykład.*
>
> *Jest radosny, aby innym było lepiej.*
>
> *Radość rodzi radość.*
>
> *Radością innych się cieszy.*
>
> *Rozwesela innych / rozbawić potrafi innych zawsze.*
>
> *Dzielenie się uśmiechem daje dużo szczęścia, a nic nie kosztuje.*

Tyle samo badanych pisze o byciu radosnym, nieco mniej wspomina o byciu pogodnym, uśmiechniętym i byciu optymistą.

Procentowy rozkład odpowiedzi w poszczególnych kategoriach zawiera tabela 27.

Tabela 27. Interpretacja ósmego punktu Prawa Harcerskiego – odpowiedzi najczęściej udzielane przez harcerzy

Odpowiedź	% respondentów
Nigdy/zawsze	18,0
Promieniowanie pozytywną energią	11,2
Być radosnym	11,2
Być pogodnym	10,9
Być uśmiechniętym	10,5
Być optymistą	10,5
Być pogodnym mimo przeciwności losu	9,7
Starać się... (być wesołym, radosnym...)	7,5
Pozytywne nastawienie do życia	6,4
Brak odp.	25,1

* Dane nie sumują się do 100%, gdyż można było zaznaczyć więcej niż jedną odpowiedź.

Źródło: opracowanie własne.

Deklarowane postawy badanych związane z tym punktem znacznie odbiegają od oczekiwanych. Ponad jedna piąta całkowicie się zgadza z tym, że w okazywaniu złego humoru nie ma niczego złego, a prawie połowa przyznaje, że częściowo się z tym zgadza. Tylko 14,6% uważa, że nie powinno się okazywać swojego złego nastroju.

Najwięcej osób zdecydowanie się zgadzających z takim twierdzeniem jest w ZHR – 40,5%, tu również znajduje się najwięcej osób, które nie potrafią się ustosunkować do takiego stwierdzenia – 16,7%. Generalnie jednak większość we wszystkich organizacjach zgadza się z taką postawą.

Podobnie jak poprzednio, tutaj także interpretacja odbiega od deklarowanych postaw harcerzy.

Harcerz jest oszczędny i ofiarny, czyli nie wydaje pieniędzy na głupoty

Ponad jedna czwarta badanych (26,2%) uważa, że w tym punkcie najważniejsze jest to, żeby niczego nie marnować – pieniędzy, rzeczy, „kasy", czasu, a nawet prądu, wody i życia:

Nie wydaje na głupoty.

Nie marnuje życia.

Nie przepija kasy.

Nie jest uzależniony od bezsensownego wydawania pieniędzy.

Jedna piąta badanych twierdzi, że istotne jest bycie oszczędnym (21,3%), a około 10% uważa, iż ważne jest dzielenie się z innymi (10,9%) oraz bycie pomocnym (10,1%).

Po raz pierwszy pojawiają się odpowiedzi ironiczne – udzieliło ich 1,5% badanych (np. „wrzuci każdemu na piwo", „skarpetkami ostatnimi się dzieli", „świnkę hoduje").

Tabela 28. Interpretacja dziewiątego punktu Prawa Harcerskiego – odpowiedzi najczęściej udzielane przez harcerzy

Odpowiedź	% respondentów
Niczego nie marnuje	26,2
Oszczędny	21,3
Dzieli się z innymi	10,9
Pomocny	10,1
Nie jest rozrzutny	9,0

Zbiera pieniądze na konkretny cel	7,9
Udziela pomocy finansowej innym	7,9
Ofiarny	7,5
Gospodarny	6,7
Brak odp.	25,1

* Dane nie sumują się do 100%, gdyż można było zaznaczyć więcej niż jedną odpowiedź.

Źródło: opracowanie własne.

Zdecydowana większość badanych przyznaje, że zbiera pieniądze na określony cel zawsze bądź czasami. Tylko niecałe 10% nie postępuje w ten sposób.

W myśl dziewiątego punktu Prawa Harcerskiego harcerze powinni być ofiarni. Wyniki w tym miejscu przedstawiają się trochę inaczej. Blisko 40% badanych czasami się z taką postawą nie zgadza, a 10,9% zdecydowanie się zgadza – uważa, że „wspomaganie finansowo żebrzących jest nieuzasadnione, lepiej, żeby poszukali oni pracy". Być może do głosu dochodzi tu idea społeczeństwa merytokratycznego, zgodnie z którą każdemu należy się według jego zasług. Równocześnie jedna czwarta badanych takiej pomocy potrzebującym by udzieliła. Aż 17,6% nie wie, jak by postąpiło w takiej sytuacji, co również jest świadectwem postaw społecznych, które wyrażają zażenowanie w sytuacji, kiedy ktoś prosi o pomoc.

Patrząc na rozkład wyników w poszczególnych organizacjach, wyraźnie widać, że w ZHR mniej osób akceptuje nieudzielenie pomocy finansowej potrzebującym. W ZHP osób, które uważają, że powinni oni poszukać sobie pracy, jest aż ponad połowa, równocześnie tu najwięcej badanych nie ma zdania na ten temat. Z kolei w SH jest największy odsetek osób deklarujących, że takiej pomocy by udzieliły.

Harcerz jest czysty w myśli mowie i uczynkach, nie pali tytoniu i nie pije napojów alkoholowych

Na to pytanie zdecydowanie najwięcej respondentów nie udzieliło odpowiedzi – 28,5%, a 5,6% stanowią interpretacje dosłowne („jw.", „to, co jest napisane", „to zrozumiałe samo przez się" itp.). 1,1% respondentów udzieliło odpowiedzi niepoważnej, a 0,4% –ironicznej.

Najwięcej wskazań otrzymały tu odpowiedzi, jakich należało się spodziewać – „nie pije" (25,8%) i „nie pali" (26,2%). Na kolejnej pozycji znalazła się kultura języka (22,5%), tutaj najczęściej pojawiającą się odpowiedzią było: „nie przeklina". Warto jeszcze zwrócić uwagę na dwie kategorie wypowiedzi, które może nie uzyskały najwyższych wskazań, ale z punktu widzenia interpretacji Prawa Harcerskiego są bardzo istotne. To kategoria, w której badani próbują tak interpretować zapis, żeby było im wygodniej i łatwiej się do niego stosować (w tabeli określono ją jako „naginanie"); 4,1% wszystkich odpowiedzi stanowiły stwierdzenia typu:

Nie nadużywa alkoholu (czyli że trochę pić może).

Może pić symboliczne ilości.

Okazjonalnie, po skończeniu 18 lat.

Bardzo się wystrzega używek silniejszych niż alkohol.

Druga grupa takich niepokojących stwierdzeń to kategoria „wątpliwości", które pojawiają się w 5,6% wypowiedzi, np.:

Nieżyciowy punkt.

Kontrowersyjny punkt.

Punkt po to, żeby harcerze nie pili na zbiórkach.

A czekoladki z alkoholem?

Takie wypowiedzi świadczą o problemach z akceptacją tego punktu i przełożeniem go na codzienne życie. Zapewne nie jest to problem, który pojawia się u samych harcerzy. Musi on mieć źródło wyżej – w wątpliwościach instruktorów.

Zastanawia też dość niski wskaźnik dbałości o zdrowie, a wydawałoby się, że metodą zażegnania wątpliwości dotyczących spożywania alkoholu (problem ten praktycznie nie dotyczy palenia tytoniu) mogłoby być argumentowanie tego chęcią utrzymania dobrego zdrowia i kondycji fizycznej. Najwyraźniej nie jest to jednak popularny sposób interpretowania tego punktu.

W tabeli 29 zestawiono poszczególne kategorie wypowiedzi harcerzy.

Tabela 29. Interpretacja dziesiątego punktu Prawa Harcerskiego – odpowiedzi najczęściej udzielane przez harcerzy

Odpowiedź	% respondentów
Nie pali	26,2
Nie pije	25,8
Zachowuje kulturę języka	22,5
Nie ulega nałogom	13,1
Nie stosuje używek	10,5
Nie bierze narkotyków	7,5
Dba o zdrowie	6,4
Wątpliwości co zapisu	5,6
Ma dobre intencje wobec innych	5,6
Brak odp.	28,5

* Dane nie sumują się do 100%, gdyż można było zaznaczyć więcej niż jedną odpowiedź.

Źródło: opracowanie własne.

2. Prawo Harcerskie w życiu codziennym

Połowa badanych zdecydowanie potwierdza, że stosowanie używek świadczy o słabości charakteru, a 16,5% nie zgadza się z takim stwierdzeniem.

Zdecydowanie najwięcej osób zgadzających się z tym stwierdzeniem jest w SH – ponad 70%, ponad połowa – w ZHR, a mniej niż połowa w ZHP. Równocześnie w ZHP jest najwięcej osób, które z takim stwierdzeniem się nie zgadzają – ponad jedna piąta. Takie wyniki w przypadku ZHP mogą zastanawiać.

W drugim stwierdzeniu badającym postawy harcerzy względem dziesiątego punktu zdecydowana większość nie zgadza się z tym, że stosowanie używek podnosi pozycję w grupie.

Podobne wyniki uzyskano wśród członków wszystkich organizacji.

W tabeli 30 zebrano najczęstsze interpretacje poszczególnych punktów Prawa Harcerskiego oraz opisano, na ile deklarowane postawy badanych są zgodne z postawami oczekiwanymi.

Tabela 30. Porównanie odpowiedzi interpretujących przez harcerzy Prawo Harcerskie oraz deklarowanych przez nich postaw

Punkt Prawa Harcerskiego	Najczęstsze odpowiedzi	% badanych	Oczekiwana odpowiedź	Najczęstsza odpowiedź	% badanych
Harcerz służy Polsce i sumiennie spełnia swoje **obowiązki**	**Obowiązkowość**	39,0			
	Patriotyzm	24,7	Zgadzam się	Czasem	39,0
	Wierność ojczyźnie	21,0	Nie zgadzam	Zgadzam się	34,5
	Służba	11,6			
	Pomaganie innym	7,1			
Na **słowie** harcerza polegaj jak na Zawiszy	**Słowność**	53,9			
	Prawdomówność	23,6			
	„Można na nim polegać"	10,5	Zgadzam się	Zgadzam się	65,5
	Godny zaufania	9,0	Zgadzam się	Czasem	52,8
Harcerz jest pożyteczny i niesie chętną **pomoc bliźnim**	Pomoc	82,0	Zgadzam się	Zgadzam się	53,2
	Pożyteczny	7,5	Nie zgadzam się	Nie zgadzam się	72,3
	Empatia	5,2			
	Słowny	3,4			
Harcerz w każdym widzi bliźniego, a **za brata uważa każdego innego harcerza**	Szczególne odnoszenie się do innych harcerzy	25,1	Nie zgadzam się	Nie zgadzam się	59,6
	Szacunek	12,7			
	Pozytywne nastawienie do innych	9,0	Zgadzam się	Zgadzam się	46,1
	Braterstwo	9,0			
	Równość	8,6			
	Tolerancja	8,6			

Tabela 30. Porównanie odpowiedzi interpretujących przez harcerzy... cd.

Punkt Prawa Harcerskiego	Najczęstsze odpowiedzi	% badanych	Oczekiwana odpowiedź	Najczęstsza odpowiedź	% badanych
Harcerz postępuje po **rycersku**	Odwaga	24,3	**Zgadzam się**	**Zgadzam się**	46,1
	Honor	12,4	**Zgadzam się**	**Zgadzam się**	45,3
	Rycerski	8,6			
	Dobrze wychowany	7,5			
	Broni innych	6,7			
Harcerz miłuje przyrodę i stara się ją **poznać**	Nie niszczyć przyrody	45,3			
	Szacunek	24,0			
	Wiedza	24,0			
	Dbałość o przyrodę	13,9			
	Nie śmiecić	9,7	Zgadzam się	Czasem	56,6
Harcerz jest karny i **posłuszny** rodzicom i wszystkim swoim przełożonym	Posłuszeństwo	71,2	Zgadzam się	Czasem	65,5
	Szacunek	18,7	Nie zgadzam się	Czasem	46,4
	Wykonywanie poleceń	16,9			
	Stosowanie się do kar	7,9			
Harcerz jest **zawsze** pogodny	Nigdy/zawsze	18,0	Nie zgadzam się	Czasem	43,4
	Promieniowanie pozytywną energią	11,2			
	Być radosnym	11,2			
	Być pogodnym	10,9			
	Uśmiechnięty	10,5			
	Optymista	10,5			
Harcerz jest **oszczędny** i ofiarny	Niczego nie marnuje	26,2			
	Oszczędny	21,3	Zgadzam się	Czasem	40,4
	Dzielenie się z innymi	10,9	Nie zgadzam się	Czasem	39,0
	Bycie pomocnym	10,1			
	Nie jest rozrzutny	9,0			
Harcerz jest czysty w myśli mowie i uczynkach, **nie pali** tytoniu i **nie pije** napojów alkoholowych	Nie pali	26,2	**Zgadzam się**	**Zgadzam się**	50,2
	Nie pije	25,8	**Nie zgadzam się**	**Nie zgadzam się**	84,6
	Kultura języka	22,5			
	Nie ulega nałogom	13,1			
	Nie stosuje używek	10,5			

Źródło: opracowanie własne.

Trzeba zwrócić uwagę, że średnio jedna czwarta badanych nie podjęła próby interpretacji Prawa Harcerskiego. Zdecydowanie najwięcej osób zinterpretowało punkt pierwszy, pomijanie następnych mogło wynikać z późniejszego zniechęcenia dalszym pisaniem. Jednak nie widać tendencji, żeby w każdym kolejnym punkcie coraz mniej respondentów podejmowało się interpretacji.

Zwiększony odsetek braku odpowiedzi może wynikać z trudności w zrozumieniu danego zapisu – hipotezę taką można wysnuć w stosunku do punktów czwartego, piątego i dziesiątego, co może także potwierdzać zwiększony w tych punktach odsetek odpowiedzi „nie rozumiem".

Najwięcej osób dokonało dosłownej interpretacji w punkcie dziesiątym, co może oznaczać, że punkt ten ma dla nich jasny i precyzyjny zapis.

Stosunkowo niewielki odsetek badanych udzielił odpowiedzi niepoważnych, ironicznych, co może świadczyć o tym, że harcerze podchodzą poważnie do Prawa Harcerskiego i liczą się z zapisanymi w nim treściami. Jest to pozytywne zjawisko i jak najbardziej pożądane. Najwięcej różnych typów odpowiedzi pojawiło się w punkcie pierwszym – aż 174. Z wyjątkiem punktu drugiego, gdzie liczba różnych rodzajów wypowiedzi wynosi 51, w pozostałych przypadkach nie spada poniżej 100 – jest to dość bogaty wachlarz interpretacji zapisu danego punktu, aczkolwiek po pogrupowaniu odpowiedzi w kategorie okazuje się, że interpretacje dokonane przez badanych są bliskie dosłownemu odczytaniu zapisanej treści. W tabeli 30 pogrubieniem zaznaczono słowa w sformułowaniach punktów i odpowiadające im kategorie odpowiedzi respondentów. W większości przypadków kategoria bezpośrednio powiązana ze słowem użytym w sformułowaniu jest na pierwszym miejscu.

Wypowiedzi respondentów były grupowane ze względu na swoje pokrewieństwo treściowe w kategorie, tak aby wyniki były bardziej czytelne. Popularność kategorii mówi o tym, jak często badani interpretowali zapis w podobny sposób, co przez niego rozumieli. Najbardziej jednoznacznych odpowiedzi badani udzielili odnośnie do trzeciego punktu („Harcerz jest pożyteczny i niesie pomoc bliźnim"), ponad 80% wskazań padło na kategorię „pomoc". Podobny wynik uzyskano w punkcie siódmym, gdzie ponad 70% badanych wskazało kategorię „posłuszeństwo". Ponad połowę wskazań na jedną kategorię można też zauważyć w interpretacji punktu drugiego, gdzie na pierwszy plan wysuwa się „słowność" (53,9%). W pozostałych punktach najczęściej wybierana kategoria miała poniżej 50% wskazań.

Podsumowując deklarowane postawy badanych, można zauważyć, że odpowiedzi badanych we wszystkich organizacjach są zgodne z postawami, jakie wynikają z Prawa Harcerskiego. Przy rozbiciu na poszczególne organizacje – w przypadku ZHP zgodnych postaw z oczekiwanymi jest dziesięć, w ZHR – osiem, a w SH – dziesięć. W czterech przypadkach odpowiedzi respondentów były „bliskie ideału" – odpowiedź, jakiej oczekiwano, czyli „zgadzam się zupełnie", została zastąpiona odpowiedzią „czasami".

Trudno to jednoznacznie zinterpretować. Należy pamiętać, że odpowiedzi na pytania zawarte w tym zadaniu (ustosunkowanie się do podanych wypowiedzi) można traktować tylko jako deklaratywne. Jeśli tak, to z jednej strony można by się spodziewać, że powinny być one bliskie ideału, gdyż harcerze wiedzą, jak powinni się zachowywać, i w związku z tym powinni zaznaczać odpowiedzi jak najbliższe ideału. W takim przypadku uzyskanie jedynie połowy wskazań takich, jakich oczekiwano, jest niskim wynikiem. Świadczyłoby to o słabo przyswojonych treściach zawartych w Prawie Harcerskim lub też o braku jego przełożenia na sytuacje praktyczne z życia codziennego. Z drugiej strony, jeśli traktować te dane jako obrazujące faktyczne postawy harcerzy (choć jest to tylko hipoteza), to uzyskanie połowy wskazań jest dobrym wynikiem, gdyż zapisy zawarte w Prawie Harcerskim to opis ideału, do którego się dąży, w związku z tym trudno wymagać od harcerzy, żeby sami byli idealni.

W siedmiu pytaniach badani harcerze z SH w większym stopniu deklarują opisane zachowanie (czyli zaznaczają odpowiedzi zgodnie z oczekiwaniami). Może to być wynik albo większej świadomości tego, jak harcerz powinien się zachować w danej sytuacji, albo mniejszego samokrytycyzmu. Odwrotna sytuacja jest w kilku przypadkach w ZHR – odpowiedzi mogą świadczyć o większym samokrytycyzmie badanych z tej organizacji.

3. Najważniejsze – przykład własny instruktora

W organizacjach harcerskich istotną rolę odgrywa przykład przełożonego. Zastępowy, drużynowy, komendant szczepu i każdy instruktor na wyższej funkcji swoją postawą powinien świadczyć o harcerskich ideałach i pokazywać, jak w życiu opierać się na harcerskich wartościach.

W wywiadach instruktorów zapytano o to czy, po pierwsze, akceptują wszystkie punkty Prawa Harcerskiego, i po drugie, które z nich są najtrudniejsze do realizacji.

W pierwszym przypadku tak postawione pytanie powinno budzić sprzeciw ze strony instruktorów – jeśli jest się w organizacji harcerskiej i w dodatku pełni funkcję instruktora, czyli wychowawcy, to powinno się świadomie podchodzić do zasad w niej panujących, a przede wszystkim powinno się być świadomym znaczenia jednej z zasad metody harcerskiej – **dobrowolności**.

Jednak niewiele ponad połowa badanych (dwadzieścia cztery osoby) w zupełności zgadza się z zapisami zawartymi w Prawie Harcerskim, a jedna z instruktorek stwierdziła nawet, że nie zgadza się z całością, ponieważ:

[...] *nikt nie jest idealny, a prawo tego wymaga* (ZHP, pwd.).

Pozostałe szesnaście osób ma zastrzeżenia do zapisów w Prawie Harcerskim, przynajmniej w stosunku do jednego punktu. To wynik dość zaskakujący, zwłaszcza w porównaniu z wypowiedziami dotyczącymi elitarności harcerstwa[21]. Należy tu wspomnieć, że instruktorzy twierdzą, iż harcerstwo powinno być elitarne w tym sensie, że jest otwarte na wszystkich, ale pozostać w orga-

---

[21] Problem elitarności i egalitarności harcerstwa zostanie poruszony w rozdziale ósmym.

nizacji mogą ci, którzy akceptują zasady w niej panujące. Prawo Harcerskie jest jednym ze zbiorów takich zasad. Jak w takim razie należy rozumieć to, że aż 40% badanych z nim się nie zgadza?

Punkty, do których instruktorzy nie mają żadnych zastrzeżeń, to: „Harcerz jest pożyteczny i niesie chętną pomoc bliźnim" (3), „Harcerz jest zawsze pogodny" (8), „Harcerz jest oszczędny i ofiarny" (9).

Najwięcej wątpliwości budzi punkt dziesiąty – „Harcerz jest czysty w myśli, mowie i uczynkach, nie pali tytoniu i nie pije napojów alkoholowych". Tutaj aż jedenaście osób zgłasza swoje rozterki, co obrazują poniższe wypowiedzi:

> *[...] pkt 10 – sprawia ogromnie trudności, zwłaszcza wędrownikom* (instruktorka ZHP, pwd.).
>
> *Ja nie piję, ale czasami trudno mi ten punkt wytłumaczyć moim harcerzom* (instruktorka ZHP, pwd.).
>
> *Nie wiem natomiast, jak rozwiązać kwestię problemową „jestem pełnoletni, to mogę pić, a tu mi prawo harcerskie zabrania i nawet na weselu siostry nie mogę?"* (instruktorka ZHP, pwd.).
>
> *Powinien być większy nacisk na zdrowie i szanowanie siebie* (instruktorka ZHP, pwd.).
>
> *Uważam, że 10 punkt powinien brzmieć inaczej – to jedyny punkt sformułowany negatywnie* (instruktorka ZHP, pwd.).
>
> *Można mieć wątpliwości co do sensowności 10 pkt w takiej postaci jak teraz jest* (instruktorka SH, pwd.).
>
> *Wśród współpracowników, rówieśników czy ludzi z miasta to nie jest problem, oni rozumieją, że jestem harcerką i nie piję. Oni, co najwyżej, wybałuszą oczy i powiedzą – nadal jesteś harcerką? Taka stara i jesteś harcerką?* (instruktorka SH, pwd.)
>
> *Dużo gorzej jest wtedy, kiedy mówienie o tym, że nie piję, budzi brak zaufania. To znaczy, że coś jest ze mną nie tak. Tam powiedzenie, że jestem harcerką, niczego nie wyjaśnia, bo nikt nie wie, o co chodzi. I muszę mówić o przyczynach ideowo-religijno-ideologicznych. Czasem, niezgodnie z Prawem Harcerskim, muszę się posuwać do kłamstwa* (instruktorka SH, pwd.).
>
> *Nie powinien być sformułowany w formie zakazu, ponieważ młodzież ma naturalną tendencję do łamania zakazów – w ten sposób sami stwarzamy sobie dodatkowy problem. Moim zdaniem celem powinno być wychowanie w trzeźwości, a nie abstynencji – generuje to niepotrzebnie hipokryzję, co samo w sobie również jest sprzeczne z ideałami harcerskimi, powoduje zachwianie i upadek całego systemu wartości harcerza, który dowiaduje się z wiekiem, jaka jest otaczająca go rzeczywistość* (instruktor ZHP, pwd.).

To wynika z tego przedmiotu, który studiuję – z farmacji. Generalnie nie piję, ale uważam, że jeśli mamy możliwość wzniesienia toastu jedną lampką szampana, to mam wewnętrzny dylemat. W takich ilościach alkohol nie ma wpływu i wiem, że to nie zmieni mojego zachowania. Z kolei niektórych potraw nie powinno się jeść bez lampki wina. Są też leki, które są alkoholami. I tu mam wątpliwość, czy instruktor powinien być abstynentem, bo że do 18. r.ż. to bezdyskusyjnie (instruktor ZHP, phm.).

Abstynencja nie jest dla mnie istotna, nie powinna tu być, bo nie jest częścią uniwersalnego systemu wartości (instruktor ZHP, phm.).

Abstynencja jest środkiem wychowania, a nie celem (instruktor ZHR, hm.).

Nie zgadzam się z bezwzględnym rozumieniem czystości (instruktor SH, pwd.).

Chciałbym, żeby ten punkt w stosunku do osób pełnoletnich się zmienił na bardziej liberalny (instruktor ZHP, pwd.).

Byłem w tej grupie, która dopuszczała możliwość zmiany zapisów, pod warunkiem że będzie to poprzedzone wnikliwą analizą i uzasadnione (instruktor ZHP, pwd.).

Wszystkie punkty prawa są wskazaniami, dotyczącymi postaw, a ten punkt jest wyraźnie zakazem (instruktor ZHR, hm.).

Podzielam poglądy, że jeśli się pełni funkcję wychowawczą, to jednak tej abstynencji trzeba dotrzymać, bo to jest kwestia konsekwencji metody. Jak przez przykład to chłopcom wytłumaczyć – ja piję, a wy nie możecie? (instruktor ZHR, hm.)

Dodałabym do 10 pkt nie ma nałogów, bo również picie coca coli może być nałogiem (instruktorka SH, phm.)[22].

Osiem osób nie zgadza się do końca z punktem siódmym dotyczącym karności – „harcerz jest karny i posłuszny rodzicom i wszystkim przełożonym":

Ostatnio zaczynam się zastanawiać nad punktem mówiącym o posłuszeństwie względem przełożonych. Czasem zdarzają się niekompetentni przełożeni i co wtedy. Teraz harcerstwo daje bardzo potężną broń często młodym ludziom – władzę, a władza źle wykorzystywana może wyrządzić dużo krzywdy. To samo tyczy się rodziców, są tacy, co zmuszają dzieci do wspólnego picia alkoholu. Może ten punkt należałoby inaczej zinterpretować, nie tak dosłownie (instruktorska ZHP na Litwie, phm.).

Mam wątpliwości co do takiego dosłownego rozumienia karności, bezwzględnego posłuszeństwa rodzicom, w przypadku rodzin patologicznych jest to niesłuszne (instruktorka SH, phm.).

Nie zgadzam się z tym, że harcerz jest karny i posłuszny rodzicom i wszystkim swoim przełożonym. Ważniejsze jest to, żeby on szanował tych swoich rodziców

---

[22] Badani w swoich wypowiedziach poruszali często więcej niż jedną kwestię w odniesieniu do tego punktu, stąd też liczba cytowanych wypowiedzi jest większa niż jedenaście.

i przełożonych, a nie był im ślepo posłuszny. Mam wrażenie, że kiedy w takim kształcie prawo było zapisane, to chodziło o ten szacunek, tylko tak zostało sformułowane, bo na tamte czasy to było normą (instruktorka ZHP, pwd.).

Nie do końca tak powinno być napisane, że jest posłuszny swoim przełożonym, trochę z tego wyrośliśmy (instruktorka SH, hm.).

To jest punkt, który nie pokrywa się z ideałami, jakie wyznajemy. Człowiek, którego ja bym się starał wychowywać, byłby członkiem świadomie myślącym, potrafiącym konstruktywnie ocenić polecenia, a przede wszystkim żywiącym szacunek do tego człowieka, i jeżeli coś robi, to z szacunku i zrozumienia tych poleceń, a nie jest bezwzględnie posłuszny swoim rodzicom i przełożonym (instruktor ZHP, phm.).

Harcerz jest karny i posłuszny swoim rodzicom i przełożonym. Osobiście w praktyce nie miałam z tym problemu. Wielokrotnie widziałam dzieci, którym wolałabym nie wpajać tej wartości. Nie chciałabym, żeby zamotały się w taką sytuację, że mają poczucie, że nie mogą czemuś tam odmówić (instruktorka ZHP, pwd.).

O treściach zawartych w pozostałych punktach Prawa Harcerskiego badani wspominają sporadycznie. Jeden z instruktorów ma zastrzeżenia w sumie do pięciu punktów, cztery osoby – do dwóch. Na szesnaście osób osiem z nich to mężczyźni i to oni głównie mają uwagi do więcej niż jednego punktu Prawa Harcerskiego. Może to świadczyć o bardziej krytycznym nastawieniu mężczyzn do tak zapisanych treści.

Na pytanie o to, które z punktów Prawa Harcerskiego są szczególnie trudne do realizacji dla instruktorów, badani odpowiadają, wskazując prawie wszystkie punkty z wyjątkiem jednego – dotyczącego przyrody.

Podobnie jak w poprzednim pytaniu, największe trudności sprawia punkt dziesiąty (dziewięć osób), ale tym razem nie chodzi tylko o alkohol, lecz także o utrzymanie czystości:

To związane jest z moją przeszłością. Miałem okres w swoim życiu, kiedy dość sporo piłem, to było dość dawno, starałem się zrezygnować z tego, także w oparciu o prawo harcerskie i jakieś moje poczucie, że łamię to prawo. Ale od tej pory zdarza mi się wypić kieliszek wina do obiadu u dziadków, bo po prostu lubię (instruktor ZHP, pwd.).

Zdarza mi się na imprezach towarzysko-służbowo-innych wypić kieliszek wina, ale uważam, że to nie chodzi o to, żebyśmy byli świętsi od papieża, tylko żebyśmy byli trzeźwi. Tak to rozumiem, tak interpretuję i nigdy w życiu nie byłam pijana (instruktorka SH, hm.).

Zawodowo jest problem (instruktorka SH, pwd.).

Czystość w myśli, mowie i uczynkach jest najtrudniejsza, bo zawiera w sobie tak naprawdę wszystko (instruktor SHK).

Ponieważ w polskim społeczeństwie nie toleruje się za bardzo odstępstw od ogólnie przyjętych norm – abstynent jest postrzegany co najmniej jak ktoś ekscentryczny, albo wręcz chory – to odnośnie części o używkach (instruktor ZHP, pwd.).

Co do pierwszej części to jest ona bardzo trudna ze względu na tendencję do plotek i obmawiania innych osób, a także czystości w myślach – można zapanować siłą woli nad czynami i słowami, ale nad myślami – mi się jeszcze nigdy chyba nie udało (instruktor ZHP, pwd.).

Dziesiąty, ale ta pierwsza cześć. Czystość w myśli, mowie i uczynkach. Bo o ile uczynki, to jeszcze, to w zależności jak zinterpretujemy czystość w myśli i mowie, to ciężko mi uciec od plotek czy złośliwego myślenia. Mi się to zdarza (instruktorka ZHP, pwd.).

Odkąd nie jestem już czynnym instruktorem[23], to nie przestrzegam dziesiątego punktu (instruktor SH, hm.).

Nie zgadzam się z bezwzględną czystością (instruktor SH, pwd.).

Nieprzeklinanie jest dla mnie trudne (instruktorka SH, hm.).

Co ciekawe, z jedenastu osób, które nie akceptowały zapisów w tym punkcie, tylko cztery równocześnie zgłaszają, że sprawia im on trudność w realizacji.

Kolejną zasadą trudną do wdrożenia w codziennym życiu jest punkt ósmy, mówiący o byciu pogodnym. Warto zaznaczyć, że w poprzednim pytaniu badani nie mieli do niego żadnych zastrzeżeń:

Jedyna trudność to właściwie konieczność wykreślenia słowa „zawsze" (instruktorka ZHP, pwd.).

Kiedyś ten punkt był jakoś lepiej sformułowany, że się nie poddaje trudnościom (instruktorka ZHP, pwd.).

Jak każdy mam humory (instruktorka ZHP, pwd.).

Harcerz jest pogodny jest dla mnie czasem trudnym punktem, bo mam tendencje do załamania się, jęczenia (instruktorka SH, pwd.).

Trudno na co dzień być pogodnym (instruktor SH, pwd.).

To chyba jest nienormalne być zawsze pogodnym, ja czasem okazuję swoją złość lub że jest mi smutno. Nie ukrywam tego przed swoimi harcerkami (instruktorka SH, pwd.).

Czasem się nie da, choć się staram (instruktor ZHP, pwd.).

---

[23] Określenie „czynny instruktor" jest stosowane do osób, które nadal aktywnie działają w harcerstwie i pełnią określoną funkcję (np. drużynowego, komendanta szczepu). Osoby, które czują się nadal związane z tym ruchem, biorą udział w życiu danej organizacji, ale nie mają przydzielonej funkcji, są zazwyczaj działaczami.

Sześć osób przyznaje, że ma trudności z realizowaniem punktu dotyczącego braterstwa, co może budzić duże zaskoczenie, zwłaszcza w kontekście postulowania współpracy i porozumienia z innymi organizacjami. Braterstwo, pozytywne odnoszenie się do innych to coś, z czym harcerstwo jest bezsprzecznie kojarzone. Wyniki wskazują na zmianę postaw w tym zakresie na mniej tolerancyjne wobec innych ludzi:

To trudne, bo ludzie są różni (instruktorka ZHP, pwd.).

Nie za bardzo widzę bliźniego w łysym mięśniaku, który właśnie bije mojego harcerza i kradnie mu zegarek i komórkę, a ja nic nie mogę zrobić (instruktorka ZHP, pwd.).

Też harcerze są różni, są tacy, których ja nie bardzo uważam za harcerzy, bo moim zdaniem nie postępują po harcersku (instruktorka ZHP, pwd.).

Zdarzają się i tacy harcerze, którzy mnie denerwują swoimi poglądami na świat (instruktorka ZHP, pwd.).

Patrząc na niektórych ludzi, trudno jest w nich dostrzec swoich braci (instruktor ZHP, pwd.).

To też dotyczy niektórych harcerzy – jeśli są mocno nieprzystającymi ludźmi do mojego światopoglądu, jak harcerstwo wygląda (instruktor ZHP, pwd.).

Teraz, będąc w Anglii, spotykam się z tak rozmaitymi ludźmi, często bardzo źle nastawionymi, że trudno widzieć jest w nich naszych bliźnich (instruktorka ZHR, pwd.).

Nie mogą być dla mnie „braćmi" osoby, które za plecami próbują mi „wbić nóż w plecy", cieszą się z mojego niepowodzenia albo szukają sukcesu moim kosztem, bądź też wykazują się postawą stojącą w jawnej sprzeczności z ideałami ruchu harcerskiego (instruktor ZHP, pwd.).

Człowiek jest grzeszny. Mój typ charakteru jest taki, że musi długo ktoś pracować, jak mi podpadnie, żeby się z tego wyciągnąć. Choć dojrzałem już do tego, że co innego są czyny, a co innego człowiek (instruktor ZHR, hm.).

Pięć osób uważa, że trudność mogą sprawiać karność i posłuszeństwo. Podobnie jak w przypadku punktu dziesiątego – tylko dwie osoby równocześnie przyznają, że nie akceptują zapisów tego punktu, i twierdzą, że jest on dla nich trudny do realizacji.

Również pięć osób twierdzi, że wszystkie punkty sprawiają im trudność w realizacji i tyle samo uważa, że żadne tej trudności nie sprawiają.

W sumie o trudnościach w realizacji Prawa Harcerskiego mówi trzydzieści osób, większość stanowią kobiety (osiemnaście). Jednak, biorąc pod uwagę większą liczbę wszystkich mężczyzn, którzy wzięli udział w badaniu – to jest ich w stosunku do kobiet więcej – tu 80% wszystkich badanych mężczyzn i 72% kobiet twierdzi, że realizacja Prawa Harcerskiego sprawia im trudności.

Dla instruktorów drugim ważnym momentem działalności w organizacji jest złożenie Zobowiązania Instruktorskiego lub mianowanie na funkcję instruktorską. Formuła zobowiązania nie obowiązuje we wszystkich organizacjach – np. nie ma jej w Skautach Europy, nie jest także obowiązkowa w ZHR, choć niektóre środowiska zwyczajowo ją wprowadzają. Zobowiązanie zawiera pewien zestaw zasad, jakimi musi się kierować instruktor, pełniąc swoją funkcję.

Blisko połowa badanych potwierdza, że wywiązuje się ze Zobowiązania Instruktorskiego, a ponad jedna piąta – że się stara. Sześcioro badanych wskazuje na problemy z samą formułą zobowiązania, m.in.:

Człowiek, jak składa zobowiązanie, ma 16 lat. Wtedy tych słów tak do końca się nie przyjmuje. Moment zobowiązania nie był dla mnie tak naprawdę czymś istotnym, nie czułam, że podejmuję jakieś zobowiązania (instruktorka SH, phm.).

Ja składałam na jakąś służbę socjalizmu (instruktorka SH, phm.).

Nie do końca zgadzam się z tą formułą i cieszę się, że w Zawiszy jej nie ma (instruktor był wcześniej w ZHR i tam składał Zobowiązanie, instruktor SHK).

U nas obecnie w ZHR nie funkcjonuje zobowiązanie instruktorskie. Wtedy, kiedy byłem mianowany, to składałem, ale miało ono odniesienie do socjalizmu (instruktor ZHR, hm.).

Ponad połowa badanych mówi o tym, że ma trudności z wychowaniem swojego następcy. Jest to jedno z wymagań zawartych w zobowiązaniu, na którym głównie koncentrują się instruktorzy:

Bardzo trudno wychować następcę, mi się to udało (instruktor SH, pwd.).

Choć z drugiej strony uważam, że lepiej unikać takich sytuacji, że „teraz ja wyznaczam ciebie, będziesz drużynowym i będziesz odpowiedzialny przede mną i całym światem" (instruktorka ZHP, pwd.).

Jednego mi się nie udało – wychowam swego następcę (instruktor ZHR, pwd.).

Największy problem miałam z wychowaniem swojego następcy, może nie jestem dobrym wychowawcą. Jest osoba, którą mogę nazwać następcą, która nadal jest, ale nie jest to do końca moja zasługa (instruktorka SH, hm.).

Mam trudność, czy udało mi się wychować następcę, czas pokaże, dopiero co oddałem drużynę (instruktor ZHP, phm.).

Myślę, że będę miał problem z wychowaniem następcy (instruktor ZHP, pwd.).

Nie udało mi się wychować następcy i teraz jest to trudne ze względu na brak środowiska macierzystego (instruktor SH, pwd.).

Nie wiem, jak będzie ze zdaniem funkcji […], ale liczę, że organizacja przejmie odpowiedzialność (instruktorka SH, hm.).

Nie wiem, jak to będzie z moim następcą – czy wychowam odpowiedniego, żeby móc oddać moją pracę harcerską w dobre ręce (instruktorka ZHP, pwd.).

Nie wychowałem sobie w ZHR następcy, bo nikt nie chciał tej funkcji, nikt nie był frajerem. Teraz mam z tym problem, bo ja daję dużą wolność i nie chcę nikogo do niczego zmuszać (instruktor SHK).

Stworzyłam następcę, ale następca zawiódł i moja drużyna padła (instruktorka SH, phm.).

Taki punkt, z którym myślę, że większość ma problem, to wychowanie następcy. Jest często zaniedbywany, zwłaszcza że sama czułam się niezbyt dobrze przygotowana do pełnienia swojej funkcji. Nie miałam poczucia, że ktoś mnie przygotował, z pełną świadomością przekazał tę drużynę (instruktorka ZHP, pwd.).

Trochę zaniedbuję wychowywanie swojego następcy (instruktor ZHP, pwd.).

Trudne jest w sytuacjach, w których mam świadomość tego, że zobowiązałam się do wychowania następcy, a nie zawsze mam taką możliwość. Ja mam poczucie takie, że niezależnie od tego, jaka to funkcja – czy mnie ktoś wybiera, czy ja się jej podejmuję, to powinnam kogoś przygotować do tego, żeby mógł mnie zastąpić (instruktorka ZHP, phm.).

Trzeba mieć ogrom cierpliwości, bo czasem trzeba długo czekać (instruktor ZHP, pwd.).

Tu mam trudność, staram się wychowywać dwie osoby, ale jeszcze tych następców nie mam (instruktor ZHP, phm.)

W 80' roku nie dochowałam się następcy i mój szczep padł. Wprowadzono stan wojenny i kazano nam podpisywać lojalki, że będziemy przestrzegać tych przepisów i kadra się wykruszyła, szczep się rozwiązał (instruktorka SH, hm.).

Wychowałam następcę, ale ona wyjechała na rok za granicę i wróciła innym człowiekiem i już nie będzie harcerką, choć nadal jest świetną osobą (instruktorka SH, phm.).

Wychowanie następcy. Staram się swoją pracą harcerską oddziaływać na ludzi i myślę, że oddziałuję nie tylko tym, co robię, ale też tym, jaka jestem, i na pewno wychowuję ich – ale pytanie, czy zawsze koniecznie swoich następców? Nie udało mi się przekazać drużyny... (instruktorka SH, pwd.)

Z wychowywaniem następcy mam problem, w chwili obecnej zostałam bez przybocznych i nie ma żadnych widoków na to. Najgorsze jest to, że w całym moim hufcu, który jest trzeci co do wielkości w ZHP, nie było ani jednej osoby, która by mogła i chciała podjąć się tej funkcji (instruktorka ZHP, pwd.).

Pozostałe odpowiedzi uzyskały mniejsze wskazania, nie są już tak istotne.

Podsumowując część dotyczącą wywiązywania się instruktorów z zasad, jakie nakłada na nich harcerstwo, trzeba ze smutkiem stwierdzić, że ci, którzy powinni być wzorem i przekazywać te zasady, będąc do nich w 100% przekonani, niestety w nie wątpią. Dowodem na to jest aż 40% grupa badanych, która nie zgadza się z zapisami w Prawie Harcerskim. Największe kontrowersje budzi punkt dotyczący abstynencji alkoholowej – argumenty, jakie wskazują tu instruktorzy, są bardzo różne – od kłopotów zawodowych, które może sprawić abstynencja, po kłopoty z interpretacją tego punktu w odniesieniu do osób dorosłych, a będących instruktorami. Drugą wątpliwość budzą karność i bezwzględne posłuszeństwo przełożonym i rodzicom.

Instruktorzy pytani o to, które treści zawarte w Prawie Harcerskim są dla nich najtrudniejsze w realizacji, wskazują przede wszystkim punkt dotyczący czystości i abstynencji, ale przyznają też, że mają problemy z utrzymaniem pogody ducha – punktem, który nie został wskazany jako budzący wątpliwości. Może to oznaczać, że zgadzają się z tym, iż harcerz powinien być zawsze pogodny, ale trudno im to wprowadzić w życie. Zastanawiają również wypowiedzi instruktorów, w których przejawia się postawa braku tolerancji nie tylko w stosunku do innych ludzi, lecz także wobec innych harcerzy – badani wspominają, że trudno im uznać za brata kogoś, kto ma zupełnie odmienne poglądy czy też swoją postawą przeczy wartościom harcerskim, mimo że też jest harcerzem.

W sumie ponad połowa badanych wywiązuje się ze Zobowiązania Instruktorskiego lub też stara się to robić. Pozostali wskazują na to, że albo takiej formuły u nich nie ma, albo też samo zobowiązanie nie ma dla nich takiego wielkiego znaczenia. Największą trudność sprawia instruktorom nałożona przez zobowiązanie konieczność wychowania następcy.

Porównując te wyniki z uzyskanymi wcześniej z ankiet dla harcerzy, można zauważyć, że potwierdza się teza o tym, iż przykład idzie z góry.

Zastrzeżenia do Prawa Harcerskiego ma 40% badanych instruktorów, a 46,1% harcerzy wykazuje do niego ambiwalentny stosunek; wprost nie zgadza się z jego zapisami, co prawda, tylko 0,4%, ale już 9,7% uważa, że jest ono przestarzałe.

Dyskusyjny dla instruktorów punkt dziesiąty budzi również emocje wśród harcerzy – po raz pierwszy w interpretacji pojawiają się wypowiedzi podające w wątpliwość sens takich zapisów, naginające interpretację tak, żeby było wygodniej się do niej dostosować, oraz mówiące o tym, że jest to nieżyciowy i przestarzały punkt.

Instruktorzy mają zastrzeżenia do punktu mówiącego o karności i posłuszeństwie. Harcerze prawie jednomyślnie (ponad 70%) stwierdzają, że najważniejsze tu jest szeroko rozumiane posłuszeństwo, ale z deklarowanych postaw wynika, że 60% badanych nie udaje się być zawsze posłusznym wobec rodziców, a blisko połowa uważa, że kiedy rodzice nie mają racji, to można im się sprzeciwić.

Jeżeli chodzi o punkt mówiący o pogodzie ducha, który instruktorzy wskazywali jako jeden z trudnych do realizacji, to harcerze interpretują go stereotypowo, w kategoriach „nigdy/zawsze", nie zgłaszają do niego wątpliwości, ale w badaniu postaw odpowiedzi harcerzy nie zgadzają się z odpowiedzią oczekiwaną, co może wskazywać na pewne kłopoty z realizowaniem tego punktu w praktyce.

Natomiast nie widać związku między zgłaszaną przez instruktorów trudnością w realizacji punktu dotyczącego braterstwa a odpowiedziami harcerzy. Harcerze, interpretując ten punkt, za najistotniejsze uważają szczególne odnoszenie się do innych harcerzy. Instruktorzy zwracają uwagę na to, że czasem nawet „innego harcerza trudno jest tolerować", jeśli ma on inne poglądy czy zachowuje się w nieakceptowany sposób.

W tabeli 31 zestawiono punkty, których instruktorzy nie akceptują i z którymi mają trudności, z punktami, w których deklarowane postawy harcerzy odbiegają od oczekiwanych.

Tabela 31. Zestawienie punktów Prawa Harcerskiego nieakceptowanych i sprawiających trudności instruktorom z punktami, w których deklarowane postawy harcerzy odbiegają od oczekiwanych

Punkt Prawa	Instruktorzy		Harcerze	
	nie akceptują	mają trudności	postawy deklarowane	interpretacja
1.			rozbieżne	
2.				
3.				
4.		+		„szczególne odnoszenie się do innych harcerzy"
5.				
6.			rozbieżne	
7.	+		rozbieżne	posłuszeństwo – 71,2%
8.		+	rozbieżne	„nigdy się nie smuci, zawsze jest wesoły..."
9.			rozbieżne	
10.	+	+		wątpliwości, naciąganie interpretacji

Źródło: opracowanie własne.

4. Harcerstwo a społeczeństwo obywatelskie

W rozdziale trzecim szeroko omawiana była problematyka społeczeństwa obywatelskiego. Stworzono listę jego charakterystycznych cech, do których zaliczono:
– swobodne zrzeszanie się obywateli odpowiadające ich interesom i potrzebom;
– poziomą organizację, czyli wielość stowarzyszeń i organizacji;
– aktywne uczestnictwo w życiu publicznym przez działalność w stowarzyszeniach lub samorządach lokalnych; działanie na rzecz społeczności lokalnej;
– otwartość na inne kultury, poglądy; tolerancja;

– odpowiednie regulacje prawne zapewniające obywatelom swobodę działania, chroniące ich wolność, a także określające obowiązki obywateli;
– autonomię wobec struktur państwa;
– porozumienie wolnych i równych obywateli;
– postępowanie oparte na zasadach państwa demokratycznego;
– pozytywny stosunek do innych ludzi i społeczeństw;
– względną zamożność.

Wspomniano także o kulturze obywatelskiej – czyli wzorach zachowań i cnotach obywatelskich. Kultura obywatelska powinna być wyznacznikiem przy formułowaniu programów edukowania członków społeczeństwa na świadomych obywateli. Powinna stanowić pewien ideał, do którego społeczeństwo ma dążyć.

Ruch harcerski jest jedną z form realizacji idei społeczeństwa obywatelskiego, organizacje harcerskie działają w ramach trzeciego sektora, realizując tym samym idee samorządności i wolności stowarzyszeń. W tym podrozdziale podjęto próbę odpowiedzi na pytanie, czy wartości i ideały proponowane przez ruch harcerski sprzyjają potrzebom społecznym wynikającym z budowania społeczeństwa obywatelskiego w Polsce.

Odpowiedzialność za wspólnotę

Najpierw warto wziąć pod uwagę wypowiedzi instruktorów, których zapytano o to, jak rozumieją pojęcie społeczeństwa obywatelskiego. Badani przede wszystkim wskazują szeroko pojętą **odpowiedzialność** (dziesięć osób):

Jest to takie społeczeństwo czy wspólnota taka, w której bierze się odpowiedzialność za wspólnotę (instruktorka SH, pwd.).

Każdy obywatel czuje się odpowiedzialny za kraj (instruktor SH, pwd.).

Każdy obywatel czuje się odpowiedzialny za siebie i Polskę (instruktorka SH, phm.).

Ludzie odpowiedzialni za to, co robią (instruktorka SH, phm.).

Oznacza odpowiedzialność obywatelską (instruktorka SHK).

Są to ludzie, którzy czują się odpowiedzialni za wspólne dobro, jakim jest państwo, i troszczą się o nie (instruktor ZHR, pwd.).

Społeczeństwo, w którym odpowiedzialność za dobrostan ogółu jest w rękach tego ogółu (instruktor SHK).

To takie społeczeństwo, w którym każdy w jakiś sposób czuje odpowiedzialność za innych (instruktorka ZHP, phm.).

Wszelkie działania związane ze społecznościami rozmiarów od bloku do państwa czy ludzkości, które wynikają z wewnętrznego poczucia odpowiedzialności (instruktor ZHR, hm.).

Druga istotna cecha społeczeństwa obywatelskiego to **świadomość dokonywanych wyborów**, która przez instruktorów jest przede wszystkim obrazowana przykładem uczestniczenia w wyborach do władz różnego szczebla:

> *Biorą czynny udział w życiu tego społeczeństwa chociażby przez udział w wyborach* (instruktor SH, pwd.).

> *Biorą udział w wyborach lokalnych i prezydenckich* (instruktor ZHP, pwd.).

> *Ma świadomość, że jak są wybory władz dzielnicy, to trzeba iść, ma świadomość, kto jest kandydatem i co on może w najbliższym czasie załatwić* (instruktorka SH, hm.).

> *Świadomość tego, że nie idąc do wyborów, traci się prawo do negowania tych wyborów* (instruktor ZHP, phm.).

> *Ludzie wybierają dobrą władzę, którą potem szanują, i respektują prawo* (instruktor ZHR, pwd.).

> *Społeczeństwo, które potrafi świadomie wybrać* (instruktor ZHP, phm.).

Kolejne miejsce (pięć osób) w wypowiedziach respondentów równorzędnie zajmują: **możliwość organizowania się, inicjatywa, działanie, aktywność**. Również pięć osób uważa, że w Polsce obecnie „nie ma społeczeństwa obywatelskiego":

> *W Polsce teraz nie ma społeczeństwa obywatelskiego, a na pewno nie ma w Warszawie* (instruktor SHK).

> *W Polsce brakuje takiego zaradnego społeczeństwa, bo nie mamy takiej świadomości obywatelskiej* (instruktorka ZHP, pwd.).

> *Jest to martwe pojęcie, 90% osób używa tego pojęcia, nie rozumiejąc go. Budzi to we mnie niesmak, to hasło stało się wartością publiczną i się zdewaluowało* (instruktor ZHP, phm.).

> *Choć samo społeczeństwo obywatelskie jest utopią…* (instruktorka SH, pwd.)

> *Oznacza kolejną bajkę, w którą nie wierzę* (instruktor ZHP, phm.).

Instruktorzy zapytani o relację społeczeństwa obywatelskiego i ruchu harcerskiego zgodnie potwierdzają, że związek ten jest silny i istotny. Ponad jedna czwarta badanych twierdzi, że harcerstwo „wychowuje przyszłych obywateli":

> *Harcerstwo kształtuje świadomych obywateli, więc poniekąd tworzy takie społeczeństwo* (instruktorka ZHP, pwd.).

> *Harcerstwo najlepiej wychowuje świadomych obywateli, patriotów, ludzi, którzy wiedzą, gdzie mieszkają, i poradzą sobie w życiu* (instruktor SH, pwd.).

Harcerstwo powinno kształtować postawy godne przyszłych obywateli tego kraju (instruktorka ZHP, pwd.).

Harcerstwo powinno wychowywać do społeczeństwa obywatelskiego (instruktor SHK).

Harcerze poddawani procesowi wychowawczemu wejdą w obywatelskie obowiązki za kilka lat (instruktor ZHP, pwd.).

Jak najbardziej, to jest grupa osób, która pokazuje, jak można działać i być aktywnym obywatelem (instruktorka SH, phm.).

Jednym z ważnych celów harcerstwa powinno być wychowanie uczestników społeczeństwa obywatelskiego (instruktor SH, hm.).

Kształcenie młodego człowieka odpowiednio na poziomie harcerza, już na pewno od stopnia ćwika, obejmuje wiedzę stricte obywatelską, co oznacza, że zdobywający ten stopień powinien już orientować się w tym, jak funkcjonuje państwo, co może on, jako obywatel, zrobić dla swojej społeczności lokalnej, gdzie może zainicjować jakieś działania, a gdzie może pomóc (instruktor SH, pwd.).

Kształtowanie młodych ludzi na świadomych obywateli – uczciwych, kompetentnych i pracujących na rzecz swojego państwa (instruktor ZHR, pwd.).

W swoich założeniach jak najbardziej. Harcerstwo mogłoby wychowywać świetnych obywateli w społeczeństwie obywatelskim, takich, którzy by się charakteryzowali takimi przymiotami, które są dla tego społeczeństwa ważne (instruktor ZHP, phm.).

Wychowanie człowieka, który będzie miał poczucie, że może coś zmienić, że ma inicjatywę – to nie jest proste, ale myślę, że to jest właśnie rola dzisiejszego harcerstwa (instruktorka ZHP, pwd.).

Harcerstwo postrzegane jest także jako szkoła organizowania się i stowarzyszania:

Ruch harcerski jest dużą organizacją pozarządową i mam nadzieję, że w przyszłości będzie się jeszcze rozrastać (instruktorka ZHR, pwd.).

Osoby z harcerstwa bardzo często po opuszczeniu drużyn zaczynają działać w organizacjach pozarządowych, tworzą te organizacje i samo społeczeństwo obywatelskie (instruktorka SH, pwd.).

Tak, jako organizacje pożytku publicznego (instruktorka SHK).

Harcerstwo jest jedną z organizacji, która może „zapewnić" zaangażowanie jednostki (instruktorka SH, phm.).

Warto tu jeszcze nadmienić, że zdecydowana większość badanych uważa, iż systemy wartości ruchu harcerskiego i społeczeństwa obywatelskiego są zgodne, ale jedna czwarta instruktorów twierdzi, że zgodność ta nie jest całkowita. Badani wskazują na różne części wspólne obu pojęć. Podkreśla się, że harcerstwo powinno być apolityczne, w związku z tym nie powinno nawiązywać współpracy z organizacjami o profilu politycznym. Harcerstwo koncentruje się na działaniach związanych bezpośrednio z jednostką, natomiast idea społeczeństwa obywatelskiego podkreśla istotę działań grupowych. Istotne jest także to, że nie wszystkie harcerskie wartości są zawarte w wartościach społeczeństwa obywatelskiego. Poniższe wybrane wypowiedzi obrazują to stanowisko:

> *Pokrywa się to. Choć w naszym przypadku jest to trudne, bo my z założenia jesteśmy apolityczni i staramy się wszelkiej takiej współpracy z tego typu organizacjami unikać* (instruktorka SHK).

> *Poniekąd tak, ale ruch harcerski powinien jeszcze raz spróbować przeformułować je i dostosować między innymi do zasad działania społeczeństwa obywatelskiego, inaczej zadusi się we własnym sosie* (instruktorka ZHP, pwd.).

> *Harcerstwo bardziej ma skierowane swoje priorytety na osoby. Jeśli mówimy o społeczeństwie obywatelskim, to chyba bardziej mówimy o zjawiskach socjologicznych* (instruktor ZHR, hm.).

> *Tak, ale społeczeństwo obywatelskie jest pojęciem dużo szerszym* (instruktorka ZHP, phm.).

> *Wszystkie ideały obywatelskie są zawarte w Prawie Harcerskim, ale nie wszystko, co jest harcerskie, jest zawarte w regułach społeczeństwa obywatelskiego* (instruktor ZHR, pwd.).

> *Zupełnie tożsame nie są. Mają wiele cech wspólnych, chociażby w naszej służbie realizuje się idea społeczeństwa obywatelskiego* (instruktorka ZHP, phm.).

> *Jeśli spojrzeć na to z tego punktu, że może sobie wybierać sprawności, które chce zdobywać, a będąc drużynowym realizować własne pomysły – to jest to zgodne* (instruktor SH, pwd.).

Współpraca – tak, ale z tymi, którzy mają wspólne cele

Istotną rolę w funkcjonowaniu społeczeństwa obywatelskiego stanowi tzw. trzeci sektor, w ramach którego działają różne organizacje pozarządowe. Organizacje harcerskie są ich przykładem. Pluralizm organizacyjny jest zgodny z ideą społeczeństwa obywatelskiego. Wielość organizacji stwarza możliwość współpracy, wymiany doświadczeń, a także wzajemnego wspierania się i współzawodniczenia ze sobą. Organizacje pozarządowe powinny być świadome tych możliwości i umieć z nich korzystać. Dlatego też instruktorów zapytano o to, jak wygląda współpraca z innymi organizacjami w ich przypadku – zarówno na poziomie organizacyjnym, jak i poszczególnych środowisk.

Zdecydowana większość – trzydziestu dwóch badanych – twierdzi, że organizacje harcerskie powinny współpracować z innymi organizacjami z sektora pozarządowego. Czternaście osób zaznacza jednak, że jest to możliwe pod pewnymi warunkami, natomiast sześć nie widzi konieczności współpracy w sektorze pozarządowym. Bardzo trudno było jednoznacznie zaklasyfikować odpowiedzi respondentów, ponieważ analiza ich wypowiedzi pokazywała, że ich elementy mogą należeć do różnych kategorii odpowiedzi – np. „nie" i „tak, jeśli" lub zdecydowanie „tak" i „tak, jeśli". Badani często w trakcie wypowiedzi zmieniali zdanie – stąd wynikłe trudności. Jednak nawet gdyby wypowiedzi dwuznaczne zakwalifikować na korzyść grup „nie" i „tak, jeśli", to i tak zdecydowane potwierdzenie konieczności współpracy z innymi organizacjami pozarządowymi pojawiało się w większości wypowiedzi.

Do najczęstszych argumentów przeczących konieczności współpracy należało podkreślanie, że organizacje mogą mieć różne cele i idee, oraz to, że współpraca taka jest nawiązywana na poziomie jednostkowym, pomiędzy konkretnymi osobami i nie można tego nazwać współpracą międzyorganizacyjną.

Instruktorzy uzależniający współpracę od pewnych czynników uzasadniają swoje stanowisko w różnoraki sposób. Podkreślają, że przede wszystkim inicjatywa podejmowania współpracy leży po stronie konkretnego środowiska harcerskiego – drużyny, szczepu – i powinna wynikać z potrzeb tego środowiska. Podejmując wspólne działania z innymi podmiotami należy mieć na uwadze dobro swoich podopiecznych. Ważne jest także, aby zwracać uwagę na charakter organizacji, z jakimi podejmuje się współpracę – powinien on być zgodny z harcerskimi zasadami, wartościami. Podejmowanie wspólnych działań z inną organizacją nie może być celem samym w sobie, a jedynie narzędziem do realizacji innych celów wychowawczych. Warunki, pod jakimi może być podejmowana współpraca, wskazują wybrane odpowiedzi instruktorów:

> *Nie powinny współpracować z organizacjami, których cele rozmijają się z harcerskimi* (instruktor ZHP, phm.).

> *Nie powinno współpracować z organizacjami, które mają zabarwienie polityczne, harcerstwo powinno być apolityczne* (instruktor ZHP, phm.).

> *Nie uważam, że tworzenie organu współpracy z organizacjami pozarządowymi na poziomie hufca miało sens, bo zabiera kadrę, która jest potrzebna gdzie indziej* (instruktor ZHP, phm.).

> *Nie wszystkie zakresy wartości tych innych organizacji pokrywają się z naszymi* (instruktorka ZHP, pwd.).

> *Trzeba patrzeć na dobro i rozwój harcerzy. Samo stanie z puszkami i zbieranie pieniędzy jest bezosobowe. Natomiast takie zaangażowanie, że oni uczestniczą czymś w osobisty sposób, np. zbierają pieniądze, robią prezenty, a potem idą i spotykają się w domu dziecka z tymi dziećmi i robią dla nich ognisko i grę – to jest świetna sprawa. Bo z jednej strony czynią dobro dla innych, a z drugiej strony sami się otwierają na innych* (instruktor SHK).

Warto dążyć do współpracy, ale nie na siłę, powinna ona być owocna dla obydwu stron (instruktor SH, phm.).

Każdy jednak drużynowy powinien mieć prawo decyzji, czy jego drużyna będzie współpracować. Współpraca nie powinna być narzucana z góry (instruktor ZHR, pwd.).

Na poziomie drużyny to powinno wynikać z potrzeb środowiska i z potrzeb tej organizacji. Współpraca ze strony drużyny musi się wpisywać w plan wychowawczy drużynowego (instruktorka ZHP na Litwie, phm.).

Ale ważne jest to, żeby nie zapędzić się w to, że harcerstwo stanie się którąś z takich organizacji (instruktorka SHK).

Powinno być tak, że drużyna współpracuje, dlatego że ma taki cel wychowawczy, a nie dla samej współpracy (instruktorka SH, phm.).

Powinny współpracować z organizacjami o podobnej tematyce, np. ekologia (instruktorka SH, hm.).

Powinny dążyć do współpracy, ale na tych polach gdzie ich cele i potrzeby są wspólne (instruktor ZHR, pwd.).

Instruktorzy, uzasadniając konieczność współpracy z innymi organizacjami pozarządowymi, zwracają uwagę na różne aspekty – od wskazań, z kim należy w szczególności współpracować, po rady, jak to robić i co to może dawać. Najczęstszym argumentem jest służba:

Może współpracować z fundacjami czy stowarzyszeniami w ramach pełnienia służby (instruktorka ZHP, pwd.).

Powinny współpracować na polu służby. W organizacjach pozarządowych jest albo praca, albo wolontariat. Jeśli to praca – to na niej trzeba się skupić i jest się tam konkretną osobą, a nie harcerzem. Jeśli to wolontariat – to harcerze mogą jak najbardziej współpracować (instruktorka SH, phm.).

W ten sposób mogą realizować zasadę służby na rzecz kraju czy właśnie społeczeństwa, pomagając innym organizacjom (instruktor SH, pwd.).

Wszelkie organizacje pozarządowe mają coś społeczeństwu do zaoferowania. Harcerstwo powinno się w to jak najbardziej włączać. Dzięki temu często uzyska zarówno pole służby, jak i ciekawe formy pracy (instruktorka ZHR, pwd.).

Równorzędne miejsce w wypowiedziach instruktorów zajmuje zdobywanie wiedzy. Trochę bardziej ogólnie mówią też o poszerzaniu horyzontów:

Chodzi o to, żeby wchodzić w inne sfery i obszary działalności. Jeżeli stawiamy sobie za cel przygotowanie człowieka ogólnie do funkcjonowania w społeczeństwie, to musimy mu dać do tego jak najszersze możliwości (instruktorka ZHP, phm.).

> *Jest to ciekawa sprawa, dlatego że mogą otworzyć przed sobą wzajemnie nowe horyzonty, nowe możliwości* (instruktorka SH, pwd.).

> *Pozwala to harcerkom otworzyć się na innych, przełamać opory dotyczące osób niepełnosprawnych, odważyć się i zobaczyć, jak to wszystko działa* (instruktorka ZHR, pwd.).

> *Tak. To pozwala widzieć, że nie tylko my istniejemy na świecie* (instruktor ZHP, pwd.).

Mówiąc o istotnych walorach współpracy, badani wspominają także o rozwoju:

> *Harcerstwo powinno dążyć do współpracy, z kim tylko się da, ponieważ to jest bardzo duża szansa rozwoju* (instruktorka ZHP, pwd.).

> *Harcerstwo to organizacje pomocowe i przez współpracę z innymi pomocowymi zwiększamy szansę rozwijania się i harcerzy, możemy nieść pomoc* (instruktorka SH, pwd.).

Badanych poproszono również o podanie konkretnych przykładów współpracy z innymi organizacjami pozarządowymi. Najczęściej padała odpowiedź, że współpraca ta odbywa się na poziomie lokalnym (dwanaście osób), czyli że wynika bezpośrednio z potrzeb drużyn czy szczepów oraz potrzeb danej mikrospołeczności. Niewiele rzadziej (dziewięć osób) pojawiają się dwie kategorie wypowiedzi – współpraca na poziomie indywidualnym oraz odpowiedź „nie wiem". Martwi to, że ponad jedna piąta badanych nic nie wie na temat współpracy. Równie dużo badanych wskazuje na to, że takiej współpracy w ogóle nie ma. Jeżeli chodzi o najpopularniejsze organizacje, z którymi współpracują harcerze, to wymieniane są tu: Bank Żywności, Caritas, BDR i Dzieło Nowego Tysiąclecia. Nie są to jednak dane obiektywne, a tylko uzyskane na podstawie wywiadów, w związku z czym mają charakter cząstkowy, oddają subiektywną wiedzę i osobiste przekonania.

Pytanie, które zadano badanym, brzmiało: „Obecnie w środowisku działa wiele różnych organizacji, zarówno harcerskich, jak i nieharcerskich. Czy Twoja organizacja współpracuje z innymi organizacjami pozarządowymi?".

Ciekawe jest to, że zdecydowana większość badanych nie mówiła w ogóle o współpracy z innymi organizacjami harcerskimi – aż **trzydzieści jeden na czterdzieści osób**. Kilka osób stwierdziło, że powinny ze sobą współpracować, a dwie – że taka współpraca ma miejsce. Natomiast nikt nie powiedział, że taka współpraca nie jest potrzebna. Trudno określić, czy wynikało to z braku świadomości, że organizacje harcerskie są częścią sektora pozarządowego, z powodu braku tej współpracy, czy też z poczucia, że wszystkie organizacje harcerskie tworzą jeden ruch – a pytanie dotyczy innych podmiotów. Jednak jest to zjawisko warte odnotowania.

Gdy instruktorzy przechodzili do wymieniania przykładów współpracy z innymi organizacjami pozarządowymi, wówczas organizacje harcerskie pojawiały się znacznie częściej niż w poprzednim pytaniu – tutaj nie wspomniało o takich przykładach jedenastu badanych.

Organizacje harcerskie najczęściej współpracują ze sobą w ramach **kształcenia** – są to wspólne komisje czy kapituły stopni, wspólne kursy. Kolejnym częstym przykładem współpracy są kontakty drużyn podczas **wspólnych zbiórek**, biwaków czy akcji.

Analogiczne pytanie – o współpracę z innymi organizacjami – zadano w ankiecie harcerzom.

Ponad połowa respondentów deklaruje, że ich drużyna współpracuje z innymi organizacjami, stowarzyszeniami czy fundacjami. Jedna czwarta nic na ten temat nie wie, a 17% badanych przyznaje, że takiej współpracy nie ma.

Patrząc na wyniki w poszczególnych organizacjach, widać największe zróżnicowanie w przypadku SH – tu prawie po jednej trzeciej badanych potwierdziło współpracę, przyznało, że jej nie ma lub że nic na ten temat nie wie.

Jednak, biorąc pod uwagę wyniki z następnego pytania, kiedy badani mieli podać konkretne przykłady współpracy, sytuacja wygląda nieco inaczej – ponad połowa badanych nie udzieliła odpowiedzi (50,6%).

Najczęściej wskazywanymi grupami, z którymi współpracują drużyny harcerskie, były „inne drużyny harcerskie" (22,1% wskazań). W granicach jednej dziesiątej wskazań uzyskało kilka odpowiedzi: „inne organizacje harcerskie" (11,6%), „organizacje wojskowe" (10,5%), „szkoła" (10,5%), „klub garnizonowy" (9,3%); 7% wskazań otrzymała „współpraca z parafiami i organizacjami kościelnymi", a 6,4% – „współpraca z różnymi fundacjami". Pozostałe przykłady mają charakter pojedynczych wypowiedzi.

Podsumowując tę część dotyczącą działań w ramach społeczeństwa obywatelskiego, można powiedzieć, że dla instruktorów pojęcie społeczeństwa obywatelskiego wiąże się z szeroko rozumianą odpowiedzialnością oraz świadomymi wyborami. Badani uważają, że rolą harcerstwa jest kształcenie przyszłych obywateli. Większość twierdzi, że wartości charakterystyczne dla społeczeństwa obywatelskiego i ruchu harcerskiego są zbieżne, i również zdecydowana większość badanych uważa, że organizacje harcerskie powinny współpracować z innymi organizacjami pozarządowymi, przy czym część z nich zaznacza, że w tym celu muszą być spełnione pewne warunki. Jako główne argumenty przemawiające za taką współpracą respondenci podają możliwość realizowania w ten sposób służby oraz zdobywanie nowej wiedzy i poszerzanie horyzontów.

Współpraca odbywa się głównie na poziomie lokalnym i indywidualnym, ale niestety spora część badanych nie wie, czy taka współpraca w ogóle ma miejsce.

Badani chyba nie utożsamiają organizacji pozarządowych z innymi organizacjami harcerskimi, ponieważ ponad 70% z nich w ogóle nie porusza tego problemu w swojej wypowiedzi. Dopiero kiedy jest mowa o konkretnych przykładach współpracy, badani podają przykłady współpracy z innymi organizacjami harcerskimi – najczęściej odbywa się to na poziomie kształcenia i współpracy poszczególnych drużyn.

Owa współpraca nie jest chyba podkreślana w pracy drużyn, ponieważ połowa biorących udział w badaniu harcerzy nie potrafi nic o niej powiedzieć. Jednak na pierwszym miejscu harcerze wymieniają podejmowanie wspólnych działań z innymi drużynami harcerskimi, co oznaczałoby, że taka współpraca istnieje, a fakt, że instruktorzy o tym nie wspominają w swoich wypowiedziach, może świadczyć o tym, że inne drużyny harcerskie nie są przez nich postrzegane jako przedstawiciele innych organizacji pozarządowych.

Służba – funkcja, wychowywanie czy spłacanie długu?

Jednym z podstawowych założeń ruchu harcerskiego jest służba na rzecz innych. Instruktorzy realizują ją w ramach służby instruktorskiej. Jednak pojęcie to jest różnie rozumiane w różnych organizacjach, a także inaczej interpretowane przez poszczególnych instruktorów.

Najwięcej osób pojmuje służbę instruktorską jako pełnienie określonej **funkcji** w organizacji. Na kolejnej pozycji równorzędnie znalazły się cztery rodzaje wypowiedzi. Badani mówią o **wychowywaniu** swoich podopiecznych. Opisują też służbę jako po prostu **pełnienie służby**, bez podawania definicji. Mówią również o **dawaniu dobrego przykładu** własną postawą:

> [...] żeby być wiarygodnym w wychowywaniu do tych wartości, to samemu tymi wartościami trzeba się w życiu kierować. Musimy służyć Bogu i ojczyźnie, po to, żeby to, co mówimy naszym podopiecznym, nie było pustymi słowami (instruktorka ZHP, pwd.).

Instruktorzy postrzegają także służbę jako **poświęcanie** swojego czasu i energii na rzecz działań w organizacji. Wreszcie część instruktorów traktuje ją jako **codzienność** oraz **odpowiedzialność** – za swoje czyny, za innych, za organizację, w której się działa. Kilka osób wskazuje, że dla nich to również **praca** i **obowiązek**.

Warto tu jeszcze zwrócić uwagę na wypowiedź może nie tak licznie reprezentowaną, ale dość ciekawą. Otóż służba jest pojmowana w kategoriach **spłaty pewnego długu**:

> Ja sama bardzo dużo otrzymałam od starszych i teraz czas na młodszych (instruktorka SHK).

> [...] jest czas, kiedy się korzysta z harcerstwa i bardzo dużo się bierze, a potem jest taki czas oddawania tego tym młodszym. To jest spłacanie pewnego długu – w ciągu tych lat, kiedy jest się harcerzem, bardzo dużo się dostaje i to jest naturalna rzecz, że większość ludzi jakoś chce się odwdzięczyć właśnie przez służbę (instruktor SHK).

[...] *osobiście bardzo dużo harcerstwu zawdzięczam i chyba ciągle nie spłaciłem tego długu, chyba ciągle muszę coś tam oddawać, bo te korzyści, jakie odniosłem, są rzeczywiście wielkie* (instruktor ZHR, hm.).

Pojęcie służby w harcerstwie odnosi się także do pracy drużyn harcerskich. Każda drużyna powinna mieć swoje pole służby. Miejsce służby zależy od wyboru drużyny, dobrze by było, gdyby była ona powiązana ze środowiskiem lokalnym, miejscem, w którym drużyna działa. Powinno to być bezinteresowne działanie na rzecz środowiska lub grupy osób wchodzących w jego skład. Działanie, które wynika z potrzeb środowiska, a nie z potrzeby drużyny, że musi zrealizować służbę. Pomysłów na pełnienie służby może być bardzo wiele, a do najpopularniejszych należy pomoc osobom starszym, pomoc w osiedlowych świetlicach, opieka nad określonym terenem.

Ankietowanym harcerzom zadano pytanie o to, jaką służbę pełni ich drużyna. 15,4% badanych nie udzieliło odpowiedzi, 30% przyznało, że nie rozumie pytania, a 15,7% zadeklarowało, że pełni służbę, ale nie wie, jaką. Brak świadomości pełnienia służby jest mało prawdopodobny, bo jeśli się ją pełni, to po prostu bierze się udział w konkretnym działaniu na rzecz innych ludzi. Jeśli tej świadomości nie ma, to można przyjąć, że nie ma również tej służby. Świadczy to o pewnym problemie w funkcjonowaniu drużyn. Należy także podkreślić, że aż 24,3% potwierdziło, że ich drużyna nie pełni żadnej służby. Najgorzej sytuacja przedstawia się w SH, gdzie aż 37,2% respondentów zaznaczyło, że ich drużyna nie pełni żadnej służby. Uzyskane wyniki są dość zastanawiające. Tabela 32 przedstawia odpowiedzi udzielone przez harcerzy.

Tabela 32. Świadomość pełnienia służby w drużynach harcerskich – odpowiedzi harcerzy (dane w %)

Odpowiedź	ZHP	ZHR	SH	Razem
Nie rozumiem pytania	**32,9**	**35,7**	16,3	**30,0**
Nie pełni żadnej służby	23,1	16,7	**37,2**	24,3
Pełni, ale nie wiem jaką	14,5	16,7	14,0	15,7
Brak odpowiedzi	15,6	9,5	18,6	15,4
Przykłady służby	13,9	21,4	13,9	14,6

Źródło: opracowanie własne.

Z pozostałych prawie 15% odpowiedzi tylko niecałe 5% (4,9%) można uznać za takie, w których podano przykłady konkretnej służby drużyn, np. ochrona zagrożonych gatunków zwierząt, pomoc Caritas, pomoc kombatantom i osobom starszym, pomaganie młodszym w lekcjach. Największy odsetek wypowiedzi świadczących o pełnieniu służby był w ZHR – 14%.

Z czego mogą wynikać takie dane? Czy z tego, że drużyny rzeczywiście nie pełnią żadnej służby, czy też z tego, że harcerze nie mają świadomości jej pełnienia?

Jedna z drużynowych odpowiedziała, że to jest tak, że „ta służba jest, tylko tego tak się nie nazywa". Czy to wyjaśnia takie wyniki w tym pytaniu? Jest to możliwa interpretacja, ale czy do zaakceptowania? Oznaczałoby to rezygnację z używania jednego z podstawowych pojęć harcerskich. Wszak służba to jeden z ideałów harcerskich.

Podsumowując powyższe wyniki, można powiedzieć, że z jednej strony instruktorzy, definiując społeczeństwo obywatelskie i miejsce, jakie zajmuje w nim harcerstwo, podchodzą do tego bardzo poważnie i uważają wręcz, że bez harcerstwa tego społeczeństwa obywatelskiego by nie było. Z drugiej strony jednak, kiedy przychodzi do wskazania konkretnych działań, wtedy okazuje się, że z praktycznym realizowaniem idei współpracy wynikającej z założeń społeczeństwa obywatelskiego nie jest już tak dobrze. Plusem jest to, że instruktorzy zwracają uwagę na konieczność wypływania takiej współpracy z inicjatywy oddolnej, od drużyn, oraz że to się faktycznie dzieje, co potwierdzają podawane przez nich konkretne przykłady. Jednak im wyższy poziom organizacyjny, tym ta współpraca jest gorzej oceniana. Służba może być jednym z przykładów współpracy z organizacjami pozarządowymi, jednak drużyny służby nie realizują, a nawet jeśli ją realizują, a członkowie drużyny nie mają tego świadomości, to też jest to zjawisko alarmujące.

Warto jeszcze podkreślić, że w opinii instruktorów harcerstwo jest szkołą obywatelskości – uczy w praktyce, jak się w takim społeczeństwie odnaleźć, jak realizować potrzeby swojego środowiska, jak się organizować w społeczności lokalnej. Dowodem na to może być fakt, że wielu harcerzy działa później w innych organizacjach pozarządowych, tworzy je, staje się aktywnymi członkami swojej lokalnej społeczności.

5. Czy wartości, do jakich wychowuje harcerstwo, odpowiadają potrzebom młodzieży?

W czwartym rozdziale scharakteryzowano pokolenie młodzieży na podstawie różnych wyników badań dotyczących tej kategorii. Młodzież jest grupą potencjalnych odbiorców ruchu harcerskiego. Wiedza na temat tego, jakie jest jej nastawienie do harcerstwa, może być bardzo pomocna w szukaniu skutecznej drogi dotarcia do młodych ludzi.

Badani uczniowie, podobnie jak harcerze, zostali poproszeni o zinterpretowanie wszystkich punktów Prawa Harcerskiego.

Harcerz służy Polsce i sumiennie spełnia swoje obowiązki

Blisko jedna czwarta gimnazjalistów nie udzieliła odpowiedzi na to pytanie. Najczęściej punkt ten jest interpretowany w kategoriach obowiązkowości – wypełniania obowiązków regularnie, poprawnie, dokładnie, godnie lub też działania w miarę swoich możliwości. Pojawiają się wypowiedzi podkreślające nakaz płynący z góry: ze strony państwa, szkoły, regulaminu.

Niewiele mniejsze poparcie uzyskała odpowiedź interpretująca ten punkt w kategoriach oddania krajowi – obrony ojczyzny, dbania lub działania na rzecz kraju, godnego reprezentowania, wierności, szacunku, gotowości do poświęceń.

Na trzecim miejscu pojawia się patriotyzm, przy czym najczęstszą odpowiedzią w tej kategorii jest „patriotyzm" lub „ma być patriotą" (14,7%). Kolejną grupę stanowią odpowiedzi, które mówią o pomocy – innym, potrzebującym, społeczeństwu, starszym.

Warto zwrócić uwagę na dość ciekawe odpowiedzi, które nie interpretują samego zapisu, ale podejmują z nim polemikę – i tak pojawiają się wypowiedzi „zgadzam się" (2,9%) lub „nieprawda" (2,9%). Są też odpowiedzi wulgarne, niepoważne i ironiczne, których udzieliło w sumie 3,6% badanych.

Wśród licealistów więcej osób podjęło się interpretacji zapisu zawartego w tym punkcie Prawa Harcerskiego. Na plan pierwszy wysuwa się patriotyzm (26,2%). Drugie miejsce zajmuje obowiązkowość (18,3%).

Kolejną pozycję zajmuje grupa wypowiedzi interpretująca ten zapis jako troskę o kraj – dbanie o jego dobre imię, stawianie kraju na pierwszym miejscu, interesowanie się jego sprawami, a także bycie dumnym ze swojego pochodzenia.

Podobnie jak młodsi koledzy, również część badanych licealistów rozumie treść zawartą w tym punkcie w kategoriach pomocy (10,6%). Nieco większa grupa badanych uczniów liceum niż gimnazjum pisze o służbie (8,7%).

Część badanych wdaje się w polemikę z zapisem, choć jest to mniejszy odsetek niż w przypadku uczniów gimnazjum („zgadzam się" – 0,8%, „nieprawda" – 2,3%). 2,6% badanych udziela odpowiedzi wulgarnych, niezrozumiałych lub niepoważnych.

Tabela 33. Interpretacja pierwszego punktu Prawa Harcerskiego przez uczniów gimnazjum i liceum – najczęściej pojawiające się odpowiedzi (dane w %)

Odpowiedź	Gimnazjaliści	Licealiści
Obowiązkowość	22,9	18,3
Troska o kraj	22,4	14,1
Patriotyzm	14,7	26,2
Pomoc	9,4	10,6
Sumienność	4,7	4,9
Służba	2,4	8,7
Negatywne wypowiedzi	–	5,7
Brak odp.	24,7	17,5

Źródło: opracowanie własne.

Gimnazjaliści nie potrafią odpowiedzieć na pytanie, czy wyobrażają sobie wyjazd za granicę na stałe – jedna czwarta nie wie, co by zrobiła w takiej sytuacji, prawie tyle samo pisze, że byłoby to możliwe, a niewiele mniej niż 25% potwierdza, że woli zostać w kraju.

W przypadku uczniów liceum widać większe zdecydowanie – jedna czwarta pozostałaby w kraju, ale równocześnie niewiele mniej nie dopuszcza do siebie takich ograniczeń. 29,3% twierdzi, że opuszczenie Polski byłoby możliwe.

Uczniowie gimnazjum, odpowiadając na drugie pytanie, dotyczące tego, czy czują się obywatelami świata, są tym razem bardziej zdecydowani niż ich starsi koledzy i koleżanki – nie mają wątpliwości – większość wyjechałaby z kraju, jeśli proponowano by im tam lepsze warunki nauki czy pracy. Być może przyczyna takiej rozbieżności tkwi w tym, że w tym pytaniu nie ma określenia, czy jest to wyjazd stały, co może oznaczać, że akceptują wyjazd czasowy, ale stałego już nie.

Zupełnie inaczej układają się wypowiedzi uczniów liceum – prawie tyle samo osób zgadza się z tym zdaniem, co nie zgadza. Nieznacznie większy odsetek badanych dopuszcza wyjazd za granicę, jeśliby były tam lepsze warunki do życia.

Na słowie harcerza polegaj jak na Zawiszy

Zdecydowanie więcej osób z gimnazjum niż w poprzednim punkcie Prawa Harcerskiego nie umiało zinterpretować tego zapisu (31,8%). Jedna czwarta badanych interpretuje to jako słowność – dotrzymywanie obietnicy, nierzucanie słów na wiatr.

Kolejna najczęściej pojawiająca się wypowiedź odnosi się do możliwości polegania na innych.

Polemikę z zapisem podejmuje tu więcej osób niż wcześniej, odpowiedź „nieprawda" pojawia się w wypadku 4,1% badanych, a „zgadzam się" – 2,9%. 7,1% respondentów wprost przyznaje, że nie rozumie treści tak zapisanego punktu. 4,8% uczniów udziela odpowiedzi niepoważnych, wulgarnych lub ironicznych.

W przypadku licealistów mniej osób nie odpowiada na to pytanie, ale trochę więcej (4,6%) przyznaje się, że nie rozumie, o co w tym zapisie chodzi. Podobnie jak uczniowie gimnazjum, ponad jedna trzecia badanych licealistów interpretuje ten punkt jako słowność.

Następnie badani mówią o prawdomówności, przy czym najczęściej pojawiają się odpowiedzi „prawdomówny", „mówi prawdę", „nie kłamie". Uczniowie uważają, że treść tego punktu podkreśla, że można na kimś polegać – przede wszystkim na innych harcerzach.

Natomiast 4,2% badanych, podejmując polemikę, twierdzi, że to nieprawda, iż harcerze tak się zachowują, tylko 0,8% się z tym zgadza; 3,4% udziela odpowiedzi wulgarnych, ironicznych i niezrozumiałych. Pojawia się nowa kategoria wypowiedzi polemizującej – podającej w wątpliwość, czy harcerze aby na pewno tak postępują, jak jest zapisane. Tutaj została ona określona jako kategoria „chyba...", a najczęściej pojawiającymi się odpowiedziami były: „czasami tak"; „można tak powiedzieć"; „podobno mówią prawdę". W sumie tego typu odpowiedzi udzieliło 1,1% badanych.

Tabela 34. Interpretacja drugiego punktu Prawa Harcerskiego przez uczniów gimnazjum i liceum – najczęściej pojawiające się odpowiedzi (dane w %)

Odpowiedź	Gimnazjaliści	Licealiści
Słowny	24,1	35,0
Prawdomówny	14,7	14,8
Można na nim polegać	10,6	14,4
Nie rozumiem	7,1	4,6
Godny zaufania	4,1	6,8
Nieprawda	4,1	4,2
Brak odp.	31,8	14,1

Źródło: opracowanie własne.

Ponad połowa badanych twierdzi, że czasem udaje im się **być** godnym zaufania i dotrzymywać słowa, 6,5% przyznaje, że to im się nie udaje. Podobnie odpowiedzi rozkładają się wśród licealistów, z tą różnicą, że jest większy odsetek osób, które zdecydowanie twierdzą, że są godne zaufania, a mniejszy takich, które takimi się nie czują.

Zdecydowana większość zarówno gimnazjalistów, jak i licealistów (przy czym tych drugich jest więcej) uważa, że można im powierzyć tajemnicę.

Harcerz jest pożyteczny i niesie pomoc bliźnim

Jedna czwarta badanych gimnazjalistów nie udzieliła odpowiedzi w tym punkcie. Ponad połowa interpretuje ten zapis w kategoriach pomocy innym (mieszkańcom, przyjaciołom, biednym, chorym, starszym, innym harcerzom) lub określając charakter działań – bezinteresowny, dobrowolny, z przyjemnością, a także uwypuklając gotowość do poświęceń: „prosić o pomoc go można"; „pomaga innym na swój sposób"; „pomaga innym w razie potrzeby, jak może"; „pomaga każdemu bez względu na to, kto to jest"; „pomaga, nie bacząc na własne dobro".

Pojawia się nowa kategoria interpretacji (lub raczej jej brak) – rozumienie dosłowne zapisu („tu nie ma co tłumaczyć", „to jest jasne").

W tym pytaniu 16,3% licealistów nie udzieliło odpowiedzi. Podobnie jak wyżej, ponad połowa interpretuje ten punkt w kategoriach pomocy, przy czym udzielone odpowiedzi są zbliżone do odpowiedzi gimnazjalistów.

Pojawia się nowa kategoria odpowiedzi – przyjmowania zapisu do wiadomości, ale nieustosunkowywania się do niego – są to odpowiedzi typu: „aha", „cieszę się z tego".

Tabela 35. Interpretacja trzeciego punktu Prawa Harcerskiego przez uczniów gimnazjum i liceum – najczęściej pojawiające się odpowiedzi (dane w %)

Odpowiedź	Gimnazjaliści	Licealiści
Pomoc	55,9	57,4
Nieprawda	6,5	2,3
Zgadzam się	4,1	–
Można na nim polegać	3,5	3,4
Dobro	3,5	0,4
Wolontariat	0,6	4,9
Przykład	1,8	3,8
Brak odp.	25,3	16,3

Źródło: opracowanie własne.

Większość badanych – zarówno uczniów gimnazjum, jak i liceum – twierdzi, że zawsze lub czasami pomaga innym, jeśli tego potrzebują.

Również większość badanych uważa, że nie można ludzi pozostawiać samym sobie – badani nie zgadzają się z twierdzeniem, że każdy powinien radzić sobie sam.

Harcerz w każdym widzi bliźniego, a za brata uważa każdego innego harcerza

Jedna trzecia badanych nie udzieliła odpowiedzi na to pytanie. Z pozostałych na plan pierwszy wysuwa się interpretacja mówiąca o szczególnym traktowaniu innych harcerzy – jak rodzeństwa, przyjaciela, jako wspólnej rodziny, respondenci podkreślają także wspólną więź i zżycie w grupie.

Na drugim miejscu pojawia się odpowiedź mówiąca o szacunku do innych i starszych. Równocześnie tyle samo badanych nie zgadza się z takim zapisem treści i wskazuje, że nie jest to realizowane w praktyce.

Pojawia się też dużo wypowiedzi polemizujących z zapisem tego punktu, np. „nie obchodzi mnie to", „nie zgadzam się".

Blisko jedna piąta badanych licealistów nie udziela odpowiedzi, a 11,8% mówi o równości. W następnej kolejności podkreślano pozytywne nastawienie do innych, co przejawia się w takich odpowiedziach, jak: „akceptuje wszystkich", „chce dobrze dla każdego", „otwarty na ludzi", „sympatyczny dla każdego".

Dopiero na trzecim miejscu znajdują się opinie o wzajemnym szczególnym traktowaniu harcerzy. Spory odsetek badanych nie zgadza się z zapisem tego punktu.

Tabela 36. Interpretacja czwartego punktu Prawa Harcerskiego przez uczniów gimnazjum i liceum – najczęściej pojawiające się odpowiedzi (dane w %)

Odpowiedź	Gimnazjaliści	Licealiści
Równość	7,1	11,8
Pozytywne nastawienie do innych	7,6	10,6
Szczególne nastawienie do harcerzy	14,1	9,9
Koleżeństwo	7,6	8,4
Nieprawda	8,2	6,8
Życzliwość	–	6,1
Szacunek	8,2	6,1
Pomoc	4,1	6,1
Zgoda	4,1	2,7
Tolerancja	4,1	4,9
Miły	4,7	3,0
Brak odp.	33,5	22,1

Źródło: opracowanie własne.

Większa część gimnazjalistów twierdzi, że umiałaby współpracować z osobami z innych grup i obozów, jednak niewiele mniej wskazuje, że nie wie, jak by się zachowało, lub, że czasem zdarzałoby się im zamykać we własnym gronie. Wśród uczniów liceum zdecydowana większość nie potrafi powiedzieć, jak by się zachowała w takiej sytuacji. Jednak dużo osób twierdzi, że zachowałoby raczej postawę otwartą wobec innych.

Odpowiedzi na pytanie o pomoc osobie z innej, konkurencyjnej grupy, w obu grupach wiekowych rozkładają się podobnie – największa część (około jednej trzeciej) potwierdza, że udzieliłaby takiej pomocy, nieznacznie mniej uważa, że byłaby zdolna do takiej postawy czasem, a około jednej piątej nie wie, jak by się zachowało.

Harcerz postępuje po rycersku

Na to pytanie blisko 30% badanych nie udzieliło odpowiedzi. Interpretując ten punkt, gimnazjaliści najczęściej mówią o odwadze (14,1%), a następnie o honorze (8,8%) i pomocy (7,6%). 5,9% nie zgadza się z takim zapisem, a 4,1% zgadza.

Mniej licealistów niż gimnazjalistów nie udzieliło odpowiedzi na to pytanie – 22,1%. Na pierwszym miejscu wyraźnie plasuje się honor – aż 20,9%. Na drugim znalazła się odwaga (11,8%). Następnie badani mówią o zasadach – wymieniają ideały: Bóg, honor, ojczyzna; odnoszą się do etosu rycerskiego; piszą o postępowaniu zgodnie z zasadami, posiadaniu własnej hierarchii wartości.

Kilka procent podejmuje polemikę z zapisem w tym punkcie – 1,1% się z nim zgadza, a 5,7% uważa, że nie jest to prawda. Poza tym 4,2% udziela niepoważnej odpowiedzi, np.: „jeździ na koniu i macha szabelką"; „jeździ na złotym rumaku, ma złotą zbroję i miecz"; „ma zbroję, miecz i konia / chodzi w szyszaku, kirysie i z mieczem?"; „jeździ na koniu"; „ratuje księżniczki z rąk smoka"; „zabija smoki i ratuje księżniczki"; „lubi turnieje rycerskie, dziewki"; „zbroję nosi?"; „jest ze średniowiecza?".

Tabela 37. Interpretacja piątego punktu Prawa Harcerskiego przez uczniów gimnazjum i liceum – najczęściej pojawiające się odpowiedzi (dane w %)

Odpowiedź	Gimnazjaliści	Licealiści
Odwaga	14,1	11,8
Honor	8,8	20,9
Pomoc	7,6	3,4
Obrona	6,5	2,7
Rycerz	6,5	6,1
Nieprawda	5,9	5,7
Zasady	4,7	7,6
Troska o kraj	–	4,6
Brak odp.	29,4	22,1

Źródło: opracowanie własne.

Ponownie uczniowie w większości twierdzą, że potrafią się przyznać do popełnionego błędu – nieznacznie mniejszy odsetek robi to zawsze.

Badani gimnazjaliści zapewniają, że zawsze lub czasem potrafią zrezygnować z czegoś na rzecz bliskich. Natomiast inaczej odpowiadali uczniowie liceum – połowa badanych twierdzi, że czasem potrafi zrezygnować z czegoś, natomiast znacznie mniej – niecała jedna czwarta – że w każdej sytuacji potrafiłaby się wyrzec przyjemności na rzecz kogoś bliskiego.

Harcerz miłuje przyrodę i stara się ją poznać

Blisko jedna trzecia (28,8%) gimnazjalistów nie udzieliła odpowiedzi. Wśród pozostałych na pierwszy plan wysuwają się dwie odpowiedzi – „nieniszczenie przyrody" (np. „nie niszczy przyrody, natury, zieleni") i „wiedza", gdzie przykładowymi odpowiedziami są: „uwielbia biologię", „chce poznać jak najwięcej", „szuka czegoś w przyrodzie", „odkrywa tajemnice przyrody". Kolejna najczęściej padająca odpowiedź to „dbałość o przyrodę".

Pojawiają się nieliczne wypowiedzi (3,5%) świadczące o tym, że badana młodzież nie zgadza się z takim zapisem lub twierdzi, że to nieprawda. Natomiast 4,7% zgadza się z tym, co jest napisane w tym punkcie.

Mniej licealistów niż uczniów gimnazjum nie udzieliło odpowiedzi na to pytanie – 19%, natomiast 16,7% badanych uważa, że przede wszystkim chodzi o to, żeby nie niszczyć przyrody; 14,8% pisze o dbałości o przyrodę, a 11% badanych mówi o szacunku do przyrody.

Odwrotnie niż w przypadku uczniów gimnazjów więcej licealistów (4,6%) nie zgadza się z takim zapisem tego punktu lub uważa, że nie jest on realizowany, czego przykładem są wypowiedzi: „zależy od człowieka"; „ale ognisko w lesie rozpali!"; „czemu harcerze łamią gałęzie?!"; „śmieci zostawia, butelki po alkoholu"; „to czemu depcze trawę?".

Tabela 38. Interpretacja szóstego punktu Prawa Harcerskiego przez uczniów gimnazjum i liceum – najczęściej pojawiające się odpowiedzi (dane w %)

Odpowiedź	Gimnazjaliści	Licealiści
Nieniszczenie przyrody	16,5	16,7
Wiedza	16,5	10,6
Dbałość o przyrodę	14,1	14,8
Szacunek do przyrody	8,2	11,0
Miłość do przyrody	7,1	–
Ochrona przyrody	5,9	4,6
Nieśmiecenie	5,3	7,6
Postawa proekologiczna	1,2	7,2
Bycie częścią przyrody	2,9	6,5
Brak odp.	28,8	19,0

Źródło: opracowanie własne.

Ponad jedna trzecia gimnazjalistów twierdzi, że czasami zdarza im się zbierać śmieci pozostawione przez innych, równocześnie jedna piąta twierdzi, że tego nie robi. Wśród ich starszych kolegów odpowiedzi rozkładają się inaczej – zdecydowanie więcej osób twierdzi, że nie zgadza się z takim twierdzeniem, ale też prawie tyle samo uważa, że czasem to robi.

Harcerz jest karny i posłuszny rodzicom i wszystkim swoim przełożonym

Wśród gimnazjalistów na pierwszy plan wysuwa się odpowiedź podkreślająca posłuszeństwo, przy czym odpowiedzi te są podobne do tych, których udzielali harcerze.

Blisko jedna trzecia badanych nie udzieliła odpowiedzi.

Prawie 5% zgadza się z tak sformułowanym zapisem, jednak aż 7,1% uważa to za nieprawdziwe.

Podobnie rozkładają się odpowiedzi wśród licealistów – 31,9% wskazań uzyskało posłuszeństwo, a 23,6% badanych nie udzieliło odpowiedzi. Aż 9,1% nie zgadza się z takim zapisem.

Tabela 39. Interpretacja siódmego punktu Prawa Harcerskiego przez uczniów gimnazjum i liceum – najczęściej pojawiające się odpowiedzi (dane w %)

Odpowiedź	Gimnazjaliści	Licealiści
Posłuszeństwo	41,8	31,9
Nieprawda	7,1	9,1
Szacunek	5,9	7,6
Zgadzam się	4,7	–
Grzeczność	4,1	3,0
Ponosi konsekwencje	4,1	–
Odp. ironiczna	4,1	1,1
Podporządkowanie	0,6	4,2
Brak odp.	32,4	23,6

Źródło: opracowanie własne.

Jedna piąta badanych gimnazjalistów przyznaje, że zawsze słucha się rodziców, a blisko połowa – że czasem. Wśród licealistów akcent przenosi się na wypowiedź „czasem" – odpowiada tak 65,4% badanych. Nie słucha się rodziców 7,1% uczniów gimnazjum i 12,9% uczniów liceum.

Jedna piąta młodszych uczniów uważa, że dorośli nie mają racji, a ponad jedna trzecia – że czasami tak jest. Wśród starszych odsetek ten jest jeszcze wyższy. Oznaczałoby to, że badani, owszem, raczej słuchają się rodziców, ale równocześnie uważają, że często nie mylą się oni w tym, co mówią lub każą im zrobić.

Harcerz jest zawsze pogodny

Większość uczniów gimnazjum interpretuje ten zapis dosłownie, używając słów „zawsze" lub „nigdy" (31,8%), podobnie jak w przypadku odpowiedzi harcerzy.

Jedna czwarta badanych nie udzieliła odpowiedzi. Ponad dwa razy więcej badanych ma zastrzeżenia do tego punktu, niż się z nim zgadza.

Podobnie wyniki układają się wśród licealistów – jedna czwarta zaznacza odpowiedzi, które można zebrać w kategorię „zawsze/nigdy"; 13% badanych interpretuje to jako „uśmiech", „uśmiechanie się", „chodzenie uśmiechniętym". 19% respondentów nie udzieliło odpowiedzi. Zdecydowanie większa dysproporcja jest między osobami, które zgadzają się z takim zapisem, a tymi, które tego nie popierają (0,8 do 6,1%).

Tabela 40. Interpretacja ósmego punktu Prawa Harcerskiego przez uczniów gimnazjum i liceum – najczęściej pojawiające się odpowiedzi (dane w %)

Odpowiedź	Gimnazjaliści	Licealiści
Zawsze/nigdy	31,8	25,5
Nieprawda	7,6	6,1
Wesoły	6,5	6,8
Miły	6,5	6,1
Pogodny	5,3	2,3
Uśmiech	2,9	13,3
Promieniowanie pozytywną energią	1,8	8,4%
Brak odp.	25,3	19,0

Źródło: opracowanie własne.

Duży odsetek młodszych uczniów uważa, że ukrywanie emocji zawsze lub czasami jest szkodliwe, jedna piąta zaś nie wie, co na to odpowiedzieć. Licealiści są bardziej zdecydowani – jedna trzecia uważa, że ukrywać emocji w ogóle nie wolno, a ponad 40% – że czasem jest to szkodliwe. Tylko 11,4% badanych nie wie, jak powinni się zachować.

Harcerz jest oszczędny i ofiarny

Ponad jedna trzecia badanych gimnazjalistów nie podjęła się interpretacji tego punktu. Z pozostałych na plan pierwszy wysuwa się odpowiedź dotycząca pomocy (14,7%). Na kolejnym miejscu znalazły się odpowiedzi mówiące o braku rozrzutności (14,1%) oraz o oszczędności (12,4%).

16% licealistów interpretuje to w kategoriach pomocy, a 11% jako brak rozrzutności. 27% badanych nie udzieliło tu odpowiedzi.

Tabela 41. Interpretacja dziewiątego punktu Prawa Harcerskiego przez uczniów gimnazjum i liceum – najczęściej pojawiające się odpowiedzi (dane w %)

Odpowiedź	Gimnazjaliści	Licealiści
Pomocny	14,7	16,1
Nie jest rozrzutny	14,1	11,0
Oszczędny	12,4	7,2
Dzielenie się z innymi	7,1	3,4
Nie wiem	6,5	2,3
Nieprawda	5,9	6,1
Nie marnuje niczego	1,8	6,8
Brak odp.	34,1	27,0

Źródło: opracowanie własne.

Większość badanych w obu grupach wiekowych przyznaje, że zbiera pieniądze na określony cel, różnice są w proporcjach odpowiedzi „zgadzam się" i „czasem". Wśród młodszych więcej zaznacza tę pierwszą, a wśród starszych – drugą wypowiedź.

Młodsi badani mają podzielone zdania na temat tego, czy należy wspierać finansowo osoby, które proszą o pieniądze. Najwięcej uważa, że czasem jest to konieczne, jednak wyniki układają się prawie równomiernie.

Starsi są bardziej zdecydowani – większość uważa, że czasem jest to konieczne, mniej jest osób niezdecydowanych.

Harcerz jest czysty w myśli, mowie i uczynkach, nie pali tytoniu, nie pije napojów alkoholowych

W interpretacji tego punktu na pierwszy plan wysuwa się **polemika**. Gimnazjaliści są wyraźnie poruszeni takim zapisem – wskazują, że nie podoba im się sama treść, jak również, że według nich harcerze nagminnie łamią ten punkt: „śmieszne!"; „harcerze nie są czyści"; „jarają"; „który?"; „to chyba rzadko"; „powinni jeszcze się nie bić"; „przeklinać czasem mu się zdarza"; „u nas tego w harcerstwie nie ma"; „wątpię, zależy od osoby"; „widziałem takich, co piją'"; „chlają wódę". Tyle samo osób (18,8%), interpretując ten punkt, odnosi się do nałogów.

Tak samo kształtują się odpowiedzi wśród licealistów. Na pierwszym miejscu znajduje się **polemika** z tym punktem, o czym mogą świadczyć przykładowe wypowiedzi: „harcerstwo dla wielu jest ucieczką od szarej rzeczywistości"; „harcerz to też człowiek i ma słabe strony"; „teraz powiedzenie, że harcerz nie pali, straciło na znaczeniu"; „aniołkiem jest, a tak naprawdę to pali i pije"; „chyba jak ma max. 6 lat"; „gorzej w rzeczywistości"; „harcerz pomimo tych zakazów i tak pije"; „harcerze to łapserdaki"; „wszyscy harcerze, których znam, palą i piją"; „kryje udawaniem swoją niedojrzałość"; „mija się to z prawdą"; „pije i pali jak wszyscy"; „odwrotnie jest w praktyce"; „prawie każdy harcerz łamie tę zasadę"; „przysięga to abstrakcja"; „udaje, że jest czysty, prawy i wspaniały"; „ukrywa się dla pozoru"; „w takim razie nie znam prawdziwych harcerzy"; „walą gorzałę na widoku! / widziałem takich, co piją"; „wcale tego nie dotrzymują"; „wierzycie w to?"; „wyidealizowana wizja harcerza"; „pali i pije – to nic złego, jeśli z umiarem"; „wymogi niemożliwe do spełnienia zmuszające harcerzy do robienia tego w ukryciu".

Jednocześnie mówią o braku nałogów, a 28,5% badanych w ogóle nie udzieliło odpowiedzi.

Tabela 42. Interpretacja dziesiątego punktu Prawa Harcerskiego przez uczniów gimnazjum i liceum – najczęściej pojawiające się odpowiedzi (dane w %)

Odpowiedź	Gimnazjaliści	Licealiści
Brak nałogów	18,8	17,9
Nieprawda	18,8	17,5
Czystość	7,1	3,8
Kultura języka	5,9	7,2
Niepicie alkoholu	4,7	4,6
Niepalenie tytoniu	4,7	4,6
Zdrowie	4,1	1,1
Dobro	2,4	4,9
Brak odp.	32,4	28,5

Źródło: opracowanie własne.

Blisko 40% młodszych uczniów uważa, że stosowanie używek świadczy o słabości charakteru, a 23,5% twierdzi, że jest tak czasem. 17,1% nie wie, czy tak jest, a 11,2% nie zgadza się z tym stwierdzeniem. Wśród licealistów zastanawia zdecydowanie duży odsetek osób, które nie zgadzają się z tym, że stosowanie używek świadczy o słabości charakteru. Równocześnie blisko połowa jest odmiennego zdania.

Porównując te wyniki z odpowiedziami dotyczącymi następnego stwierdzenia, można zauważyć, że wypowiedzi licealistów są niespójne – z jednej strony część z nich uważa, że używki nie świadczą o słabości charakteru, a z drugiej, że te same używki nie powodują szybszego dorośleniaw oczach innych, co można zinterpretować następująco: pijąc i paląc, niekoniecznie ma się słaby charakter, ale także nie jest się doroślejszym.

Połowa gimnazjalistów uważa podobnie jak ich starsi koledzy, że picie i palenie nie powoduje tego, że stajemy się doroślejsi.

Zestawiając odpowiedzi uczniów gimnazjum i liceum z odpowiedziami harcerzy, odnosi się wrażenie, że są zgodne. W wielu punktach odpowiedzi się ze sobą pokrywają.

W interpretacji punktu dotyczącego **służby krajowi** widać dużą zgodność. Biorąc pod uwagę pięć pierwszych kategorii odpowiedzi w każdej z badanych grup (harcerze, gimnazjaliści, licealiści), cztery z nich są takie same. Co ciekawe, tutaj większa liczba harcerzy niż uczniów nie umiała zinterpretować zapisu.

W interpretacji punktu dotyczącego **słowności** ponownie cztery kategorie odpowiedzi są zgodne. Dla uczniów gimnazjum i liceum ten punkt był najtrudniejszy do zinterpretowania.

Punkt trzeci Prawa Harcerskiego dotyczący **służby innym**, pomocy jest rozumiany nieco rozbieżnie przez badane grupy – tylko dwie kategorie odpowiedzi są takie same. Równocześnie występują tu kategorie odpowiedzi, które spośród wszystkich (we wszystkich interpretowanych punktach Prawa Harcerskiego) otrzymały najwyższy odsetek. Można powiedzieć, że ten punkt dla wszystkich badanych był najbardziej jednoznaczny. Tu także licealiści podchodzą najbardziej sceptycznie do zapisu.

W punkcie odnoszącym się **braterstwa** ponownie zgodne są cztery kategorie odpowiedzi. W punkcie mówiącym o **postawie rycerskiej** zgodne są tylko trzy kategorie. Tu także wśród uczniów liceum występuje największy odsetek wypowiedzi niepoważnych, a wśród uczniów gimnazjum – powątpiewających w słuszność zapisu.

Punkt, w którym mowa o **przyrodzie**, jest podobnie rozumiany przez wszystkich badanych – występują tu cztery zgodne kategorie odpowiedzi. Tu także gimnazjaliści w największym stopniu zgadzają się z takim sformułowaniem zapisu.

Karność jest podobnie interpretowana przez wszystkich badanych, trzy kategorie odpowiedzi się ze sobą pokrywają. Najwięcej gimnazjalistów udziela odpowiedzi niepoważnej, ale także najwięcej zgadza się z takim zapisem, podobnie jak licealiści. Należy także przypomnieć, że sporo instruktorów ma problem z akceptacją treści tego punktu, a także realizowaniem go w praktyce.

Punkt dotyczący **pogody ducha** jest interpretowany przez większość badanych dosłownie – w każdej z grup respondentów największy odsetek otrzymała kategoria, oznaczająca dosłowną interpretację zapisu: „**zawsze** uśmiechnięty", „**zawsze** wesoły", „**nigdy** nie jest smutny" itp. Warto podkreślić, że z tym punktem mają też spore trudności instruktorzy – 20% przyznaje się do tego, że nie zawsze ma dobry humor, ale także podkreśla, że nie można tego odczytywać tak wprost, jak jest zapisane.

Oszczędność i ofiarność nie jest tak samo rozumiana przez wszystkich badanych – można wskazać na dwie kategorie odpowiedzi, które występują w każdej z badanych grup. Równocześnie najwięcej harcerzy udziela tu odpowiedzi niepoważnych, a najwięcej gimnazjalistów w ogóle nie odpowiada na to pytanie.

Zapis dotyczący **czystości i abstynencji** jest zgodnie interpretowany – cztery kategorie odpowiedzi powtarzają się we wszystkich grupach badanych. Tu także największy odsetek harcerzy, gimnazjalistów i licealistów uznaje, że jest to zapis dosłowny i nie ma tu nic do interpretacji. Największy odsetek uczniów liceum i harcerzy nie udzielił w tym punkcie odpowiedzi. Także największy odsetek uczniów nie zgadza się z takim zapisem lub podaje przykłady łamania tego punktu przez harcerzy. Warto podkreślić, że aż 30% instruktorów nie akceptuje takiego zapisu, a 22,5% przyznaje, że ma trudności z realizowaniem go w życiu codziennym – prywatnym i zawodowym. Jak widać, punkt dziesiąty budzi największe emocje wśród badanych i jest najżywiej dyskutowany.

Ogólnie można powiedzieć, że treść Prawa Harcerskiego jest w podobnym stopniu zrozumiała zarówno dla harcerzy, jak i dla młodzieży niezrzeszonej, co wyraża się w podobnej interpretacji zapisów.

Drugim zadaniem, mającym na celu sprawdzenie rozumienia treści zawartych w Prawie Harcerskim, było ustosunkowanie się do dziewiętnastu opisanych sytuacji prezentujących pożądane bądź nie (z punktu widzenia Prawa) postawy. Należy przypomnieć, że odpowiedzi respondentów można traktować jedynie jako postawy deklarowane.

W jedenastu pytaniach na dziewiętnaście w tym zadaniu badani harcerze, gimnazjaliści i licealiści udzielają takich samych odpowiedzi. Przy czym należy zaznaczyć, że występują nieznaczne różnice, jeśli porówna się ze sobą odpowiedzi dwóch grup badanych – harcerzy z uczniami gimnazjum lub harcerzy z uczniami liceum. Wówczas więcej jest odpowiedzi zgodnych w obu grupach (trzynaście–czternaście). Uogólniając, można powiedzieć, że zgodność odpowiedzi w tym zadaniu wynosi 68%.

Tabela 43. Podsumowanie wypowiedzi harcerzy, uczniów i instruktorów dotyczących interpretacji Prawa Harcerskiego w porównaniu z wartościami określonymi w każdym punkcie i postawami młodzieży wynikającymi z badań

Pkt	Wartości i postawy w nim zawarte	Postawy młodzieży (z innych badań)	Harcerze – najważniejsze kategorie odpowiedzi	Uczniowie gimnazjum – najważniejsze kategorie odpowiedzi	Uczniowie liceum – najważniejsze kategorie odpowiedzi	Instruktorzy – akceptacja zapisu i trudności w realizacji
1.	– służba Bogu – służba Polsce – lojalność	– powierzchowna wiara – tworzenie wiary indywidualnej – krytyka sytuacji polityczno-społecznej w kraju – bierna postawa wobec zmian zachodzących w państwie	– **obowiązkowość** – **patriotyzm** – **wierność ojczyźnie (kraj)** – służba – **pomoc** – nauka – brak odp. – 19,1%	– **obowiązkowość** – **troska o kraj** – **patriotyzm** – **pomoc** – sumienny – brak odp. – 24,7%	– **patriotyzm** – **obowiązkowość** – **troska o kraj** – **pomoc** – służba – brak odp. – 17,5%	– brak akceptacji – 2,5% – trudności – 10%
2.	– honor – słowność – prawdomówność	– honor nie jest istotną wartością – dopuszczanie kłamstwa dla wyższych celów	– **słowność** – **prawdomówność** – **można na nim polegać** – **bycie godnym zaufania** – dochowanie tajemnic – brak odp. – 21%	– **słowność** – **prawdomówność** – **można na nim polegać** – **bycie godnym zaufania** – dochowanie tajemnic – brak odp. – 31,8% – nie wiem – 7,1%	– **słowność** – **prawdomówność** – **można na nim polegać** – **bycie godnym zaufania** – wzór – Zawisza – brak odp. – 14,1%	– brak akceptacji – 2,5% – trudności – 10%
3.	– altruizm – troska o innych	– deklaracje o powinności działania na rzecz innych – mały udział młodzieży w działalności społecznej	– **pomocny – 82%** – **pożyteczny** – empatyczny – słowny – dobry – altruistyczny – brak odp. – 23,2%	– **pomocny – 55,9%** – dobry – można na nim polegać – daje przykład – **pożyteczny** – brak odp. – 25,3%	– **pomocny – 57,4%** – działa w wolontariacie – daje przykład – można na nim polegać – **pożyteczny** – uczynny – brak odp. – 16,3%	– brak akceptacji – 0% – trudności – 2,5%

5. Czy wartości, do jakich wychowuje harcerstwo, odpowiadają potrzebom młodzieży?

4.	– braterstwo – przyjaźń – tolerancja	– duży stopień tolerancji dla innych – wyznawców innej wiary, imigrantów, osób o innym światopoglądzie	– szczególne odnoszenie się do innych harcerzy – pozytywne nastawienie do innych – braterstwo – tolerancja – równość – brak odp. – 26,2%	– szczególne odnoszenie się do innych harcerzy – szacunek – pozytywne nastawienie do innych – koleżeństwo – równość – nie wiem – 33,5%	– równość – pozytywne nastawienie do innych – szczególne odnoszenie się do innych harcerzy – koleżeństwo – pomoc, **szacunek**, życzliwość – brak odp. – 22,1%	– brak akceptacji – 2,5% – trudności – 15%
5.	– rycerskość – uprzejmość – dzielność	– świadomość negatywnych zjawisk zachodzących w otoczeniu – brak danych na temat chęci przeciwdziałania im	– **odwaga** – honor – **rycerskość** – dobre – wychowanie – stawanie w obronie innych – brak odp. – 27,7%	– odwaga – honor – pomoc – stawanie w obronie innych – rycerskość – brak odp. – 29,4%	– honor – odwaga – posiadanie zasad – **rycerskość** – troska o kraj – brak odp. – 22,1% – odp. niepoważna – 7,9%	– brak akceptacji – 5% – trudności – 2,5%
6.	– szacunek dla przyrody	– postulat powinności państwa względem ochrony przyrody – uczestnictwo w akcjach ekologicznych	– nieniszczenie przyrody – wiedza – szacunek – **dbałość o przyrodę** – nieśmiecenie – brak odp. – 25,5%	– wiedza – nieniszczenie natury – dbałość o przyrodę – szacunek – kocha przyrodę – brak odp. – 28,8% – zgadzam się – 4,7%	– nieniszczenie natury – dbałość o przyrodę – szacunek – wiedza – nieśmiecenie – brak odp. – 19%	– brak akceptacji – 2,5% – trudności – 0%

Tabela 43. Podsumowanie wypowiedzi harcerzy, uczniów i instruktorów... cd.

Pkt	Wartości i postawy w nim zawarte	Postawy młodzieży (z innych badań)	Harcerze – najważniejsze kategorie odpowiedzi	Uczniowie gimnazjum – najważniejsze kategorie odpowiedzi	Uczniowie liceum – najważniejsze kategorie odpowiedzi	Instruktorzy – akceptacja zapisu i trudności w realizacji
7.	– posłuszeństwo rodzicom i przełożonym – karność – sumienność	– duże znaczenie rodziny – większy szacunek dla matki niż ojca – brak szacunku do osób rządzących krajem – branie z autorytetów tego, co uważa się dla siebie za istotne	– **posłuszeństwo** – **szacunek** – wykonywanie poleceń – stosowanie się do kar – niekłócenie się – **grzeczność** – brak odp. – 25,8%	– **posłuszny** – **szacunek** – wyciąganie konsekwencji – **grzeczność** – brak odp. – 32,4% – odp. niepoważna – 7,7% – zgadzam się – 4,7%	– **posłuszeństwo** – **szacunek** – podporządkowanie – obowiązkowość – **grzeczność** – brak odp. – 23,6%	– brak akceptacji – 20% – trudności – 20%
8.	– pogoda ducha – optymizm	– pozytywne nastawienie do życia – wiara w sukces	– **nigdy/zawsze** – radosny – promieniowanie pozytywną energią na innych – pogodny – uśmiechnięty – brak odp. – 25,1%	– **nigdy/zawsze** – wesoły – miły – pogodny – brak odp. – 25,3%	– **nigdy/zawsze** – uśmiechnięty – pozytywne nastawienie do innych – wesoły – miły – brak odp. – 19%	– brak akceptacji – 0% – trudności – 20%

9.	- oszczędność - ofiarność - gospodarność	- wczesne podejmowanie pracy zarobkowej - wydawanie pieniędzy na potrzeby doraźne bez myślenia o przyszłości - pieniądz jako wartość instrumentalna	- niemarnowanie niczego - **oszczędność** - dzielenie się - **pomoc** - brak rozrzutności - brak odp. – 25,1% - odp. niepoważna – 2,7%	- **pomoc** - brak rozrzutności - **oszczędność** - dzielenie się - posiadanie celu - brak odp. – 34,1%	- **pomoc** - brak rozrzutności - **oszczędność** - niemarnowanie niczego - gospodarny - brak odp. – 27%	- brak akceptacji – 0 % - trudności – 7,5%
10.	- czystość w myśli - czystość w mowie - czystość w uczynkach - unikanie używek	- duży procent młodzieży korzysta z używek	- **niepalenie tytoniu** - **niepicie alkoholu** - **kultura języka** - **brak nałogów** - niestosowanie używek 10,5% - brak odp. – 28,5% - dosłownie – 5,6%	- **brak nałogów** - czystość - **kultura języka** - **niepicie alkoholu** - **niepalenie tytoniu** - brak odp. – 32,4% - dosłownie – 1,2% - nieprawda – 18,8%	- **brak nałogów** - **kultura słowa** - dobry - **niepicie alkoholu** - **niepalenie tytoniu** - brak odp. – 28,5% - dosłownie – 2,3% - nieprawda – 17,5%	- brak akceptacji – 30% - trudności – 22,5%

* W ramach odpowiedzi niepoważnej są uwzględnione również: ironiczne, wulgarne, niezrozumiałe.
Tekst pogrubiony – wspólne odpowiedzi dla wszystkich grup.
Szare tło – wysoki odsetek w danej grupie (uczniowie, harcerze lub instruktorzy).

Źródło: opracowanie własne.

Tabela 44. Liczba zgodnych odpowiedzi uczniów i harcerzy w zadaniu badającym postawy

	Liczba pytań w zadaniu	Liczba odpowiedzi wspólnych dla wszystkich grupa badanych	Liczba odpowiedzi wspólnych z jedną grupą badanych	Liczba odpowiedzi zgodnych z odpowiedziami oczekiwanymi
Harcerze	19	11	H* – G*: 14 H – L*: 13	9
Uczniowie gimnazjum	19	11	G – H: 14 G – L: 14	7
Uczniowie liceum	19	11	L – H: 13 L – G: 14	4

* H – harcerze, G – uczniowie gimnazjum, L – uczniowie liceum

Źródło: opracowanie własne.

Drugim aspektem analizy tego zadania jest sprawdzenie, na ile badane grupy udzielały odpowiedzi w poszczególnych pytaniach zgodnych z odpowiedziami oczekiwanymi – tzn. takimi, które potwierdzają rozumienie Prawa Harcerskiego i wynikających z niego postaw. Liczba, która jest zgodna z odpowiedziami, których można oczekiwać, jest znacznie mniejsza niż w przypadku zgodności odpowiedzi między grupami badanych – tylko w czterech przypadkach harcerze, gimnazjaliści i licealiści (łącznie) udzielają takich samych odpowiedzi, jakie świadczą o rozumieniu Prawa Harcerskiego. Rozbijając to na poszczególne grupy badanych, uzyskujemy nieco odmienne wyniki: deklarowane postawy harcerzy w dziewięciu przypadkach są zgodne z postawami oczekiwanymi, uczniowie gimnazjum takich postaw przejawiają siedem; a uczniowie liceum – cztery. Wyraźnie z tego widać, że najbliżej ideału są harcerze, choć odpowiedzi zgodnych z duchem Prawa Harcerskiego udzielili oni na mniej niż połowę pytań. Niewiele dalej plasują się gimnazjaliści – z analizy wynika, że udzielili oni mniej o dwie odpowiedzi zgodne z oczekiwanymi niż harcerze. Może to oznaczać tyle, że postawy zawarte w Prawie Harcerskim osobom w wieku gimnazjalnym spoza harcerstwa nie są obce i w sferze deklaratywnej częściowo są reprezentowane. Zwłaszcza jeśli brać pod uwagę, że część odpowiedzi, jakich udzielali respondenci, można traktować jako „bliskie ideału" (zaznaczanie odpowiedzi „czasem" zamiast „zgadzam się zupełnie"). Na uwagę zasługuje też fakt, że w jednym przypadku to gimnazjaliści odpowiedzieli zgodnie z pożądaną odpowiedzią, z której wynika, że są bardziej oszczędni od pozostałych badanych (licealistów i harcerzy) – mianowicie jako jedyni potwierdzili, że zbierają swoje pieniądze na konkretny cel.

5. Czy wartości, do jakich wychowuje harcerstwo, odpowiadają potrzebom młodzieży?

Tabela 45. Zestawienie odpowiedzi uczniów gimnazjum i liceum z odpowiedziami harcerzy

Punkt	Stwierdzenie	Najbardziej pożądana odpowiedź	Odpowiedzi harcerzy	Odpowiedzi gimnazjalistów	Odpowiedzi licealistów	Instruktorzy – akceptacja zapisu i trudności w realizacji
Harcerz służy Polsce i sumiennie spełnia swoje obowiązki	Nie wyobrażam sobie stałego wyjazdu za granicę, chcę mieszkać i w przyszłości pracować w Polsce	Zgadzam się zupełnie	Czasem – 39%	Nie wiem – 25,9%	Czasem – 29,3%	Brak akceptacji – 2,5% Trudności – 10%
	Czuję się „obywatelem świata". Nie ma znaczenia, w jakim kraju mieszkam, byle byłyby tam dobre warunki do nauki, pracy i godnego życia	Nie zgadzam się	Zgadzam się – 34,5%	Zgadzam się – 43,5%	Zgadzam się – 32,7%	
Na słowie harcerza polegaj jak na Zawiszy	Nigdy nie zawiodłem zaufania kolegów, koleżanek czy osób starszych. Zawsze dotrzymuję danego słowa	Zgadzam się zupełnie	Czasem – 52,8%	Czasem – 54,1%	Czasem – 52,9%	Brak akceptacji – 2,5% Trudności – 10%
	Można mi powierzyć tajemnicę – zawsze dochowam sekretu	Zgadzam się zupełnie	Zgadzam się – 65,5%	Zgadzam się – 57,1%	Zgadzam się – 65,8%	
Harcerz jest pożyteczny i niesie chętną pomoc bliźnim	Zawsze pomagam innym, jeśli tego potrzebują	Zgadzam się zupełnie	Zgadzam się – 53,2%	Czasem – 42,9%	Czasem – 46%	Brak akceptacji – 0% Trudności – 2,5%
	Uważam, że każdy powinien sam sobie radzić ze swoimi problemami. Proszenie o pomoc świadczy o słabości charakteru	Nie zgadzam się	Nie zgadzam się – 72,3%	Nie zgadzam się – 47,6%	Nie zgadzam się – 62,4%	
Harcerz w każdym widzi bliźniego a za brata uważa każdego innego harcerza	Gdybym był na obozie razem z harcerzami z innych organizacji, to trzymałbym tylko ze „swoimi"	Nie zgadzam się	Nie zgadzam się – 59,6%	Nie zgadzam się – 28,2%	Nie wiem – 38,4%	Brak akceptacji – 2,5% Trudności – 15%

Tabela 45. Zestawienie odpowiedzi uczniów gimnazjum i liceum z odpowiedziami harcerzy... cd.

Punkt	Stwierdzenie	Najbardziej pożądana odpowiedź	Odpowiedzi harcerzy	Odpowiedzi gimnazjalistów	Odpowiedzi licealistów	Instruktorzy – akceptacja zapisu i trudności w realizacji
	Jeżeli kolega z innej klasy (z którą nasza klasa niespecjalnie się lubi) potrzebowałby pomocy w odrobieniu zadania domowego, to chętnie bym mu pomógł	**Zgadzam się zupełnie**	**Zgadzam się – 46,1%**	**Zgadzam się – 32,4%**	**Zgadzam się – 34,6%**	
Harcerz postępuje po rycersku	Potrafię przyznać się do popełnionego błędu, choć nie jest to łatwe	**Zgadzam się zupełnie**	**Zgadzam się – 45,3%**	Czasem – 38,2%	Czasem – 47,9%	Brak akceptacji – 5% Trudności – 2,5%
	Potrafię zrezygnować z czegoś, na czym mi bardzo zależy, jeśli to przyniosłoby radość komuś z moich bliskich	**Zgadzam się zupełnie**	**Zgadzam się – 46,1%**	Czasem – 35,9%	Czasem – 50,2%	
Harcerz miłuje przyrodę i stara się ją poznać	Jak zobaczę leżący na ziemi papierek czy inny śmieć, to zawsze go podniosę	Zgadzam się zupełnie	Czasem – 56,6%	Czasem – 38,8%	Nie zgadzam się – 39,9%	Brak akceptacji – 2,5% Trudności – 0%
	Lubię wyjeżdżać poza miasto z przyjaciółmi i organizować tam imprezy: jest głośna muzyka, dużo jedzenia i dobrej zabawy	Nie zgadzam się	Zgadzam się – 41,2%	Zgadzam się – 40,6%	Zgadzam się – 40,7%	
Harcerz jest karny i posłuszny rodzicom i wszystkim swoim przełożonym	Zawsze wypełniam polecenia starszych, a zwłaszcza rodziców	Zgadzam się zupełnie	Czasem – 65,5%	Czasem – 48,8%	Czasem – 65,4%	Brak akceptacji – 20% Trudności – 20%
	Uważam, że rodzice czy inni dorośli często nie mają racji. Dlatego zawsze postępuję tak, jak uważam to za słuszne	Nie zgadzam się	Czasem – 46,4%	Czasem – 35,3%	Czasem – 50,2%	

5. Czy wartości, do jakich wychowuje harcerstwo, odpowiadają potrzebom młodzieży?

Harcerz jest zawsze pogodny	Uważam, że nie powinno się ukrywać emocji. Jeśli mam zły humor, to go okazuję. Ukrywanie emocji jest szkodliwe dla zdrowia	Nie zgadzam się	Czasem – 43,4%	Czasem – 31,2%	Czasem – 41,1%	Brak akceptacji – 0% Trudności – 20%
Harcerz jest oszczędny i ofiarny	Kiedy dostaję kieszonkowe, to staram się zbierać pieniądze na konkretny cel	**Zgadzam się zupełnie**	Czasem – 40,4%	**Zgadzam się – 41,8%**	Czasem – 41,8%	Brak akceptacji – 0% Trudności – 7,5%
	Uważam, że dawanie pieniędzy żebrzącym o to ludziom nie ma sensu. To w niczym im nie pomoże, powinni sami poszukać jakiejś pracy	Nie zgadzam się	Czasem – 39%	Czasem – 27,6%	Czasem – 39,5%	
Harcerz jest czysty w myśli, w mowie i uczynkach, nie pali tytoniu i nie pije napojów alkoholowych	Uważam, że stosowanie różnych używek (palenie papierosów, picie alkoholu, używanie narkotyków) świadczy o słabości charakteru	**Zgadzam się zupełnie**	**Zgadzam się – 50,2%**	**Zgadzam się – 39,4%**	Nie zgadzam się – 31,6%	**Brak akceptacji – 30%** **Trudności – 22,5%**
	Uważam, że palenie papierosów czy picie alkoholu podnosi moją pozycję w oczach kolegów czy koleżanek. Jestem doroślejszy od nich	**Nie zgadzam się**	**Nie zgadzam się – 84,6%**	**Nie zgadzam się – 51,8%**	**Nie zgadzam się – 78,3%**	

Tekst pogrubiony – odpowiedzi badanych zgodne z odpowiedziami oczekiwanymi.
Szare tło – odpowiedzi zgodne dla poszczególnych grup.

Źródło: opracowanie własne.

6. Młodzież stereotypowa czy różnorodna?

Młodzież jako grupa docelowa, do której jest skierowana oferta organizacji harcerskich, powinna być szczególnym obiektem zainteresowań kadry instruktorskiej. Trzeba znać grupę, z której chce się rekrutować swoich przyszłych członków, trzeba wiedzieć, jakie są ich zainteresowania i czy to, co harcerstwo chce im zaoferować, spotka się z jakimkolwiek oddźwiękiem.

Instruktorom zadano pytanie, czy wartości, jakie preferuje ruch harcerski, przemawiają do współczesnej młodzieży, czy są, według nich, zgodne z systemem wartości młodych ludzi. Ukrytym celem takiego pytania było dowiedzenie się, czy instruktorzy zdają sobie sprawę z dużej różnorodności młodzieży jako kategorii. Znajomość młodzieży, w ogólnym zarysie – jej zainteresowań, podziałów, preferencji, jest podstawą do dobrego naboru do drużyny. Uzyskane wyniki wskazują na to, że często badani instruktorzy uważają oba systemy wartości za rozbieżne – twierdzi tak czternaście osób. Dziewięć zaś uważa, że harcerski system wartości częściowo odpowiada systemowi wartości młodzieży. Również tyle samo osób twierdzi, że trudno mówić o jednym systemie wartości w przypadku młodzieży, gdyż jest ona różnorodna.

Nasuwa się pytanie, jaki jest dalszy sens istnienia harcerstwa, skoro ci, którzy powinni zachęcać młodzież do wstępowania w swoje szeregi, już na wstępie uważają, że nie trafią do potencjalnego odbiorcy?

[...] większość deklaruje podobne wartości jak harcerskie, gorzej z ich przestrzeganiem, i tu nie ma znaczenia czy to harcerz czy nie, bo czasem do harcerstwa należą ludzie ze względu na kolegów itp. (instruktor SH, hm.)

[...] harcerstwo nie jest już modne, coraz więcej harcerzy wstydzi się chodzić w mundurach (instruktorka SH, pwd.).

[...] jeżeli bierzemy pod uwagę statystyczne wyniki to są niezgodne, mam negatywne zdanie na ten temat (instruktor ZHP, phm.).

Moim zdaniem te systemy są bardziej rozbieżne niż zbieżne (instruktor SH, pwd.).

Nie, trudno być harcerzem wśród dzisiejszej młodzieży (instruktor ZHP, phm.).

[...] w stosunku do „średniej" młodzieży wartości te znacznie odbiegają (instruktor SHK).

[...] z tego, co widzę na ulicy czy w TV, to włosy dęba na głowie stają i wydaje mi się, że są im obce te wartości. Myślę, że nie cała młodzież chciałaby takie wartości i dlatego w tym harcerstwie nie są i dlatego jest nas tak mało (instruktorka SH, hm.).

[...] bardzo chyba byłoby trudno młodzieży dostosować się do tego, że harcerz nie pije i nie pali ani nie bierze narkotyków (instruktorka ZHP, pwd.).

> *To, czego obecna młodzież nie akceptuje, to abstynencja – a przecież nie o to w harcerstwie chodzi* (instruktorka ZHP, pwd.).

> *Są wartości, które my promujemy, które są sprzeczne z globalnymi ideami. Wstrzemięźliwość od alkoholu, papierosów czy narkotyków jest nie do przyjęcia przez młodzież, nie mówiąc już o czystości przedmałżeńskiej* (instruktor ZHR, hm.).

> *Nie jest, gdyż młodzież cierpi w ogóle na brak wartości, po za wartościami konsumpcyjnymi* (instruktor ZHR, pwd.).

> *[…] częściowo tak, ale w dużym stopniu się różnią. Widać różnicę między harcerzami. To jest pewnie jakiś poziom dojrzałości i świadomości, do którego harcerze dochodzą wcześniej* (instruktorka SH, pwd.).

> *[…] dla pewnych grup młodzieży bycie w harcerstwie jest czymś śmiesznym, ale byłabym daleka od powiedzenia, że wartości, jako takie są śmieszne, raczej chodzi tu o formę* (instruktorka SH, pwd.).

> *[…] jest bardzo wielu ludzi, którzy chcieliby wychowywać swoje dzieci inaczej – czyli zawsze dawaj sobie radę, nie zważaj na innych, ty masz odnieść sukces, niekoniecznie musisz być pożyteczny, tylko masz dbać o swój własny interes* (instruktorka SH, phm.).

> *Nie jest, ponieważ jest dla większości współczesnej młodzieży zbyt radykalny* (instruktor ZHP, pwd.).

> *[…] częściowo na pewno tak, ale coraz bardziej się rozmija. Harcerstwo teraz jest niemodne i w odbiorze osób niezrzeszonych jest jako utrudniające życie* (instruktor ZHP, phm.).

> *[…] harcerstwo jako organizacja stawia wyzwania i, żeby w nim być, trzeba te wyzwania podjąć, trzeba żyć w zgodzie z nimi. A to faktycznie jest trudne dla młodzieży* (instruktorka ZHP, phm.).

Powtarzają się opinie, że harcerstwo jest teraz niemodne, za trudne, a także, że młodzież nie jest w stanie sprostać abstynencji i wstrzemięźliwości od palenia czy brania narkotyków. Wynika z tego, że instruktorzy raczej nie mają pochlebnego zdania o współczesnej młodzieży oraz że ich wizja harcerstwa wiąże się z postrzeganiem go jako elitarnego, skierowanego do wybranych grup.

Tylko sześciu instruktorów twierdzi, że wartości harcerskie w pełni odpowiadają wartościom młodzieży. Większą grupę stanowią instruktorzy, którzy są skłonni się zgodzić, że oba systemy są zgodne, ale z pewnymi zastrzeżeniami:

> *[…] wiem, że jak robimy zbiórkę naborową, to mnóstwo dzieciaków przychodzi i chce być. To by oznaczało, że jest zgodny* (instruktor ZHR, hm.).

> *[…] harcerski system wartości jest systemem uniwersalnym* (instruktorka ZHP, phm.).

W ostatecznym rozrachunku, to wydaje mi się, że te wartości harcerskie mogą być dla nich atrakcyjne. Tu większa rola jest nie tego, co się podaje, tylko jak się podaje (instruktor ZHP, pwd.).

Natomiast reszta (poza alkoholem, paleniem i narkotykami) jest bardzo uniwersalna i chyba każdy z nas, każdy z ludzi próbuje te wszystkie wartości jakoś realizować, bo wszyscy czują, że to jest dobre (instruktorka ZHP, pwd.).

Skoro jakaś część tej młodzieży należy do harcerstwa, to jest on zgodny z ideałami jakiejś tam grupy młodzieży (instruktorka SH, hm.).

Skoro jest młodzież, która jest harcerzami, to znaczy, że jest zgodny z częścią wartości współczesnej młodzieży (instruktorka SH, pwd.).

System wartości, który propaguje harcerstwo, szczególnie dla chłopców (dla dziewczyn też), w tym wieku, kiedy w harcerstwo powinno się wchodzić, on bardzo koresponduje z takim idealizmem dziecięcym (instruktor ZHR, hm.).

W tym wieku jest jakaś potrzeba idealizmu, buntu wobec tego, co nas otacza. Ten bunt czasem przyjmuje formę idealizmu. Wtedy część młodzieży szuka takich wartości jak harcerskie i wtedy one współgrają z tymi potrzebami (instruktor SHK).

Indywidualnie myślę, że tak (instruktor ZHR, hm.).

Z badań wynika, że dla osób w wieku koniec liceum – studia jest zgodny, np. pod względem podejścia do rodziny (instruktor ZHP, pwd.).

Ogólnie chyba tak. Wartości chyba teraz tracą na znaczeniu. Mimo że nie są popularne, to nikt nie powie, że to nie jest wartość czy ideał, do którego warto dążyć (instruktorka ZHP, phm.).

De facto tak, chociaż sama młodzież raczej o tym nie wie (instruktorka ZHP, pwd.).

[...] każdy mógłby należeć do harcerstwa, gdyby wiedział, zdawał sobie sprawę, miał świadomość, jaki ten system wartości jest (instruktorka ZHP, pwd.).

Ogół młodzieży, młodzież nie jest tego świadoma, ale wielu z nich gdyby to odkryło, to by stwierdziło, że to jest to, o co im chodzi. Ale tak, jak się patrzy z zewnątrz, to nie jest ten system wartości (instruktorka SHK).

Skoro mamy te wartości, które uważam za niezmienne, to one są w tym społeczeństwie. Choć często, i to również z harcerzami widać – trzeba pokazać, że można drogę tych wartości przyjąć, żeby rzeczywiście nią podążali (instruktorka ZHP, pwd.).

Jest zgodny, choć bardziej wyidealizowany w stosunku do tego, co się dzieje. Taki system istnieje w społeczeństwie, choć jest traktowany z przymrużeniem oka (instruktorka SH, pwd.).

Jak wcześniej wspomniano, dziewięcioro respondentów wprost mówi o tym, że młodzież jest zbyt różnorodna i w związku z tym nie można mówić o wspólnym systemie wartości. Podkreślają, że nie można generalizować, oceniać tej grupy w czarno-białych kategoriach, trudno mówić o statystycznej czy przeciętnej młodzieży, ponieważ taki zbiór nie istnieje. Przeciwnie – w obrazie dzisiejszego społeczeństwa mamy do czynienia z wieloma grupami społecznymi młodzieży i w związku z tym harcerski system wartości jest zgodny z wartościami wybranej grupy młodych ludzi. Harcerstwo to jeden ze sposobów na życie, to określony styl, jaki mogą wybrać niektórzy.

Odpowiedzi respondentów na to pytanie obrazuje wykres 8. Kilkoro z badanych udzieliło odpowiedzi, które można było zakwalifikować do dwóch kategorii – „zgodny" i „nie wiem" (jedna osoba); „niezgodny" i „różnorodny" (dwie osoby) – stąd też suma odpowiedzi nie równa się sumie badanych.

Wykres 8. Zgodność harcerskiego systemu wartości z systemem wartości młodzieży w opinii instruktorów harcerskich

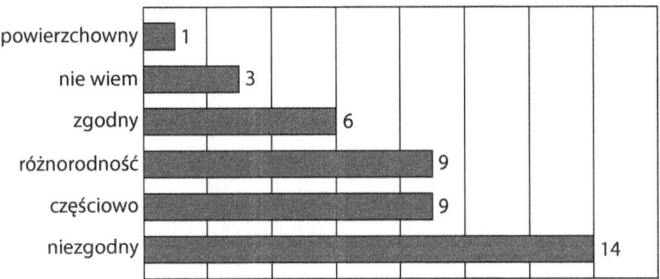

Źródło: opracowanie własne.

Badanym instruktorom zadano pytanie o to, jakimi wartościami, według nich, młodzież kieruje się w życiu. Ponownie część respondentów – jedna czwarta – zwraca uwagę, że młodzież jest różnorodna, w związku z czym trudno mówić o jakimś ogólnym systemie wartości młodzieży.

Według pozostałych instruktorów wśród wartości współczesnej młodzieży na pierwszym miejscu są pieniądze (dziesięć osób). Następnie kolejno są wymieniane: akceptacja w grupie (sześć osób), zabawa (pięć osób) oraz kariera (cztery osoby). Również czterech badanych wskazuje, że nie wie, jaki system wartości ma dzisiejsza młodzież, ponieważ nie czuje się uprawnionymi do wydawania takich osądów bądź nie ma kontaktów z młodzieżą pozaharcerską. Z wyników tych jawi się dość stereotypowy obraz młodzieży, taki, z jakim można się spotkać w obiegowych opiniach, w mediach.

Tabela 46. Wartości, jakimi kieruje się młodzież w życiu, w opinii badanych instruktorów

Wartość	Liczba wskazań
Pieniądze	10
Akceptacja w grupie	6
Zabawa	5
Kariera	4
Nie wiem	4
Wykształcenie	3
Rodzina	3
Praca	3
Miłość	3
Kultura masowa	3
Brak wartości	3
Różnorodność – brak wspólnego systemu wartości	10

* Wskazania nie sumują się do 40, ponieważ w pytaniu badani udzielali więcej niż jednej odpowiedzi.

Źródło: opracowanie własne.

Respondenci w swoich odpowiedziach dotyczących systemu wartości młodzieży często poruszali kwestię tego, co jest zgodne z harcerskimi zasadami, a co nie. Ponad połowa badanych (dwadzieścia dwie osoby) dokonało takiej oceny.

Jako niezgodne badani najczęściej wymieniają wspomnianą już wcześniej abstynencję, ale także braterstwo, szacunek do przyrody. Trzy osoby twierdzą, że nie ma w ogóle żadnych wspólnych wartości. Wśród zgodnych wartości na pierwszym miejscu jest samorozwój, a na drugim akceptacja w grupie.

Pozostałe wypowiedzi uzyskały pojedyncze wskazania. Warto jednakże zwrócić uwagę na takie wartości, o których badani mają sprzeczne opinie – np. braterstwo, wolontariat, uczciwość, optymizm pojawiają się w obu grupach – wartości zgodnych i niezgodnych. Tabela 47 prezentuje zestawienie odpowiedzi respondentów, pogrubieniem zaznaczono odpowiedzi, które nie mówią wprost o jednej wartości, lub takie, które są postawą, ale przez instruktorów były wymieniane jako wartość.

Tabela 47. Wartości, jakimi kieruje się młodzież w życiu, zgodne i niezgodne z harcerskim systemem wartości – w opinii instruktorów

Wartość zgodne	Liczba wskazań	Wartość niezgodne	Liczba wskazań
Samorozwój	3	Abstynencja	4
Akceptacja w grupie	2	Braterstwo	3
Braterstwo	1	Przyroda	2
Dobro	1	Egocentryzm	1
Honor	1	Odpowiedzialność	1
Indywidualizm	1	Oszczędność	1
Nauka	1	Optymizm	1
Optymizm	1	Przyjaźń	1
Osiągnięcia	1	Refleksja	1
Pomoc	1	Samoograniczanie się	1
Potrzeby naturalne	1	Skromność	1
Praca	1	Słuchanie starszych	1
Przygoda	1	Sukces	1
Przynależność	1	Wiara	1
Rodzina	1	Życie zgodne z ideałami	1
Samodzielność	1	Patriotyzm	1
Tradycja	1	Uczciwość	1
Uczciwość	1		
Wierność zasadom	1		
Wyczyn	1		
Wspólny system wartości	1	Brak wspólnych wartości	3
Uniwersalne wartości	1	Brak jakichkolwiek wartości	1
Wolontariat	1	Wolontariat	1
Problemy	1		

Źródło: opracowanie własne.

W celu dalszej analizy wiedzy i opinii o młodzieży instruktorom zadano pytanie, czy harcerski system wartości może być odpowiedzią na potrzeby młodzieży.

Odpowiedzi pogrupowano w dziesięć kategorii, przyjmując, że dany respondent może udzielić jednej odpowiedzi w danej kategorii. W ten sposób widać, czy badani bardziej opowiadają się za adekwatnością systemu harcerskich wartości do potrzeb czy też nie, co obrazuje tabela 48.

Tabela 48. Odpowiedzi instruktorów z podziałem na kategorie odnoszące się do adekwatności harcerskiego systemu wartości do potrzeb młodzieży

Kategoria	Liczba wskazań
Trudne do określenia	12
Zgodny w określonym zakresie	10
Nie jest zgodny w określonym zakresie	8
Zdecydowanie jest zgodny	5
Nie jest to system wartości dla wszystkich	4
System – tak, harcerstwo – nie	2
Brak odpowiedzi	2
Zależne od wielu czynników	1
Zdecydowanie nie jest zgodny	1
Jest duża różnorodność wśród młodzieży	1

* Suma odpowiedzi nie jest równa 40, ponieważ badani mogli udzielić różnych odpowiedzi należących do różnych kategorii.

Źródło: opracowanie własne.

Z powyższego wynika, że według instruktorów możliwe jest, aby harcerski system wartości odpowiadał potrzebom młodzieży, jednak jest to trudne do realizacji, co podkreślają w swoich wypowiedziach:

Tak, ale jest to trudne, coraz trudniejsze i bardzo wymagające w stosunku do drużynowego (instruktor ZHP, pwd.).

Mógłby być, ale temu by trzeba pomóc. Stworzyć przyjazny klimat, także medialny. Media mają duży wpływ na kształtowanie tego wizerunku człowieka sukcesu i dlatego mógłby być, ale nie jest (instruktor ZHP, phm.).

Mógłby być, ale jest to nieuświadomione (instruktorka SHK).

To, czego wymaga harcerstwo, wymaga pewnych poświęceń, pewnych wyrzeczeń, dodatkowej pracy, na co nie wszyscy z tej młodzieży chcą się zgodzić (instruktor SH, pwd.).

Jeśli mówimy o nieuświadomionych potrzebach, to tak, ale potrzebowalibyśmy do tego bardzo atrakcyjnie przedstawiać harcerstwo w zależności od grupy młodzieży (instruktorka SH, hm.).

Zależy, jak to sprzedamy, gdyby było dobrze zawoalowane, zwłaszcza dla młodzieży nastoletniej, kiedy sprzedawanie wartości pośrednio jest trudne – może by pomogło się odnaleźć (instruktor ZHP, pwd.).

Tak, tylko niestety harcerstwo przegrywa z dzisiejszymi ofertami rozrywki (instruktor ZHR, hm.).

To może być odpowiedzią, ale to może być o tyle trudne, że trudno jest się podporządkować rygorom (instruktorka ZHP, phm.).

Mógłby bardzo pomóc, ale – tak jak już mówiłam – harcerstwo musiałoby być troszeczkę nowocześniejsze (instruktorka ZHP, pwd.).

Tak, ale najpierw trzeba to poczuć i zrozumieć, żeby w to wejść i przyjąć jako własne (instruktorka SH, pwd.).

Następnie są wymieniane argumenty, w jakim zakresie jest to możliwe, a w jakim nie – tu nieznacznie więcej argumentów pojawia się w kategorii zgodności potrzeb z wartościami. Zdecydowanie więcej jest zwolenników zdania, że ten system wartości może być odpowiedzią na potrzeby młodzieży, niż przeciwników takiej opinii. Czterech badanych podkreśla, że harcerstwo nie jest dla wszystkich, tylko dla tych, „którzy chcą zrobić coś inaczej".

Badani, uzasadniając, że wartości te są niezgodne w określonym zakresie, nie są jednomyślni, wymieniają kilka różnych argumentów – m.in. wskazują na to, że harcerstwo jest nieznane szerszym kręgom młodzieży, a także, że system wartości preferowany przez harcerstwo jest bardzo idealistyczny i nie przystaje do dzisiejszej rzeczywistości społecznej. Instruktorzy zauważają, że gdyby harcerstwo odpowiadało na potrzeby młodzieży, to „nie byłoby ono takie niszowe", młodzież ma inne potrzeby. Pojawiają się jednak opinie, że wizja harcerstwa ogarniającego całą młodzież jest nie do przyjęcia, nie każdy może zostać harcerzem,

[…] bo nie każdy chce i może zaakceptować to, czego wymagamy. Bo my w zamian za to, że coś dajemy, stawiamy pewne reguły i nie wszyscy są w stanie do tego się dostosować (instruktorka ZHP, phm.).

Rozważając, w jakim zakresie wartości mogą odpowiadać na potrzeby młodzieży, instruktorzy podają znacznie więcej przykładów. Na plan pierwszy wysuwają się **zasady**. Jasno określone reguły postępowania dają poczucie bezpieczeństwa i pewności siebie. Istotne jest **poczucie wspólnoty**, umiejętność i pomoc w **rozwiązywaniu problemów**, posiadanie **autorytetów** oraz **akceptacja w grupie**.

Ruch harcerski określa się jako ruch młodych dla młodych. W założeniach metody ma on odpowiadać na potrzeby i zainteresowania młodzieży. W związku z powyższym instruktorzy powinni znać swojego potencjalnego kandydata do drużyny harcerskiej. Badacza zainteresowało, skąd instruktorzy czerpią wiedzę o młodzieży – czy wynika ona z praktyki, doświadczeń, opiera się na intuicji, czy też ma podłoże teoretyczne, odwołuje się do naukowej wiedzy o tej grupie.

Odpowiedzi badanych pogrupowano w kategorie. Z analizy wynika, że ponad jedna czwarta badanych swoje wnioski dotyczące młodzieży wysnuwa na podstawie **obserwacji** zachowania młodych ludzi – koleżanek, kolegów, rówieśników w szkole i na ulicy. Tyle samo osób swoją wiedzę czerpie z **kontaktów z młodzieżą należącą do harcerstwa**. Kolejnym popularnym źródłem wiedzy o tej grupie społecznej, co potwierdza osiem osób, są **arty**kuły – z prasy, z Internetu, popularnonaukowe, z pracy społecznej. Również **literatura fachowa** – psychologiczna, antropologiczna i socjologiczna – stanowi dla części instruktorów podstawę wiedzy o młodzieży. Równorzędnie jako źródło wiedzy wymieniane są **studia**. Tu badani albo przyznają, że studiują na kierunku zajmującym się badaniem postaw młodzieży, takim jak psychologia, pedagogika, socjologia, albo mówią o kierunkach pokrewnych, w ramach których na poszczególnych przedmiotach porusza się kwestie młodzieży, np. turystyka. Sześciu badanych twierdzi, że wiedzę czerpie z rozmów z różnymi osobami na temat młodych ludzi i ich zachowań, przy czym są to dyskusje z młodymi ludźmi, w kręgu znajomych z pracy lub z osobami zawodowo zajmującymi się pracą z młodzieżą. Podobna grupa osób twierdzi, że wiedzę o młodzieży czerpie z osobistych doświadczeń, gdyż sama czuje się jeszcze młodzieżą.

Zdecydowanie mniej osób przytacza kontakty z rodzeństwem, wnioski wyciągane na podstawie pracy zawodowej (poradnie psychologiczno-pedagogiczne, praca w klubie osiedlowym, organizacje pozarządowe), oraz szeroko rozumiane kontakty towarzyskie jako źródło wiedzy o tej kategorii społecznej.

Podsumowując część dotyczącą opinii instruktorów o młodzieży, można powiedzieć, że większość badanych uważa, iż harcerski system wartości jest niezgodny z systemem wartości młodych ludzi, przy czym tylko jedna piąta zauważa, że nie można mówić o wspólnym systemie wartości, gdyż ta kategoria społeczna jest zbyt różnorodna. Najważniejszymi wartościami dla tej grupy według badanych są pieniądze, akceptacja w grupie, kariera i zabawa, co odpowiada stereotypowemu obrazowi młodzieży funkcjonującemu w społeczeństwie. Jedna czwarta respondentów również w tym przypadku podkreśla, że nie może wskazać jednoznacznie charakterystycznych wartości, ponieważ zależy to od grupy młodzieży, do jakiej odnosimy to pytanie. Badani zwracają uwagę, że młodym ludziom trudno się pogodzić z abstynencją (choć dyskusyjne jest, czy abstynencję można nazwać wartością) i braterstwem, ale wartości, które dotyczą samorozwoju i poczucia akceptacji w grupie, są wspólne dla harcerzy i młodzieży niezrzeszonej (również dyskusyjne jest, czy akceptację można określić wartością, czy też jest to potrzeba).

Jedna trzecia badanych uważa, że harcerski system wartości może być odpowiedzią na potrzeby młodzieży, ale jest to trudne do zrealizowania. Badani przytaczają zdecydowanie więcej przykładów potrzeb, na które może odpowiadać harcerski system wartości – przede wszystkim podkreśla się, że harcerstwo daje jasno określone zasady.

Wiedzę o młodzieży instruktorzy czerpią z obserwacji otoczenia oraz z kontaktów w gronie harcerskim. Odpowiedź taka może zastanawiać, jeśli weźmie się pod uwagę wcześniejsze wypowiedzi instruktorów, którzy twierdzą, że nie ma zgodności między harcerskim systemem wartości a wartościami młodzieży. Skoro systemy te nie są spójne, a jednym z głównych źródeł wiedzy o młodzieży jest środowisko harcerskie, oznaczałoby to, że młodzież harcerska nie akceptuje harcerskiego systemu wartości. Wypowiedzi instruktorów mogą świadczyć o zróżnicowanych poglądach na młodzież i oddzielaniu od ogólnej kategorii młodzieży harcerzy jako osób o już przyswojonym harcerskim systemie wartości. Inaczej mówiąc – w oczach instruktorów jest młodzież, która tego systemu wartości nie akceptuje, i harcerze, którzy go akceptują.

7. Harcerze nieznani

Ocena, czy młodzież tak samo rozumie zapisy zawarte w Prawie Harcerskim oraz czy jej deklarowane postawy są zbieżne z oczekiwanymi i jak się one mają do postaw harcerzy, nie wystarczy. Aby ocenić, czy młodzież ma pozytywny stosunek do harcerstwa, istotne jest też ustalenie, co młodzi ludzie wiedzą o harcerstwie, z czym im się ono kojarzy i jaką opinię wynieśli o nim z domu.

Gimnazjalistów i licealistów zapytano o ich **skojarzenia związane z harcerstwem i jego atrybutami**.

Badani często wymieniali po kilka skojarzeń. Ważne jest to, że 15,3% badanych gimnazjalistów nie udzieliło odpowiedzi na to pytanie – może to świadczyć o braku zdania na ten temat czy też obojętnej postawie wobec harcerstwa. Na plan pierwszy wysuwają się skojarzenia negatywne, które reprezentuje 14,1% badanych, niewiele mniej (13,5%) respondentów wskazuje, że z harcerstwem kojarzy im się mundur bądź jego części (beret, getry). Na kolejnej pozycji znalazł się obóz (12,4%).

Wśród licealistów zdecydowanie mniej – tylko 6,5% nie udzieliło odpowiedzi. Co prawda, tu na pierwszym planie znajdują się skojarzenia z mundurem – 17,5%, ale zaraz na drugim miejscu są skojarzenia negatywne. Jeżeli dodać do tego odpowiedzi wulgarne, to jest to większy odsetek niż w przypadku uczniów gimnazjum. Na trzecim miejscu wymieniany jest obóz.

Analogicznie do powyższego pytania respondentów spytano o **skojarzenia związane z obozem harcerskim**. Ponownie w przypadku gimnazjum na pierwszym miejscu znajdują się skojarzenia negatywne. W drugiej kolejności największej liczbie badanych obóz harcerski kojarzy się z namiotem – spaniem w namiotach, wjazdem pod namiot itp. Na trzecim miejscu jest zabawa, a następnie przetrwanie, co badani określają jako „głód, gdy nie znajdzie się pożywienia", „obóz przetrwania" lub „szkoła przetrwania".

Wśród licealistów pierwsze miejsce zajmuje ognisko (17,9%), następnie namiot (17,1%). Na trzecim miejscu znajdują się skojarzenia negatywne. Następne skojarzenie w kolejności to las (12,9%) oraz, podobnie jak u gimnazjalistów, przetrwanie.

Uczniów zapytano o **skojarzenia związane ze zbiórką harcerską** – jedna piąta gimnazjalistów nie odpowiedziała na to pytanie, a 10,6% badanych udziela odpowiedzi negatywnych i tyle samo twierdzi, że nic im się ze zbiórką nie kojarzy.

Wśród licealistów pierwsze miejsce zajmuje odpowiedź „nic" – 16,5%, niewiele mniej nie udzieliło odpowiedzi, a 14,7% ma skojarzenia negatywne. Na kolejnej pozycji znajdują się trzy odpowiedzi, które wskazało po 8,8% badanych: „podchody", „piosenki" oraz „nie wiem". Wszystko to świadczy o tym, że dzisiejsza młodzież nie ma żadnych skojarzeń ze zbiórką harcerską, nie zna jej z osobistych doświadczeń ani z opowieści kolegów, koleżanek, rodzeństwa czy rodziców.

Ciekawe opinie badani mają o **mundurze harcerskim**. Wśród uczniów gimnazjum 35,4% wyraża się o nim negatywnie – poza oczywistymi obraźliwymi stwierdzeniami pojawiają się m.in. takie: „Brzydki, ale gdybym była w harcerstwie to bym go włożyła"; „Mam takie samo zdanie jak o mundurkach szkolnych"; „Moje koleżanki wstydzą się go ubierać"; „Można w nim naprawdę zmarznąć"; „Nie chcę go nosić, bo to dla chłopaków"; „Pełni rolę jedynie symboliczną"; „Zbyt ubogi, powinien przypominać strój militarny". Jednak niewiele mniej respondentów ma do niego stosunek pozytywny, co podkreśla, pisząc „sam taki chciałbym mieć", jest „elegancki", „fajny", „ładny", a także stwierdzając, że stanowi swego rodzaju wyróżnik – określa grupę, do jakiej się należy, zwraca uwagę innych, jest rozpoznawalny.

Wśród licealistów również na pierwszych miejscach znajdują się te same odpowiedzi. Opinie pozytywne wyraża jedna trzecia badanych.

W tabeli 49 zestawiono najczęstsze skojarzenia badanych uczniów z harcerstwem.

Tabela 49. Skojarzenia uczniów gimnazjum i liceum – najczęściej udzielane odpowiedzi

	Gimnazjum	% badanych	Liceum	% badanych
Harcerstwo	brak odp.	15,3	mundur	17,5
	negatywne	14,1	negatywne	15,6
	mundur	13,5	obóz	11,0
	obóz	12,4	zbiórka	8,4
	las	8,2	las	6,5
			brak odp.	6,5
Obóz harcerski	negatywne	14,1	ognisko	17,9
	namiot	12,9	namiot	17,1
	zabawa	10,6	negatywne	14,8
	przetrwanie	10,0	las	12,9
	brak odp.	9,4	przetrwanie	11,0
Zbiórka harcerska	brak odp.	20,0	nic	16,5
	nic	10,6	brak odp.	15,9
	negatywne	10,6	negatywne	14,7
	grupa	10,0	podchody	8,8
	zabawa	4,7	piosenki	8,8
			nie wiem	8,8
Mundur harcerski	negatywne	35,4	negatywny	34,8
	pozytywne	33,0	pozytywny	30,4
	brak odp.	10,6	nie wiem	11,2
	nie wiem	8,2	opinia	11,2
	opinia	7,2	obojętny	9,1
	nic	4,7	brak odp.	6,5

Źródło: opracowanie własne.

Z porównania wyników uzyskanych wśród uczniów gimnazjum i liceum wynika, że udzielane przez nich odpowiedzi są podobne, różnią się zazwyczaj pozycją, na której się znajdują. Różnice są w skojarzeniach dotyczących obozu harcerskiego – u gimnazjalistów pojawia się zabawa, a u licealistów ognisko oraz las. W przypadku zbiórki harcerskiej analogicznie odpowiedzi „grupa" i „zabawa" wymieniają się na „piosenki" i „podchody". Skojarzenia te są dość schematyczne, stereotypowe, nieoryginalne ani też w większości przypadków nie dotykają istoty harcerstwa – nie wspomina się tu o przyjaźni, wspomnieniach, przeżyciach itp. Warto zwrócić uwagę, że za każdym razem wśród pięciu najpopularniejszych odpowiedzi znajdują się skojarzenia negatywne. Poza tym z harcerstwem najczęściej kojarzą się mundur, obóz i las, a z obozem harcerskim – namiot oraz przetrwanie. W przypadku zbiórki harcerskiej duży odsetek badanych nie udziela odpowiedzi lub nie ma żadnych skojarzeń z tym tematem. Mundur harcerski budzi nieznacznie częściej skojarzenia negatywne niż pozytywne.

Istotnym wskaźnikiem, który mówi o stosunku do harcerstwa, są wpływy harcerstwa wyniesione z domu rodzinnego czy wcześniejsza przynależność do ruchu. Zdecydowana większość badanych w obu typach szkół deklaruje, że nigdy nie działała w drużynie harcerskiej czy zuchowej.

Badanych pytano o to, czy w ich rodzinie jest ktoś, kto aktualnie należy do harcerstwa lub był w drużynie harcerskiej. W przypadku gimnazjum wyniki rozkładają się prawie równomiernie – jedna trzecia twierdzi, że taka osoba była, trochę więcej – że nikogo takiego nie było, a trochę mniej nie wie, czy ktoś taki był w rodzinie. W przypadku liceum większość twierdzi, że osoba związana z harcerstwem jest lub była w rodzinie, mniej – że nikogo takiego nie było, a tylko 17% mówi, że nic o tym nie wie. Takie zróżnicowanie odpowiedzi w zależności od szkoły może wynikać z większej świadomości licealistów co do historii własnej rodziny i z większego w tym wieku zainteresowania różnego rodzaju działalnością, w tym społeczną, polityczną itp.

Uczniów poproszono o określenie tego, **jaki wpływ wywarła na nich osoba z ich otoczenia należąca do harcerstwa**. Na to pytanie odpowiedziało tylko 8,8% gimnazjalistów oraz 11% licealistów. Odnosząc to do odpowiedzi w poprzednim pytaniu, można zauważyć, że większość badanych, którzy twierdzili, że w ich rodzinie jest ktoś związany z harcerstwem, nie napisała, jaki to miało wpływ na nich samych. Być może wynikało to z braku uświadomienia sobie takiego wpływu albo z postawy obojętnej w stosunku do harcerstwa.

Osoby, które odpowiedziały na to pytanie, w większości wypadków mają pozytywny stosunek do harcerstwa, czego przykładem są przytoczone niżej wypowiedzi:

Chciałbym być harcerzem.

Harcerstwo dobrze mi się kojarzy.

Harcerstwo mam we krwi.

Polepsza to mój stosunek do harcerzy jako do kogoś bliskiego.

Pozwala mi to wyobrazić sobie atmosferę panującą w drużynie, która jest dość przyjemna.

Pozytywne opinie rodziców powodują moje pozytywne nastawienie do harcerstwa.

Wpoiło szacunek do ludzi.

Chcę bliżej poznać harcerstwo.

Dobra forma spędzania wolnego czasu.

Dobrze się prowadzę.

Harcerstwo uczy samodzielności.

Nie palę, nie piję.

Opowieści o harcerskim życiu pobudzają wyobraźnię.

Podobały mi się zbiórki i wyjazdy siostry.

Poznałam trochę nowych ludzi.

Sprawność fizyczna większa.

Umiejętność działania w grupie.

Większa przychylność i szacunek do harcerstwa.

Wyjazdy harcerskie rozwijają.

Drugim często pojawiającym się typem odpowiedzi jest opis, w jaki sposób i czego badani dowiedzieli się o harcerstwie, natomiast nie ma tu określenia kierunku postawy względem harcerstwa:

Opowieści podczas rodzinnych obiadów.

Mama – harcerka nakłaniała mnie do wstąpienia do harcerstwa.

Znajomość niektórych zasad harcerskich.

Dzięki temu wiem, jak funkcjonuje harcerstwo.

Wiem, jak wyglądają zbiórki.

Nie mówili o tym wprost, ale wiem, że byli z harcerstwem związani.

Wiem, czy warto się zapisać do harcerstwa czy nie.

W odpowiedziach licealistów pojawiają się również negatywne opinie:

[koleżanka– przyp. E.P.K.] *nie może się z nami spotykać, bo chodzi na zbiórki.*

Słuchałam matki – harcerstwo musiało być straszne.

Wpływ na opinię i stosunek do harcerstwa ma również **obecność drużyny harcerskiej w najbliższym środowisku młodzieży** – w szkole lub miejscu zamieszkania. Na dziewięć przebadanych szkół tylko w jednej faktycznie działa drużyna harcerska. W trzech przypadkach taka drużyna lub szczep jeszcze do niedawna działały, ale zakończyły swoją działalność w ciągu ostatnich kilku lat. W pięciu szkołach drużyny harcerskiej nigdy nie było, przy czym „nigdy" należy tu rozumieć, że drużyna taka nie funkcjonuje już dłużej niż dziesięć lat. Warto także zaznaczyć, że dyrektorzy szkół nie zawsze są pewni, czy na terenie ich szkoły działa drużyna harcerska, co może być potwierdzeniem zmniejszającej się roli harcerstwa w środowisku szkolnym.

Badanych zapytano o to, czy w ich szkole działa drużyna harcerska, zuchowa lub szczep. W przypadku gimnazjów większość badanych twierdzi, że w ich szkole nie ma żadnej drużyny, jedna trzecia nic na ten temat nie wie. Jedna piąta badanych, którzy twierdzą, że w ich szkole ma miejsce działalność harcerska, pochodzi ze szkoły, w której rzeczywiście działa drużyna. Inaczej wygląda sytuacja w liceum, tu zdecydowana większość nie ma pojęcia, czy w ich szkole działa drużyna harcerska czy też nie. Podobnie jak w gimnazjum – jedna trzecia twierdzi, że w szkole nie ma drużyny harcerskiej.

Badanym zadano pytanie, czy chcieliby, żeby w ich szkole działała drużyna harcerska. Zdecydowana większość w obu typach szkół twierdzi, że jest to im obojętne, przy czym widać, że odsetek osób o takiej postawie wzrasta wraz z wiekiem.

W obu typach szkół około jednej piątej badanych jest niechętna działalności harcerskiej na terenie szkoły. Natomiast w gimnazjum trochę więcej niż jedna piąta chciałaby, żeby u nich w szkole działała drużyna. Odsetek takiej postawy jest znaczenie niższy w LO.

Na pytanie o **ocenę działalności harcerzy w szkole** większość badanych nie udzieliła odpowiedzi, co wynika zapewne z tego, że w szkołach aktualnie nie działa drużyna harcerska (35,3% gimnazjalistów stwierdziło, że u nich nie działa drużyna harcerska). Jedna dziesiąta wskazuje, że harcerze mają w szkole harcówkę, a 8,8% wyraża się o działaniach harcerzy pozytywnie, gdyż „często ich widać i robią dużo zbiórek pokazowych" lub „często organizują jakieś fajne akcje dla szkoły (imprezy, zabawy, konkursy)".

Uczniów liceum można podzielić na dwie grupy – jedni mówią, że w ich szkole nie ma drużyny, a drudzy w ogóle nie udzielają odpowiedzi na to pytanie. Zgadzałoby się to ze stanem faktycznym – w badanych liceach nie działają drużyny harcerskie.

Zdecydowana większość uczniów gimnazjum twierdzi, że w miejscu ich zamieszkania nie działa żadna drużyna harcerska, 18% nie wie nic na ten temat, a tylko 14% przyznaje, że na ich osiedlu działa jakaś drużyna.

W przypadku licealistów układ odpowiedzi jest taki sam, jednak różnią się one odsetkiem badanych, którzy zaznaczyli daną odpowiedź. Mniej licealistów twierdzi, że drużyny u nich nie ma, zdecydowanie więcej nie umie nic na ten temat powiedzieć i więcej uważa, że taka drużyna działa.

Badanych spytano o to, **jakie działania harcerzy są dla nich zauważalne** na terenie ich miejsca zamieszkania. W przypadku obu grup badanych najwięcej osób nie udzieliło odpowiedzi. Uczniowie gimnazjum poza tym przyznają, że na ich osiedlu nie ma drużyny (18,8%). Następna w kolejności odpowiedź, jaka się pojawiła, to, że rzadko ich widać, a dalej, że można ich zauważyć podczas uroczystości kościelnych.

Podobnie rozkładają się odpowiedzi u licealistów, z tym że jedna czwarta twierdzi, iż „rzadko ich widać", a dopiero potem można odnotować opinię, że drużyny w ogóle nie ma. Na kolejnej pozycji pojawiają się odpowiedzi dotyczące obecności harcerzy na festynach, podczas uroczystości kościelnych i w okresie Wszystkich Świętych, kiedy harcerze sprzedają znicze.

Na pytanie o **ocenę postaw harcerzy** większość uczniów gimnazjum nie udzieliła odpowiedzi, co wynika z braku kontaktów (brak harcerzy w szkole i na osiedlu). Ponad jedna czwarta pisze, że nie ma harcerzy na ich terenie. Z pozostałych odpowiedzi najczęściej pojawia się wypowiedź, że zachowują się normalnie, następnie, że pomagają innym, oraz że są sympatyczni i życzliwi. Spory odsetek badanych negatywnie ocenia harcerzy – są według nich aroganccy, palą papierosy i piją alkohol.

Podobnych odpowiedzi udzielają licealiści – jedna trzecia nie udziela odpowiedzi, jedna czwarta pisze, że nie widzi harcerzy w swoim otoczeniu. 16% twierdzi, że zachowują się normalnie, 10,3% – że są życzliwi i sympatyczni. Mniej jest w sumie ocen negatywnych wśród licealistów niż wśród gimnazjalistów.

Podsumowując fragment dotyczący świadomości obecności (bądź nie) harcerstwa w swoim najbliższym otoczeniu, należy stwierdzić, że badani na ogół nie wiedzą nic o istnieniu drużyn harcerskich czy też wpływach ze strony ich własnej rodziny. Większość badanych nigdy do harcerstwa nie należała. Jedna trzecia, a w przypadku licealistów – ponad połowa, nie wie, czy na terenie ich szkoły działa jakieś środowisko harcerskie. W większości przypadków badanym jest także obojętne, czy takie środowisko w przyszłości będzie. Mimo że około jednej trzeciej gimnazjalistów i prawie połowa licealistów pisze, że w ich rodzinie jest ktoś związany z harcerstwem, to tylko kilka procent z nich udziela odpowiedzi, jaki to wywarło wpływ na ich postawę względem harcerstwa. Postawa ta najczęściej jest pozytywna – ale należy pamiętać, że to opinia mniejszości z tych, którzy twierdzą, że w ich rodzinie był ktoś związany z harcerstwem.

W zdecydowanej większości szkół nie działają drużyny harcerskie. Również na terenie osiedli one nie funkcjonują bądź ich działalność nie jest zauważana. Gimnazjaliści są przekonani, że drużyny w szkole nie ma. Za to zdecydowana większość licealistów nie wie, czy w szkole działa drużyna. Wynik taki może świadczyć o braku zainteresowania taką działalnością ze strony uczniów z jednej strony; a z drugiej – o bardzo słabej reklamie i promocji drużyn harcerskich w środowisku szkolnym. Stosunkowo mało osób nie udziela odpowiedzi. O tym, że w szkole działa drużyna, przekonanych jest 18,9% gimnazjalistów i 1,2% licealistów. W tym drugim przypadku jest to w granicach błędu – ponieważ wiadomo, że w badanych liceach nie działa żadna drużyna harcerska.

Uczniowie pytani o działalność drużyn harcerskich na terenie ich miejsca zamieszkania zdecydowanie bardziej dobitnie twierdzą, że takich środowisk w ich otoczeniu nie ma – aż 65% gimnazjalistów i 45% licealistów. Mniejszy jest też odsetek osób, które nie wiedzą, czy są harcerze na ich terenie zamieszkania. Możliwe, że wynika to z tego, iż jednak uczniowie są lepiej rozeznani w swoim środowisku lokalnym niż szkolnym.

W przypadku gimnazjum mniejszy odsetek badanych deklaruje, że na terenie ich osiedla działają harcerze, natomiast w przypadku liceum odsetek ten bardzo znacząco wzrósł i jest większy niż u gimnazjalistów.

Końcowy wniosek, jaki można wysnuć, to, że bez względu na to, czy bierze się pod uwagę szkołę czy miejsce zamieszkania, harcerze w nim bądź nie działają, bądź ich działalność nie jest zauważana.

Tabela 50. Obecność drużyny harcerskiej w szkole lub w miejscu zamieszkania (dane w %)

Odpowiedź	Gimnazjum	Liceum
Brak drużyny w szkole	41,8	38,4
Nie wiem (szkoła)	34,1	57,8
Brak odp. (szkoła)	5,3	0,8
Działa drużyna w szkole	**18,9**	**1,2**
Brak drużyny w okolicy	65,0	45,0
Nie wiem (okolica)	18,0	31,0
Brak odp. (okolica)	3,0	2,0
Działa drużyna w okolicy	**14,0**	**22,0**

* Odpowiedzi zebrane z dwóch pytań, stąd suma wypowiedzi nie równa się 100%.

Źródło: opracowanie własne.

Bardziej negatywnie oceniają postawy harcerzy uczniowie gimnazjum niż liceum – w obu grupach na trzecim miejscu pojawiła się wypowiedź, że „zachowują się normalnie, jak inni", a następnie, że są życzliwi i sympatyczni; natomiast suma odsetka odpowiedzi negatywnych (są aroganccy, piją alkohol i palą, wywyższają się) wynosi 27,5% w przypadku gimnazjum, a 18,9% w przypadku liceum.

* * *

Opinie i deklarowane postawy badanych uczniów nie odbiegają tak bardzo od postaw harcerzy w odniesieniu do Prawa Harcerskiego – co sugerowali badani instruktorzy. Problem leży raczej nie w wartościach, jakie przekazywać chce ruch harcerski, ale w sposobie ich przekazywania. Jak wynika z badań – niedoskonałości pracy metodycznej widać również w samych drużynach harcerskich, także instruktorzy nie do końca popierają zapisy, jakie preferuje ten ruch. W takiej sytuacji trudno, aby młodzież będąca na zewnątrz tego ruchu miała o nim pozytywne zdanie i chętnie do niego wstępowała.

Warto też zwrócić uwagę, że badani uczniowie mają bardzo niewielką wiedzę na temat harcerstwa. Dla harcerstwa z kolei jest to znak, że czas powszechnej rozpoznawalności już się skończył. Organizacje harcerskie stanęły w rzędzie na równi z setkami innych organizacji społecznych oferujących możliwości rozwijania siebie czy spełniania swoich marzeń i pasji. Harcerstwo musi się nauczyć, jak przekonać innych do swoich metod wychowawczych i zasad, ale przede wszystkim jego obecni członkowie muszą być tym zasadom wierni, aby swoim przykładem świadczyć o wartości wychowawczej ruchu harcerskiego.

―――――― ROZDZIAŁ VII ――――――

Skuteczne uczenie przez działanie? Program organizacji harcerskich w praktyce

1. Metoda jako podstawa programu harcerskiego

Podstawą działania ruchu harcerskiego jest właściwe stosowanie metody harcerskiej. Metodę harcerską, uogólniając rozważania z rozdziału drugiego, określają konkretne cechy: dobrowolność, oddziaływanie pozytywne, pośrednie i wzajemne, indywidualne podejście do każdego, elastyczność, czyli dostosowywanie się do potrzeb i zainteresowań harcerzy. Wszystko to spaja system zastępowy, czyli określona organizacja pracy w małych grupach. Treścią metody jest program, który powinien funkcjonować na każdym poziomie organizacji – od zastępu, który tworzy własne plany pracy, poczynając, a na naczelnictwie kończąc.

Zuch i harcerz są adresatami metody, ale – z założenia – nieświadomymi, nieznającymi zasad metody. Na poziomie przybocznego metoda zaczyna być wyczuwana intuicyjnie – powinno się działać w taki a nie inny sposób, ale jest to działanie pozbawione na razie wiedzy, dlaczego tak ma być. Metodę powinien znać i umieć stosować drużynowy. Drużynowych do funkcji powinny przygotowywać odpowiednie kursy szkoleniowe. W większości organizacji funkcja drużynowego wiąże się z koniecznością zdobycia instruktorskiego stopnia przewodnika[1].

Organizacje harcerskie borykają się z pewnym problemem związanym z metodą harcerską – pierwowzory, które ją opisują, są często pisane niezrozumiałym dla współczesnych młodych instruktorów językiem; przykłady, które tam się pojawiają, są nieadekwatne do rzeczywistości. Nie ma jednak dobrych współczesnych opracowań metody, które stałyby się powszechne. Stąd na kursach korzysta się albo z wcześniej wspomnianych książek, licząc się z tym, że

---

[1] Inaczej jest u Skautów Europy, gdzie nie ma stopni instruktorskich tylko po prostu mianowanie na funkcję instruktorską, poprzedzone odpowiednim szkoleniem.

będą one nie do końca zrozumiane, albo też odnosi się do opracowań współczesnych – własnych lub zamieszczanych na stronach internetowych.

Chcąc ułatwić nauczanie i zrozumienie metody harcerskiej, kursy wypracowują sobie wizualne modele – schematy, które pomogą zapamiętać wszystkie zależności między poszczególnymi elementami i zasadami. Znanym przykładem, wywodzącym się jeszcze od Szarych Szeregów, może być „dłoń metody"[2], a także „świątynia", „dom" i inne.

Każda organizacja inaczej opisuje metodę harcerską, kładzie nacisk na różne elementy. Poniżej analizie treści poddano opis metody harcerskiej, jaki jest prezentowany na oficjalnych stronach internetowych poszczególnych organizacji harcerskich.

Związek Harcerstwa Polskiego za główne **elementy metody harcerskiej** uznaje Prawo i Przyrzeczenie Harcerskie, uczenie przez działanie, **stale doskonalony i stymulujący program** oraz system małych grup[3]. **Prawo Harcerskie** daje okazję do pracy nad sobą, ciągłego doskonalenia samego siebie, poznawania swoich słabych i mocnych stron. **Uczenie przez działanie** to doświadczanie różnych sytuacji społecznych w odpowiedniej dla danego wieku formie: zuch uczy się przez zabawę w coś lub kogoś, harcerz – przez grę, a wędrownik – przez służbę i wyczyn. Dobrze przygotowany **program** pobudza jednostkę do wszechstronnego rozwoju, rozwija zainteresowania, inspiruje do zdobywania wiedzy i umiejętności. Tu każdy powinien znaleźć coś odpowiedniego dla siebie. W konstruowaniu programu i jego realizacji powinno się wykorzystywać różne instrumenty metodyczne, takie jak: system stopni i sprawności, formy pracy, inspiracje płynące ze strony zucha, harcerza czy zastępów.

> Program musi być pożyteczny i potrzebny każdemu, kto w nim uczestniczy, trzeba go wciąż aktualizować i tworzyć w perspektywie otaczającej nas rzeczywistości[4].

Podstawą **systemu małych grup** jest zastęp[5] – grupa przyjaciół pod wodzą kolegi o nieco większym doświadczeniu harcerskim. Praca w małej grupie umożliwia z jednej strony indywidualne podejście do każdego, a z drugiej strony stwarza szansę na uczestniczenie, sprawdzanie się i uczenie, jak się zachować w różnych sytuacjach społecznych. Daje także okazję do współzawodniczenia z innymi zastępami.

W **ZHP** metoda charakteryzuje się określonymi cechami – dobrowolnością, pozytywnością, pośredniością, wzajemnością oddziaływań, świadomością celów, indywidualnością i naturalnością. **Dobrowolność** wyraża się w samodziel-

---

[2] M. Binasiak, *Nie tylko Grodecka, czyli metoda harcerska wczoraj i dziś*, „Czuwaj" 2009, nr 1, s. 26–29.
[3] *Zasady harcerskiego wychowania*, http://media.zhp.pl/harcerski-system-wychowawczy.html, dostęp: 26.01.2014.
[4] *Ibidem*.
[5] Także szóstka zuchowa, patrol, patrol zadaniowy. Na różnych poziomach organizacyjnych inaczej nazywa się grupy pracujące w ramach systemu małych grup.

nym podejmowaniu decyzji odnośnie do własnego rozwoju. Nikogo nie można zmusić do wstąpienia do organizacji. **Pozytywność** oznacza wiarę w dobre strony charakteru człowieka, harcerstwo stara się wzmacniać pozytywne zachowania, a nie karać. **Pośredniość** oznacza **wychowanie nie wprost**, ale przez inspirowanie do poszukiwania rozwiązań, a także przez działanie. **Wzajemność oddziaływań** powoduje to, że w harcerstwie każdy uczy się od każdego – zarówno rówieśnicy wzajemnie od siebie, jak i starsi od młodszych, a młodsi od starszych. **Świadomość celów** każdego działania prowadzi do uświadomienia każdej jednostce jej potrzeb i możliwości. W harcerstwie nie ma bezcelowego działania. **Indywidualne podejście** do każdego jest niezbędnym warunkiem do prawidłowego i wszechstronnego rozwoju każdej jednostki. **Naturalność** oznacza, że każde działanie jest dostosowane do potrzeb rozwojowych i możliwości jednostki.

Aby stosowanie metody było skuteczne, należy pamiętać o jej wszystkich elementach i cechach – pominięcie któregokolwiek lub którejkolwiek z nich powoduje, że metoda nie funkcjonuje prawidłowo.

Związek Harcerstwa Rzeczypospolitej podkreśla, że

> [...] metoda harcerska opiera się o konsekwentnie wynikające z siebie i wzajemnie powiązane elementy. Poszczególne jej zasady i podstawowe środki użyte razem **stanowią jedność, której nie można dzielić na mniejsze części**. Nie można także z którejkolwiek z nich zrezygnować bez ryzyka zaprzeczenia celowości harcerskiej pracy. Metoda harcerska sięga początków skautingu i harcerstwa polskiego, a doświadczenia w jej stosowaniu wskazują, iż stanowi ona system skuteczny i uniwersalny[6].

Do podstawowych **zasad metody** (określanych tu jako **kardynalne**) należy **naturalność**, która wskazuje, że

> [...] zamiast walczyć z nieokiełznanym temperamentem młodych ludzi, zamiast tępić ich naturalny, nie zawsze akceptowany przez dorosłych styl życia, system wychowania harcerskiego stara się go wykorzystać i zaprząc do pracy dla ich własnego dobra, a pośrednio także dla dobra ogółu[7].

Drugą ważną zasadą jest **oddziaływanie od wewnątrz**, określane inaczej jako zasada indywidualizacji, która koncentruje się na rozwijaniu wartości osobistych i społecznych jednostki. **Zasada dobrowolności i świadomego stosunku do harcerstwa** mówi o przynależności z wyboru uczestnika do organizacji oraz o pełnej świadomości zasad panujących w tym ruchu i konieczności ich przestrzegania. **Oddziaływanie pośrednie**, nazywane inaczej wychowaniem przez czyn, uwypukla znaczenie doświadczenia zdobytego przez prze-

---

[6] *Podstawowe zasady..., op. cit.*, s. 6.
[7] *Ibidem*.

żywanie konkretnych zdarzeń czy sytuacji. Również tu podkreśla się, że istotę stanowi nie podawanie gotowych rozwiązań, a inspirowanie do samodzielnego ich poszukiwania. Za najważniejsze uważa się osobisty przykład oraz postawę etyczną instruktora. Konsekwencją poprzedniej zasady jest następna – **wzajemność oddziaływań**, według której

> [...] w harcerstwie granica pomiędzy wychowankiem a wychowawcą nie jest ostra. Instruktor oddziałuje na harcerzy jako starszy brat, przyjaciel, przewodnik. Ale i harcerska gromada oddziałuje na instruktora. Świadomi instruktorzy traktują to jako nieocenioną pomoc w samowychowaniu[8].

Metoda harcerska jest realizowana przez konkretne **środki**, do których zalicza się **system zastępowy, wzorzec osobowy instruktora, stopniowanie trudności, wychowanie odwołujące się do przyrody**. Metoda harcerska wymaga także spełnienia warunków dodatkowych – konieczne są partnerstwo instruktorów i rodziców, społeczne pełnienie wszystkich funkcji wychowawczych w związku oraz równoległe działanie dwóch pionów – męskiego i żeńskiego.

Skuci Europy podkreślają, że:

> Skauting, jako metoda wychowawcza obejmująca całego człowieka, chce wychowywać młodych we wszystkich sferach; stąd przywiązuje wagę nie tylko do formacji osobistej, ale również społecznej, ucząc miłości Ojczyzny, poczucia honoru, prawdziwej wierności, szacunku dla danego słowa, poczucia odpowiedzialności obywatelskiej w ramach wspólnot doczesnych[9].

Jednym z głównych jej wyznaczników jest **uczyć przez działanie** – przez obcowanie z przyrodą, grę i życie w zastępie. **Wychowanie młodych przez młodych** to druga ważna cecha.

Ważne jest także **wychowanie zróżnicowane** – realizowane przez podział organizacji na dwa piony: żeński i męski. Zaznacza się również, że metoda jest **przystosowana do wieku**, do konkretnych etapów rozwoju młodego człowieka – wilczków, harcerek i harcerzy oraz wędrowników i przewodniczek. Ostatnim, ale nie mniej ważnym elementem jest **uformowana i świadoma swego zadania kadra wychowawcza**[10].

Porównanie tych trzech podejść do metody harcerskiej wyraźnie pokazuje, że są w niej elementy, o których mówi się w ten sam sposób i nazywa je tak samo, są też takie, które znaczą to samo, ale inaczej się je nazywa, oraz takie, które się nie powielają.

---

[8] *Podstawowe zasady..., op. cit.*
[9] Karta skautingu europejskiego, http://skauci-europy.pl/o-nas/dokumenty-podstawowe-symbolika/karta-skautingu-europejskiego, dostęp: 27.01.2014.
[10] *Ibidem.*

Tabela 51. Porównanie metody harcerskiej w trzech organizacjach harcerskich

ZHP	ZHR	SHK Zawisza
Cechy metody:	Zasady metody:	
– naturalność **– pośredniość** – indywidualność – wzajemność oddziaływań – dobrowolność – świadomość celów – pozytywność	**– naturalność** **– oddziaływanie pośrednie** – oddziaływanie od wewnątrz – wzajemność oddziaływań – zasada dobrowolności i świadomego stosunku do harcerstwa	**– metoda przystosowana do wieku** **– uczenie przez działanie** – wychowywanie młodych przez młodych
Elementy metody:	Środki realizacji metody:	
– system małych grup – Prawo i Przyrzeczenie Harcerskie – uczenie przez działanie – program	– system zastępowy – *wzorzec osobowy instruktora* – stopniowanie trudności – wychowanie odwołujące się do przyrody	– *uformowana i świadoma swego zadania kadra wychowawcza*
	Warunki dodatkowe:	
	– partnerstwo instruktorów i rodziców – społeczne pełnienie wszystkich funkcji wychowawczych w Związku – *równoległe działanie dwóch pionów – męskiego i żeńskiego*	– *wychowanie zróżnicowane*

Pogrubienie – elementy występujące we wszystkich trzech organizacjach.
Podkreślenie – elementy występujące w ZHP i ZHR.
Kursywa – elementy wspólne dla ZHR i Skautów Europy.

Źródło: opracowanie własne.

Jak wynika z powyższego, dwie składowe występują we wszystkich trzech organizacjach – **naturalność**, czyli działanie wynikające z potrzeb i zainteresowań młodego człowieka i dostosowane do jego etapów rozwojowych, oraz **oddziaływanie pośrednie**, określane inaczej jako uczenie przez działanie, uczenie „nie wprost". Najwięcej wspólnych elementów mają opisy metody w ZHP i ZHR – do części wspólnej dochodzą tu jeszcze **indywidualność, świadomość celów, dobrowolność** i **wzajemność oddziaływań**. W ZHR i u Skautów Europy wspólne są dwa elementy: nacisk na **postawę instruktora** oraz **rozdzielność organizacyjna** pionów męskiego i żeńskiego.

Jednak omówione wyżej oficjalne opisy metody (które znajdują się w programach wychowawczych organizacji i na ich oficjalnych stronach internetowych)

nie oddają stosunku instruktorów do niej i tego, jak jest stosowana w praktyce. Mimo że w opisie metody ZHR i Skautów Europy nie wspomina się o pozytywności oddziaływania, to żaden z instruktorów tych organizacji nie twierdziłby, że harcerstwo nie jest pozytywne. Podobnie ma się rzecz z systemem zastępowym u Skautów Europy – jest on jednym z najważniejszych, spajającym w całość warunki metody harcerskiej.

Metoda harcerska w teorii i w wersji oficjalnej to jedno, natomiast nauczanie metody i stosowanie jej w praktyce oznaczają już zupełnie coś innego. Przede wszystkim kształcenie na poziomie drużynowych prowadzi się zazwyczaj w jednostkach terenowych organizacji – najczęściej hufcach, a czasem nawet ma ono charakter międzyorganizacyjny (na kursy zapraszani są instruktorzy z innych organizacji lub też dwie jednostki terenowe różnych organizacji wspólnie przygotowują jeden kurs) i to, w jaki sposób odbywa się wówczas kształcenie, jak jest podawana wiedza o metodzie, zależy od tradycji danego środowiska, a także pomysłowości samych prowadzących kurs. Dlatego też trudno, żeby instruktorzy ZHP, ZHR czy Skautów Europy mówili o metodzie dokładnie w taki sposób, jak jest to opisane w przytoczonych dokumentach organizacji.

2. „Metoda? Nie pamiętam, bo kurs był dawno"

Badanym instruktorom zadano pytanie o metodę harcerską – przede wszystkim o to, co się na nią składa. Na to pytanie padło 174 różnych odpowiedzi, które można pogrupować aż w 79 naprawdę różnych kategorii. Świadczy to o bardzo zróżnicowanym podejściu do interpretacji metody harcerskiej. Pięciu badanych nie potrafiło wymienić wszystkich cech metody harcerskiej, do czego otwarcie się przyznali, a dwie osoby w ogóle nie udzieliły odpowiedzi:

Ja tego dokładnie nie pamiętam, bo kurs był bardzo dawno (instruktorka ZHP, pwd.).

To tyle, co wiem, nie jestem tak wyćwiczona, żeby udzielić odpowiedzi (instruktorka SHK).

Tu zawsze mam problemy, zawsze mi się mylą elementy metody z cechami metody (instruktor ZHP, pwd.).

Więcej nie pamiętam elementów (instruktorka ZHP, pwd.).

Może przejdźmy do następnego pytania… (instruktor ZHR, hm.).

Najwięcej osób (dwanaście) wskazało pozytywność, przy czym tę cechę podały zarówno osoby należące do ZHP, jak i do ZHR czy SH. Kolejna najczęściej wymieniana cecha (dziewięć osób) to system zastępowy, który w ZHP jest traktowany jako element metody, a w ZHR jako środek do realizacji metody. Siedmioro badanych wspomina o konieczności dawania przykładu jako instruktor:

Dla mnie metoda harcerska to głównie przykład (instruktor SH, pwd.).

Wychowanie przez przykład (instruktorka ZHP PGK, phm.).

Wzór osobowy, przykład instruktora, który formalnie nie jest wpisany w metodę (instruktorka ZHP, phm.).

Kształtowanie wzorców osobowych (instruktor SH, hm.).

Sześć osób wskazało, że istotna jest praca w grupie, przy czym nie do końca chodziło tu o system małych grup, instruktorzy wspominali bowiem o działaniu w grupie, pracy w grupie, pracy w grupie równolatków/rówieśników. Tyle samo badanych mówi o celach, intencjach, świadomości celów.

Analizując zagadnienie z perspektywy tego, jak metodę oficjalnie charakteryzuje dana organizacja, można stwierdzić, że niewielu jej instruktorów wpisuje się w ten model, co może być rezultatem bardzo indywidualnego podejścia do interpretacji metody harcerskiej, wynikającego z przekonań konkretnego środowiska lub z wieloletniego doświadczenia badanego w pracy w organizacji harcerskiej.

Tabela 52. Porównanie składowych metody wymienianych w dokumentach organizacji z odpowiedziami badanych instruktorów

Składowe metody	Liczba osób
Cechy metody:	
– **naturalność**	5
– **pośredniość**	4
– indywidualność	4
– wzajemność oddziaływań	5
– dobrowolność	5
– świadomość celów	6
– pozytywność	**12**
– wychowywanie młodych przez młodych	2
Elementy metody / Środki realizacji metody	
– system małych grup / system zastępowy	**9**
– Prawo i Przyrzeczenie Harcerskie	4
– uczenie przez działanie	3
– program	4
– wzorzec osobowy instruktora	7
– stopniowanie trudności	5*
– wychowanie odwołujące się do przyrody	6
– partnerstwo instruktorów i rodziców	Brak
– społeczne pełnienie wszystkich funkcji wychowawczych w Związku	Brak
– równoległe działanie dwóch pionów – męskiego i żeńskiego	Brak
– kompleksowość metody	3

* Nikt z badanych wprost nie mówił o stopniowaniu trudności, ale pod to stwierdzenie można podciągnąć odpowiedzi dotyczące systemu stopni i sprawności.

Źródło: opracowanie własne.

Żadna z cech wymienianych w dokumentach organizacji nie uzyskała połowy poparcia ze strony instruktorów. Co może być tego przyczyną? Po pierwsze operowanie różną terminologią, np. część instruktorów mówi o samowychowaniu, które w pewnym sensie można rozumieć jako dobrowolność i świadomość celów – w tym aspekcie, gdzie mowa jest o świadomości Prawa Harcerskiego i wypływającej z tego stałej konieczności doskonalenia swojego charakteru. Drugą przyczyną takiego wyniku może być wspomniana wcześniej odmienna tradycja środowisk harcerskich, inne sposoby przekazywania, opisywania metody, niekoniecznie zgodne z opisem proponowanym przez organizację. Trzecią przyczyną może być to, że w zależności od wieku i stażu instruktorzy różnie podchodzili do samego pytania o metodę. Starsi instruktorzy nie mówili o elementach składowych metody, tylko bądź określali, czym ona jest dla nich, bądź mówili o najważniejszych jej elementach. Młodsi instruktorzy podchodzili do pytania w sposób „szkolny" – starali się wymieniać elementy w takiej formie, w jakiej poznali je na kursie.

Wyniki takie mogą świadczyć jeszcze o czymś innym. Każda organizacja musi mieć jasno opisaną metodę, przy czym z jednej strony powinna ona być oryginalna, a z drugiej – odwoływać do tej jednej metody, która wyrosła w Polsce na gruncie skautingu, a została wzbogacona o polskie wpływy. Stąd proponowany model. Jednak instruktorzy do tego, czym jest metoda harcerska i co w niej jest najważniejsze, dochodzą sami, na drodze własnych instruktorskich doświadczeń. Każdy opisuje ją tak, jak ją zrozumiał. I – co ciekawsze – w prawie wszystkich wymienianych elementach przez badanych instruktorów nie ma sprzeczności. To, o czym mówią instruktorzy, często jest jakimś uszczegółowieniem ważniejszego elementu lub też opisem praktycznego działania – np. aktywność fizyczną oraz ciekawość świata można odnieść do wychowania przy wykorzystaniu przyrody czy do naturalności. Kiedy badany mówi o „dłoni metody", wtedy wspomina, w jaki sposób schematycznie uczył się metody (inna sprawa, że poza tym nie pamięta, co się w tym schemacie zawiera). Mówiąc o formach pracy, instruktorzy opisują sposoby realizacji metody w życiu codziennym.

Niektórzy opisują metodę bardzo ogólnikowo, nie mówiąc, co się na nią składa, tylko wskazując, czym ona jest; obrazują to poniższe wypowiedzi:

> *Nic nie jest tak jak w szkole, odpowiednie rzeczy przedstawia się w odpowiedni sposób, atrakcyjna forma* (instruktorka SH, pwd.).

> *Definicji jest tutaj kilka, kilkanaście, w zależności od autora* (instruktor SH, pwd.).

> *Najlepiej metodę opisuje Grodecka* (instruktorka SH, phm.).

> *Harcerstwo to sposób na życie, w którym głównym ideałem jest służba Bogu, Polsce i bliźnim* (instruktorka ZHR, pwd.).

> *Wychowanie w duchu pełnym ideałów* (instruktorka SH, phm.).

To sposób, w jaki żyjemy, intuicyjnie przekazujemy pewne zasady (instruktorka SH, pwd.).

System narzędzi i działań, w które jest wyposażony każdy, kto pełni funkcję (instruktorka ZHP PGK, phm.).

To narzędzie wychowawcze (instruktor ZHP, pwd.).

Oddziałuje na ludzi (instruktor ZHP, pwd.).

Sposób przekazywania podopiecznym tego, czego sami się nauczyliśmy (instruktorka ZHP, pwd.).

To jest przede wszystkim takie podejście do tego, co robimy (instruktor ZHP, pwd.).

Stałe elementy, które zostały wypracowane przez lata w wyniku najpierw wiedzy teoretycznej a potem praktyki (instruktorka SH, phm.).

Pojawiają się też takie stwierdzenia, które z punktu widzenia metody można uznać za dyskusyjne, np.:

[...] metoda bardzo się różni pomiędzy metodykami i w związku z tym trudno wskazać uniwersalnie najważniejsze i wspólne cechy dla metody (instruktor ZHP, phm.).

Metodyki są pochodną metody harcerskiej i dotyczą poszczególnych poziomów wiekowych – zuchów, harcerzy i wędrowników. Metodyki te w sposób oczywisty różnią się między sobą, ale zasadzają się na wspólnym szkielecie, jakim jest metoda harcerska.

Drugim takim dyskusyjnym elementem jest bezpośredniość, która przeczy pośredniości oddziaływań. Chcąc zbadać, jak jest ze świadomością owej pośredniości, czy – inaczej mówiąc – z uczeniem przez działanie, instruktorom zadano pytanie o to, w jaki sposób przekazują oni, uczą swoich podopiecznych wartości i ideałów harcerskich.

Ponad połowa badanych (dwadzieścia cztery osoby) stwierdziła, że najistotniejszy jest przykład – w tym osiemnaście osób uważa, że chodzi o przykład z otoczenia harcerskiego, kolegów i innych instruktorów, dla pięciu osób ważna okazuje się postawa drużynowego, a dla jednej – opiekuna (np. próby na stopień). Poniżej przytoczono niektóre wypowiedzi respondentów:

Jak nie ma przykładu, to nie ma przekazu wartości (instruktorka SH, phm.).

Jedynym trwałym sposobem oddziaływania jest przykład osobisty, jeśli mówimy o przekazywaniu ideałów (instruktor ZHR, hm.).

Obserwacja postaw kolegów czy koleżanek z drużyny (instruktorka SH, hm.).

Od instruktorów. Od ludzi, którzy są wyżsi stopniem (instruktorka ZHP, pwd.).

Przykład instruktora, który swoim zachowaniem pokazuje, jak te wartości wcielać w życie (instruktorka ZHP, pwd.).

Przebywanie wśród ludzi, którzy te wartości wyznają (instruktorka ZHP, pwd.).

Te ideały przekazuje się swoim harcerzom przez cały czas kontaktu z nimi, świadcząc o ideałach swoją postawą (instruktor ZHP, pwd.).

Drużynowy musi realizować Prawo w życiu i swoim przykładem poświadczać, że to warto stosować (instruktorka ZHP, phm.).

Drużynowy musi starać się być kryształowy, nie mieć sobie nic do zarzucenia (instruktor ZHP, pwd.).

Harcerz ma swojego przewodnika, którym jest zastępowy, drużynowy, który poprzez swoją obecność, rozmowy, tłumaczą i swoim przykładem pokazują, o co chodzi (instruktorka SH, hm.).

Blisko jedna trzecia badanych (trzynaście osób) twierdzi, że najlepszym sposobem na przekazywanie ideałów i wartości harcerskich są zbiórki:

Na zbiórkach drużynowy dostosowuje plan pracy do harcerzy i poziomu drużyny, tak żeby w naturalny sposób ten system [wartości – przyp. E.P.K.] *przedstawić* (instruktorka SH, phm.).

Zbiórka jest ładnie opakowaną realizacją pewnych zasad i wartości, którą harcerze wyznają (instruktor SH, pwd.).

Ponad jedna piąta badanych (dziewięć osób) uznaje, że dobrą metodą wpajania wartości jest zdobywanie stopni harcerskich:

Później zapozna się z tymi ideami podczas zdobywania stopni i sprawności (instruktorka SH, hm.).

[…] [system wartości – przyp. E.P.K.] *jest wprowadzany poprzez zdobywanie kolejnych stopni harcerskich* (instruktorka SH, hm.).

Jedna piąta wskazuje, że dobrym sposobem wpajania wartości harcerskich jest podejmowanie służby:

[…] [poprzez – przyp. E.P.K.] *działanie – służbę, organizujemy im służbę, która realizuje punkt prawa, który mówi o służbie ojczyźnie* (instruktorka SH, pwd.).

Kiedy jest już harcerką, dziewczyny wręcz się cieszą pójściem gdzieś na służbę czy coś (instruktorka SHK).

Podejmowanie służby na różnych terenach, pomaganie innym (instruktorka SH, pwd.).

Służba to rozwijanie wrażliwości na potrzeby innych (instruktorka ZHR, pwd.).

Na kolejnej pozycji sytuują się jednocześnie gawędy, jako pewne formy pracy, oraz ogólne określenie, że wartości i ideałów tych uczy się pośrednio – obie odpowiedzi wskazało po siedem osób.

Instruktorzy gawędę traktują jako częściowo bezpośrednią formę przekazywania wartości i ideałów:

Czasem bardziej bezpośrednio, np. gawęda jest taką formą, która wprost przekazuje to, co chce się powiedzieć (instruktorka SH, pwd.).

Gawęda jest bardziej bezpośrednim oddziaływaniem (instruktor ZHP, pwd.).

Przekazujemy to poprzez różne formy – kominki, gawędy, które opowiadają o ludziach, którzy w jakiś sposób odzwierciedlają to, co jest w Prawie zawarte (instruktorka SH, pwd.).

Pośredniość przekazywania wartości i ideałów dotyczy wszystkich wcześniej wymienionych odpowiedzi – zarówno przykład osobisty instruktora i środowiska rówieśniczego, jak i zbiórki czy stopnie harcerskie oraz służba to pośrednie formy przekazu, tzn. dla harcerza widocznym celem jest pomaganie komuś w przypadku służby, a dla instruktora – nauczenie podopiecznego wrażliwości na potrzeby innych. Faktycznie należy uznać, że gawęda jest najmniej pośrednią formą przekazywania wartości, ponieważ ma ona charakter odbywanej w kręgu rozmowy na temat konkretnej postawy.

Opisując pośredniość działania, instruktorzy próbują wytłumaczyć ten rodzaj oddziaływania na różne sposoby:

Działanie ma konkretny cel wychowawczy, jaki za tym stoi, i nie jest on dzieciakom znany (instruktor ZHP, pwd.).

Mimochodem przekazujemy wartości (instruktorka SH, pwd.).

Świadomy drużynowy przekazuje wartości pośrednio poprzez każde zachowanie, działanie na zbiórce (instruktorka ZHP, phm.).

Tak jak w metodzie – pośrednio, poprzez działania. Jeśli chcę na coś uczulić, to nie będę o tym bezpośrednio mówił, tylko będę się starał podsunąć pomysł, żeby zrealizować jakieś zadanie (instruktor ZHP, phm.).

W sposób pośredni cały czas powinno się nawiązywać do idei (instruktorka SH, phm.).

Sześciu respondentów wskazuje, że harcerze uczą się wartości przez działania, co można połączyć z pośredniością – uczenie „nie wprost", ale przez czyn, działanie właśnie.

Poprzez działanie na rzecz innych (instruktorka ZHP, pwd.).

Poprzez działanie w drużynie (instruktorka ZHP, phm.).

W trakcie normalnej pracy, przykład działania (instruktor SH, hm.).

W sumie duża grupa respondentów – łącznie trzy czwarte badanych – wskazuje na różne formy pracy, co znów potwierdza, że wartości tych harcerze uczą się pośrednio, przez działanie. Jest to zgodne z metodą harcerską.

Jednak niektórzy badani wskazują, że czasem odbywa się to bezpośrednio:

> *Najpierw teoretycznie zostają mu przedstawione zasady, jakim powinien być harcerz* (instruktorka ZHP, pwd.).

> *Poprzez bezpośredni przekaz, wielokrotne bezpośrednie podawanie* (instruktor ZHP, phm.).

> *Niestety czasami jest tak, że jak nowa harcerka przychodzi do drużyny, to zastępowa dyktuje Prawo Harcerskie* (instruktorka ZHP PGK, phm.).

> *Poznaje Prawo Harcerskie bezpośrednio w formie pisanej* (instruktor SHK).

> *Dysponuje się tutaj całym arsenałem środków werbalnych i bezpośrednich w stylu gawęda, odpytanie kogoś na punktach z Prawa Harcerskiego* (instruktor ZHR, hm.).

Można zauważyć, że instruktorom trudniej jest mówić o metodzie harcerskiej od strony teoretycznej, ale nie mają problemu z wiedzą na temat praktycznego zastosowania metody. Problem, jak wpoić harcerski system wartości młodym harcerzom czy harcerkom, jest przykładem wziętym z praktyki życia harcerskiego.

Wracając do rozważań nad samą metodą harcerską, należy zwrócić uwagę na jeszcze jeden aspekt, który może być przyczyną tak dużej rozbieżności w jej definiowaniu. Podobnie jak w przypadku harcerskiego systemu wartości, który zaistniał wraz z harcerstwem, w odniesieniu do metody należy postawić pytanie: czy jest to ta sama metoda, jaka była stosowana prawie 100 lat temu, czy też ulega ona pewnym przemianom?

3. Metoda – duch pozostał ten sam

Podczas wywiadu instruktorów zapytano o to, czy według nich metoda harcerska zmieniała się przez wszystkie lata istnienia ruchu harcerskiego, czy też pozostała niezmieniona od czasów swego powstania. Ze wszystkich badanych tylko trzy osoby nie umiały odpowiedzieć na to pytanie, co argumentowały np. w ten sposób:

> *Nie orientuję się, szczerze mówiąc, ja po prostu to robię* (instruktorka ZHP, pwd.).

> *Nie umiem odpowiedzieć na to pytanie* (instruktorka ZHP, pwd.).

Pozostali instruktorzy w sumie udzielili pięćdziesięciu dziewięciu różnych odpowiedzi, które można było pogrupować w kilkanaście typów:
- metoda jest niezmienna (bez dopuszczania zmienności jakichkolwiek elementów);
- metoda ma niezmienną ideę, ale zmieniają się inne jej składowe;
- metoda ma niezmienne zasady, ale zmieniają się pewne jej składowe[11];
- metoda ma niezmienną podstawę;
- metoda ma niezmienną podstawę, ale zmieniają się jej inne składowe;
- ogólnie metoda jest niezmienna, ale zmieniają się je pewne składowe;
- metoda ma niezmienne cele, ale zmianie ulegają formy;
- metoda ma niezmienne elementy, ale zmieniają się pewne jej składowe;
- podstawy metod w organizacjach są zbliżone;
- występują pewne różnice w organizacjach;
- metoda ulegała/ulega zmianom;
- metoda się zmieniała pod określonym względem (tu wymienione konkretne przykłady);
- metoda ulegała małym zmianom;
- negatywna opinia o innej organizacji.

Najwięcej respondentów – trzynaście osób – udzieliło odpowiedzi, które można przypisać do kategorii „zmiana pod względem... (przykład)". Badani poruszali rozmaite kwestie i wskazywali na różne elementy, które uległy zmianom:

Ten niższy poziom – metodyki – zmieniają się, bo świat się zmienia i jakoś trzeba się dostosować (instruktor ZHP, pwd.).

Zmieniła się tylko metodyka, czyli zestaw narzędzi do realizacji metody, praktycznie tej samej co 100 lat temu (instruktor ZHP, pwd.).

Zmienia się treść metody (instruktorka ZHP, phm.).

Pewne elementy są stałe i uniwersalne, ale pewne się zmieniają (instruktorka SH, phm.).

Chyba się zmieniała, a na pewno w tym czasie, kiedy ja byłam instruktorką. Duch jednak pozostał ten sam (instruktorka SH, hm.).

Wydaje mi się, że ta pozytywność, to pozytywne motywowanie powstało stosunkowo niedawno (instruktorka ZHP, pwd.).

Nie znam tak dobrze historii, mam wrażenie, że sformułowana była w trakcie, choć być może funkcjonowała od początku (instruktorka ZHP, pwd).

---

[11] Mimo podobieństw między typem drugim i trzecim uznano zasadność ich rozdzielenia ze względu na różnice w wypowiedziach badanych. Wyraźnie zaznaczają oni, że czym innym jest „idea", a czym innym „zasada".

> *Nie wszędzie metoda jest stosowana, co oznacza, że z organizacją – ZHP – jest coś nie tak. Ta metoda gdzieś została zatracona* (instruktorka SH, phm.).

> *Na pewno się zmieniała, bo się musi dostosowywać do tych nowych problemów, które się pojawiają* (instruktorka SHK).

> *W okresie socjalizmu istniała duża liczba środowisk harcerskich, które nie pracowały metodą harcerską pomimo bycia formalnie środowiskami harcerskimi – ich metoda działania była istotnie inna* (instruktor ZHP, phm.).

> *Nie mogę powiedzieć, że u mnie na wsi metoda jest taka jak jej założenia. Tu bardzo ciężko jest stworzyć system zastępowy* (instruktor ZHP, phm.).

> *Zmieniła się w stosunku do metody skautowej* (instruktorka SH, hm.).

> *Teraz np. zmieniamy stopnie, np. rezygnujemy z wymagania, że „umie wysłać telegram"* (instruktorka SH, pwd.).

Jak widać, badani nie postrzegają zmian metody w taki sam sposób. Według części respondentów zmieniły się poszczególne elementy metody, zdaniem innych zmieniała się ona w zależności od warunków zewnętrznych. Jeszcze inni mówią, że obecnie metoda nie jest stosowana tak, jak być powinna.

Osiem osób uważa, że w metodzie zmianom uległy pewne jej składowe, ale generalnie traktują ją jako stałą:

> *Być może nacisk na poszczególne jej elementy się zmieniał, ale ogólnie wydaje mi się, że metoda harcerska pozostała niezmienna* (instruktorka ZHP, phm.).

> *W ogólnym założeniu jest niezmienna, ale zmieniał się ten nacisk na elementy* (instruktor ZHP, phm.).

> *Na początku było inaczej, bo było to coś nowego. Ale od bardzo dawna jest to ta sama metoda, może trochę jesteśmy jej bardziej lub mniej świadomi w różnych okresach historii* (instruktorka SH, pwd.).

> *Wydaje się, że wielu chciało być Mesjaszami, ale niewiele im z tego wyszło. Obracali się ciągle wśród tych samych tematów, a to, co dodawali, było tak naprawdę tylko uszczegółowieniem, a nie czymś nowym* (instruktorka SH, hm.).

> *Jest stała i niezmienna, ale sposoby jej interpretowania i dostosowywania na użytek władzy państwowej trochę ją wypaczały* (instruktorka SH, phm.).

> *Jeżeli zobaczymy, co harcerstwo robiło, szczególnie w latach poprzedniego ustroju, to trzeba powiedzieć, że było istotne odejście od metody szczególnie od indywidualizmu na rzecz wychowania kolektywnego. Metoda się nie zmieniła, zmienia się oczywiście program* (instruktor ZHR, hm.).

Mniejsza grupa instruktorów (sześć osób) uważa, że metoda jest zdecydowanie niezmienna. Ci badani wypowiadali się następująco:

Jeśli to się za bardzo zmienia, to traci już charakter harcerski (instruktor SHK).

Metoda jest stała i niezmienna (instruktor ZHP, pwd.).

Niezmienna w naszej organizacji (instruktorka SHK).

O ile metoda została sformułowana przez Baden-Powella, potem została napisana przez Grodecką, potem została uproszczona na potrzeby Szarych Szeregów (ręka metody), a organizacje działające w Polsce ciągle opierają się o ten kanon, to formalnie metoda się nie zmieniała (instruktor ZHR, hm.).

Pomijając początkowe 10 lat, które było czasem wypracowywania metody i dochodzenia, o co tu chodzi, oraz czas II wojny, kiedy potrzebne były inne formy, to dobra praca harcerska wygląda tak samo (instruktor ZHP, phm.).

Pomimo iż ona nie była sformułowana dawniej, to jednak istniała (instruktorka SH, pwd.).

To coś stałego, ciągle na tym bazujemy (instruktorka ZHR, pwd.).

W naszej organizacji my mocno staramy się nawiązywać do źródeł, do B-P. Mocno stawiamy na działanie systemu zastępowego, co w innych polskich organizacjach jest z różnym nasileniem (instruktor SHK).

W tym jest nasza siła – że ta metoda jest niezmienna (instruktorka ZHP, pwd.).

Tyle samo respondentów udziela odpowiedzi mieszczącej się w kategorii, która tu została określona jako „niezmienna podstawa":

Metoda jako pomysł jest niezmienna (instruktorka ZHP, phm.).

Podstawy są niezmienne. Zostało to kiedyś bardzo dobrze opracowane i nie ma potrzeby tego zmieniać (instruktorka ZHR, pwd.).

Ten podstawowy zrąb, praca w małych grupach ludzi, którzy chcą ze sobą pracować, chcą się doskonalić itd., że to jest podstawa, która jest niezmienna (instruktorka SH, hm.).

Teoretycznie pozostała niezmienna. Baza, kręgosłup pozostała ta sama (instruktorka SH, pwd.).

Zasadnicza idea pozostała niezmieniona (instruktor ZHP, pwd.).

Istota metody pozostała ta sama (instruktorka ZHP PGK, phm.).

Co ciekawe, sześciu instruktorów, którzy wskazywali konkretne zmiany w metodzie, równocześnie twierdziło, że metoda ta jest stała, ale są pewne zmiany, lub że metoda ma niezmienne podstawy.

Analizując odpowiedzi ze względu na przynależność organizacyjną badanych, ich wiek, staż instruktorski czy stopień, a także płeć, nie można odnaleźć żadnych zależności. Oznacza to, że instruktorzy mają różne zdania na temat zmienności metody harcerskiej, a na ich opinie nie wpływają ani organizacja, w jakiej działają, ani wiek, ani staż. Jest to interesujące, bo np. można się było spodziewać, że starsi instruktorzy, mając za sobą burzliwy okres harcerstwa w latach PRL, będą zdania, iż metoda jest zmienna, natomiast młodsi albo nie będą się wypowiadać na ten temat, albo będą uważali, że metoda jest raczej stała, o niezmiennych podstawach.

Podsumowując, można powiedzieć, że relatywnie niewielka grupa instruktorów opowiada się za stanowiskami skrajnymi, które wskazują na niezmienność lub zdecydowaną zmienność metody. Znaczna większość wskazuje na to, że metoda w pewnym zakresie pozostała niezmienna, a w pewnym się zmieniała. Choć nie zostało to przez żadnego z instruktorów powiedziane wprost, chodzi o coś, co wynika z założeń metody – o jej **elastyczność**, odpowiadanie na potrzeby objętych jej wpływem jednostek. Potrzeby dzieci i młodzieży zmieniły się w ciągu całego stulecia w rezultacie zmian społecznych, kulturowych i gospodarczych. W związku z tym naturalnie metoda też musiała się zmienić, ale – paradoksalnie – oznacza to, że pozostała niezmienna.

Instruktorzy, którzy twierdzili, że w metodzie nastąpiły zmiany, zostali poproszeni o rozwinięcie swoich odpowiedzi i dokładniejsze wskazanie na to, co i w jaki sposób się zmieniło.

Zdania na temat tego, co w metodzie uległo zmianie, są dość podzielone. Największa grupa badanych, licząca sześć osób, zmiany metody argumentuje koniecznością dostosowania się do nowych warunków. Wyniki takie potwierdzają wysnute wcześniej przypuszczenia dotyczące zmian wynikających z elastyczności metody.

> *Metoda ze swej natury jest elastyczna i w związku z tym dostosowuje się do zmieniających warunków* (instruktorka SH, phm.).

> *Musi dostosowywać się do tych nowych problemów, które się pojawiają* (instruktorka SHK).

> *Dostosowuje się do przekształceń rzeczywistości, są one bardziej dostosowane do realiów życia młodzieży* (instruktorka ZHP, pwd.).

> *Zmieniają się dzieciaki i metoda też się musi do nich dostosować* (instruktorka ZHP, phm.).

Musi się dostosowywać do biegu historii. Ludzie się zmieniają i harcerstwo teraz w trochę inny sposób musi do nich dotrzeć (instruktorka ZHR, pwd.).

Cele zostały te same, natomiast formy realizacji czy metody się zmieniają, dostosowują się do bieżących sytuacji – tego, co się dzieje w gospodarce, polityce, mentalności młodych ludzi (instruktor ZHR, hm.).

W drugiej kolejności pojawiają się dwa typy wypowiedzi – wskazujące na okres, w którym metoda uległa przemianom z przyczyn politycznych, oraz na to, co dziś w metodzie jest najważniejsze. Mimo że kwestie polityczne porusza tylko kilka osób, warto przytoczyć ich wypowiedzi, ponieważ dwie z nich są autorstwa młodych instruktorów, którzy nie doświadczyli czasów socjalizmu w Polsce:

Jeżeli spojrzy się na historię polskiego harcerstwa, to jest wielka różnica między tym, co było w czasach komunizmu, a teraz. Odpowiedź na pytanie, do kogo my chcemy kierować harcerstwo i za tym idące różne elementy metody – czy jest ono dla zupełnie wszystkich i jest obowiązkowe i nauczyciel jest drużynowym... (instruktorka SH, pwd.)

To, co było po wojnie, te wszystkie konteksty polityczne, to patologia (instruktor ZHR, pwd.).

W latach 60' nacisk był położony na te elementy socjalistyczne, polityki, choć według mnie w Śródmieściu ten nacisk był mniejszy niż gdzie indziej. Co prawda drużyny starsze należały do Harcerskiej Służby Polsce Socjalistycznej i miały w programie elementy socjalistyczne, ale myśmy robili wszystko, żeby to nie było upolitycznione (instruktorka SH, hm.).

Dziś według instruktorów większy nacisk kładzie się na indywidualizm:

Teraz u nas też się mówi o indywidualności – wcześniej był istotny system zastępowy – bo dostosowujemy się do czasów (instruktorka SH, phm.).

Zmieniało się podejście – czy należy współpracować z grupą czy z jednostką (instruktorka SH, phm.).

Zmieniał się nacisk na działania zespołowe i na jednostkę (instruktorka SH, hm.).

Badani, którzy we wcześniejszym pytaniu odpowiedzieli, że metoda się zmieniała, zostali zapytani o przyczyny takich zmian. Ponownie najwięcej argumentów pojawia się za koniecznością dostosowania się metody do nowej rzeczywistości:

Dostosowują się do bieżących sytuacji – tego, co się dzieje w gospodarce, polityce, mentalności młodych ludzi (instruktor ZHR, hm.).

Dostosowywanie się do biegu historii (instruktorka ZHP, phm.).

Dostosowywanie się do przemian politycznych (instruktorka SH, phm.).

> *Harcerstwo, które jest organizacją wychowawczą, niewątpliwie musi się dostosowywać do tego, co się dzieje na świecie* (instruktorka SH, pwd.).
>
> *To wynika z metody, z jej elastyczności, dostosowuje się do zmian zachodzących w świecie* (instruktorka SH, phm.).
>
> *Zmiany rzeczywistości społecznej – trzeba się dostosować* (instruktorka SHK).

O połowę mniej badanych wskazuje, że przyczyną zmian metody są przeobrażenia strukturalne społeczeństwa lub bardzo szybki jego rozwój.

Kolejną przyczyną według respondentów są zmiany w potrzebach młodzieży oraz wynikające z ewolucji, która jest naturalnym procesem rozwojowym.

Wszystkie wymienione przyczyny wzajemnie się uzupełniają – w ramach zmian społecznych czy strukturalnych zachodzą zmiany potrzeb młodzieży, dochodzi do pewnego naturalnego procesu przemiany. Przemiany te natomiast wywołują konieczność dostosowania się różnych instytucji społecznych – w tym organizacji młodzieżowych i metod, jakimi one się posługują – do nowej rzeczywistości.

4. Program harcerski i jego rola w metodzie harcerskiej

Treścią metody harcerskiej jest program. Powinien on być dostosowany przede wszystkim do grupy odbiorców – ich potrzeb, zainteresowań. Powinien uwzględniać także problemy środowiska, w jakim działa dana jednostka harcerska. Program istnieje na każdym poziomie organizacyjnym – poczynając od zastępów, a kończąc na najwyższym szczeblu każdej organizacji.

Zastęp, tworząc swój plan pracy, musi brać pod uwagę pracę drużyny planowaną na dany rok, ale przede wszystkim powinien uwzględniać swoje zainteresowania i potrzeby. Podobnie drużyna, szczep, planując swoją pracę, powinna uwzględniać program hufca czy całej organizacji, ale nie zapominać o swoich potrzebach i specyfice swojego środowiska.

Każda organizacja ma swój program wychowawczy, który bądź wskazuje zasady działania organizacji w ogóle, bądź też opisuje planowane działania, jakie będą podejmowane w ciągu kilku najbliższych lat.

Przedstawione niżej założenia programowe i proponowane formy pracy odnoszą się do działalności organizacji harcerskich w latach 2006–2009, kiedy były prowadzone badania wśród harcerzy i instruktorów, tak aby uzyskać pełne tło ówczesnych działań w ruchu harcerskim.

Zgodnie z programem wychowawczym **ZHR** programy harcerskie powinny dawać możliwości do pełnego i integralnego wychowania osoby, a także „wychowania harcerki i harcerza do życia w społeczeństwie, w tym do służby

Bogu, Polsce i bliźnim"[12]. Indywidualny rozwój jednostki powinien dotyczyć wszystkich sfer: duchowej, uczuciowo-emocjonalnej, intelektualnej, społecznej i fizycznej. Ważne jest to, że program tworzy się oddolnie, natomiast programy jednostek nadrzędnych powinny wynikać z potrzeb jednostek podległych, a także pomagać im w rozwoju, rozszerzać ich horyzonty. Zadaniem jednostki nadrzędnej jest zachęcanie drużyn do uczestniczenia w tych programach. Taki program ma swoje elementy stałe oraz zmienne, które pojawiają się w wyniku nowych potrzeb środowiska. Powinien uwzględniać określone elementy: kontakt z przyrodą, obecność turystyki i obozownictwa, ciągłość pracy wychowawczej (zarówno podczas roku szkolnego, jak i wakacji), samodzielność harcerek i harcerzy, zastępów, drużyn, a także służbę. Musi również obejmować formy realizacji – gry i zabawy, cechować się pewną dozą atrakcyjności i tajemniczości, na co szansę stwarzają wprowadzenie obrzędowości i opieranie się na tradycji. Na koniec bardzo ważny dziś postulat – program harcerski powinien być aktualny, nawiązujący do współczesnej sytuacji[13].

W 2009 r. ZHR proponował pięć ruchów programowych. Pierwszym z nich był HOPR – Harcerskie Ochotnicze Pogotowie Ratunkowe, które jest „wyodrębnioną i wyspecjalizowaną stałą służbą, wchodzącą w skład Związku Harcerstwa Rzeczypospolitej"[14]. Aby działać w HOPR, trzeba posiadać kwalifikacje ratowników przedmedycznych albo kwalifikacje osób uprawnionych do podejmowania medycznych działań ratowniczych, można także być w trakcie zdobywania tych kwalifikacji.

Celem wychowawczym HOPR jest

[...] wzbogacenie i zintensyfikowanie harcerskiego oddziaływania wychowawczego. Chodzi o ukształtowanie aktywnej obywatelskiej postawy wypływającej z ideału Służby Bogu, Polsce i Bliźnim oraz nacechowanej troską o dobro wspólne i dobro współobywateli. [...] Zadania HOPR są mocno osadzone we współczesnych realiach Państwa Polskiego i wynikają z bieżących potrzeb społecznych. Dlatego realizacja celu wychowawczego przekłada się na konkretne zadania, wynikające z nakazu służby społecznej, które mają przynieść realne pożytki społeczne – w tym przypadku, w dziedzinie bezpieczeństwa publicznego[15].

W HOPR, podobnie jak w drużynie harcerskiej, zdobywa się kolejno stopnie: sanitariusza, ratownika HOPR, ratownika KRSG, instruktora HOPR, instruktora trenera. Aby rozpocząć działalność w tej formacji, trzeba mieć ukończone minimum 15 lat oraz kurs podstawowy HOPR. Osoba taka musi się też charakteryzować określonymi cechami:

---

[12] *Podstawowe zasady...*, op. cit.
[13] *Ibidem.*
[14] Harcerskie Ochotnicze Pogotowie Ratunkowe, http://hopr.zhr.pl/index.php/hopr, dostęp: 8.01.2009.
[15] HOPR – cele i działania, http://hopr.zhr.pl/index.php/hopr/cele-i-dziaania, dostęp: 27.01.2014.

- Potrafi rozpoznać sytuację zagrożenia i wezwać skutecznie odpowiednie służby ratunkowe.
- Zabezpieczając podstawowe czynności życiowe osoby poszkodowanej, potrafi zadbać o własne bezpieczeństwo.
- Jest też w stanie zaradzić w drobnych urazach, skaleczeniach, dbając przede wszystkim o niepogorszenie stanu osoby poszkodowanej i wezwanie pomocy, jeżeli jest to konieczne.
- Potrafi posłużyć się podstawowymi środkami opatrunkowymi, ale potrafi też działać bez sprzętu.
- Zna zasady działania w HOPR[16].

Aby zdobyć ostatni stopień, trzeba mieć zawodowe wykształcenie medyczne – lekarza pielęgniarki lub ratownika medycznego. Warto tu jeszcze podkreślić, że działalność w HOPR nie może zaburzać uczestnictwa w pracy swojej macierzystej drużyny.

Drugim programem proponowanym przez ZHR była „Pełnia", mająca na celu działanie i pomaganie osobom niepełnosprawnym, które tworzą zastępy lub drużyny integracyjne, albo pomaganie innym potrzebującym traktowane jako służba. Przykładowo jest to pomoc w nauce dzieciom korzystającym z nauczania indywidualnego, leżącym w szpitalach czy sanatoriach. Może to być pomaganie osobom starszym czy chorym w wykonywaniu codziennych czynności. To także zbieranie informacji o miejscach, które stwarzają bariery dostępności osobom niepełnosprawnym, i sprawienie, aby ograniczenia te zostały usunięte. Informacja o dostępnych formach rehabilitacji, pomoc w dotarciu do niej, kontaktowanie się z organizacjami pozarządowymi, które organizują sprzęt rehabilitacyjny, są pożądanymi formami działań w ramach tego programu[17].

Kolejnym programem wartym uwagi był „Nieborak".

> Celem programu „Nieborak" jest popularyzacja zdrowego stylu życia oraz propagowanie wiedzy z zakresu profilaktyki onkologicznej wśród dorosłych i młodzieży w środowiskach, gdzie działają drużyny Związku Harcerstwa Rzeczypospolitej[18].

Program jest skierowany do dziewcząt i kobiet. Podpowiada komendantom i drużynowym, jak do pracy drużyny czy obozu można wprowadzić zdrowy styl życia, jak uczyć dbania o siebie.

Celem programu „Misje" było uwrażliwienie na rozwój religijny; ponadto: zachęcenie do pracy misyjnej, a także różnego rodzaju pomoc – modlitewna, materialna, animacyjna oraz wolontariacka na rzecz misji oraz zdobywanie wiadomości o misjach, nawiązanie współpracy z misjonarzami czy ośrodkiem misyjnym. Program jest adresowany do wszystkich członków ZHR – od zuchów

---

[16] Harcerskie Ochotnicze Pogotowie Ratunkowe, *op. cit.*
[17] *Ku pełni życia*, http://pelnia.zhr.pl, dostęp: 8.01.2009.
[18] E. Borkowska-Pastwa, *Program Nieborak*, *op. cit.*

poczynając, a na instruktorach kończąc. Można go realizować przez zdobywanie sprawności misyjnych, angażowanie się – indywidualne lub gromad, drużyn i kręgów – w dzieła misyjne, zgodne z założeniami Papieskich Dzieł Misyjnych w Polsce i Papieskiego Dzieła Misyjnego Dzieci, a także przez wymianę informacji i kontakt z misjonarzami na platformie internetowej. Formą realizacji może także być udział w wolontariacie misyjnym, pomoc modlitewna i materialna na rzecz misji. Docelowo program miał trwać przez rok, a jego kulminację przewidywano na zlocie dwudziestolecia[19] – w sierpniu 2009 r., gdzie miała być zorganizowana wystawa misyjna[20].

Ostatni z programów to „Skrzaty", który obejmował najmłodszych członków ZHR – dziewczynki i chłopców w wieku 5-6 lat:

> Nazywa się skrzatem, ponieważ jest dobrym duchem swojego domu, mamy i taty. Lubi przyrodę, lubi bawić się ze zwierzętami i spełniać dobre uczynki. Skrzat swoim zachowaniem stara się naśladować postacie z Bajki Skrzatów[21].

Organizatorzy tego programu podkreślają, że dziewczynka czy chłopiec w tym wieku uczy bawić się w grupie, jest przyjaźnie nastawione do świata, zadaje pytania i oczekuje szczegółowych wyjaśnień. Ponieważ ciągle rozpiera je energia, to ciągle jest w ruchu, dzięki temu ćwiczy koordynację ruchową. Potrafi się skoncentrować około 20 minut, potem musi odpocząć lub zmienić rodzaj skupienia, uczy się podstaw czytania i pisania, a także wyrażać siebie, np. w tańcu, śpiewie, dramie. Uwielbia historyjki, bajki itd. A przede wszystkim chce być potrzebne[22].

Ruch Skrzatów stawia sobie za cel pomoc rodzicom w dbaniu o ich rozwój oraz stworzenie kompleksowej, bezpiecznej oferty edukacyjnej dla dzieci w wieku przedszkolnym. Chce także dzięki temu poszerzyć oddziaływanie społeczne ZHR, stworzyć ruch rodziców i rodzin sympatyzujących z ZHR oraz wspierać Ruch Zuchowy[23].

Trzeba tu zaznaczyć, że opisywane programy były formułowane na poziomie najwyższego szczebla organizacji, natomiast osobne programy formułują piony: Organizacja Harcerek i Organizacja Harcerzy.

W **ZHP** program wychowawczy jest opracowywany na kilka lat. Ze statutu ZHP wynika, że organizacja ta powinna realizować dwadzieścia cztery kierunki programowe. Program obowiązujący w latach 2006-2009, wynikający ze strategii, koncentrował się na trzech nurtach. Pierwszy z nich to „my mocni w różnorodności". Jego założeniem było, że program w ZHP jest różnorodny, ale właśnie opiera się na wytycznych ze statutu. Różnorodność jest tu szeroko

---

[19] W sierpniu 2009 r. ZHR obchodziło swoje dwudziestolecie.
[20] *Wakacje w Kirgistanie*, http://www.misje.zhr.pl, dostęp: 8.01.2009.
[21] *Skrzaty*, http://skrzaty.zhr.pl/index.php?option=com_content&task=view&id=12&Itemid=26, dostęp: 8.01.2009.
[22] *Ibidem*.
[23] *Ibidem*.

rozumiana – jako różnorodność programów, specjalizacji drużyn, umiejętność samodzielnego konstruowania programów przez drużyny na podstawie propozycji programowych, a także wychowywanie do różnych systemów wartości.

Drugi nurt programowy to „my w skautingu". Zakładał współgranie propozycji programowych skautingu światowego z programem ZHP, a także wnoszenie dorobku ZHP do programu skautingu. Trzeci nurt to „my a potrzeby społeczne". Aktualność tego założenia potwierdza opis tego nurtu:

> Program ZHP nie powinien być tworzony tylko „do wewnątrz" organizacji, ale powinien zakładać również inspirowanie działań zewnętrznych. Program wychowawczy ZHP może być konkurencyjny, może inicjować działania społeczne i wspierać budowanie społeczeństwa obywatelskiego[24].

Na poziomie organizacyjnym istnieje wiele programów, które są rozwinięciem, konkretną propozycją skierowaną do hufców, drużyn czy szczepów. Jednostki te zazwyczaj mogą (ale nie muszą) się włączyć w proponowane działania.

Jednym z najważniejszych w ZHP był program „100-lecie Harcerstwa", którego głównym przedsięwzięciem był Jubileuszowy Zlot 100-lecia Harcerstwa Polskiego w 2010 r. w Krakowie.

> Świadomi wielkiej roli, jaką w historii Polski odegrali nasi poprzednicy, oraz odpowiedzialności za przyszłe pokolenia, postanawiamy lata 2010–2011 poświęcić obchodom 100-lecia harcerstwa.
> Dzisiaj, już w czasach pokoju i wolności, chcemy nadal czerpać z naszej historii i tradycji, jednak wartości te mają stać się dla nas natchnieniem do rozwijania naszej organizacji w sposób nowoczesny, dający szansę rozwoju naszym podopiecznym. Chcemy uczyć się od naszych poprzedników, jak odpowiadać na potrzeby współczesnej młodzieży. Szukamy form pracy aktualnych i angażujących nas i naszych harcerzy. Chcemy, by obchody 100-lecia harcerstwa stały się okazją na stawianie sobie pytań, jak ma wyglądać przyszłość harcerstwa, jak odpowiadać na potrzeby współczesnej młodzieży, by jednocześnie nie zapomnieć o naszym unikalnym Harcerskim Systemie Wychowawczym[25].

Program ten został rozpisany na trzy lata – w 2008 r. działalność koncentrowała się na pracy nad sobą, w 2009 harcerze i harcerki skupiali się na braterstwie, a 2010 r. był poświęcony służbie.

Program ten nie narzuca żadnych schematów, doskonale odpowiada założeniom metodycznym, które mówią o konieczności dostosowania się do potrzeb i zainteresowań konkretnego odbiorcy.

---

[24] J. Łaba, M. Binasiak, A. Kocher, T. Nowak, *Jaki program ZHP? – materiał do dyskusji instruktorskich na temat programu wychowawczego ZHP*, http://dokumenty.zhp.pl/pliki/zalcznik_20070527_232801_jaki_program_zhp-_tezy_do_dyskusji.doc, dostęp: 27.01.2014.

[25] Uchwała XXXVI Zjazdu ZHP z dnia 6 grudnia 2009 r. w sprawie obchodów 100-lecia harcerstwa, http://100lecie.zhp.pl/Uchwa%C5%82a-w-sprawie-obchod%C3%B3w-stulecia-harcerstwa.html, dostęp 27.01.2014.

Cele, jakie przyświecają w każdym roku pracy nad tym programem, uwzględniają aktualne problemy organizacji – to nie tylko przygotowanie się do hucznej rocznicy, lecz także próba odpowiedzi na pytanie: kim jesteśmy, dokąd zmierzamy i do kogo się kierujemy? Dlatego też cele roku pracy nad sobą dotyczyły popularyzacji wychowawczego wymiaru Prawa Harcerskiego[26].

W ramach tego proponowano różne formy realizacji: konferencje („Polka i Polak", „Rola harcerskich specjalności"), konkursy („Mój harcerski autorytet" – dla harcerzy, „Być jak Olga, być jak Andrzej"– dla instruktorów) oraz inne propozycje programowe, które można wykorzystać w pracy z drużyną, np. „W poszukiwaniu bieli i czerwieni" (wychowanie patriotyczne), „A to może mały człowiek – Zielone Harcowanie 2008" (działania ekologiczne), „Ludzie sukcesu" (poszukiwanie ludzi, którym w życiu udało się osiągnąć sukces, a wcześniej byli harcerzami), „Ludzie z pasją", „90-lecie ZHP".

Nie jest to jedyna oferta programowa ZHP. W 2008 r. harcerki mogły wziąć udział w programie „Odznaka Olimpijska WAGGGS", który wiązał się z Igrzyskami Olimpijskimi w Pekinie. Skautki z Hongkongu opracowały zestaw zadań, który miał zachęcić dziewczęta do pracy nad sobą, poprawienia swojej kondycji fizycznej, pogłębienia wiedzy o sporcie, a także wesprzeć ideał kobiety i promować zrozumienie międzykulturowe[27].

Ta sama międzynarodowa organizacja skautek proponuje inny program – „Pomyśl o wodzie", którego celem jest uświadomienie wszystkim, że woda staje się dobrem deficytowym i trzeba ją oszczędzać.

W 2008 r. obchodzono również 50-lecie Nieprzetartego Szlaku – drużyn i gromad dla niepełnosprawnych zuchów i harcerzy. W ramach tego zaproponowano zloty poszczególnych chorągwi, festyn, rajd, olimpiadę specjalną, obozy integracyjne.

Na lata 2012–2017 ZHP przyjął nową strategię działania, która koncentruje się na pięciu obszarach – „Dobry program drużyny"; „Prosta dokumentacja, e-zhp"; „Motywowanie i promowanie kadry"; „Lepszy stan i czytelność finansów"; „Przyjazna struktura" – będących podstawą formułowania konkretnych działań programowych[28].

To tylko niewielki fragment wszystkich propozycji programowych ZHP. Zgodnie z założeniami metody w programie organizacji każdy powinien odnaleźć coś dla siebie – są oferty indywidualne, dla zastępów, dla drużyn. Propozycje te są kierowane przez wydział programowy, jak również przez wydziały zajmujące się specjalnościami.

---

[26] *2008 – Rok pracy nad sobą*, http://100lecie.zhp.pl/Rok-Pracy-Nad-Sob%C4%85.html, dostęp: 27.01.2014.
[27] Odznaka Olimpijska WAGGGS – regulamin, materiały wewnętrzne ZHP.
[28] Uchwała XXXVII Zjazdu Nadzwyczajnego ZHP z dnia 4 grudnia 2011 r. w sprawie przyjęcia i trybu wprowadzenia Strategii rozwoju ZHP na lata 2012–2017, http://dokumenty.zhp.pl/pliki/glowny_20120510_141308_strategia_-_xxxvii_zjazd_nadzwyczajny_zhp.pdf dostęp: 3.11.2013.

U **Skautów Europy** stałą cykliczną ofertą programową był udział w Euromoot. Ostatni miał miejsce w 2007 r. i był skierowany do przewodniczek i wędrowników w wieku co najmniej 16 lat.

Stałym punktem u Skautów Europy są także organizacja Forum Młodych oraz udział w Dniu Papieskim.

5. Praktyka harcerska – działalność drużyn

Tworząc program harcerski, trzeba się oprzeć na metodzie harcerskiej – program, który nie będzie uwzględniał jej założeń, nie będzie programem harcerskim. Program harcerski zawiera wytyczne do działania na każdym poziomie organizacyjnym. Powinien przedstawiać plan pracy dla danej jednostki organizacyjnej oraz wskazywać określone metody i formy pracy. Przy czym należy podkreślić, że metody pracy i metoda harcerska to nie to samo. Metoda harcerska to określone zasady działania wychowawczego, metoda pedagogiczna, natomiast metody pracy oznaczają narzędzia, jakimi można metodę harcerską realizować. Formy pracy są konkretnymi propozycjami realizacji – ich zbiór jest nieograniczony i stale uzupełniany. O problemie rozróżniania metody harcerskiej, metod i form pracy była mowa w rozdziale drugim niniejszej publikacji. Tu można przypomnieć, że metody pracy są ściśle określone (w zależności od potrzeb środowiska nie powstają nowe) i nadrzędne w stosunku do form pracy. Metoda to systematycznie stosowane działanie, czynności wykonywane w odpowiedniej kolejności. Formy pracy natomiast nie są stałe, nie mogą też być stosowane w każdym przypadku – dobiera się je indywidualnie, zależnie od sytuacji panującej w środowisku wychowawczym.

Aby tworzyć dobry program, wykorzystując właściwe metody i formy pracy, najpierw należy dokonać analizy środowiska – czyli odpowiedzieć sobie na pytanie, jaka jest drużyna, jaki jest szczep czy hufiec, jakie są ich mocne strony, z jakimi problemami się borykają.

Brak kadry

Program działań tworzy się, biorąc pod uwagę potrzeby danego środowiska harcerskiego, zainteresowania jego członków, indywidualnie – dla konkretnej drużyny, zastępu, szczepu. Powinien on być rozwijający i uwzględniać służbę na rzecz środowiska. Każde środowisko jednak boryka się też z problemami różnej natury.

Instruktorów w wywiadzie zapytano o to, z jakimi najważniejszymi problemami mierzą się ich środowiska harcerskie. Odpowiedzi pogrupowano w zależności od poziomu organizacyjnego najbliższego badanemu (poziom drużyny, szczepu, hufca, chorągwi i centralny). Porównywalna liczba badanych mówiła o problemach drużyny (piętnaście osób) i całej organizacji (szesnaście osób), siedmioro opisywało problemy na poziomie hufca, trzy na poziomie szczepu i jedna – chorągwi. Dwie osoby z racji pełnionych funkcji mówiły o problemach na dwóch poziomach.

Na plan pierwszy wysuwają się trzy problemy: **brak następcy** na zajmowane obecnie stanowisko, **braki kadrowe** oraz **braki lokalowe**. Dwa pierwsze ściśle się ze sobą wiążą – brak odpowiednio wykształconej kadry skutkuje brakiem odpowiednich następców na funkcje obecnie zajmowane przez respondentów (głównie funkcję drużynowego):

> *Znanym problemem jest brak wykształconej i w odpowiednim wieku kadry* (instruktorka ZHR, pwd.).

> *Brak mi osoby, która poprowadzi starsze dziewczyny – harcerki. Boję się, że odejdą z drużyny, jeśli nie będzie miał kto tego poprowadzić* (instruktorka ZHR, pwd.).

> *Brak zastępowych, chłopaków w wieku 15–16 lat. Niestety trzeba sobie wychować od małego takiego harcerza, który jak będzie starszy, to będzie zastępowym. Później trudno kogoś nałapać* (instruktor SHK).

Badani mówią też o nie najlepszych stosunkach ze szkołą, w której działa ich drużyna:

> *Brak harcówki, ze strony szkoły* (instruktor ZHR, pwd.).

> *Szkoła nam ją* [harcówkę – przyp. E.P.K.] *odebrała* (instruktorka ZHR, pwd.).

> *Zakusy na przejęcie harcówki* (instruktorka ZHP, pwd.).

Drużynowi również sygnalizują, że mają trudności z naborem, nie mogą sobie poradzić z brakiem czasu, zarówno ze strony harcerzy, jak i instruktorów, oraz mają kłopoty finansowe.

Tylko dwie osoby z piętnastu twierdzą, że ich drużyna nie ma aktualnie żadnych problemów.

Na poziomie szczepu najczęściej wskazywanym problemem są kłopoty z kadrą:

> *Nastała moda na „niemanie" czasu, na bycie zajętym i na super różne wymówki* (instruktorka ZHP, phm.).

> *Są to problemy natury kadrowej. Istnieją potrzeby do tego, żeby rozwijać szczep dalej, ponieważ harcerze z drużyny harcerskiej podrastają i w zasadzie przydałoby się drużynę starszoharcerską utworzyć, ale aktualnie nie mamy na to kadry* (instruktor ZHP, phm.).

Na poziomie hufca najczęściej podawany problem jest taki sam jak w przypadku szczepu:

> *Dużym problemem jest kwestia zuchowa, brak instruktorów zuchowych, kształcenia kadry zuchowej* (instruktorka SH, pwd.).

Drużynowi studiują często na dwóch kierunkach (instruktor ZHR, hm.).

Brakiem kadry na poziomie phm. i hm., a co za tym idzie – brakiem profesjonalizmu (instruktor ZHR, pwd.).

Młodzi drużynowi z konieczności (bo starzy z nagłych przyczyn odchodzą) (instruktorka ZHP, phm.).

Problematycznymi kwestiami są również poziom zaangażowania instruktorów w pracę hufca oraz migracje instruktorów. W tym drugim przypadku chodzi o wyjeżdżanie instruktorów harcerskich z mniejszych miejscowości do ośrodków akademickich, co najczęściej powoduje przerwanie pracy instruktorskiej. Problem stanowią także finanse hufca, w części przypadków znaczenie ma brak osobowości prawnej na tym poziomie organizacyjnym, co oznacza czekanie z wydaniem każdej sumy pieniędzy na decyzję zwierzchników – chorągwi.

Sytuacja wygląda podobnie na poziomie centralnym, czyli całej organizacji – największy problem stanowi kadra. Prawie 70% badanych potwierdza, że jest to rzecz, która „spędza im sen z powiek":

To są odwieczne problemy z kadrą (instruktorka SH, hm.).

Jest to praca wolontariacka dla instruktorów, ale pochłania mnóstwo czasu i energii. Czasem jest za mało osób, żeby wszystko zrobić (instruktorka SH, hm.).

Brak instruktorów, szczególnie męskich, jest dużo rzeczy do zrobienia, a nie ma rąk do pracy (instruktorka SH, phm.).

Brakuje ludzi, jest dużo zadań do wykonania i mało chętnych, a także takich, którzy mieliby kwalifikacje ku temu, czyli organizatorów, kwatermistrzów itp. (instruktorka SH, pwd.).

Jeśli chodzi o wilczki, to jest bardzo duży potencjał. Jest bardzo dużo miejsc, gdzie mogą powstawać gromady, gdzie są chętni, gdzie rodzice pytają się, czy jest taka możliwość, a po prostu nie ma ludzi, którzy mogliby się tym zająć (instruktor SHK).

Jeżeli chodzi o namiestnictwo, to dla mnie największym problemem jest brak instruktorów. Wynika to z tego, że jeszcze do niedawna funkcja szefa gromady była postrzegana jako służba gorsza. To się zmienia, ale nadal jest niewystarczająca liczba szefów (instruktor SHK).

Kadra się kisi we własnym sosie (instruktorka SH, phm.).

Mała ilość osób, a duża chęć zrealizowania wielu rzeczy. Działanie w SH jest charytatywne, a co za tym idzie – nie zawsze mamy siłę i czas na realizacje tych zadań poza zawodem (instruktorka SH, phm.).

Mało kadry instruktorskiej dwudziestokilkuletniej. Mamy za młodych drużynowych, którzy się szybko wypalają, zaczynają działać wyżej, ale nadal są za mało mądrzy, żeby działać na tym poziomie. Drużyny powinni prowadzić ludzie co najmniej 18-letni. Ale to odwieczny problem, w ZHP też tak było (instruktorka SH, hm.).

Kadra, która jest nadmiernie obciążona, szybko się wypala (instruktorka SH, hm.).

Drugim problemem na tym poziomie organizacyjnym jest kształcenie:

Kształcenie kuleje, bo jest ciągle podejmowane od nowa, co roku i po drodze się gubi (instruktorka SH, phm.).

Nie jesteśmy obecnie w stanie sami zorganizować dobrego kursu metodycznego i musimy korzystać z tych, które są organizowane latem przez ZHR (instruktorka ZHP PGK, phm.).

Słaby poziom kształcenia (instruktorka SH, hm.).

Spada poziom kształcenia drużynowych, bo drużynowe nie chcą się szkolić. W trakcie wakacji jadą na obóz i nie chcą potem jeszcze czasu poświęcać na kolejne tygodnie kształcenia (instruktorka ZHP PGK, phm.).

Patrząc na problemy, z jakimi borykają się instruktorzy, bez względu na poziom, na jakim działają, wyraźnie widać, że na pierwszy plan wysuwają się kłopoty z kadrą – związane przede wszystkim z jej brakiem, następnie z kształceniem, zaangażowaniem i migracjami. Statystycznie rzecz ujmując, na jednego respondenta przypada jeden zgłaszany problem z kadrą.

Istotny problem stanowią także konflikty wewnętrzne – bądź pomiędzy poszczególnymi poziomami w danej organizacji, bądź między instruktorami w ramach jednego poziomu.

Wbrew temu, co powszechnie się sądzi, kłopoty finansowe i lokalowe nie są najczęściej zgłaszanymi przez instruktorów. Oznacza to, że jakoś sobie radzą w tej sytuacji.

Badanym zadano pytanie o to, czy wiedzą, jak sobie poradzić z problemami występującymi w ich środowisku. Sześcioro z nich nie umiało rozwiązać problematycznej sytuacji. Pozostali mają pomysły, a nawet częściowo są one już wdrażane. Świadczy to o aktywnej postawie instruktorów i ciągłym poszukiwaniu nowych rozwiązań. Z pomysłów, które przedstawili instruktorzy, mógłby powstać spory bank rozwiązań, z którego mogliby korzystać inni instruktorzy w przyszłości. Do najciekawszych pomysłów, choć nie zawsze zgodnych z metodą harcerską, należą przytoczone poniżej:

Jeśli są szefowie, którzy mają predyspozycje, mają wiedzę i jest ich tylu, ilu trzeba, to jest większe prawdopodobieństwo, że gromada będzie działać prawidłowo.

Myślimy o szkoleniu kadry kwatermistrzowsko-organizacyjno-ekonomicznej. Na razie myślimy o zmianach w stopniach instruktorskich. W tym celu Skarbnik współpracuje z komisją kształcenia.

Konieczność także odmłodzenia kadry.

Co do starszego zastępu, to na razie nie mam pomysłu, bo nie chcę im dać pierwszej lepszej osoby, to byłoby bez sensu. Na razie szukam takiej osoby.

Jest jeszcze jedna opcja, to się nazywa „ze starego nowe", to jest pewne zamieszanie w tym starym kotle, może nawet ja bym znowu coś poprowadził.

Po pierwsze szukać w hufcu. Zawsze jest tak, że ktoś nie ma gdzieś co robić, zwłaszcza w szczepach, które mają kupę nierobów.

Brutalnie wywierana presja moralna na swoich potencjalnych następców, czyli grożenie rozwiązaniem drużyny.

Obecnie ściśle deleguję obowiązki – zrobiłem założenie programowe, że nie wszystko musi się odbyć.

Po prostu być cierpliwym i dobrze organizować sobie czas, dbać stale o rozwój kandydatów na następców.

Trochę ograniczyliśmy rzeczy, które my robimy. Pewne rzeczy w tym roku się nie wydarzyły i oni, mam nadzieję, zobaczyli, że to jest tak, że nie wydarzyły się, bo nikt się za nie nie wziął. Widzę, że to gdzieś już tam daje efekty.

Trzeba by tu pomyśleć o profesjonalnej strategii zarządzania ludźmi, aby temu przeciwdziałać.

Staramy się pracować z instruktorami, włączać ich w działania, próbując jakoś zaradzić na to ich mniejsze zaangażowanie i na tą gotowość do pomocy, a nie gotowość do odpowiedzialności.

Zamierzam rozkręcić zastęp zastępowych, skupiając się na tym, żeby oni byli autorytetem dla swoich podopiecznych, mieli wiedzę.

Jak widać, instruktorzy mają dość bogaty wachlarz propozycji. Głównie koncentrują się one na rozwiązaniu problemów z kadrą – podkreśla się przede wszystkim znaczenie dobrego szkolenia, przygotowywania do objęcia nowych funkcji, poszukiwania kandydatów w innych środowiskach. Niektóre z rozwiązań mogą budzić wątpliwości – czy wychowawcze będzie grożenie rozwiązaniem drużyny? Takie działanie przeczy zasadzie dobrowolności w harcerstwie. Dobrą metodą, aczkolwiek wymagającą cierpliwości ze względu na długość procesu, jest przyuczanie do delegowania obowiązków i przejmowania odpowiedzialności za pewne zadania.

Działanie w drużynie harcerskiej

Wyżej przedstawiono problemy, z jakimi borykają się środowiska harcerskie, z punktu widzenia tych, którzy organizują lub wspierają pracę tych środowisk. Warto spojrzeć, jak oceniają zbiórki i swoich przełożonych sami harcerze.

Pracę drużyny spajają zbiórki. Harcerze pytani o to, jak często odbywają się zbiórki ich drużyny, najczęściej odpowiadali, że raz w tygodniu (37,1%), na drugim miejscu znalazła się odpowiedź „raz w miesiącu" (31,8%), na trzecim – „nieregularnie" (12,4%), a na kolejnym, że raz na dwa tygodnie (12%). Wyniki te jednak są odmienne, jeśli przyjrzeć się deklaracjom harcerzy z poszczególnych organizacji. W ZHP zdecydowanie najczęściej odpowiadano, że zbiórki odbywają się raz w tygodniu (46,2%), a o 20% mniej respondentów deklaruje, że zbiórki są raz w miesiącu. W przypadku ZHR widać inny model – zdecydowana większość (57,1%) odpowiada, że zbiórki odbywają się raz w miesiącu. W przypadku SH najczęściej wybieranymi odpowiedziami, które uzyskały tyle samo wskazań były „nieregularnie" i „raz w miesiącu". O ile model spotkań drużyny raz w miesiącu jest często spotykanym (zależy to zazwyczaj od stopnia rozwoju drużyny), o tyle wynik wskazujący, że jedna trzecia respondentów danej organizacji należy do drużyn, których zbiórki odbywają się nieregularnie, może budzić pewien niepokój.

Prawie połowa respondentów (46,8%) pytana o to, jak często chodzą na zbiórki drużyny, deklaruje, że jest na każdej zbiórce, natomiast 38,6% odpowiada, że opuszcza najwyżej trzy zbiórki w roku.

Z jedenastu osób, które zaznaczyły odpowiedź „nie chodzę na zbiórki drużyny", wyniki siedmiu uzyskano z badania szkół, a czterech – z badań drużyn harcerskich. Wspomniane siedem osób to respondenci, którzy zadeklarowali, że nie należą już do drużyny. W przypadku czterech osób, które należą do drużyn harcerskich, a na zbiórki nie chodzą, okazało się, że nie chodzą także na zbiórki zastępu. Badani, którzy udzielili odpowiedzi „nie ma zbiórek drużyny", to przeważnie osoby nienależące obecnie do drużyny (byli harcerze – uczniowie ze szkół, w których prowadzono badania).

Rozkład odpowiedzi respondentów z różnych organizacji jest podobny. Nieznacznie odbiegają od tego wzorca wypowiedzi członków SH, gdzie w równej liczbie respondenci deklarują, że chodzą na zbiórki regularnie oraz że opuszczają trzy zbiórki w roku (39,5%).

Dla działalności drużyny istotne jest, gdzie się ona spotyka. W najlepszej sytuacji znajduje się ta, która posiada własną harcówkę, jednak w celu uatrakcyjnienia zajęć dobrze, aby zbiórki związane z określonym zagadnieniem były przeprowadzane w innym miejscu, np. kiedy tematem spotkania jest historia, wtedy w mieście można zorganizować grę obejmującą ważne historycznie miejsca. Odpowiadając na to pytanie, szesnaście osób zaznaczyło więcej niż jedną odpowiedź (mimo że nie było takiego polecenia). W czternastu przypadkach zaznaczono harcówkę oraz inną odpowiedź (dziesięć razy „na dworze"; sześć razy „różnie", w tym dwie wypowiedzi, w których zakreślono wszystkie trzy opcje). W pozostałych dwóch przypadkach zaznaczono odpowiedź „na dworze" i „różnie" oraz „w szkole", co sugerowałoby, że drużyna nie posiada harcówki.

Blisko połowa badanych (46,8%) wskazuje, że zbiórki są organizowane „w różnych miejscach", w zależności od tematu. Niewiele mniej respondentów odpowiedziało, że zbiórki te odbywają się „w harcówce" (43,8%). Pozostałe odpowiedzi nie uzyskały dużego poparcia ze strony harcerzy – 7,9% przyznaje, że zbiórki odbywają się w plenerze, a 4,3% wskazuje szkołę, co zapewne ma związek z tym, że część drużyn nie ma swoich harcówek w szkołach, ale te udostępniają im swój budynek– klasy czy korytarz szkolny – na zbiórki.

Analizując odpowiedzi ze względu na przynależność badanych do organizacji, widać różnicę między ZHP, gdzie większość deklaruje, że zbiórki odbywają się w harcówkach (56,6%), a SH i ZHR, gdzie większość pisze o organizowaniu zbiórek w różnych miejscach (odpowiednio: 76,7% i 76,2%). Różnica taka może wynikać z dwóch przyczyn, jednak ze względu na brak możliwości sprawdzenia takiego stanu rzeczy mogą one być traktowane tylko jako hipotezy. ZHP jako najstarsza i najbardziej rozpoznawalna organizacja może dysponować większą liczbą harcówek. Być może jest im łatwiej je utrzymać ze względu na długoletnią tradycję współpracy z daną szkołą. W przypadku ZHR i SH, czyli organizacji powstałych później, brak harcówek w szkołach może wynikać z braku wcześniej wspomnianej tradycji. Przyczyna może też być inna – SH i ZHR, jako organizacje młodsze, które próbują pozyskać „nowych członków" i chcą konkurować z innymi organizacjami pozarządowymi, częściej organizują zbiórki poza harcówką, w różnych miejscach, po to, aby uczynić je atrakcyjniejszymi.

W ruchu harcerskim jest również miejsce dla drużyn skupiających się szczególnie na jakiejś konkretnej działalności, która staje się ich specjalizacją – do najpopularniejszych należą drużyny żeglarskie czy konne. Ostatnio modne stały się drużyny survivalowe, zajmujące się wspinaczką czy rowerowe.

Badanych zapytano, czy ich drużyna posiada specjalizację. Większość harcerzy (68,5%) uważa, że ich drużyna nie ma żadnej specjalizacji. Z 24,3% badanych, którzy twierdzą, że ich drużyna ma specjalizację, w czterech przypadkach badani nie określili, o jaką specjalizację chodzi.

Najczęściej wskazywane jest żeglarstwo – 31,3%, o połowę mniej wskazań uzyskała jazda konna (15,6%), a po 7,8% – turystyka i ratownictwo. Na kolejnym miejscu znalazła się wspinaczka (6,3%). Warto też zwrócić uwagę na odpowiedzi: „zabawa", „różne", „pomoc", „pomoc dzieciom". Dwa pierwsze przykłady pokazują, że badani nie rozumieją pytania, nie wiedzą, czym mogłaby być drużyna specjalistyczna. Dwie kolejne wypowiedzi świadczą o myleniu pojęć służby ze specjalizacją.

Dla drużynowego ważną informacją zwrotną, mówiącą o jakości prowadzonych przez niego działań, jest ocena zbiórek, biwaków czy obozów przez członków drużyny. Harcerze pytani o to, jak oceniają zbiórki swojej drużyny, najczęściej odpowiadali: „są ciekawe, zawsze dowiaduję się nowych rzeczy" (47,9%), „są różne, raz ciekawe, a raz nie" (39%); respondenci twierdzą także, że na zbiórkach wykonują dużo ciekawych zadań (33,7%).

W przypadku tego pytania można było zaznaczyć dowolną liczbę odpowiedzi, 11,6% respondentów wybrało po dwie, a 1,5% – po trzy. Po pogrupowaniu wypowiedzi w kategorie („pozytywna ocena zbiórek", „negatywna ocena zbiórek", „zbiórki są różne", „nie wiem" oraz „opis działań") można zauważyć, że 8,6% harcerzy ocenia zbiórki zarówno w kategorii pozytywne, jak i różne. Zdecydowanie najwięcej jest wypowiedzi pozytywnie oceniających zbiórki (63,7%), blisko jedna trzecia (29%) wskazuje, że zbiórki są różne, a tylko 8,2% respondentów ocenia je negatywnie.

Rozkład wypowiedzi w poszczególnych organizacjach jest podobny – na pierwszym miejscu znalazły się wypowiedzi pozytywnie oceniające zbiórki drużyny, na drugim wskazujące, że są one różne, a na trzecim – negatywne oceny. Wyjątek stanowią wyniki uzyskane z ankiet szkolnych – tu prawie połowa badanych ocenia zbiórki jako różne, a 33% postrzega je pozytywnie. Taki rezultat jest konsekwencją tego, że większość z tych respondentów nie działa już w drużynach, odeszła z harcerstwa z różnych powodów, m.in. dlatego, że nie odpowiadało im funkcjonowanie w drużynie.

Respondenci pytani o to, jak często w ich drużynie są organizowane biwaki, odpowiadali najczęściej, że trzy do pięciu razy w roku (37,1%). Tylko 2,2% stwierdziło, że w ich drużynie nie organizuje się biwaków, a 4,1% nie udzieliło odpowiedzi na to pytanie. Po tyle samo badanych (po 16,9%) odpowiedziało, że w ich drużynie jest więcej niż pięć biwaków w roku i że drużyna wyjeżdża na biwak tylko raz w roku.

Analizując wyniki dla poszczególnych organizacji, wyraźnie widać różnicę w przypadku SH, gdzie najczęściej wskazywaną odpowiedzią jest „raz w roku".

Trzy do pięciu razy na biwaki w roku jeździ 31,1% wszystkich badanych harcerzy. Równocześnie aż 10,1% odpowiada, że nie korzysta z tej formy wyjazdu.

W przypadku ZHR odsetek ten rośnie do 14,3%. W SH jest on najmniejszy – tylko 2,3% twierdzi, że w ogóle nie jeździ na biwaki, ale równocześnie w tej organizacji harcerze deklarują, że jeżdżą na biwaki tylko raz do roku.

W ankiecie zadano pytanie otwarte: „Czy lubisz jeździć na biwaki? Dlaczego?", którego celem było zbadanie opinii i postawy wobec wyjazdów plenerowych z zastępem i drużyną. W punkcie tym padło aż 673 różnych odpowiedzi za lub przeciw biwakom – respondenci poruszali często więcej niż jedną kwestię, argumentując, dlaczego lubią bądź nie taką formę wyjazdów. Analizę odpowiedzi respondentów podzielono na dwa etapy – pierwszym z nich było określenie samego stosunku respondentów do biwaków – „lubię", „nie lubię", „nie wiem", „czasami".

Po uporządkowaniu tych odpowiedzi wyraźnie widać, że zdecydowana większość respondentów (80,1%) lubi jeździć na biwaki. 12,7% nie udzieliło odpowiedzi w tej kwestii.

Analizując uzasadnienia badanych, można zauważyć, że o pozytywnej ocenie biwaków decyduje towarzystwo, z jakim spędza się czas – 28,1% respondentów lubi jeździć na biwaki, co argumentują następująco:

Lubimy siebie i dobrze się razem czujemy.

Nigdy razem się nie nudzimy.

W drużynie jest wiele ciekawych osobowości.

Poznaję nowych ludzi.

Jeżdżę z przyjaciółmi.

Ze względu na możliwość spędzania czasu w tym towarzystwie.

W tym towarzystwie czuję się najlepiej.

12% osób pisze, że po prostu biwaki są ciekawe, w granicach 10% wskazań uzyskało kilka argumentów: „bo jest fajna zabawa" (9,4%), „bo jest miło i sympatycznie" (10,1%), „bo można się zintegrować" (8,2%), „bo można wspólnie spędzić czas" (8,2%). Ciekawe, że dużo niższe wskazania otrzymały takie argumenty jak zdobywanie nowych umiejętności czy wiedzy, ćwiczenie zaradności czy samodzielności – aktywności, które w ruchu harcerskim są pierwszoplanowe.

Jak widać, uzasadnień pojawiło się bardzo wiele i są one istotne, gdyż wskazują na potrzeby młodzieży, na to, co jest dla nich atrakcyjne i dlaczego. Można wysnuć z tego wniosek, że na biwaki harcerze i harcerki jadą przede wszystkim dlatego, że mogą spędzić czas z ludźmi, których lubią i w gronie których dobrze się czują. Należałoby się tu zastanowić, czy zarzut często stawiany harcerzom przez instruktorów – że do harcerstwa należą dla towarzystwa, a nie po to, żeby się rozwijać, podejmować służbę – jest słuszny.

Analogiczne pytanie zadano odnośnie do obozów harcerskich.

Ponad jedna czwarta badanych deklaruje, że była na trzech do pięciu obozach i/lub zimowiskach, o 5% mniej zaliczyło większą liczbę wyjazdów – ponad sześć. Równocześnie 15% deklaruje, że nie było na żadnym obozie.

Najczęściej harcerze jeżdżą na tzw. stałe obozy pionierkowe, gdzie wszystkie urządzenia budują samodzielnie (69,7%), na drugim miejscu są zimowiska – 63,3%, a 15,4% jeździ na obozy stałe, ale mieszka w szkole lub ośrodku. Na obozy półwędrowne, wędrowne lub żeglarskie jeździ około 12–13% badanych.

Zdecydowana większość badanych (74,2%) lubi jeździć na obozy, tylko 3% nie lubi obozów. Blisko jedna piąta nie odpowiedziała na to pytanie, co może mieć związek z tym, że udzielała już podobnej odpowiedzi na pytanie dotyczące biwaków i nie widziała celu w ponownym odpowiadaniu na podobne pytanie.

Najczęściej pojawiającymi się argumentami, które uzasadniają to, że badani lubią jeździć na obozy, są ludzie, towarzystwo, z jakim spędzają czas (17,6%). Jest to wynik podobny do tego, jaki uzyskano w przypadku biwaków. Dalej jednak można zauważyć różnice – drugim argumentem (równorzędnym z pierwszym) przemawiającym za tym, że badani lubią jeździć na obozy, jest możliwość zdobycia nowej wiedzy i umiejętności, nauczenia się czegoś (17,6%). Około jednej dziesiątej badanych lubi tę formę wypoczynku dlatego, że może poznać techniki harcerskie (9,7%), że jest miło (10,9%), wesoło (6,4%), oraz z uwagi na to, że jest dużo zajęć typowo harcerskich – gier terenowych, ognisk, kominków, musztry – i możliwość budowania samodzielnie urządzeń obozowych (9,7%). Na tym tle argumenty, powody, dla których obozy są nielubiane, stanowią niewielki odsetek – tylko 4,5% wypowiedzi świadczy o negatywnym stosunku do obozów. Mimo to warto wspomnieć, jaki mają one charakter:

Mam lepsze zajęcia.

Nie było rewelacyjnie.

Nie mam czasu.

Są zbyt drogie.

Przeżyłem traumę na pierwszym obozie.

Brak tam dogodnych warunków.

W pracy harcerskiej, o czym była mowa już na początku tego rozdziału, istotną rolę odgrywają autorytet, przykład i postawa osoby, która z podopiecznym spędza najwięcej czasu i ma największy wpływ na jego rozwój – drużynowy lub drużynowa. To, jak drużynowy czy drużynowa są postrzegani, czy faktycznie stanowią autorytet dla swoich harcerzy, jest ważną informacją o realizacji założeń metody harcerskiej w praktyce, to także istotna informacja zwrotna dla instruktorów działających w ruchu harcerskim.

W pytaniu dotyczącym oceny drużynowego/ej można było wybrać więcej niż jedną odpowiedź, a także istniała możliwość napisania swojej opinii. Odpowiedzi na to pytanie nie udzieliło 6% respondentów, połowa z nich nie uczyniła tego ze względu na pełnioną funkcję – sami byli drużynowymi i nie mogli się oceniać. W jednym przypadku drużynowa oceniała swojego poprzednika. Jej odpowiedzi zostały zaliczone do całej puli wypowiedzi respondentów. Średnio respondenci w tym pytaniu wybierali trzy odpowiedzi.

Najczęściej wskazywaną odpowiedzią było „mogę zawsze na niego liczyć, poradzić się, kiedy mam problem" (63,7%), drugą najpopularniejszą zaś – „wiele mogę się od niego nauczyć" (55,4%), na trzecim miejscu znalazła się opinia „bardzo go szanuję" (50,9%). Za swojego kumpla drużynowego uważa 37,8% respondentów, a 37,1% zaznaczyło punkt „jest dla mnie autorytetem". Na dalszych miejscach znajdują się wypowiedzi „nigdy z nikogo się nie wyśmiewa" (24,3%) oraz „jest dla mnie jak starszy brat/siostra" (23,6%).

Analizując te wyniki w odniesieniu do poszczególnych organizacji, warto zauważyć, że w ZHP aż 113 badanych (na 173 harcerzy z ZHP) wskazało, że zawsze może liczyć na swojego drużynowego, co daje wynik 65,3%.

Aby uzyskać jaśniejszy obraz oceny drużynowego, odpowiedzi pogrupowano według ich charakteru: pozytywne, negatywne, obojętne oraz takie, które trudno uznać za pozytywne z punktu widzenia wymaganego wizerunku drużynowego, ale pewnie są pozytywne z perspektywy respondentów – chodzi tu o wypowiedź „jest moim kumplem". Dyskusyjnymi odpowiedziami były również „czasem jest zbyt wymagający" oraz takie, które oceniają wygląd. Jeżeli badany zaznaczał kilka odpowiedzi należących do jednej kategorii, jego odpowiedź była liczona tylko raz, tym samym uzyskano jasne wyniki dotyczące tego, ilu badanych ma zdecydowanie pozytywne lub negatywne zdanie o swoich drużynowych.

Najwięcej wskazań ma pozytywny wydźwięk – 41,6% badanych udziela odpowiedzi należących do tej kategorii, ale równocześnie aż jedna piąta (20,2%) ocenia swojego drużynowego negatywnie, a 37,5% traktuje drużynowego jak swojego kumpla. Tak wysoki odsetek negatywnych ocen przełożonego lub traktowania go jak swojego kumpla raczej nie świadczy o tym, że stosunki między drużynowymi a harcerzami są właściwe i zgodne z modelem wynikającym z metody harcerskiej. Może to być dowód na zmieniające się relacje między przełożonym a podopiecznym w organizacjach harcerskich, zwłaszcza na poziomie drużyn. Relacja z braterskiej – kiedy drużynowy czy drużynowa stawiają się w sytuacji starszego brata czy siostry, który doradzi, pomoże, wskaże właściwą drogę, ale też wyjaśni, jakie postępowanie nie jest właściwe, i napomni w razie potrzeby – zmienia się na bardziej partnerską czy wręcz koleżeńską. Tym samym może to być przyczyną mniejszego autorytetu w oczach harcerzy. Być może negatywny stosunek do drużynowej czy drużynowego wynika właśnie z owych zmieniających się relacji.

Organizacja pracy w drużynie – czyli system zastępowy

Jednym z podstawowych założeń metody harcerskiej jest sposób działania określany mianem systemu zastępowego. Ujmując w skrócie, polega on na tym, że grupy chłopców lub dziewcząt w liczbie sześciu–ośmiu osób organizują się w zastępy. Spośród siebie wybierają swojego przywódcę – zastępowego. Zastępy te podlegają drużynowemu. Idealna sytuacja jest wówczas, gdy w drużynie działa kilka zastępów, tak żeby mogły ze sobą współzawodniczyć i współdziałać.

Zdarzają się sytuacje, kiedy nie da się pracować systemem zastępowym – np. drużyna jest w fazie tworzenia i zastępy się dopiero wyłaniają lub w drużynie jest zbyt mało osób, aby można było stworzyć zastępy (gorsza sytuacja).

Oba te przypadki nie są sytuacją korzystną pod względem wychowawczym (ale w przypadku powstawania drużyny to etap konieczny). Bez prawidłowo funkcjonujących zastępów nie można mówić o całkowitym i kompletnym funkcjonowaniu metody harcerskiej, nie dochodzi wówczas do wszystkich koniecznych oddziaływań w małej grupie i pomiędzy nimi.

Spośród badanych zdecydowana większość (77,2%) przyznaje, że w ich drużynie działa kilka zastępów. Trzeba jednak zwrócić uwagę na to, że 15% respondentów twierdzi, iż nie ma u nich zastępów i że pracują całą drużyną. To zjawisko jest silniejsze w ZHP, gdzie widać większą tendencję do pracy całą drużyną (21,4%).

Respondenci pytani o to, jak często spotykają się ze swoim zastępem, zdecydowanie najczęściej odpowiadają, że raz w tygodniu – 57,7%, a 14,2% twierdzi, że nie ma zbiórek zastępów, co może wynikać z odpowiedzi w poprzednim pytaniu.

Przy analizie częstotliwości zbiórek zastępów w poszczególnych organizacjach nie widać większych różnic.

Ponad jedna trzecia respondentów (36,7%) pytanych o to, jak często biorą udział w zbiórkach zastępu, deklaruje, że nie opuszcza żadnej. Trochę ponad jedna czwarta twierdzi, że opuszcza maksymalnie trzy zbiórki zastępu w ciągu roku. Do nieuczestniczenia w zbiórkach zastępu przyznaje się 8,2% harcerek i harcerzy. Jednak przeważnie są to osoby, które nie muszą chodzić na zbiórki zastępów, ponieważ to wynika z ich funkcji (drużynowy, przyboczny), oraz takie, które w poprzednim pytaniu zaznaczyły, że w drużynie nie ma zastępów.

Z danych wynika, że większość drużyn pracuje systemem zastępowym, niepokoi jednak, że nie wszystkie jednostki odnajdują się w takim zorganizowaniu pracy małych grup, tym samym narażając drużynę na niepełne oddziaływania wynikające ze stosowania tego elementu metody.

W każdej prawidłowo funkcjonującej drużynie powinna działać Rada Drużyny, która skupia drużynowego, przybocznych oraz zastępowych. Jej zadaniem jest ustalanie planu pracy drużyny, omawianie bieżących spraw, rozwiązywanie problemów drużyny itp.

Zdecydowana większość badanych deklaruje, że w ich drużynach rada funkcjonuje (74%), ale równocześnie 13% nie wie, jaki jest stan rzeczy.

Patrząc na funkcjonowanie Rady Drużyny w poszczególnych organizacjach, wyraźnie widać, że w SH najwięcej badanych potwierdza jej obecność (83,7%), w ZHP zaś najmniej – 72,8%. W ZHR jest największy odsetek osób deklarujących, że w ich drużynach nie działa Rada Drużyny – 14,3%, z kolei w ZHP najwięcej, bo 15,6% badanych nie wie o istnieniu Rady Drużyny w ich drużynach.

Podobnie jak w przypadku Rady Drużyny, w każdej dobrze funkcjonującej drużynie powinien działać Zastęp Zastępowych. Jest on czymś innym niż Rada Drużyny, spełnia inne funkcje. Ma on być zastępem, grupą, w której mogą się uczyć, bawić, integrować, zdobywać nowe umiejętności zastępowi, tak aby nie przerywać ciągłości kształcenia. Tu zastępowym jest drużynowy czy drużynowa, a w skład takiego zastępu wchodzą zastępowi i podzastępowi. Jednak wiele drużyn nie ma Zastępu Zastępowych z różnych przyczyn: czasowych – zastępowi lub drużynowy/a nie mają już czasu na dodatkowe spotkania, braku tradycji w środowisku – nigdy takiej formy organizacyjnej nie było, braku zrozumienia funkcji Zastępu Zastępowych – często jest on mylony z Radą Drużyny lub też sprowadza się do spełniania jej funkcji, czyli omawiania bieżących spraw drużyny.

Opinie takie potwierdzają wyniki uzyskane w badaniach. Większość badanych (44%) przyznaje, że w ich drużynach nie ma Zastępu Zastępowych. Niecałe cztery dziesiąte (38%) twierdzi, że taki zastęp u nich działa. Podobnie jak w przypadku Rady Drużyny – 13% nie wie, czy w ich drużynie funkcjonuje takie ciało.

Analizując wyżej wymienione wyniki w odniesieniu do poszczególnych organizacji, widać duże dysproporcje. Najwięcej badanych potwierdzających istnienie w ich drużynach Zastępu Zastępowych jest z SH (81,4%), z kolei w ZHP tylko 20,8% deklaruje, że w ich drużynach funkcjonuje taka grupa. Również w tej organizacji 60,1% przyznaje, że takiego zastępu u nich nie ma, a 14,5% nic nie wie na ten temat. To trochę niepokojące wyniki, gdyż – jak wcześniej wspomniano – prawidłowo funkcjonująca drużyna powinna dbać o rozwój również zastępowych, a kiedy nie ma Zastępu Zastępowych – trudniej im się indywidualnie rozwijać.

Zostać prawdziwym harcerzem...

Złożenie Przyrzeczenia Harcerskiego jest uznawane w organizacjach harcerskich za świadomy akt woli działania zgodnie z zasadami przyjętymi w ruchu harcerskim, czyli – w uproszczeniu mówiąc – tymi, które są zapisane w Prawie Harcerskim. Od tego momentu harcerz czy harcerka staje się pełnoprawnym członkiem organizacji harcerskiej. Przed złożeniem przyrzeczenia kandydat czy kandydatka jest na tzw. okresie próbnym. W każdej z tych organizacji wygląda to nieco inaczej, wiele zależy od odgórnych przepisów, a także od tradycji danej drużyny. W ZHR np. okres próbny to także czas zdobywania pierwszego stopnia harcerskiego, którego zwieńczeniem jest właśnie złożenie przyrzeczenia. W niektórych środowiskach innych organizacji okres próbny kończy się przyznaniem prawa do noszenia munduru i jest on krótszy niż czas, w jakim zdobywa się stopień harcerski. Są to różnice indywidualne, których roztrząsanie tutaj nie jest zasadne. Istotny jest fakt wspólny dla całego ruchu harcerskiego – złożenie przyrzeczenia to świadome podjęcie decyzji przez chłopca czy dziewczynkę o chęci przynależności do takiej organizacji oraz zrozumienie, z jakimi zobowiązaniami się to wiąże.

Biorąc pod uwagę dane z trzech organizacji, można zauważyć, że zdecydowana większość respondentów w każdej z nich złożyła przyrzeczenie, jednak już proporcja tych, którzy złożyli, do tych, którzy jeszcze nie złożyli, wygląda nieco odmiennie, co wynika ze stażu przynależności do organizacji osób, które brały udział w badaniu. W ZHP 77% złożyło przyrzeczenie, a 23% jest w trakcie okresu próbnego; w ZHR 74% posiada już krzyż harcerski, a 26% jeszcze go nie otrzymało, w SH najwięcej badanych jest już pełnoprawnymi członkami organizacji – 84%[29].

W pracy drużyny harcerskiej istotne jest, jak długo trwał okres próbny, czyli czas przed złożeniem przyrzeczenia. Największa liczba badanych złożyła przyrzeczenie po okresie dłuższym niż rok. Można się zastanawiać, czy tak długie oczekiwanie na przyjęcie w swoje szeregi nie wpływa zniechęcająco na potencjalnych harcerzy, czy wręcz przeciwnie.

Analizując długość okresu próbnego w poszczególnych organizacjach, wyraźnie daje się zauważyć, że w ZHR duży odsetek harcerzy składa przyrzeczenie po okresie dłuższym niż rok. Może to wynikać ze wspomnianego wcześniej odmiennego systemu zdobywania stopni – złożenie przyrzeczenia jest równoznaczne z zamknięciem pierwszego stopnia. Zastanawia natomiast składanie przyrzeczenia przez ponad 80% badanych po okresie dłuższym niż rok przez członków SH. Tutaj nie ma takiego systemu stopni, nie wiadomo, jakie są przyczyny takiej sytuacji.

Stopniowanie trudności, czyli system stopni i sprawności

Kolejnym ważnym wyznacznikiem działania metody harcerskiej jest funkcjonowanie systemu stopni i sprawności w danej jednostce organizacyjnej. Stopnie harcerskie to system wymagań dostosowany do wieku harcerza czy harcerki, uwzględniający jego wszechstronny rozwój duchowy, emocjonalny, fizyczny i intelektualny. Zadaniem stopni harcerskich jest praca nad charakterem, pokonywanie własnych wad i rozwijanie zainteresowań. Próby na stopnie zawierają wymagania, które każdy harcerz czy harcerka wypełnia indywidualnymi działaniami. Stopień zdobywany jest świadomie i powinien być zdobywany pod wodzą opiekuna – starszego harcerza, który pomoże w zaliczaniu kolejnych zadań, wesprze w trudnych chwilach, a także zmotywuje do dalszego działania. Sprawności natomiast są zestawem umiejętności w różnych dziedzinach. Umożliwiają rozwijanie zainteresowań lub ich wzmacnianie – próba obejmuje zazwyczaj kilka wymagań z danej dziedziny, które należy zrealizować. Sprawności są mniejszymi zadaniami w stosunku do stopni, często też zdobycie

---

[29] Złożenie Przyrzeczenia Harcerskiego wiąże się równocześnie z nabyciem prawa do noszenia najważniejszej odznaki w ruchu harcerskim – krzyża harcerskiego, jednocześnie za pełnoprawnych członków organizacji uważa się osoby, które już złożyły przyrzeczenie.

kilku sprawności jest wymagane do zaliczenia stopnia lub, zdobywając określone sprawności, można zaliczyć określone wymagania ze stopnia. Sprawności harcerz wybiera sam, wedle własnego uznania. Podobnie jak stopnie, są one uszeregowane względem trudności – np. najpierw można zdobyć kuchcika, potem kucharza, a na koniec mistrza kuchni.

Na pytanie dotyczące stopni harcerskich 4,9% respondentów nie udzieliło odpowiedzi. Niewielu badanych (1,9%) stwierdziło, że nie wie, w jaki sposób zdobywa się stopnie w drużynie. Większość badanych zaznaczała dwie odpowiedzi na to pytanie.

Najwięcej badanych respondentów (71,9%) twierdzi, że zawsze rozpisuje próbę na stopień i zdobywa go, realizując konkretne zadania. Oznacza to indywidualne podejście do każdego harcerza zdobywającego stopień harcerski. O tym, że każdy ma swojego opiekuna, wspomina 40,1% badanych, co również jest wyznacznikiem indywidualnego podejścia do podopiecznego.

Zdecydowanie negatywna odpowiedź: „drużynowy co jakiś czas przyznaje w rozkazie stopień różnym harcerzom, ale nigdy nie wiadomo, kto go dostanie, kiedy i za co", która została celowo umieszczona w tym pytaniu, uzyskała tylko 4,5% wskazań, co jest niewielkim odsetkiem.

Zaznaczanie odpowiedzi „kiedy się chce zdobyć następny stopień, trzeba to zgłosić do drużynowego" (34,1%) świadczy o stawianiu na inicjatywę ze strony harcerzy i świadome dbanie o samorozwój, jest to pozytywne zjawisko. Zaznaczenie tak wielu różnych odpowiedzi nie świadczy o braku spójności systemu zdobywania stopni, wskazuje tylko jego różnorodne elementy, zgodnie z którymi można powiedzieć, że najczęściej osoba zdobywająca stopień musi się sama zgłosić do drużynowego i wyrazić chęć zdobywania owego stopnia, następnie wybiera opiekuna lub zostaje on jej przydzielony i wraz z nim rozpisuje swoją próbę na stopień, uzupełniając poszczególne wymagania konkretnymi działaniami. Zaznaczanie odpowiedzi „realizowane są kolejne zadania z książeczki stopni" (28,1%) może oznaczać tylko to, że w niektórych organizacjach wszystkie stopnie są wydane w formie książeczki, w której harcerz zbiera potwierdzenia zrealizowanych przez siebie zadań.

Porównując wyniki we wszystkich organizacjach, można zauważyć, że zawsze na pierwszym miejscu znajduje się stwierdzenie „zawsze rozpisujemy próbę na stopień i zdobywamy go, realizując konkretne zadania", a wskazania wahają się od 64,3% w ZHR do 81,4% w SH. Na drugim miejscu w ZHR i SH zaś uplasował się bieg na stopnie, a w ZHP podkreślana jest rola opiekuna. Na trzecim miejscu zarówno w ZHP, jak i ZHR znajduje się inicjatywa, którą musi wykazać harcerz, chcąc zdobywać stopnie, natomiast w SH trzecią pozycję zajmuje zaliczanie kolejnych wymagań z książeczki stopni. Największy odsetek wskazań na negatywną formę zdobywania stopni, przeczącą idei samorozwoju samoświadomości, jest w ZHR – 9,5%, co może trochę dziwić, gdyż metoda zaocznego przyznawania stopni bez wiedzy o jego zdobywaniu ze strony harcerza raczej była praktykowana dawniej w ZHP.

Pewnym wyznacznikiem funkcjonowania systemu stopni i sprawności w drużynie jest liczba sprawności zdobytych przez jej członków, dlatego też respondentów spytano, ile sprawności zdobyli w ciągu ostatniego roku. Najwięcej badanych (36,3%) zadeklarowało zdobycie dwóch do czterech sprawności, ale niewiele mniej nie zdobyło w ostatnim roku żadnej sprawności.

Dane takie mogą wynikać ze stażu respondentów. Najwięcej osób spośród badanych ma staż krótszy niż rok, stąd też nie miała jeszcze okazji zdobyć żadnej sprawności. Kiedy porówna się rozkład stażu w poszczególnych organizacjach z wynikami dotyczącymi zdobytych sprawności, wyraźnie widać, że w ZHP i SH, gdzie jest największa liczba osób z najniższym stażem, równocześnie największa liczba respondentów deklaruje, że nie zdobyła żadnej sprawności. Jest to zrozumiałe. U osób z dłuższym stażem rośnie również liczba sprawności zdobywanych podczas jednego roku.

Odmiennie jednak wygląda sytuacja w ZHR – tu zależność jest odwrotna. Być może wynika to z wcześniej wspomnianej innej organizacji zdobywania stopni – harcerz czy harcerka, zanim złoży Przyrzeczenie Harcerskie, zdobywa pierwszy stopień harcerski. W ramach stopni zdobywa się sprawności. Stąd też większy odsetek zdobytych sprawności u osób z niższym stażem.

W kolejnym pytaniu respondenci zostali poproszeni o wymienienie sprawności, jakie zdobyli (nazwa i stopień trudności). Blisko połowa badanych (46,4%) nie udzieliła odpowiedzi na to pytanie. W poprzednim pytaniu 36,7% badanych w sumie odpowiedziało, że nie zdobyło żadnej sprawności lub nie udzieliło odpowiedzi. W tym pytaniu odpowiedzi nie udzieliło o 9,3% więcej badanych. Może to być spowodowane tym, że część osób w poprzednim pytaniu udzieliło nieprawdziwej odpowiedzi, albo też tym, że po prostu nie pamiętają, jakie sprawności zdobyli (co też nie świadczy najlepiej o świadomości działań podejmowanych przez tych harcerzy).

Podobnie jak w przypadku stopni, zapytano o sposób zdobywania sprawności w drużynie. Tu 6,7% osób nie udzieliło odpowiedzi, a 1,9% nie wie, jak zdobywa się sprawności w drużynie; w sumie 8,6% osób nie odpowiedziało merytorycznie na to pytanie. Pozostałe osoby średnio zaznaczały więcej niż dwie odpowiedzi w tym pytaniu.

Dwie odpowiedzi uzyskały najwięcej wskazań (po 68,2%) „każdy wybiera te, które mu odpowiadają" oraz „każdy zdobywa sam we własnym tempie". Potwierdza to indywidualne podejście do harcerza. O tym, że drużynowy doradza, jakie sprawności można zdobywać, pisze 41,2% badanych, a 37,5% podkreśla, że sprawności zdobywa się w ramach prób na stopnie. Podobne wyniki widać przy analizie odpowiedzi w poszczególnych organizacjach.

Sumując odpowiedzi w kategorie, wyraźnie widać, że zdecydowaną większość stanowią odpowiedzi pozytywne, tzn. odpowiadające prawidłowym formom zdobywania sprawności w drużynie. Jedną dziesiątą jednak stanowią odpowiedzi niepożądane, np.:

Drużynowego nie interesuje, jakie sprawności chcemy zdobywać.

Drużynowy narzuca, jakie sprawności mamy zdobywać.

Nie ma czasu na zdobywanie sprawności.

Nikomu się nie chce.

Sprawności przyznaje drużynowy w rozkazie według własnego uznania. Nie trzeba wcześniej jej otwierać ani realizować zadań.

Drużyna jest taka jak jej drużynowy czy drużynowa...

Metoda harcerska to jedna z najważniejszych wytycznych (poza systemem wartości), mówiąca o tym, jak należy działać w ruchu, aby można było o nim powiedzieć, że jest harcerski. Systemy metodyczne nieznacznie różnią się między organizacjami, co odzwierciedla się w opiniach badanych, choć badani nie wymieniają elementów zgodnych z zapisami zawartymi w oficjalnych dokumentach swoich organizacji, a raczej opierają się na tradycji funkcjonowania metody w ich rodzimym środowisku. Instruktorzy wiedzą jednak, jak metodę stosować w praktyce, co potwierdzają ich odpowiedzi dotyczące sposobu przekazywania systemu wartości młodym harcerzom czy harcerkom. Problemy, o jakich wspominają instruktorzy – kłopoty z kadrą i jej wykształceniem – częściowo znajdują potwierdzenie w wynikach uzyskanych z badań wśród harcerzy – mimo że sporo osób wie, iż może się poradzić swojego drużynowego w każdej sytuacji, to jednak również sporo osób traktuje go jak swojego kumpla, co nie jest zgodne z metodą. Tu bardziej właściwy byłby stosunek braterski – drużynowy/drużynowa powinien/powinna być jak starszy brat/starsza siostra – umieć doradzić, wskazać właściwą drogę, ale także zrozumieć, kiedy coś pójdzie nie tak jak powinno. W części drużyn nie działają elementy, których obecność wynika z metody harcerskiej – system zastępowy czy Rada Drużyny i Zastęp Zastępowych, a zwłaszcza ten ostatni jest pomijany w pracy jednostek harcerskich. Cieszyć może natomiast fakt indywidualnego podejścia do zdobywania stopni i sprawności harcerskich – samodzielnego rozpisywania prób na stopnie, podejmowania inicjatywy w doborze sprawności czy uwzględnianie roli opiekuna. Ten indywidualny charakter metody, którego obraz wyłania się z ankiet harcerzy, instruktorzy podkreślają w swoich wypowiedziach.

Podobnie programy harcerskie, będące treścią metody, w swoich założeniach podkreślają znaczenie indywidualnego podejścia do harcerki czy harcerza, jak również ich własnej inicjatywy w podejmowaniu działań, starają się odpowiadać na problemy wynikające zarówno z wewnętrznej sytuacji organizacji, jak i problemy społeczne, które wpływają na jej funkcjonowanie. Program organizacji jest różnorodny, aby można było realizować postulat „każdy może tu znaleźć coś dla siebie".

Praktykę działania harcerskiego można podsumować wypowiedzią często powtarzaną przez instruktorów:

Wszystko zależy od środowiska harcerskiego – są środowiska dobre i są środowiska złe, a drużyna jest taka jak jego drużynowy.

Należałoby tylko zadbać o to, aby tych dobrych środowisk było coraz więcej, a drużynowi byli dobrze przygotowani do pełnienia swoich funkcji.

ROZDZIAŁ VIII
Przeszłość, teraźniejszość i przyszłość harcerstwa

1. Trwałość harcerstwa

Ruch harcerski w 2010 r. obchodził swoje stulecie. W 2008 r. Związek Harcerstwa Polskiego obchodził swoje dziewięćdziesięciolecie. To bardzo długi okres. Takie rocznice skłaniają do przemyśleń – jacy jesteśmy i jacy będziemy w przyszłości? Harcerstwo w Polsce miało burzliwą historię, przechodziło wiele przemian – zarówno organizacyjnych, jak i ideowych. A jednak nadal trwa. Wielu instruktorów twierdzi, że w harcerstwie teraz dzieje się źle – brak zainteresowania ze strony młodzieży, spadek jakości pracy drużyn, coraz mniej członków w organizacjach harcerskich powodują pesymistyczne wizje przyszłości tego ruchu. Jednak, patrząc na dzieje tego ruchu, nie jest to pierwszy kryzys. Harcerstwo stanęło wobec nowej sytuacji społecznej i gospodarczej i jeśli chce nadal funkcjonować, rozwijać się, szerzyć swoje idee i obejmować coraz szersze rzesze młodych ludzi, to musi umieć się odnaleźć w nowej rzeczywistości. Aby wiedzieć, jak działać w przyszłości, warto sobie odpowiedzieć na następujące pytanie: co spowodowało, że harcerstwo przetrwało wszystkie kryzysy, i co powoduje, że działa do dziś?

Instruktorów, którzy zgodzili się udzielić wywiadu, zapytano o ich zdanie w kwestii trwałości harcerstwa, o to, co sprawiło, że harcerstwo nadal trwa.

Pierwsze pytanie, jakie zadano badanym, dotyczyło przyczyn trwałości harcerstwa. Badani nie są zgodni w ocenie tego zjawiska, podano bowiem aż 116 różnych odpowiedzi, które można pogrupować w 59 różnych kategorii. Największą grupę, do której zostały zakwalifikowane odpowiedzi 11 osób, stanowią wypowiedzi dotyczące **idei, ideałów i idealizmu**. Do najciekawszych należą przytoczone poniżej:

> *Harcerstwo odwołuje się do pewnych idealistycznych postaw, które są oczywiste dla młodych ludzi w tym wieku, i to jest kanon nieprzemijający, i pozwala w sposób pozytywny rozwijać marzenia* (instruktorka ZHR, pwd.).

> *Młodzi ludzie to idealiści* (instruktor ZHR, pwd.).

> *Ciągłość ideałów – w obliczu postępu technicznego duch, w którym harcerze są wychowywani, jest ten sam* (instruktorka ZHP, pwd.).
>
> *Ideały, ale to jest sprawa bardziej śliska, bo to się bardziej różni między organizacjami, chodzi mi o kwestie takie, czy wiara w Boga jest niezbędna do tego, żeby być harcerzem. Jest to sprawa głęboko związana z ideałami, różni się, a mimo to harcerstwo nadal trwa* (instruktorka SH, pwd.).
>
> *Nasze ideały nie przemijają* (instruktor ZHR, pwd.).

Drugą pod względem liczby wskazań (dziewięć osób) grupę stanowi kategoria umownie określana mianem „ludzie". Wypowiedzi, które się tu znalazły, podkreślały, że ruch harcerski tworzą przede wszystkim ludzie i od nich zależy jego kształt:

> *Harcerstwo istniało, istnieje i będzie istnieć, bo są jeszcze osoby, którym się chce propagować pierwotne idee* (instruktorka ZHP, pwd.).
>
> *Ludzie, którzy chcą te idee realizować* (instruktor SH, hm.).
>
> *Ludzie, którzy się nie zrażają – stawiają sobie cele i je osiągają, których głowy są pełne pomysłów, którzy wciąż mają chęci i chcą to ciągnąć* (instruktorka ZHR, pwd.).
>
> *Takie osoby, które czują, że harcerstwo to ich życie, spełniają się w tym, wychowują i widzą, jak ich wychowankowie wyrastają i w ten sposób zarażają następnych* (instruktorka SH, pwd.).
>
> *Zawsze znajdą się osoby, dla których taki model życia i myślenia będzie najważniejszy* (instruktorka SH, phm.).
>
> *Dotarcie i przytrzymanie przy sobie ludzi mocno ideowych, którzy będą chcieli zaangażować kawałek swojego życia w to, żeby pełnić różne funkcje i kontynuować działanie tego ruchu* (instruktor ZHP, phm.).
>
> *Zrzesza fanatyków. Ludzie, którzy są harcerzami, bardzo to lubią, to ich sposób na życie i lubią to, co robią, w takiej a nie innej formie* (instruktorka SH, pwd.).

Mniej, bo sześć osób wskazuje, że trwałość harcerstwu zapewniają **wartości**, które są stałe i wspólne dla wszystkich organizacji:

> *Chcemy, żeby to byli ludzie zaradni, z kręgosłupem wartości* (instruktorka ZHP, pwd.).
>
> *Opiera się to na wspólnych wartościach* (instruktor SH, pwd.).
>
> *Jest oparte na dobrych wartościach, które są niezmienne* (instruktor ZHP, pwd.).
>
> *Mamy wartości, które są wciąż takie same* (instruktorka ZHR, pwd.).

Takie zasady ogólnożyciowe, związane z wartościami chrześcijańskimi, ale te wartości są niezmienne (instruktorka SHK).

Wartości stałe i niezmienne, których się trzymamy i w harcerstwie, i w skautingu (instruktor ZHP, pwd.).

Badani powodów trwałości ruchu harcerskiego upatrują bądź w jednej przyczynie (dziesięć osób), bądź w dwóch lub czterech (po dziewięć osób). Sześć osób wskazuje na trzy przyczyny ciągłości harcerstwa, a po dwie osoby widziały pięć, sześć lub siedem źródeł trwałości i ciągłości tego ruchu.

Z układu najczęściej wskazywanych odpowiedzi można wnioskować, że według instruktorów tym, co harcerstwu zapewnia trwałość, jest odwoływanie się do **niezmiennych idei i ideałów**, opieranie się na **tych samych wartościach** oraz poleganie **na pracy ludzi** – zapaleńców, którym taki styl życia odpowiada i którzy będą widzieli cel w szerzeniu tej idei wokół siebie. Opinię taką potwierdzają wyniki uzyskane w innym pytaniu, w którym instruktorów pytano o zmienność harcerskiego systemu wartości – siedem osób twierdzi, że wartości te są niezmienne, tyle samo, że istnieją niezmienne podstawy harcerskiego systemu wartości, a cztery uważają, że zmieniała się tylko interpretacja systemu wartości.

Skoro więc trwałość harcerstwa wynika z opierania się na niezmiennych elementach, to skąd twierdzenie, że „harcerstwo może się kończyć". Być może stąd, że drugi element zapewniający ciągłość ruchu jest dziś w ocenie instruktorów w słabej kondycji, mianowicie chodzi o tych, co ten ruch budują i przekazują jego idee dalej – instruktorów, kadrę. Instruktorzy, mówiąc o problemach, z jakimi borykają się ich środowiska harcerskie, przede wszystkim wskazują na problemy z kadrą – z jej złym szkoleniem, niedoskonałym kształceniem, z brakiem czasu z jej strony, brakiem zaangażowania, zbyt wczesnym obejmowaniem funkcji bez należytego przygotowania, a w środowiskach mniejszych miast i wsi podkreśla się dodatkowo migracje kadry do dużych ośrodków akademickich.

To jednostki sprawiają, że idee ruchu harcerskiego są przekazywane kolejnym pokoleniom. Warto więc spytać, w jaki sposób harcerstwo wpłynęło na ich życie, co sprawiło, że są w tym ruchu nadal.

Wpływ harcerstwa na życie zawodowe instruktorów

Badani instruktorzy podkreślają, że harcerstwo miało wpływ zarówno na ich życie prywatne, jak i zawodowe, choć przyznają, że na to drugie w mniejszym stopniu.

Ponad jedna czwarta instruktorów potwierdza, że harcerstwo miało wpływ na wybór kierunku studiów:

To, że się zdecydowałam na drugi kierunek, a teraz myślę o trzecich studiach, to wynik harcerstwa (instruktorka ZHP PGK, phm.).

Harcerstwo pierwotnie miało wpływ na wybór kierunku studiów, aczkolwiek nic nie wyszło z tego (instruktorka ZHP, phm.).

Pierwszy raz zadawałam różne pytania ludziom, których nie znałam wcześniej – takie pseudowywiady antropologiczne, zwiady prowadziłam najpierw w harcerstwie. To mi uzmysłowiło, że to mnie interesuje – kultura, co ludzie myślą (instruktorka SH, pwd.).

Za namową jednej z instruktorek poszłam na etnografię (instruktorka SH, hm.).

Etnologia, o tym przesądził pewien zlot, który był etnograficzny. Wcześniej nie chciałam się do tego przyznać, bo bałam się, że będę posądzona o plagiat, bo to to samo, co studiuje Naczelniczka (instruktorka SH, pwd.).

Studiuję historię. Jestem na bloku tematycznym zajmującym się historią kościoła i wpływ na taki wybór miały rozważania na tematy duchowe i wychowania duchowego. To sprawiło, że chciałam poznać religię i jej historię (instruktorka ZHP, pwd.).

Wybierając studia, wiedziałam, że to nie będzie praca za biurkiem. Praca z zuchami pomogła mi wybrać kierunek studiów (instruktorka SH, pwd.).

Wybrałam pedagogikę, bo akurat wtedy zajmowałam się harcerstwem i nie myślałam, co będę robić za ileś tam lat (instruktorka SH, phm.).

Robiąc naramiennik wędrowniczy, jako wyczyn postanowiłam przetłumaczyć książkę z angielskiego. I zauważyłam, że strasznie mnie to wciąga i satysfakcjonuje, dzięki temu wybrałam kierunek – filologię angielską (instruktorka ZHP, pwd.).

Równocześnie sześć osób twierdzi, że harcerstwo nie miało wpływu na ich wybór dotyczący kierunku studiów, czego przykładem może być poniższa wypowiedź:

Nie, zajmowanie się samochodami na studiach i w drużynie to konsekwencja wcześniejszych zainteresowań (instruktor SH, pwd.).

Również sześcioro badanych uważa, że harcerstwo nie miało wpływu na ich drogę zawodową, ale niektórzy z nich przyznają, że wykorzystują w pracy zawodowej wiedzę i umiejętności, których nabyli w harcerstwie, i odwrotnie:

W harcerstwie nabyłem wielu cech i umiejętności, które przydają się lub przydadzą mi się w pracy (instruktor ZHP, pwd.).

Podejmując te studia, czułam, że będę mogła dziewczynom więcej przekazać z zakresu tej turystyki, pokazać coś więcej, wykorzystać nową wiedzę w drużynie (instruktorka SH, pwd.).

Mam licencjat z pracy socjalnej i często okazywało się, że wiedziałam wcześniej o tym, co mówiono na studiach (instruktorka SH, phm.).

Mam wrażenie, że mnóstwo rzeczy, których nauczyłem się w harcerstwie, mogę wykorzystywać w pracy – obóz jako projekt na przykład (instruktor ZHP, phm.).

Testuję w pracy swoją wiedzę i umiejętności, których nabyłam w harcerstwie (instruktorka SH, pwd.).

Wykorzystuję tu doświadczenie z harcerstwa – zarządzanie ludźmi (instruktor SH, pwd.).

Harcerstwo nie tylko stwarza okazje do wykorzystywania swojej wiedzy czy umiejętności, lecz także zapewnia krąg ludzi, dzięki którym łatwiej znaleźć pracę, a wpisanie do CV umiejętności nabytych podczas pracy z drużyną powoduje, że przyszli pracodawcy patrzą przychylniejszym okiem na kandydata. Sześć osób deklaruje, że harcerstwo pomogło im zdobyć pracę, a dwie podkreślają, że dzięki niemu osiągają sukcesy na rozmowach kwalifikacyjnych:

Dostałam jeden staż dzięki temu, że koleżanka z harcerstwa powiedziała mi, że robią nabór. Dostałam jedną z prac, bo kolega harcerz mi powiedział, że właśnie zaczyna się rekrutacja u niego w firmie (instruktorka ZHP, pwd.).

Dostałam się do pracy dzięki temu, że byłam harcerką (instruktorka SH, pwd.).

Harcerstwo jest sitwą, która ułatwia znalezienie pracy. Pierwszą pracę pomógł mi harcerz załatwić, drugą pracę przez protekcję Tomasza Strzembosza dostałem (instruktor ZHR, hm.).

To jest tak, że ja żadnej pracy nie dostałam z rekrutacji, tylko z rekomendacji – ktoś mnie dobrze znał i wiedział, że się sprawdzę na tym stanowisku (instruktorka ZHP, phm.).

To, że pracowałem przez pół roku jako nauczyciel, wynikało z tego, że polecili mnie znajomi z harcerstwa (instruktor SHK).

Jestem zapraszana na wszystkie rozmowy kwalifikacyjne, na które wysyłam CV – ze względu na doświadczenie, ciekawe zainteresowania – w tym harcerstwo (instruktorka ZHP, pwd.).

Zostałam przyjęta do pracy dlatego, że powiedziałam na rozmowie kwalifikacyjnej, że prowadziłam trzy kolonie, co robiłam w harcerstwie, i osoby, które ze mną rozmawiały, myśląc, że rozmawiają z absolwentką, która ma zerowe doświadczenie, były zdziwione, że to doświadczenie mam tak duże (instruktorka SH, phm.).

Przyjaciół mam tylko z harcerstwa

Wszyscy instruktorzy zgodnie twierdzą, że harcerstwo niewątpliwie miało wpływ na ich życie prywatne.

Najwięcej instruktorów wspomina, że w harcerstwie nawiązało **przyjaźnie**, które najczęściej trwają do dziś, co często podkreślają w swoich wypowiedziach:

> *Poznałam fantastycznych przyjaciół* (instruktorka SHK).
>
> *Harcerstwo to znakomita większość moich znajomych* (instruktorka ZHP, phm.).
>
> *Moi najbliżsi przyjaciele są w harcerstwie* (instruktorka SH, pwd.).
>
> *Większość moich dobrych znajomych i sprawdzonych przyjaciół jest harcerzami albo ma harcerskie korzenie* (instruktor ZHP, pwd.).
>
> *[...] [dało – przyp. E.P.K.] ludzi, z którymi dobrze się rozumiem i wspólnie spędzam czas* (instruktor SH, pwd.).
>
> *Poznałem ludzi, którzy wciągnęli mnie w harcerstwo* (instruktor ZHP, pwd.).
>
> *Przyjaciół mam tylko z harcerstwa* (instruktor ZHR, hm.).
>
> *Przyjaźń – to jest kwestia wspólnych przeżyć, co powoduje, że te przyjaźnie są o wiele trwalsze* (instruktorka ZHP, phm.).
>
> *Trzymają mnie tutaj ludzie, którzy tu są, i to są najbardziej wartościowe znajomości* (instruktorka SH, pwd.).
>
> *Wszystkie koleżanki mam stąd* (instruktorka SH, hm.).

Warto zwrócić uwagę, że harcerze pytani o to, dlaczego lubią jeździć na biwaki czy obozy, w obu przypadkach na pierwszym miejscu również wymieniają przyjaciół, znajomych oraz wspólne spędzanie z nimi czasu. Dowodzi to tego, że harcerstwo tworzy przede wszystkim środowisko, stanowiące podstawę interakcji społecznych, nawiązywania głębszych więzi, jest grupą odniesienia, a czasem nawet wsparcia. Nie znaczy to, że wartości, idee ruchu harcerskiego są nieważne – istotna jest właśnie ta grupa ludzi, ponieważ wyznaje ona te same wartości co jednostka, akceptuje taki sam styl życia, działa w podobny sposób.

Harcerstwo ma tak duży wpływ na życie osobiste, że ponad jedna czwarta badanych nie potrafi podać konkretnych przykładów, twierdząc, że harcerstwo jest nieodłączną **częścią ich życia**:

> *Było całym moim życiem* (instruktorka ZHP, pwd.).
>
> *Gdyby nie harcerstwo, byłabym inną osobą* (instruktorka ZHR, pwd.).
>
> *Harcerstwo stało się jakby trzonem mojego życia* (instruktorka ZHP, pwd.).

Harcerstwo ukształtowało moje życie (instruktorka SH, hm.).

Pokazało, jak żyć (instruktorka ZHP, pwd.).

Spędziłam w harcerstwie połowę swojego życia (instruktorka SH, phm.).

To pewien sposób życia (instruktorka ZHP PGK, phm.).

W każdej dziedzinie życia coś mi dało. Wszystko, co osiągam w życiu, zawdzięczam w większej części harcerstwu (instruktorka ZHR, phm.).

Wszystko, co robię, wiąże się jakoś tam z harcerstwem (instruktorka SH, hm.).

Spora grupa badanych – dziesięciu instruktorów – podkreśla, że w harcerstwie poznali swojego aktualnego **partnera życiowego** – dziewczynę, chłopaka, żonę lub męża:

Dało dziewczynę (instruktor ZHR, pwd.).

Moja dziewczyna jest instruktorką (instruktor ZHP, pwd.).

Partner wywodzi się z harcerstwa (instruktorka ZHP, phm.).

Mój mąż jest harcerzem (instruktorka SH, hm.).

Żona jest instruktorem (instruktor SH, pwd.).

W harcerstwie poznałem moją żonę (instruktor ZHR, hm.).

Żonę też znalazłem w harcerstwie (instruktor SH, pwd.).

„Wyrzucić nas do lasu, dać siekierkę i młotek – zbudujemy sobie dom"

Harcerstwo pomogło też wykształcić szereg cech czy umiejętności, które pomagają funkcjonować w życiu codziennym – dziewięcioro badanych wskazuje, że działając w harcerstwie, nauczyło się **zaradności życiowej**:

Pomogło mi w łatwiejszym załatwianiu spraw (instruktor SH, pwd.).

Nauczyło zaradności (instruktor ZHP, phm.).

Umiejętność radzenia sobie w trudnych sytuacjach (instruktorka SH, hm.).

Wpływa na zaradność życiową (instruktorka SHK).

Wyrzucić nas do lasu, dać siekierkę i młotek – zbudujemy sobie dom. A inni co? (instruktorka ZHP, phm.).

Drugą cechą, podkreślaną przez tyle samo osób co wyżej, nabytą przez instruktorów dzięki działalności w harcerstwie jest **odpowiedzialność**:

> *Duża odpowiedzialność, którą miałam, będąc stosunkowo młoda osobą* (instruktorka SH, hm.).

> *Nauczyło odpowiedzialności za drugiego człowieka i za to, co robię* (instruktorka ZHP, phm.).

> *Odpowiedzialność za powierzonych ludzi, dzieci* (instruktor SH, pwd.).

> *Poczucie odpowiedzialności w stosunku do wykonywanej pracy* (instruktorka SH, phm.).

> *Widzę, jak moi harcerscy znajomi robią coraz bardziej odpowiedzialne rzeczy, i to sprawia, że ja też chcę, i to mnie motywuje* (instruktorka SH, pwd.).

Nie dać się zamknąć w „harc-pudełku"

Harcerstwo jednak nie zawsze wywiera pozytywny wpływ na życie instruktorów. Jedna piąta badanych wskazuje na negatywne aspekty wpływu harcerstwa. Do najpopularniejszych należy pewna **izolacja od środowiska społecznego**:

> *Ja nie miałem żadnych przyjaciół w klasie jednej czy drugiej, wszystko było z harcerstwa* (instruktor ZHR, hm.).

> *Miałam w sobie taki instynkt samozachowawczy, żeby mieć też przyjaciół poza harcerstwem, nie dałam się zamknąć w harc-pudełku* (instruktorka ZHP, phm.).

> *Trochę **odizolowało** od reszty świata* (instruktor ZHR, pwd.).

Harcerstwo niekiedy zabiera potrzebny czas do pracy czy nauki, powoduje, że z pewnych rzeczy trzeba rezygnować, a czasem staje się ucieczką od rzeczywistości:

> *Był taki moment, kiedy harcerstwo nie odegrało dobrej roli w moim życiu, było ucieczką od dorosłego, normalnego życia* (instruktorka SH, phm.).

> *Zabrało mi całą młodość* (instruktor ZHR, hm.).

> *Zawaliłam rok studiów albo dwa* (instruktorka SH, hm.).

> *Zabiera mi czas potrzebny na studia* (instruktorka SH, phm.).

> *Przez harcerstwo nie pojechałam na stypendium* (instruktorka SH, hm.).

2. Historia najnowsza harcerstwa – jak transformacja wpłynęła na ruch harcerski

Wpływ transformacji na ruch harcerski

Koniec lat osiemdziesiątych XX w. był przełomowym momentem dla ruchu harcerskiego. Zaczęły się w nim przemiany, dyskusje nad kształtem wówczas jeszcze jednej organizacji. Powstał KIHAM, który dał początek Związkowi Harcerstwa Rzeczypospolitej. Na początku lat dziewięćdziesiątych XX w. z dawnego ZHP wyodrębniło się wiele organizacji, które potem zmieniały swój charakter, jednoczyły się z innymi bądź zaprzestawały działalności. Można zaryzykować stwierdzenie, że podobnie jak rok 1956, kiedy nastąpiło odrodzenie harcerstwa, był przełomowym momentem dla ruchu, rok 1989 również stał się taką ważną datą. Z tą tylko różnicą, że w 1956 r. chodziło o przywrócenie harcerstwa do życia w wyniku osiągnięcia kompromisu między państwem a działaczami harcerskimi, a w 1989 – o odrodzenie harcerstwa w nowej rzeczywistości społeczno-ekonomicznej.

Instruktorzy na pytanie o to, w jaki sposób rok 1989 wpłynął na funkcjonowanie ruchu harcerskiego, wskazali aż siedemdziesiąt dwie różne zmiany. Prawie jedna trzecia badanych twierdzi, że przede wszystkim nastał **pluralizm** w harcerstwie:

Idziemy w stronę budowania różnych dróg rozwoju ruchu harcerskiego (instruktor ZHP, pwd.).

Mam wrażenie, że czasem tych organizacji jest zbyt wiele, choć nie jestem zwolennikiem jednej organizacji (instruktor SH, hm.).

Mamy nie jedną, a kilka – kilkanaście organizacji (instruktorka SH, hm.).

Mogły powstać organizacje, które bardziej odpowiadają wyobrażeniom instruktorów o tym, jak powinno wyglądać harcerstwo (instruktor SHK).

Myśmy wyszli z tego podzieleni na kilka organizacji (instruktor ZHR, hm.).

Na poziomie organizacyjnym spowodowało początek fragmentacji harcerstwa. Harcerstwo się rozpadło i spowodowało łatwość rozpadania się harcerstwa dalej, np. w 1996 r. (instruktor ZHP, phm.).

Od tego momentu powstaje ZHR, ZHP 1918, Duszpasterstwo Harcerek i Harcerzy, powstaje dużo tych organizacji i rodzice mają wybór od bardziej religijnych jak Zawiszacy, przez bardziej polityczno-religijnych i prawicowych ZHR, poprzez bardziej lewicowe ZHP czy SH, który dalej jest w ZHP traktowany jako schizma (instruktor ZHR, hm.).

Powstało ZHR, wyłoniło się SH, bo coś im się nie podobało (instruktor ZHR, pwd.).

To dobrze, że teraz jest taka różnorodność (instruktorka ZHR, pwd.).

Pluralizm w ruchu harcerskim nie jest zjawiskiem nowym. Na samym początku, w trakcie I wojny światowej istniało kilka niezależnych organizacji, które zjednoczyły się dopiero w 1918 r., tworząc Związek Harcerstwa Polskiego. Również w okresie międzywojennym istniały dwie organizacje – Wolne Harcerstwo oraz Czerwone Harcerstwo. W trakcie II wojny światowej także nie było jedności – o palmę pierwszeństwa spierały się Szare Szeregi i Harcerstwo Polskie[1].

Kolejną zmianą w ruchu harcerskim, będącą wynikiem przemian polityczno--gospodarczych w Polsce, wskazywaną przez jedną piątą badanych, jest zmiana roli państwa względem organizacji:

Harcerstwo do tej pory było postrzegane jako nośnik wartości preferowanych przez państwo. I z tego powodu było uważane przez państwo za narzędzie do pracy, do wychowywania tej młodzieży zgodnie z tymi wyznacznikami (instruktorka ZHP, pwd.).

Harcerstwo przestało być zależne od struktur państwowych (instruktorka ZHP PGK, phm.).

Harcerstwo zdystansowało się od państwa, choć oczywiście – prezydent jako patron, uczestnictwo w uroczystościach państwowych daje jakiś związek z państwem. Harcerstwo na pewno nie jest instytucją anarchistyczno-antypaństwową. Ale to rozluźnienie stosunków pozwoliło na różne drogi (instruktorka SH, pwd.).

Harcerze przestali być postrzegani jako organizacja prorządowa (instruktorka SH, hm.).

Państwo nie może teraz faworyzować organizacji harcerskich, bo byłaby to dyskryminacja dla innych organizacji pozarządowych (instruktor ZHP, pwd.).

Teraz to się zmieniło, państwo nie widzi takiej potrzeby istnienia harcerstwa, nie ma już takiego wsparcia z jego strony (instruktorka ZHP, pwd.).

W okresie PRL ZHP było sterowane od góry przez polityków (instruktorka ZHR, pwd.).

Również jedna piąta instruktorów opisuje różne sytuacje zaistniałe w poszczególnych organizacjach czy też między nimi, podając to jako przykład zmiany. Należy przy tym podkreślić, że zazwyczaj nie są to pochlebne opinie:

Kompletnie nie wiem, dlaczego ZHP nadal funkcjonuje, to jest związek kolonistów im. A. Małkowskiego, a nie harcerstwo (instruktorka SH, phm.).

---

[1] A. Glass, *Harcerstwo...*, op. cit., s. 88–89.

2. Historia najnowsza harcerstwa – jak transformacja wpłynęła na ruch harcerski   341

> *Najważniejsza rzecz się nie wydarzyła, ZHP się do końca nie uautentycznił. Zdecydowanie laicki, antyreligijny ZHP nagle stał się z dnia na dzień organizacją parareligijną, co było nie do zaakceptowania przez środowiska harcerskie* (instruktor SH, hm.).

> *ZHP dla mnie odeszło od tych oryginalnych rozwiązań – chodzi o system zastępowy, który tam różnie działa. Kolejna rzecz to koedukacja, której w oryginalnym pomyśle na skauting też nie było* (instruktor SHK).

> *ZHP zostało z etykietką komunistycznego harcerstwa* (instruktorka ZHP, phm.).

> *Główna różnica* [między organizacjami – przyp. E.P.K.] *polegała chyba na sprawach personalnych* (instruktor ZHP, pwd.).

> *Do dzisiaj jest ten taki podział, że ZHP to be, a ZHR to fajni* (instruktorka SHK).

> *W ten też sposób powstał Związek Harcerstwa Rzeczypospolitej nawiązujący do tradycji harcerstwa przedwojennego, który stworzyli harcerze z KIHAM-u, próbujący naprawić istniejące harcerstwo, opanowane przez byłe rządy socjalistyczne* (instruktorka ZHR, pwd.).

Wypowiedzi te są autorstwa instruktorów wywodzących się z różnych organizacji, o różnych stopniach instruktorskich, a także różnej długości stażu instruktorskiego oraz zarówno młodych, jak i starszych – nie ma reguły, według której można by określić, że tego typu wypowiedzi są charakterystyczne dla konkretnej grupy instruktorów. Warto tu zauważyć, że najczęściej atakowanym obiektem jest ZHP – przy czym zarzuty, jakie są stawiane tej organizacji, mają różny charakter – od bardzo ogólnych stwierdzeń, po zarzuty natury metodycznej, czy wreszcie są to wypowiedzi odnoszące się do jego przeszłości.

Tego typu wypowiedzi świadczą również o tym, że proces przemian w ruchu harcerskim nie był prosty, nie obeszło się bez antagonizmów, wzajemnej niechęci i zwalczania swoich racji, niestety ze smutkiem należy stwierdzić, że stan taki w niektórych środowiskach trwa do dzisiaj.

Kolejnym istotnym nowym elementem w ruchu harcerskim było pojawienie się zjawiska charakterystycznego dla wolego rynku – **konkurencji**, o czym wspomina ośmiu instruktorów:

> *Harcerstwo musiało zacząć konkurować z ofertą, jaka się pojawiła dla młodzieży* (instruktorka SH, phm.).

> *Konkurencja ma zły wpływ na drużyny, bo drużynowy bardziej skupia się na atrakcyjności programu niż na przekazie wychowawczym. Zniszczyła słabe środowiska lub takie, które miały pecha* (instruktor ZHP, phm.).

> *Konkurencja w obszarze wychowania, która spowodowała, że każdy starał się być lepszy, odróżnić się* (instruktor ZHR, hm.).

> *Pluralizm obudził konkurencję* (instruktor ZHR, pwd.).

> *Pojawiła się większa konkurencja na rynku względem zagospodarowania czasu młodego człowieka* (instruktor ZHP, phm.).

> *Z drugiej strony mamy więcej możliwości, z których młodzi ludzie mogą wybrać, gdyby nie wybrali harcerstwa* (instruktorka ZHP, pwd.).

Respondenci dostrzegają także zmiany w aspekcie finansowym oraz w możliwościach organizowania się, stowarzyszania i relacji między organizacjami.

W pierwszej z tych kwestii badani poruszają problemy umiejętności radzenia sobie na rynku organizacji pozarządowych od **strony ekonomicznej** – umiejętności pozyskiwania funduszy, przyzwyczajenia się, że nie otrzymuje się już dotacji państwowych na ogólnie pojętą działalność, oraz tego, że o dofinansowanie trzeba się teraz samemu starać. Podkreśla się także to, że dziś konieczna jest umiejętność pisania dobrych projektów, gdyż tylko takie skutkują otrzymaniem dofinansowania na określone cele. Taka zmiana funkcjonowania ekonomiczno-finansowego spowodowała równocześnie zwiększenie problemów finansowych harcerstwa.

Poruszając kwestię organizacji pozarządowych, badani zaznaczają, że dzięki tym przemianom organizacje harcerskie mogły uzyskać status organizacji pożytku publicznego i otrzymywać profity z tytułu 1% podatku. Ważne są także dobrowolność w zakładaniu organizacji oraz możliwość podejmowania współpracy z innymi organizacjami z racji tego, że istnieją wspólne cele. Działanie innych organizacji pozarządowych na rynku stwarza również pewne zagrożenie dla harcerstwa – młodzi ludzie zaczynają „uciekać" do innych organizacji, bo – jak pisze jeden z respondentów – „zauważają, że one są czasem nawet bardziej otwarte niż my".

Kilku badanych zwraca uwagę na problemy związane z **polityką**, zmianą jej relacji względem harcerstwa. Jest to kategoria niewątpliwie powiązana z kategorią wcześniej już opisywaną – państwem, ale z uwagi na wyraźne podkreślanie tu polityki została wyodrębniona jako osobna:

> *Pozytywnie wpłynął o tyle, że harcerstwo przestało być tak upolitycznione jak przedtem* (instruktorka SH, hm.).

> *Przestaliśmy być poddawani wpływom politycznym PRL-u* (instruktor ZHP, pwd.).

> *Wcześniej było to podporządkowane polityce* (instruktorka ZHP, pwd.).

> *ZHP przestało być łatwą odskocznią do dalszej kariery politycznej* (instruktorka SH, phm.).

> *Zniknął nacisk władz państwowych na działalność ruchu harcerskiego* (instruktor ZHR, pwd.).

2. Historia najnowsza harcerstwa – jak transformacja wpłynęła na ruch harcerski

Istnieje pewna grupa instruktorów (sześć osób), która przyznaje, że na temat wpływu zmian, jakie zaszły pod koniec lat osiemdziesiątych i na początku dziewięćdziesiątych w ruchu harcerskim, nic powiedzieć nie może, gdyż nie ma osobistych doświadczeń związanych z przełomem transformacyjnym. Najstarsi z nich byli wtedy na początku drogi harcerskiej:

> *Byłam mała, coś mogę sobie próbować przypominać, ale to nie ma chyba sensu* (instruktorka SH, phm.).

> *Chyba jestem za młody, żeby to oceniać, bo wtedy miałem 10 lat* (instruktor SH, pwd.).

> *Trudno do tego wszystkiego się odnieść, bo przełom to początek tej mojej harcerskiej przygody i raczej nauka znaków patrolowych niż zastanawianie się nad zmianami* (instruktorka ZHP, phm.).

> *W 89' to ja jeszcze byłam bardzo młoda, szłam do liceum. I jest mi trudno powiedzieć, bo ja zostałam wtedy kadrą. Dla mnie to był przełom pomiędzy byciem harcerką a byciem instruktorką i trudno mi jest powiedzieć, jak było wcześniej – po prostu tego nie wiem. A trudno jest mi to oceniać na podstawie cudzych relacji* (instruktorka SH, phm.).

> *Znam to tylko z opowieści. Sama działam od początku w Wilnie w tutejszym harcerstwie. Mam dużo znajomości w Polsce, ale głównie z ludźmi z ZHR i moje informacje są jednostronne* (instruktorka ZHP PGK, phm.).

Warto zwrócić uwagę, że generalnie na ten temat nie wypowiedziała się jedna piąta instruktorów. Są to osoby, które w większości przypadków mają stopień podharcmistrza, czyli powinna je już cechować pewna świadomość sytuacji organizacji w ciągu całej historii. Ich staż instruktorski waha się od roku do jedenastu lat, co – biorąc pod uwagę, że badania były prowadzone w latach 2006–2007 – oznacza, że najstarsi swoją karierę instruktorską rozpoczynali sześć lat po przełomie. Wiek tych instruktorów to 18–30 lat – najmłodsi mieli około roku, kiedy rozpoczęła się transformacja, a najstarsi około 13 lat. Faktycznie żaden z nich nie może pamiętać tamtych wydarzeń z autopsji i oceniać ich z perspektywy całego ruchu harcerskiego. Jednak fakt, że dziś nie chcą o tym mówić, nie chcą oceniać tego zjawiska, daje do myślenia. Czyżby wpływ przełomu był mniejszy, niż się powszechnie sądzi? A może ruch harcerski dziś ma o wiele ważniejsze zadania do wykonania, niż analizowanie przeszłości? Ciekawe jest natomiast to, że większość młodych instruktorów w stopniu przewodnika, którzy tym bardziej nie mogli być świadkami tamtych wydarzeń, udziela odpowiedzi na to pytanie. Wytłumaczeniem tego może być inne ich podejście do tego problemu – traktowanie tamtych wydarzeń jak dawnej historii, która została już zamknięta.

Zmiana sytuacji w kraju, jak widać z powyższych odpowiedzi, według instruktorów miała wpływ na ruch harcerski. Spowodowała konieczność dostosowania się do nowych warunków, a co za tym idzie – wszystkie organizacje harcerskie musiały sprostać nowym zadaniom, jakie w tej sytuacji zostały przed nimi postawione. W związku z tym badanych zapytano, czy wiedzą coś o tych nowych zadaniach, wobec których stanęły organizacje, czy je dostrzegają. Udzielono aż pięćdziesięciu ośmiu różnych odpowiedzi, z czego najpopularniejsza nie przekroczyła nawet 10% wskazań, co może oznaczać, że badani mają bardzo różne spojrzenie na ten problem i oceniają go z bardzo różnych stron.

Pięć osób podaje, że nie wie, jakie zadania stanęły przed organizacjami po 1989 r., a cztery nie udzieliły w ogóle odpowiedzi na to pytanie.

Po czterech instruktorów wskazuje, że najistotniejsze były: ponowne lub nowe określenie tożsamości organizacji, przystosowanie się do działalności w społeczeństwie obywatelskim, poradzenie sobie z konkurencyjnością rynku oraz adaptacja do nowej rzeczywistości.

Instruktorów, którzy wypowiadali się na temat nowych zadań w ruchu harcerskim, spytano o ocenę stanu realizacji owych zadań. Według szesnastu z nich częściowo te zadania są realizowane, trochę ponad jedna trzecia uważa, że zdecydowanie są realizowane, a jedenaście podaje odpowiedzi negatywne.

Z jednej strony organizacje harcerskie z nowymi wyzwaniami

> [...] *jakoś sobie radzą, bo istnieją* (instruktor SH, hm.).

A wynika to z tego, że

> [...] *jest lepiej niż w skautingu*, [ponieważ – przyp. E.P.K.] *harcerstwo w Polsce cieszy się większym zaufaniem społecznym* (instruktor SH, hm.).

Jednak

> [...] *poziom* [realizacji tych zadań – przyp. E.P.K.] *waha się bardzo zależnie od poziomu drużynowego i najbliższego otoczenia harcerskiego, a współpraca między organizacjami ogranicza się raczej do poszczególnych jednostek* (instruktor ZHP, pwd.).

Z drugiej strony uważa się, że ZHP jest

> [...] *organizacją niewydolną finansowo, organizacyjnie i programowo, i nie ma pomysłu na siebie* (instruktorka ZHP, phm.).

W związku z czym

> [...] *przed ZHP jest bardzo długa droga i* [nie wiadomo – przyp. E.P.K.] *czy ZHP już wie jak na tę drogę wejść* (instruktorka ZHP, phm.).

Organizacje harcerskie mają

> [...] *jeszcze problem z odnalezieniem się w tym nowym świecie. Chodzi tu o promocję, o public relations* (instruktorka ZHP, pwd.).

W opinii młodych instruktorów istnieje problem ze starszą kadrą, gdyż

[...] *instruktorzy, którzy zostali nie zdają sobie sprawy, że trzeba walczyć na jakimś takim rynku. Nie potrafią się przestawić* (instruktor ZHP, pwd.).

Za pozytywną oceną realizowanych zadań przemawia to, że

[...] *harcerstwo wychowuje światłych obywateli przez organizację różnych akcji, np. wolontariat europejski, można gdzieś wyjechać i mieć z tego wymierne korzyści w postaci nauki języka obcego. To także realizacja projektów współpracy młodzieży różnych krajów – Grupy Wyszechradzkiej czy krajów nadbałtyckich* (instruktorka ZHP PGK, phm.).

Niektórzy uważają, że już

[...] *sam fakt powstania nowych organizacji już jest ich realizowaniem* (instruktorka ZHR, pwd.),

a także wskazują, że niektóre organizacje odnalazły swoją nową tożsamość, jak to jest w przypadku ZHR, który

[...] *dookreślił się jako organizacja wychowująca w oparciu o wartości chrześcijańskie i rzeczywiście to robi* (instruktor ZHR, pwd.).

Potwierdzeniem realizacji, w opinii instruktorów, jest również ocena postawy osób, które wcześniej miały związek z harcerstwem –

[...] *znajomi mający korzenie harcerskie są bardziej aktywni na polu zawodowym czy społecznym niż ich rówieśnicy* (instruktor SHK).

Część instruktorów, którzy wypowiedzieli się w kwestii stanu realizacji nowych zadań organizacji harcerskich, zaproponowała również sposób ich realizacji. Ponieważ żaden z wymienionych sposobów nie uzyskał wyraźnie większej liczby wskazań, poniżej przedstawiono najciekawsze ze wszystkich, jakie się pojawiły:

Osoby, które chcą to robić [działać w harcerstwie – przyp. E.P.K.], muszą same być głęboko przekonane do wyznawanych wartości i muszą poświęcić im swój czas (instruktor ZHR, pwd.).

Systematyczna praca dobrze wykształconych i zmotywowanych instruktorów (instruktor ZHR, pwd.).

Włączanie młodych instruktorów w pracę nad zmianami (instruktorka ZHP, pwd.).

Wiele rzeczy, które weszły do kształcenia, to są rzeczy nowe. Np. kursy liderskie – to jest coś nowego, co z jednej strony wynika z harcerstwa jako takiego – z metody, z form pracy, a z drugiej strony jest trochę innym spojrzeniem na to (instruktorka SH, pwd.).

Sama metoda skautowa powoduje rozwój cech potrzebnych w społeczeństwie obywatelskim. Fenomen metody polega na tym, że nie ma potrzeby wynajdywać żadnych konkretnych sposobów na te poszczególne sposoby, bo to już jest (instruktor SHK).

Kształcenie drużynowych tak, żeby mieli świadomość, że on swoim głosem może coś wnieść na forum organizacji (instruktor ZHP, phm.).

Trzeba zwrócić uwagę na patriotyzm realizowany przez postawę wobec pracy, wspólnej własności, wobec kraju na co dzień, ochrona przyrody. Nie chodzi o patriotyzm jako o walkę, bo o tym się mówi, to jest na historii w szkole. Chyba nie umiemy tego w SH dobrze zrobić. Patriotyzm się odzywa, kiedy jest potrzeba walki. A jak jest pokój, to jakoś tak… (instruktorka SH, hm.)

Harcerstwo ma na to radę. Chociażby idea puszczańska, w warunkach polowych dajemy sobie radę sami, w takich warunkach spartańskich. I okazuje się, że nie jest nam potrzebny kolejny odtwarzacz DVD, kolejne walkmany, komórki itd. I w zasadzie można się bez tego obejść (instruktorka SH, phm.).

Instruktorzy, którzy nie czują, że są „sami na placu boju", tylko mają za sobą rodziców, szkoły, samorząd lokalny i hierarchię swojej organizacji (instruktor ZHP, pwd.).

Podsumowując tę część, można powiedzieć, że zdecydowanie najwięcej instruktorów wśród zmian, jakie zaszły po 1989 r. i wpłynęły na ruch harcerski, dostrzega **pluralizm, zmianę relacji z państwem** oraz **wzrost konkurencji**. Istnieje spora grupa osób, która nie umie ocenić tamtych wydarzeń, gdyż dla nich są one niejako historyczne – w tym czasie dopiero rozpoczynali swoją harcerską drogę albo też była ona daleko przed nimi. Liczna jest też grupa dość negatywnie oceniających zmiany w konkretnych organizacjach – tutaj nie można wskazać klucza wyboru osób, które takich wypowiedzi udzielają.

Badani wymieniają bardzo dużo nowych zadań, jakie stanęły przed organizacjami harcerskimi. Najpopularniejsze to wdrożenie do społeczeństwa obywatelskiego oraz ponowne lub nowe określenie tożsamości organizacji. Najwięcej wskazań uzyskała odpowiedź „nie wiem", co częściowo może wynikać z poprzedniego pytania.

Instruktorzy w większości oceniają stan realizacji zadań jako częściowy. Niektórzy z nich podają, w jaki sposób te zadania mogą być realizowane, jednak różnorodność tych pomysłów jest tak wielka, że nie sposób dokonać jakiejkolwiek generalizacji.

3. Elitarność czy egalitarność – problemy z liczebnością organizacji

Elitarność harcerstwa – nie każdy chce się nadawać do harcerstwa

Mniejsza liczebność jest argumentem często pojawiającym się przy sporach o to, czy harcerstwo ma być organizacją elitarną czy egalitarną. Zgodnie z definicją **elitaryzm** jest poglądem społeczno-politycznym, w myśl którego istnieje potrzeba wyodrębniania w społeczeństwie elit rządzących, które są obdarzone wyjątkowymi uprawnieniami. Elitaryzm to także odgradzanie się od większości społeczeństwa, zamykanie w gronie osób uprzywilejowanych. Elitą natomiast określa się grupę ludzi, która się wyróżnia lub jest uprzywilejowana w stosunku do reszty społeczeństwa ze względu na posiadanie pewnych cech lub dóbr cenionych społecznie[2]. Podstawą egalitaryzmu zaś jest równouprawnienie wszystkich obywateli pod względem ekonomicznym, społecznym i politycznym[3].

Problem elitarności harcerstwa jest częstym elementem dyskusji instruktorskich dotyczących kształtu przyszłego harcerstwa. Stąd też respondentów zapytano, co rozumieją przez pojęcie elitarności harcerstwa.

Jedna trzecia instruktorów uważa, że **elitarność** oznacza, iż ci, którzy chcą należeć do harcerstwa, muszą **zaakceptować określone zasady** panujące w tym ruchu:

> *By być w tym ruchu, trzeba respektować zasady, przestrzegać Prawa i Przyrzeczenia Harcerskiego, żyć z nim w zgodzie. To nie jest łatwe, ale jeśli ktoś to robi, to w tym sensie jest elitą* (instruktorka SH, hm.).

> *Elitarne nie w sensie, że dla elit i że tworzy nie wiadomo jaką elitę społeczną, tylko w takim sensie, że dla węższej grupy ludzi, którym odpowiada działanie w ten sposób. Harcerstwo tworzy grupę ludzi, którzy umieją działać, chcą działać i wprowadzać zmiany* (instruktorka SH, pwd.).

> *Grupa, do której nie należą wszyscy i nie mogą należeć wszyscy, która ma swoje bardzo konkretne zasady, i swój kodeks postępowania, to jest elitarna* (instruktor SHK).

> *Harcerstwo nie jest dla każdego. Wyzwaniem jest życie i postępowanie według określonych zasad* (instruktorka ZHR, pwd.).

> *Harcerstwo jest dla wszystkich, choć nie każdemu odpowiada* (instruktorka ZHR, pwd.).

---

[2] *Słownik języka polskiego*, t. 1, PWN, Warszawa 1988, s. 593.
[3] *Ibidem*, s. 517.

> *Harcerstwo nie jest dla wszystkich, tzn. zapraszamy wszystkich, ale nie wszyscy „się nadają" do takich form – zostają ci, co się nadają, którzy „odpowiadają" harcerstwu, i którym ono odpowiada* (instruktorka ZHP, pwd.).

> *Przede wszystkim chcemy być organizacją dla ludzi wyznających wyższe ideały i jeżeli komuś to nie odpowiada, to nie musi być harcerzem* (instruktorka ZHP, phm.).

> *To tacy młodzi ludzie, którzy chcą do tej organizacji należeć, zgadzają się na jej zasady, decydują się podporządkować Prawu Harcerskiemu i są przez to porządniejsi niż ich rówieśnicy* (instruktorka SH, phm.).

Jak wynika z powyższych wypowiedzi, takie określanie harcerstwa nie do końca zgadza się z definicją elitarności. Konieczność akceptacji zasad nie jest obdarowywaniem szczególnymi uprawnieniami.

Instruktorzy próbują także tłumaczyć, dlaczego uważają harcerstwo za grupę elitarną i z jakiego powodu tak jest. Ich zdaniem, skupia ono ludzi „samodzielnie myślących, walczących i działających na rzecz innych" i równocześnie są to „najwartościowsze jednostki, [czyli takie, które – przyp. E.P.K.] mogą dać jak najwięcej społeczeństwu". Nie chodzi tu o pojmowanie organizacji elitarnej jako skupiającej elity, lecz takiej, która chce je kształtować, chce, aby osoby wychodzące z ruchu harcerskiego były aktywne, pokazywały, jak działać i stanowiły wzór do naśladowania. W myśl tej definicji mogłoby to oznaczać, że harcerze stają się elitą przez posiadanie określonych cech charakteru, takich jak prospołeczność, aktywność i zdolności przywódcze.

Pozostała grupa instruktorów łączy pojęcie elitarności z mniejszą liczebnością, mniejszym zasięgiem ruchu harcerskiego, przy czym są tu dwa typy wyjaśniania tego związku: elitarność wynika ze spadku liczebności bądź celem jest osiąganie elitarności, a spadek liczebności stanowi tego efekt. Takie podejście można powiązać z definicją elitaryzmu rozumianego jako odgradzanie się od reszty społeczeństwa.

Na pytanie, czy harcerstwo powinno być elitarne, dwudziestu czterech badanych potwierdza, że tak, a osiemnastu, że nie; dwie osoby podkreślają, że harcerstwo powinno być otwarte. Jak wynika z sumy – niektórzy badani argumentowali, że harcerstwo powinno być elitarne i egalitarne jednocześnie. Równa liczba osób (po cztery) uważa, że nie powinno być elitarne, ponieważ jest dla każdego, i tyle samo twierdzi, że jednak powinno być elitarne, ale w tym sensie, że wymagana jest akceptacja zasad panujących w harcerstwie. Harcerstwo nie powinno wykluczać pewnych osób, które nie tyle nie zgadzają się pewnymi wartościami, co pochodzą z innego środowiska społecznego. Nie powinno się także zamykać przed innymi z powodów finansowych[4].

---

[4] Niektórzy twierdzą, że harcerstwo jest dlatego elitarne, że nie wszystkich stać na jego finansowanie – zakup umundurowania, sprzętu turystycznego, opłacenie obozów.

Nie powinno się jednak rezygnować z pewnych zasad czy wartości w imię przyjmowania w harcerskie szeregi większej liczby osób. Wymagana jest również aktywna postawa –

[...] *każdemu należy dać szansę, ale mogą należeć tylko te osoby, które chcą nie tylko należeć, ale także chcą coś zrobić ze sobą* (instruktorka SH, phm.).

Kolejne dwie przeciwstawne wypowiedzi dotyczą kształtowania elit oraz otwartości na wszystkich. Harcerstwo tworzy, kształci elity i w związku z tym jest elitarne. Jednak powinno się zarazem szeroko promować i mówić o swojej ofercie, nie rezygnując przy tym z dyscypliny. Należy także wypełniać „białe plamy" na mapie harcerstwa, czyli tworzyć środowiska harcerskie tam, gdzie ich nie ma. Kiedy jednak jakiś grunt jest niepodatny, to nie należy robić tego na siłę:

[...] *jeśli ktoś robi trzy razy nabór w tej samej szkole i nic z tego nie wychodzi, a my wiemy, że on to robi dobrze, to być może to miejsce nie jest harcerskotwórcze – musi być gleba, żeby coś urosło* (instruktorka ZHP, phm.).

Harcerstwo powinno być otwarte, po to by jak najszersze grono mogło sprawdzić, czy się do niego nadaje –

[...] *[zapraszamy – przyp. E.P.K.] wszystkich bez wyjątku – „zobacz, czy ci się podoba". Bo przecież wartości nie zmienimy specjalnie dla ciebie. I jak ci się podoba, to zostań, i wtedy ta organizacja będzie dla ciebie elitarna* (instruktorka ZHP, pwd.).

Wbrew pozorom wypowiedzi te się nie wykluczają. Harcerstwo nie łamie swoich podstawowych zasad o otwartości, mówiąc, że przyjmuje tych, którzy akceptują zasady Każdy może je poznać, jednak zgodnie z metodą harcerską jednostka sama musi chcieć uczestniczyć w działaniach organizacji – więc jeśli nie chce, to w harcerstwie nie będzie. Kontrowersyjne może to być wtedy, kiedy taka osoba już jest w harcerstwie i łamie zasady. Wówczas należałoby jej uświadomić, że bycie w organizacji, której zasady świadomie łamie, jest pozbawione sensu, gdyż nie jest to organizacja o przymusowej przynależności. Oczywiście to tylko teoria, bo w praktyce jest to znacznie trudniejsze i bardziej skomplikowane.

Kontrowersyjne może być również stwierdzenie, że harcerstwo kształci elity. Zależy to jednak od definicji samego pojęcia elity. Jeśli rozumiemy ten termin jako nieliczną grupę o określonych cechach, to faktycznie jest to kształcenie elit. Gdy zaś uważamy, że elita to ktoś lepszy i ważniejszy, wówczas taka interpretacja o kształceniu elit w przypadku harcerstwa jest już dyskusyjna. Harcerz wszakże powinien być skromny, mówi się nawet, że ci, którzy osiągnęli wysokie pozycje w społeczeństwie, szeroko rozprawiając o swoich harcerskich korzeniach, za harcerzy nie powinni być uważani.

Jak widać zdania na temat tego, czy harcerstwo powinno być elitarne, czy też nie, są podzielone, ale wynika to raczej z odmiennego rozumienia elitarności, bo kiedy dochodzi się do szczegółów, wtedy większość ma to samo zdanie – najważniejsza jest akceptacja przez jednostkę zasad organizacji, do jakiej chce należeć, i to ona musi wybrać, czy chce tu być, czy też nie.

Spadek liczebności w organizacjach harcerskich

We wszystkich organizacjach harcerskich w okresie, kiedy były prowadzone badania, spadała liczebność, o czym wspomniano już w rozdziale trzecim. Tutaj zaś zaprezentowano opinie badanych dotyczące przyczyn tego zjawiska.

Ponad jedna trzecia badanych wskazuje dwie przyczyny: **brak** lub **spadek atrakcyjności harcerskiego programu** oferowanego potencjalnym harcerzom oraz – podobnie jak we wcześniej przytaczanym pytaniu dotyczącym problemów środowisk harcerskich – **braki kadrowe**, przy czym chodzi tu zarówno o braki w kadrze, jak i problemy z jej kształceniem, zaangażowaniem i migracjami.

Trzecią przyczyną, wskazywaną przez ponad jedną czwartą respondentów, jest to, że obecnie na rynku jest dużo **alternatywnych form spędzania czasu wolnego** przez dzieci i młodzież i w związku z tym harcerstwo stało się jedną z wielu opcji, jaką można wybrać.

Zarzuty, jakie instruktorzy stawiają aktualnemu programowi harcerskiemu, dotyczą braku konkurencyjności wobec oczekiwań oraz zainteresowań dzieci i młodzieży. Jest on „nie do końca trafiony [...] albo [...] realizowany niewłaściwie". Niektóre środowiska bazują na przestarzałych formach, które ograniczają się „do takiego przysłowiowego biegania po lesie w krótkich spodenkach, co faktycznie pozostaje atrakcyjne dla dzieci w wieku wczesnoszkolnym". Na spadek liczebności nie narzekają te środowiska, które są pewnego rodzaju awangardą – stosujące nowe rozwiązania, umiejętnie wykorzystujące w harcerskich działaniach nowe technologie. Inni twierdzą, że młodzi ludzie, potencjalni kandydaci na harcerzy, koncentrują się na otoczce, sposobie przedstawienia programu, a nie skupiają się na właściwych wartościach, które chce się im przekazać. Problemem jest również to, że młodzież nie chce nawet spróbować wziąć udziału w proponowanych przez harcerstwo zajęciach, a tym samym nie ma okazji przekonać się, czy oferta ta jej odpowiada, czy też nie. Postawa taka może być wynikiem problemów z dotarciem do odbiorców albo też konsekwencją tego, że w harcerstwie, jak wskazują badani, „wymaga [się – przyp. E.P.K.] od członka ruchu nie tylko brania, ale także dawania" (instruktor ZHP, pwd.).

Widać tu dwa typy postaw – skupianie się na tym, co powinno się zmienić w samej organizacji, oraz dostrzeganie przyczyny spadku liczebności w czynnikach zewnętrznych wobec organizacji, w tym wypadku w niewłaściwym stosunku młodzieży do ruchu harcerskiego.

O problemach z kadrą instruktorzy wspominają kilkakrotnie w trakcie wywiadu przy okazji poruszania różnych tematów. Kłopoty z kadrą są również przyczyną spadku liczebności w organizacjach harcerskich. Przede wszystkim kadra nie jest dobrze kształcona, brakuje jej podstawowych umiejętności i wiedzy niezbędnych do właściwego działania z zespołem –

> [...] *trudno teraz trafić na młodego instruktora, który naprawdę wie, co robi, po co to robi i jednocześnie umie dobrać takie formy, żeby było to ciekawe i dydaktyczne* (instruktor ZHP, phm.).

Problem stanowi też małe zaangażowanie kadry, wyraźny brak chęci do działania –

> [...] *jeśli drużynowemu nie będzie się chciało, nie będzie dobrze stosował metody, nie będzie miał podejścia indywidualnego, to nie zainteresuje nikogo* (instruktor ZHP, hm.).

Często młodzi drużynowi szybko porzucają swoje funkcje, zanim zdążą nabrać doświadczenia, rezygnują z działania i pozostawiają środowisko harcerskie kolejnemu młodemu niedoświadczonemu człowiekowi. Braki kadrowe uwidoczniają się podczas kontaktów ze szkołami – często jest tak, że szkoła zgłasza do hufca chęć przyjęcia u siebie drużyny, ale ten musi odmówić z powodu braku kadry, która mogłaby tam zawiązać środowisko harcerskie. Być może przyczyną tego są nieodpowiednie formy stosowane na kursach drużynowych –

> [...] *wykorzystywanie technik i specjalistów, z których potem w pracy z drużyną nie mogą skorzystać drużynowi. Na kursie instruktorskim forma jest treścią i to jedną z ważniejszych treści* (instruktor ZHR, hm.).

Problem stanowią wspominane już wcześniej migracje i związany z tym brak umiejętności wyłapywania przez środowiska harcerskie w dużych ośrodkach akademickich takich instruktorów, którzy przybyli z mniejszej miejscowości. Braki kadrowe powodują zapętlanie się sytuacji – z powodu mniejszej liczby dobrej kadry coraz mniej działa środowisk harcerskich, a tym samym mniejsze jest grono, spośród którego mogą się rekrutować przyszli instruktorzy. Niektórzy wspominają o tak zwanej „dziurze pokoleniowej", co oznacza, że jest bardzo młoda kadra, często jeszcze niepełnoletnia, a potem „jest bardzo stara kadra, która jest przez zasiedzenie", w związku z czym nie ma ciągłości kadrowej.

Pluralizm, otwarcie się rynku spowodowały, że harcerstwo stało się jedną z wielu ofert spędzania czasu wolnego. Można nawet zaryzykować stwierdzenie, że

> [...] *im większe miasto, tym mniej osób w harcerstwie, bo dzieci mają większy wybór, co mogą robić* (instruktorka ZHR, pwd.).

Przy czym należy podkreślić, że proponowane oferty są nie tylko równie atrakcyjne jak program harcerski, lecz także mogą proponować aktywność, która zasadza się na podobnych wartościach.

> *Obecnie człowiek ma do wyboru tyle różnych rzeczy, które są tak samo dobre i pozytywne jak harcerstwo, że harcerstwo nie jest już tak potrzebne*

– mówi jedna z instruktorek (SH, phm.).

Część badanych stwierdza, że przyczynę stanowi **brak czasu**, co wiąże się z poprzednią opinią, że jest wiele innych opcji spędzania czasu. Dzieci i młodzież mają większy wybór zajęć, ale też mają ich zdecydowanie więcej, w związku z czym na harcerstwo często już nie ma czasu. Tendencja do ciągłej „pogoni za czymś, braku czasu na cokolwiek" jest tym wyraźniejsza, im większe jest miasto, co wyraźnie wpływa na uczestnictwo dzieci i młodzieży w działalności organizacji harcerskich. W konsekwencji „zabiegani rodzice zabieganych dzieci nie mają czasu na harcerstwo".

Sposoby zaradzenia spadkowi liczebności

Podobnie jak w przypadku problemów organizacji, badanym zadano pytanie o to, czy wiedzą, jak można zaradzić spadkowi liczebności w organizacjach harcerskich.

Instruktorzy przede wszystkim postulują, żeby bardziej brać pod uwagę zainteresowania młodzieży, gdyż „formy muszą ewoluować zgodnie ze zmianami potrzeb". Przydałoby się również „więcej orientacji w oczekiwaniach młodzieży wobec zagospodarowania czasu wolnego".

Warto jeszcze zwrócić uwagę na wypowiedzi podkreślające konieczność profesjonalizacji działań organizacji, zwłaszcza w zakresie jej promocji. Wymóg promowania się na rynku czasu wolnego dla harcerstwa jest czymś nowym, a tym samym wielu organizacjom sprawia trudności. W skutecznym naborze „mogą być przydatne nowoczesne i profesjonalnie przygotowane kampanie reklamowe". Harcerstwo powinno podkreślać swoje zalety, a przede wszystkim to, że jest chyba jedyną formą, gdzie można się wszechstronnie rozwinąć.

> *Harcerstwo to przedsiębiorstwo, które musi mieć produkt dobrze opakowany, żeby się dobrze sprzedał* (instruktor ZHP, pwd.).

Należy tu także podkreślić, że pojawiły się dwa typy odpowiedzi przeczące wszystkim wyżej wymienianym. Po pierwsze jedna ósma badanych nie ma pomysłu, jak zaradzić spadkowi liczebności, co także może świadczyć o niedostrzeganiu lub nietraktowaniu tego jako problemu. W drugim typie odpowiedzi pojawiają się głosy, że niższej liczebności nie trzeba wcale zaradzić, gdyż harcerstwo – jak zaznacza jedna z badanych – nie może „dążyć do dostosowania się do rynku, [ponieważ – przyp. E.P.K.] nie wszyscy muszą być harcerzami" (instruktorka SH, pwd.).

Pojawianie się takich opinii potwierdza tezy, jakie zostały przedstawione przy okazji problemu elitarności harcerstwa. Jest to sygnał, że w myśleniu o harcerstwie następują zmiany – jeszcze do niedawna pogląd, że harcerzami powinni być wszyscy, był znacznie częstszy, niż jest to obecnie.

Stosunek do niższej liczebności

Chcąc ustalić, jaki jest stosunek badanych do zjawiska niższej liczebności, respondentów spytano, czy według nich jest to zjawisko pozytywne, negatywne czy normalne. Blisko jedna trzecia badanych uważa, że jest to zjawisko zdecydowanie negatywne, trochę mniej niż jedna czwarta twierdzi, że normalne, a jedna piąta, że jest ono zarówno pozytywne, jak i negatywne.

Uzasadniając pozytywną ocenę zjawiska, badani uważają, że dzięki temu podnosi się jakość ruchu harcerskiego:

> *Chcąc odnowić jakość w działaniach, rezygnuje się z pewnych członków, a raczej to oni rezygnują, bo zwiększane są wymagania i w tym sensie jest to w sumie pozytywne. Najpierw trzeba odbudować jakość i normy moralne, a potem z twardym kręgosłupem odbudowywać liczebność* (instruktorka ZHP, pwd.).

Argumentując swoją negatywną ocenę, badani wskazują, że mniejsza liczebność oznacza mniejszy zasięg działania, a także to, że mniejszą liczbę osób obejmuje się tymi pozytywnymi (w mniemaniu instruktorów) wpływami. Ciągłe zmniejszanie się liczebności może doprowadzić do przekroczenia pewnego granicznego punktu, poniżej którego nie można już mówić o istnieniu drużyny, szczepu czy organizacji. Zjawisko to jest oceniane negatywnie także dlatego, że potwierdza ono opinię o spadku atrakcyjności harcerstwa –

> *[...] świadczy o tym, że harcerstwo nie potrafi zatrzymać swoich członków i przestaje być dla nich alternatywą wobec TV, komputera, Internetu* (instruktorka ZHP, pwd.).

Większość badanych uznających zmniejszającą się liczebność za zjawisko normalne uważa, że przyczyną tego jest wzrost konkurencji w zakresie zagospodarowania czasu wolnego dzieci i młodzieży. Z takim zjawiskiem należy się pogodzić, ponieważ „to naturalna kolej rzeczy, ludzie mają więcej wyboru, harcerstwo nie jest narzucone".

Podsumowując wątek dotyczący elitarności oraz niższej liczebności, można powiedzieć, że większość badanych przyczyn spadku liczebności w organizacjach harcerskich upatruje w problemach z kadrą – jej brakiem, nieodpowiednim kształceniem, migracjami i słabym zaangażowaniem w pracę instruktorską. Najlepszym sposobem zaradzenia spadkowi liczebności byłaby większa orientacja w zainteresowaniach dzieci i młodzieży oraz – co za tym idzie – dostosowanie programu odpowiednio do ich potrzeb. Na drugim miejscu znajdują się m.in. lepsza promocja działalności organizacji i poprawienie jakości pracy kadry, np. jej kształcenia. Badani pytani o ocenę zjawiska spadającej liczebności w większości oceniają je negatywnie, ale pojawiają się głosy, że jest to zjawisko normalne albo jednocześnie pozytywne i negatywne. Argumentem za niższą liczebnością jest wzrost jakości pracy drużyn, przeciw – zmniejszenie zasięgu działania, natomiast za tym, że jest to zjawisko normalne, przemawia fakt, iż dziś jest więcej możliwości spędzania wolnego czasu.

Samo pojęcie elitarności harcerstwa jest tłumaczone jako akceptacja zasad działania, tzn. że ruch harcerski jest otwarty dla wszystkich, każdy może spróbować, jednak pozostać w nim mogą tylko ci, którzy zaakceptują zasady i będą się do nich stosować. Według badanych harcerstwo powinno być elitarne pod względem owej akceptacji zasad, natomiast generalnie ma charakter egalitarny, ponieważ jest dla każdego – są to dwie opinie, które tak naprawdę się nie wykluczają. Część badanych także uważa, że powinno być elitarne, gdyż kształci elity, co może być trochę kontrowersyjnym podejściem.

4. Przyszłość ruchu harcerskiego w Polsce – razem czy osobno?

Obecnie w ruchu harcerskim mamy do czynienia z pluralizmem organizacyjnym, co zostało zauważone przez instruktorów jako wynik zmian transformacyjnych w Polsce. Większość instruktorów ocenia pozytywnie zjawisko pluralizmu harcerskiego, o połowę mniej osób ma do tego stosunek negatywny; część widzi w tym aspekty zarówno pozytywne, jak i negatywne, a tylko cztery osoby traktują to jako zjawisko zupełnie naturalne.

Za pozytywną oceną pluralizmu przemawia to, że jeśli chcemy „wychowywać młodych ludzi do życia w pluralistycznym społeczeństwie, to musimy wcześnie zaczynać". Działanie w ruchu, który cechuje się wielością organizacji, przygotowuje do funkcjonowania w społeczeństwie obywatelskim, pomaga się odnaleźć na rynku organizacji pozarządowych, przez doświadczenie i uczestnictwo pozwala się uczyć właściwych postaw społecznych. Podkreśla się także to, że pluralizm jest zgodny z ideą społeczeństwa obywatelskiego. Można również zauważyć postawę wskazującą na tolerancję i akceptację pluralizmu, ale z pewnymi ograniczeniami – niektórzy uwarunkowują istnienie większej liczby organizacji posiadaniem dobrze wykształconej i przygotowanej kadry, a inni wspominają, że woleliby, żeby było mniej organizacji, ale nie jedna,

> [...] *bo to nie jest ten czas i miejsce, żeby wszystkich wrzucić do jednego worka. Mamy wolność, społeczeństwo obywatelskie i społeczeństwo może się organizować* (instruktor SH, hm.).

Pluralizm daje możliwość wyboru takiej opcji, która w pełni będzie odpowiadała jednostce.

Druga grupa badanych podkreśla, że wielość organizacyjna jest odzwierciedleniem idei wolności wyboru, jednak trzeba zwrócić uwagę na to, aby ten wybór był dokonywany świadomie.

Pluralizm jest odbierany negatywnie przez tych instruktorów, którzy uważają, że najlepszym rozwiązaniem byłaby jedność organizacyjna, być może z niewielkimi różnicami wewnętrznymi. Większość małych organizacji to

> [...] *sztuka dla sztuki. Boję się, że te malutkie organizacje przy szkołach to widzimisię instruktora* (instruktorka SH, phm.).

Ciekawe argumenty pojawiają się w wypowiedziach instruktorów, którzy nie potrafią jednoznacznie określić zjawiska pluralizmu harcerskiego:

> *Z jednej strony jest fajnie, bo różnimy się pięknie, mamy różne podejścia do różnych problemów, przez co możemy się od siebie uczyć tolerancji, sposobu działania. Z drugiej strony na linii ZHP – ZHR są konflikty personalne i to nie jest fajne* (instruktorka ZHP, pwd.).

> *Mamy demokrację i możemy mieć wiele różnych spojrzeń na tę samą sprawę, a z drugiej – w tych organizacjach trzon jest ten sam i powinny one co najmniej ze sobą współpracować* (instruktorka SH, phm.).

> *Każde z tych rozwiązań, czy jedna organizacja, czy kilka, ma swoje plusy i minusy* (instruktor SH, pwd.).

> *Z jednej strony mam takie uczucie, że podziały jako takie nie są czymś dobrym i osłabiają harcerstwo. Z drugiej strony, funkcjonując w małej organizacji, wiem, że jest ona w wielu kwestiach w stanie funkcjonować lepiej. I jeszcze to, że były jakieś tam przyczyny rozpadu harcerstwa, czasem bardziej personalno-historyczne, czasem bardziej ideowe – tak jak było w przypadku odłączania się SH* (instruktorka SH, pwd.).

> *Zależy, z której perspektywy patrzeć, bo z punktu widzenia formalnego, rzeczywiście jest ich kilka, a z punktu widzenia praktycznego albo ZHP można by było spokojnie podzielić na jeszcze tysiące innych mniejszych organizacji, bo bardzo się różnimy, jeśli chodzi o lokalną specyfikę. Albo wręcz odwrotnie – wszyscy jesteśmy harcerzami i tak bardzo się nie różnimy* (instruktorka ZHP, pwd.).

Powyższe opinie mają swoje odzwierciedlenie w **wizji harcerstwa harcerstwa w przyszłości**. Ponad połowa badanych uważa, że nie chciałaby, aby organizacje harcerskie połączyły się w jedną dużą organizację.

Najczęściej pojawia się argument o zbyt dużych różnicach między poszczególnymi organizacjami. Instruktorzy twierdzą, że „jedność nie jest żadną wartością". Widać także pewną zgodę na zastaną sytuację, co przejawia się w postawie, biernej – „nie bardzo to możemy teraz zmienić, są podziały i tak będzie". Nawet dokonanie połączenia nic nie da, gdyż „podziały dużych grup i organizacji są naturalne, wkrótce po połączeniu znów doszłoby do podziału, choć wtedy może na innej linii". Zjednoczenie organizacji pociągnęłoby za sobą problem identyfikacji jednostek z tak dużym tworem organizacyjnym. Część badanych uważa, że zjednoczenie byłoby bardzo miłe i sympatyczne, jednak twierdzą, że w aktualnej sytuacji jest to zupełnie niemożliwe. Raczej będą zauważane tendencje do jeszcze dalszych podziałów. Nie jest możliwe „wypracowanie jednej formuły, która by pogodziła wszystkich". Argumenty za pozostaniem przy wielości mają bardzo różne podłoże, jednak prowadzą do jednej konkluzji – obecnie nie ma możliwości ponownego zjednoczenia organizacji harcerskich.

Mniejsza grupa – trochę ponad jedna czwarta badanych – twierdzi, że organizacje te powinny jednak dążyć do zjednoczenia, ponieważ więcej je łączy, niż dzieli. Poza tym przyczyni się to do tego, że łatwiej będzie zachęcić młodzież do wstępowania w harcerskie szeregi, „bo nie będzie ona rozdarta pomiędzy rodzaje organizacji, które oferują to samo" (instruktorka ZHP, pwd.), co zdecydowanie poprawiłoby jej wizerunek społeczny:

> [...] *mają więcej wspólnego, niż je dzieli, i moim zdaniem te podziały są sztuczne, budujące negatywne nastawienie do siebie między członkami różnych organizacji* (instruktorka ZHP, pwd.).

Jedna czwarta badanych uważa, że obecnie zjednoczenie jest niemożliwe, ponieważ oznaczałoby to wracanie do tego, co było wcześniej, a także stanowiło sztuczny twór organizacyjny. Dziś organizacje te są niespójne, poza tym każda z nich „zasmakowała już samodzielnego życia" i bardzo trudno byłoby im oddać swoją władzę.

Siedmiu respondentów nie tyle nie widzi możliwości zjednoczenia, ile uważa, że nie ma takiej konieczności.

Równocześnie instruktorzy podkreślają, że dzisiaj istotna jest **współpraca między tymi organizacjami**. Wyeliminowałoby to niezdrową rywalizację i pozwoliło na zapełnienie wcześniej wspomnianych „białych plam". Współpraca taka powinna szanować odrębność poszczególnych organizacji i ich dorobek.

> *Jest to także sposób na realizację tego postulatu społeczeństwa obywatelskiego, gdzie pomimo konkretnych różnic jesteśmy w stanie rozmawiać o tych różnicach i nawiązać współpracę lub dojść do punktu, że współpraca nie jest możliwa* (instruktor SH, pwd.).

Część badanych zwraca uwagę na to, że jedyną formą kompromisu między zjednoczeniem a całkowitą rozdzielnością jest stworzenie pewnego rodzaju **federacji**, która obejmowałaby forum Naczelników, stanowiła coś w rodzaju organizacji parasolowej. Ułatwiłoby to reprezentację tych organizacji wobec podmiotów zewnętrznych, a także pozwoliło na wejście do struktur światowego skautingu (w tej chwili ten przywilej ma tylko ZHP). Podkreśla się jednak, że w takiej federacji musi być miejsce na różnorodność.

Problem różnorodności w ruchu harcerskim ma swoje podłoże w ideach, na których się opiera.

Harcerstwo to przede wszystkim ruch. A sterowanie ruchem odbywa się na nieco innych zasadach niż kierowanie instytucją. Ruchem kierują przede wszystkim idee. Jeżeli wśród członków ruchu przyjęła się jego idea przewodnia, to dość trudno jest narzucić jego członkom ideę inną niż początkową, nawet jeśli jest ona tylko sporą modyfikacją idei pierwotnej. [...] z drugiej strony ogniwa ruchu mają zawsze oblicza autorskie, tzn., że oblicze zespołu harcerskiego jest zawsze w dużym stopniu zależne od indywidualności jego przywódcy, jego pomysłów i przekonań. Taki lokalny wódz może nadać specyficzny charakter zespołowi, a nawet zmodyfikować w jakimś kierunku ideę przewodnią[5].

Ruch harcerski boryka się obecnie z wieloma problemami, ale chyba najważniejszy z nich to kłopoty z kształceniem i wychowywaniem młodego pokolenia instruktorów. Są to młodzi ludzie, tempo i wymogi życia zmuszają ich do angażowania się zawodowego – dużo wcześniej niż w przypadku ich poprzedników, zdobywania wiedzy zawodowej często na kilku fakultetach, dokształcania się za granicą. Sytuacja taka nie sprzyja tworzeniu stabilnych środowisk harcerskich – coraz młodsi i słabiej przygotowani instruktorzy obejmują dowodzenie nad grupami niepełnoletnich. Warunki społeczne z kolei wymuszają coraz większą profesjonalizację działań i tym samym od instruktorów wymaga się fachowego przygotowania do opieki nad dziećmi, znajomości i umiejętności stosowania się do przepisów.

Harcerstwo stało się jedną z wielu ofert proponowanych młodym ludziom, przy czym na rynku pojawiły się propozycje opierające się na niektórych zasadach systemu harcerskiego, np. survival. W harcerstwie też trzeba się nauczyć radzić sobie w każdych warunkach, ale w survivalu nikt nie wymaga służenia drugiej osobie. Można doskonalić swoją kondycję fizyczną, jeździć na obozy sportowe, bez konieczności podejmowania służby na rzecz społeczeństwa. Być może dlatego harcerstwo stało się mniej popularne – więcej wymaga od osób, które chcą w nim uczestniczyć.

Jednak harcerstwo trwa od 100 lat i prawdopodobnie będzie trwać nadal, musi tylko umiejętnie zastosować jedną z podstawowych zasad swojej metody – elastyczność, musi się dobrze rozeznać w potrzebach owego rynku, zainteresowaniach młodzieży i jej potrzebach oraz w umiejętny sposób zachęcić do spróbowania takiego stylu życia.

Harcerstwo staje się elitarne dlatego, że jest wybierane przez mniejszą liczbę osób – z czym trzeba się pogodzić. Jednak taka sytuacja stwarza szanse na poprawienie jakości pracy w zespołach harcerskich – można się skoncentrować na podniesieniu jakości swojego programu, kształcenia, sposobów pracy. Dziś

---

[5] A. Glass, *Harcerstwo...*, op. cit., s. 85–86.

w społeczeństwie istnieje pluralizm, różnorodność, co odzwierciedla się nie tylko w wielości organizacji harcerskich, lecz także w tym, że młody człowiek może wybrać jedną z wielu ofert i ma do tego pełne prawo. Ruch harcerski musi stanąć w rzędzie z innymi organizacjami i pogodzić się z tym, że od teraz będzie obejmował mniejsze rzesze ludzi.

Ruch ten tworzą ludzie, co potwierdzają odpowiedzi zarówno instruktorów, jak i harcerzy – to inni są dla nich najważniejsi. W związku z tym ruch ten bardziej musi się otworzyć na potrzeby tych, którzy być może są zainteresowani współpracą.

Wielość organizacyjna jest dziś zjawiskiem normalnym – raczej nie można czy też nie trzeba jej zwalczać, natomiast mówienie wspólnym głosem wszystkich organizacji w najważniejszych kwestiach ruchu, wspólna reprezentacja wobec władz państwowych czy innych organizacji z pewnością ułatwiłyby funkcjonowanie w społeczeństwie. Być może warto by było prowadzić dialog w tej sprawie i osiągnąć pewien kompromis.

Dlaczego należy to wszystko zrobić? Po to, by w społeczeństwie więcej było jednostek pożytecznych, gdyż:

> Pierwszy pożytek z tych, co przeszli przez harcerstwo, to uharcerzenie społeczeństwa [...]. Drugi pożytek to wzrost liczby ludzi rzetelnych, zaradnych oraz ze zdolnościami organizatorskimi [...]. Trzeci – wzrost liczby więzi międzyludzkich ułatwiających różne kontakty [...]. Czwarty – to przenoszenie metod harcerskich do wychowania rodzinnego oraz do pracy wychowawczej w różnych organizacjach i szkołach. Piąty – to tworzenie przez ludzi wychowanych w harcerstwie przedsiębiorstw, w których panuje harcerski duch[6].

---

[6] A. Glass, *Harcerstwo...*, op. cit., s. 37.

Zakończenie

Współczesny ruch harcerski od strony teoretycznej, czyli założeń, jest środowiskiem wychowawczym, ponieważ działa w sposób celowy i zgodnie z założonymi ideami. Biorąc pod uwagę realizację tego postulatu, działanie to jednak nie jest doskonałe, co wynika z tego, że ruch harcerski jest w trakcie ciągłych przemian i nieustającego dostosowywania się do zmian społecznych.

Aby harcerstwo dobrze funkcjonowało, jego władze i instruktorzy muszą dbać o prawidłowy rozwój relacji w trzech aspektach – istotne są po pierwsze relacje ze społeczeństwem, po drugie – z młodzieżą, a po trzecie relacje panujące wewnątrz organizacji. Przy czym pod pojęciem relacji są tu szeroko rozumiane potrzeby, wymogi, zależności – wszystko, co powoduje, że taki układ może funkcjonować bezbłędnie.

W niniejszej pracy podjęto próbę odpowiedzi na szereg pytań związanych z funkcjonowaniem ruchu harcerskiego współcześnie.

Czy wartości i ideały proponowane przez ruch harcerski sprzyjają potrzebom społecznym wynikającym z budowania społeczeństwa obywatelskiego w Polsce? Czy wartości, ideały oraz metoda proponowane przez ruch harcerski odpowiadają na potrzeby i zainteresowania współczesnej młodzieży? Czy formy – proponowane przez ruch harcerski – realizacji ideałów społeczeństwa obywatelskiego są takie same, podobne czy też całkowicie różne od form proponowanych przez inne organizacje, ruchy społeczne?

Analiza wykazała, że w obrębie wartości proponowanych przez ruch harcerski zachodziły pewne zmiany, jednak zawsze odwoływały się one do tych samych podstaw. Zmieniał się nacisk na poszczególne wartości, zmieniała się także ich interpretacja, co wynikało z przeobrażeń społecznych, historycznych i kulturowych. Jednak zmiany te były na tyle niewielkie, że patrząc całościowo na historię ruchu harcerskiego, można powiedzieć, iż kieruje się on tymi samymi wartościami od swego zarania. Podobnie ma się sytuacja z metodą harcerską – choć zaobserwowane zmiany są znacznie większe, należy pamiętać, że metoda, zmieniając się, paradoksalnie pozostaje niezmienna, gdyż realizuje jeden ze swoich podstawowych postulatów – wymóg elastyczności, czyli dostosowywania się do zmieniających się potrzeb młodego pokolenia i warunków społecznych. Warto podkreślić, że zmienia się przede wszystkim treść metody, czyli jej program, który w sposób bezpośredni powinien odpowiadać na potrzeby środowiska. Aby harcerstwo skutecznie działało, musi być silne wewnętrznie, opierać się na stabilnych jasnych zasadach i z konsekwencją się do nich stosować. I tego chyba dziś harcerstwu brakuje. Kadra sama nie jest pewna wartości ruchu, w którym działa, ma wątpliwości co do niektórych zapisów – jak w takiej sytuacji wymagać, aby podopieczni tych wątpliwości również nie mieli? Jak przekonać innych, niezrzeszonych, że można żyć zgodnie z zasadami, nawet jeśli są one trudne i wymagają wyrzeczeń, skoro samemu się do nich nie stosuje? Młodzi ludzie pytają – po co stawiać sobie takie ograniczenia, skoro można żyć łatwiej i przyjemniej? Nie zawsze harcerze potrafią na to pytanie odpowiedzieć. A odpowiedź nie jest trudna – po to aby stać się silniejszym i bardziej odpornym, po to by lepiej sobie radzić w życiu i skuteczniej osiągać zamierzone cele, po to by w dążeniu do tych celów się nie załamać.

Tym samym odpowiedź na pytanie, czy wartości, ideały oraz metoda proponowane przez ruch harcerski odpowiadają na potrzeby i zainteresowania współczesnej młodzieży, nie jest już tak oczywista. Wartości, ideały oraz metoda proponowane przez ruch harcerski w swoich założeniach powinny odpowiadać na potrzeby i zainteresowania współczesnej młodzieży. Ale czy tak się dzieje? Z analizy wyników uzyskanych w ankietach i wywiadach wynika, że tak nie jest. Ale wyobrażenie kadry, czyli tych, którzy kreują ruch harcerski, o młodzieży nie pokrywa się z rzeczywistością. Większość instruktorów uważa, że harcerski system wartości nie jest zgodny z systemem wartości młodzieży, w którym królują pieniądze, potrzeba akceptacji w grupie, kariera i zabawa. Natomiast z badań postaw młodzieży niezrzeszonej wynika, że są one podobne do postaw harcerzy, co może świadczyć o tym, że systemy te są jednak zbieżne – choć zapewne nie we wszystkich punktach. Być może problem z systemem wartości polega na tym, że jest on po prostu nieznany, a nie odrzucany. A także niejasny jest sposób jego przekazu. Młodzież nie neguje wszystkich zawartych w tym systemie wartości, choć oczywiście z niektórymi się nie zgadza, ale nie odbiega tu od części członków tego ruchu – paradoksalnie – również harcerze i instruktorzy nie akceptują wszystkich wartości tego systemu. Młodzież harcerstwa nie zna, brak działających drużyn w ich środowisku powoduje to, że harcerze stanowią dla młodych ludzi abstrakcyjną grupę. Młodzi ludzie nie wiedzą, czym są zbiórki, obozy czy biwaki. Wyobrażenie o harcerstwie jest bardzo powierzchowne, koncentruje się tylko na obrazowych opisach. Harcerstwo nie kojarzy się z tym, co jest w nim najważniejsze dla samych harcerzy i instruktorów – z przyjaźniami, przeżyciami, przygodami, uczeniem się zaradności, pewności siebie, rozwijaniem się.

Instruktorzy przyznają, że mają problemy z naborem do swoich drużyn. Problem jednak nie leży w rozumieniu czy wręcz odrzuceniu wartości proponowanych przez harcerstwo, a raczej w dotarciu z ofertą do odbiorcy. Być może należałoby się także zastanowić, w jaki sposób dostosować ową ofertę do potrzeb odbiorców, nie zatracając przy tym podstawowych wartości i nie zmieniając metody harcerskiej. Jest to trudne zadanie, wymagające namysłu i rozważnego postępowania.

Realizując swoje idee – służbę, braterstwo – harcerstwo musi umieć odpowiadać na potrzeby społeczne, a także umieć się odnajdywać w systemie społecznym. Poszczególne organizacje dość dobrze radzą sobie z poruszaniem się w kwestiach formalnoprawnych i finansowych. Nauczyły się, jak skutecznie zdobywać środki, jak pisać dobre projekty, aby zdobyć dofinansowanie na ich realizację. Starają się współpracować z innymi organizacjami pozarządowymi – zarówno harcerskimi, jak i nieharcerskimi – choć według relacji instruktorów współpraca ta nie jest doskonała. Przy czym pozytywnym zjawiskiem jest to, że im niższy szczebel organizacyjny, tym ta współpraca jest lepsza i skuteczniejsza, a także – że wynika ona z potrzeb konkretnych środowisk harcerskich. Niepokoi natomiast, że na szczeblach centralnych współpraca ta jest oceniana niedobrze, jako pokazowa, nieprawdziwa.

Prawie wszyscy instruktorzy są zgodni co do tego, że wartości i ideały proponowane przez ruch harcerski sprzyjają potrzebom społecznym wynikającym z budowania społeczeństwa obywatelskiego w Polsce. Działalność w organizacjach harcerskich jest przez nich traktowana jako swego rodzaju praktyczna szkoła obywatelskości. Harcerstwo nie tylko uczy, jak funkcjonować w społeczeństwie obywatelskim, lecz także kształci jednostki zaradne życiowo, aktywne, otwarte na potrzeby innych i swojego środowiska – co potwierdzają instruktorzy, opisując wpływ, jaki harcerstwo wywarło na ich życie zawodowe i prywatne.

Program wychowawczy proponowany przez organizacje harcerskie realizuje w swoich założeniach wartości, ideały oraz odpowiada metodzie harcerskiej. Równocześnie programy konstruowane na poziomie organizacji starają się odpowiadać na aktualne potrzeby społeczne. Jednak zgodnie z zasadą dobrowolności, a także uwzględniając indywidualizm – programy te nie są narzucane odgórnie, a jedynie stanowią propozycję, która może zostać wykorzystana w pracy drużyn. Warto zaznaczyć, że oferta programowa jest bardzo różnorodna, aby każdy mógł znaleźć coś dla siebie, mógł realizować swoje pasje i rozwijać zainteresowania.

Zastanawiając się nad czynnikami, jakie wpłynęły na trwałość harcerstwa, instruktorzy podają dwie odpowiedzi – pierwsza z nich to niezmienne zasady i wartości. Trwały szkielet, który daje poczucie bezpieczeństwa przez wyznaczanie jasnych zasad postępowania, możliwość budowania własnej tożsamości – to zalety, jakie daje stały system wartości, i jednocześnie to, co zapewnia, że harcerstwo działa i funkcjonuje już od 100 lat. Drugim istotnym czynnikiem są ludzie – ci, którzy te zasady wypełniają treścią, czynami. To od nich zależy, jak harcerstwo będzie wyglądać, jak będzie funkcjonować i w jakim kierunku zmierzać. Bez ludzi ruch harcerski nie byłby ruchem, same zasady byłyby suchym spisem norm i reguł. Ten drugi, ludzki czynnik powoduje też, że właśnie dziś harcerstwo staje przed koniecznością określenia się na nowo – ludzie się zmieniają i harcerstwo też powinno się zmieniać – ale musi pamiętać, że zmieniać może się tylko w określonych ramach – takich, jakie wyznaczają określone wartości i ideały.

Od jakości kształcenia kadry zależy kształt przyszłego harcerstwa. Instruktorzy sami przyznają, że największym problemem środowisk harcerskich jest kadra – jej braki, niedostateczne kształcenie, niska jakość szkoleń, brak czasu, a także migracje. Wszystko to powoduje małą stabilność środowisk harcerskich. Stwarza także konieczność wypracowania nowych metod postępowania z kadrą, nowych metod szkolenia, schematów obejmowania funkcji. Problemy z kadrą powodują problemy z liczebnością środowisk, co przekłada się na całość działania organizacji harcerskich – liczebność tych organizacji jest niska, w większości przypadków nadal maleje. Stawia to środowiska harcerskie przed koniecznością odpowiedzi na pytanie – jakie ma być przyszłe harcerstwo, do kogo skierowane, kogo chce obejmować i w jaki sposób działać.

Dobre szkolenie kadry, odpowiadające potrzebom zarówno poszczególnych organizacji, jak i samej kadry, może podnieść jakość pracy w drużynach. Im więcej dobrych drużyn, tym więcej młodych ludzi zostanie ogarniętych wpływem idei harcerskiej i tym więcej osób niezrzeszonych będzie miało pozytywny obraz harcerstwa.

Odpowiadając na główne pytanie postawione w tej pracy – jaka jest rola oraz jakie jest miejsce ruchu harcerskiego w nowej rzeczywistości społecznej – trudno udzielić jednoznacznej odpowiedzi. Harcerstwo nadal powinno wychowywać, jednak wydaje się, że swoją ofertę powinno kierować do określonych grup młodych ludzi. Młodzież jest teraz bardzo zróżnicowana i nie wszystkim odpowiada taki system wartości i taki sposób działania, jaki oferuje harcerstwo. Powinno ono zatem propagować siebie jako organizację wszechstronnie rozwijającą osobowość – zarówno pod względem psychicznym, fizycznym, jak i duchowym. Działalność harcerstwa daje także konkretne umiejętności praktyczne, które jednostka może potem wykorzystać w swoim życiu – w szkole, w pracy. Harcerstwo powinno także być – jak to wcześniej zostało określone – szkołą obywatelskości. Wydaje się, że tu ma największe pole działania – kształcić aktywne jednostki, które potrafią zauważać problemy swojego środowiska lokalnego i przejawiają inicjatywę w ich rozwiązywaniu.

Co czeka ruch harcerski w przyszłości – trudno jest to przewidzieć, bo harcerstwo tworzą ludzie, a jeśli ludzie się zmieniają, zmienia się także harcerstwo. Pewne jest to, że dziś należy zaakceptować taki stan, jaki jest – pluralizm organizacyjny – i próbować wykorzystać jego dobre strony. Uczyć się współpracy, korzystać z doświadczeń innych, pomagać sobie, podejmować wspólne przedsięwzięcia. Być może, idąc za postulatem części instruktorów, warto pomyśleć o wypracowaniu wspólnego modelu przedstawicielstwa wobec zewnętrznych instytucji. **Razem, ale osobno** – to kwintesencja tych wypowiedzi. Razem wobec społeczeństwa, państwa i innych organizacji. Osobno – bo różnie pod względem programowym, a nawet częściowo i ideowym. Wszakże zarówno metoda, którą posługiwało się harcerstwo przed prawie wiekiem, uległa niewielkim przemianom, jak i metoda, którą posługują się teraz poszczególne organizacje, jest tą samą metodą harcerską. Inaczej sformułowaną, inaczej interpretowaną, ale w swych podstawach taką samą. Podobnie wartości, na jakich opiera się działalność dzisiejszych organizacji harcerskich, mają swe stałe i niezmienne korzenie w wartościach tego ruchu sprzed 100 lat. Owa stałość może stanowić siłę harcerstwa, a także być podstawą do stworzenia wspólnej federacji czy związku stowarzyszeń.

Co ruch harcerski może zrobić, aby ponownie zaistnieć na społecznym forum? Przede wszystkim musi sobie odpowiedzieć na pytanie, czy tego chce. Czy celem jest rozpoznawalność społeczna? Czy chce być ruchem o szerokim zasięgu, czy też małym o lokalnym znaczeniu? Jeśli chce być ruchem widocznym i znaczącym, to zgodnie z wymogami współczesnego rynku należy się promować. Ale promować się w trochę innym niż marketingowym znaczeniu – robić to, co od dawna harcerstwo robi – **robić dobry skauting**, czyli dawać dobry przykład, być tam, gdzie jest się potrzebnym, mobilizować podopiecznych do stałego rozwijania się i doskonalenia. Metoda harcerska jest na tyle doskonała, że dobrze stosowana będzie wystarczająco skutecznym narzędziem promocji. Należy jednak pamiętać, że metoda, zgodnie z postulatem **naturalności oddziaływań**, opiera się na potrzebach młodych ludzi – jeśli nie będą one uwzględnione, to stosowanie metody nie będzie skuteczne. Aby uwzględnić owe potrzeby, kadra musi mieć świadomość potrzeb środowiska młodych ludzi.

Jednak środowisko to nie tylko młodzi ludzie – potencjalni kandydaci do gromad zuchowych czy drużyn harcerskich. To także przestrzeń życia dzieci i młodzieży – środowisko lokalne. Aby owo środowisko lokalne uczynić dla nich środowiskiem wychowawczym, harcerstwo nie może być oderwane od potrzeb tego środowiska. Drużyna jest nieodłączną jego częścią – szkoły czy osiedla, miasta czy wsi. Harcerstwo może się skutecznie wpisać w postulat budowania **małych ojczyzn** tylko wtedy, kiedy będzie brać pod uwagę specyfikę tych obszarów. Może pomóc budować więzi, poszukiwać tradycji, współtworzyć społeczność.

Świat stale się zmienia i przemiany te – we wszystkich obszarach życia – są coraz szybsze. Należy się zastanowić, czy postulat ciągłego dostosowywania się do zmieniających się warunków, postulat elastyczności metody harcerskiej, nie jest teraz najważniejszy, gdyż szybkie tempo życia i przemian społecznych wymóc może na ruchu harcerskim konieczność dynamicznego reagowania na owe zmiany. Jeśli harcerstwo chce nadal być ruchem zrzeszającym liczną i zauważalną społecznie grupę, być może musi podjąć takie wyzwanie. Oznacza to, że powinno być bardzo czułe na punkcie zmian potrzeb młodzieży, a także młodych ludzi, którzy stanowią kadrę organizacji, zmieniającego się rynku pracy, wymogów życia społecznego. Niejako musi wyczuwać nadchodzące przemiany, umieć przewidywać i aktywnie poszukiwać nowych rozwiązań, nie zapominając jednocześnie o swoich niezmiennych i tradycyjnych podstawach. Harcerstwo ma zdecydowaną przewagę nad wieloma propozycjami dla młodych ludzi – odwołując się do stabilnego systemu wartości, zakorzenionego w tradycji, a także do samej tradycji, daje młodym ludziom poczucie zakorzenienia, poczucie tożsamości, które dziś w zabieganym świecie jest bardzo ważne i może się stać panaceum na pośpiech, ciągłe zmiany, dezorientację.

Co zrobić, aby harcerstwo trwało? Należy – jak już to zostało wcześniej napisane – **robić dobry skauting**. Jak to robić? Działając zgodnie z metodą harcerską i stosując ją w sposób przemyślany. Będąc instruktorem **spłacać dług**, wychowując kolejne pokolenia harcerzy. Czy każdy może być harcerzem? Nie, nie ma takiej potrzeby, harcerstwo jest dla tych, którzy chcą żyć według określonych zasad i przyjąć pewien styl życia.

Czy warto całym życiem pełnić służbę...? Odpowiedź wydaje się jedna – warto, ale trzeba robić to świadomie i z pełną konsekwencją przyjętych na siebie zobowiązań.

Bibliografia

2008 – rok pracy nad sobą, http://100lecie.zhp.pl/Rok-Pracy-Nad-Sob%C4%85.html, dostęp: 27.01.2014.
100 Program, ZHP, http://www.100lecie.zhp.pl, dostęp: 8.01.2009.
Ambrożewicz P., *O metodzie harcerskiej*, „Czuwaj" 2001, nr 1–6 (cykl artykułów).
Ambrożewicz P., *O metodzie harcerskiej (5)*, „Czuwaj" 2001, nr 6.
Babbie E., *Badania społeczne w praktyce*, przeł. W. Betkiewicz *et al.*, WN PWN, Warszawa 2004.
Baden-Powell R., *Wskazówki dla skautmistrzów. Podręcznik teorii wychowania skautowego dla drużynowych*, przeł. B. Białostocka, Ares, Warszawa 1991.
Batko A., *Podstawy wiedzy o społeczeństwie*, Zamiast Korepetycji, Kraków 1996.
Binasiak M., *Nie tylko Grodecka, czyli metoda harcerska wczoraj i dziś*, „Czuwaj" 2009, nr 1.
Błażejewski W., *Z dziejów harcerstwa polskiego (1910–1939)*, MAW, Warszawa 1985.
Boczoń J., Toczyński W., Zielińska A., *Ubóstwo jako zjawisko społeczne oraz przedmiot pracy socjalnej* [w:] T. Pilch, I. Lepalczyk (red.), *Pedagogika społeczna. Człowiek w zmieniającym się świecie*, Żak, Warszawa 1995.
Bojko K., *Program harcerstwa polskiego – diagnoza sytuacji polskiej młodzieży*, „Instruktor" 2000–2001, nr 58–60.
Bojko K., *Program harcerstwa polskiego – drogi osiągania wartości (metody)*, „Instruktor" 2001, nr 60.
Bokacki R., *Trzeba się przyjrzeć fundamentom harcerstwa*, „W Instruktorskim Kręgu" 2000, nr 2.
Bokszański Z. *et al.* (red.), *Encyklopedia socjologii*, t. 1: *A–J*, Oficyna Naukowa, Warszawa 1998.
Bokszański Z. *et al.* (red.), *Encyklopedia socjologii*, t. 2: *K–N*, Oficyna Naukowa, Warszawa 1999.
Bokszański Z. *et al.* (red.), *Encyklopedia socjologii. Suplement*, Oficyna Naukowa, Warszawa 2005.
Borkowska-Pastwa E., *Program Nieborak*, http://nieborak.zhr.pl/program.php, dostęp: 23.10.2013.
Borodzik F., *O nas*, http://www.zhr.pl/naczelnictwo/o_nas.php, dostęp: 3.01.2007.
Bouchet H., *Skauting i indywidualność*, przeł. M. Ziembińska, Wyd. Drogowskazów, Warszawa 1998 (wyd. I – 1938).
Burska J., Słysz L., *Analiza funkcjonowania organizacji młodzieżowych na przykładzie harcerstwa*, UW, Warszawa 1985.
CBOS, *Młodzież 2003*, „Opinie i Diagnozy" 2004, nr 2.

Cekiera C., *Zagrożenia dzieci i młodzieży w środowisku wychowawczym* [w:] S. Kawula, H. Machel (red.), *Podkultury młodzieżowe w środowisku szkolnym i pozaszkolnym*, Wyd. Adam Marszałek, Gdańsk – Toruń 1995.

Ciapała I., *Rola wychowawcza ZHP w opinii społecznej*, Wyd. Radia i Telewizji, Warszawa 1979.

Ciesiołkiewicz A., *Organizacje społeczne jako środowisko edukacyjne* [w:] W. Theiss (red.), *Mała ojczyzna – kultura, edukacja, rozwój lokalny*, Żak, Warszawa 2001.

Côte-Jallade M., *Młodzieńczość – trud istnienia*, przeł. M. Przylipiak, GWP, Gdańsk 1995.

Czopowicz S., *KIHAM. Zarys wydarzeń, wybór dokumentów i relacji*, Wyd. Drogowskazów Głównej Kwatery Harcerzy ZHR – Wyd. Trifolium Głównej Kwatery Harcerek ZHR, Warszawa 1998.

Dekret z dnia 5 sierpnia 1949 r. o zmianie niektórych przepisów prawa o stowarzyszeniach, Dz.U. z 1949 r. Nr 45, poz. 335.

Dolata R. et al., *Młodzi obywatele. Wyniki międzynarodowych badań młodzieży*, Wyd. UW, Warszawa 2004.

Dolata R., Koseła K., *Opis próby, procedur i narzędzi badawczych* [w:] R. Dolata et al., *Młodzi obywatele. Wyniki międzynarodowych badań młodzieży*, Wyd. UW, Warszawa 2004.

Domański H., *Ewolucja elementów kształtujących strukturę społeczną w warunkach transformacji systemowej* [w:] J. Auleytner et al., *Społeczeństwo polskie wobec wyzwań transformacji systemowej*, Elipsa, Warszawa 1998.

Dylus A., Broda-Wysocki P., *Społeczeństwo obywatelskie a nierówności społeczne*, KBN, http://kbn.icm.edu.pl/pub/kbn/eureka/0111/26.html, dostęp: 26.01.2014.

Dzieci i młodzież o sobie. Ocena rodziny i szkoły. Sprawy ważne aktualnie i dążenia na przyszłość, OBOP, Warszawa 1998.

Fatyga B., *Dzicy z naszej ulicy. Antropologia kultury młodzieżowej*, OBM ISNS UW, Warszawa 1999.

Fatyga B., *Polska młodzież w okresie przemian* [w:] M. Marody (red.), *Wymiary życia społecznego. Polska na przełomie XX i XXI wieku*, Scholar, Warszawa 2004.

Fietkiewicz O. (red.), *Leksykon harcerstwa*, MAW, Warszawa 1988.

Filipiak M., *Polska młodzież lat 90-tych XX wieku: kontestacja czy przystosowanie?* [w:] M. Filipiak (red.), *Subkultury młodzieżowe wczoraj i dziś*, WSSG, Tyczyn 2001.

Filipiak M. (red.), *Subkultury młodzieżowe wczoraj i dziś*, WSSG, Tyczyn 2001.

Gajdziński M., *Harcerski system wychowania*, NWH, Warszawa 2011.

Giza-Poleszczuk A., *Brzydkie kaczątko Europy, czyli Polska po czternastu latach transformacji* [w:] M. Marody (red.), *Zmiana czy stagnacja? Społeczeństwo polskie po czternastu latach transformacji*, Scholar, Warszawa 2004.

Glass A., *Harcerstwo dziś i jutro*, Wyd. Drogowskazów, Warszawa 1998.

Górecka H., *Włączanie organizacji pozarządowych do systemu zabezpieczeń społecznych w aspekcie zasady pomocniczości (subsydiarności) państwa* [w:] S. Kawula, A. Przecławska, E. Marynowicz-Hetka (red.), *Pedagogika społeczna w perspektywie europejskiej*, Kastalia – Katedra Pedagogiki Społecznej UWM, Olsztyn 2003.

Griese H.M., *Socjologiczne teorie młodzieży*, przeł. J. Dąbrowski, Impuls, Kraków 1996.

Grodecka E., *O metodzie harcerskiej i jej stosowaniu*, Horyzonty, Warszawa 1997 (wyd. I – 1936).

Gubernat-Bąkowska M., *Skąd się wzięły zuchy*, http://www.czuwaj.pl/wiecej.php?news=77, dostęp: 26.01.2014.
Gumkowska M., Herbst J., *Podstawowe fakty o organizacjach pozarządowych. Raport z badania 2006*, Warszawa 2006, http://civicpedia.ngo.pl/files/civicpedia.pl/public/raporty/faktyNGO2006_last.pdf, dostęp: 26.01.2014.
Gutkowski M., *Metoda bez ducha jest jak armia bez ojczyzny*, „Instruktor" 2001, nr 61.
Gwozda M., *Badania opinii publicznej o młodzieży końca dekady 1990–2000* [w:] M. Filipiak (red.), *Subkultury młodzieżowe wczoraj i dziś*, WSSG, Tyczyn 2001.
Harcerskie ideały – Uchwała Rady Naczelnej ZHP nr 33 z 22 lutego 1997 r., komentarz do Prawa i Przyrzeczenia Harcerskiego, http://www.zhp.pl, dostęp: 3.06.2006.
Harcerskie Ochotnicze Pogotowie Ratunkowe, http://hopr.zhr.pl, dostęp: 21.10.2013.
Harcerskie Ochotnicze Pogotowie Ratunkowe, http://hopr.zhr.pl/index.php/hopr, dostęp: 8.01.2009.
Harcerski Ruch Ochrony Środowiska, http://www.hros.mazury.pl/ogolnie.htm, dostęp: 10.01.2007.
Hillebrandt B., *Polskie organizacje młodzieżowe XIX i XX wieku*, MAW, Warszawa 1986.
Herbst J., Przewłocka J., *Podstawowe fakty o organizacjach pozarządowych. Raport z badania 2010*, Stowarzyszenie Klon/Jawor, Warszawa 2011, http://civicpedia.ngo.pl/files/civicpedia.pl/public/raporty/podstawowefakty_2010.pdf, dostęp: 16.10.2013.
http://bazy.ngo.pl/search/info.asp?id=3822&p=daneInne, dostęp: 4.01.2007.
HOPR – cele i działania, http://hopr.zhr.pl/index.php/hopr/cele-i-dziaania, dostęp: 27.01.2014.
Inicjatywy młodzieżowe, http://www.sh.org.pl/inicjatywy-m322odzie380owe.html, dostęp: 20.10.2013.
Janowski A., *Umieć się różnić*, Juka, Warszawa 2001.
Kamiński A., *Analiza teoretyczna polskich związków młodzieży do połowy XIX wieku*, PWN, Warszawa 1971.
Kamiński A., *Funkcje pedagogiki społecznej. Praca socjalna i kulturalna*, PWN, Warszawa 1975.
Kamiński A., *Nauczanie i wychowanie metodą harcerską*, ZHR, Warszawa 2001 (wyd. I – 1948).
Kamiński A., *Polskie związki młodzieży 1804–1831*, PWN, Warszawa 1963.
Kamiński A., *Polskie związki młodzieży 1831–1848*, PWN, Warszawa 1968.
Kamiński A., *Prehistoria polskich związków młodzieży*, PWN, Warszawa 1959.
Kamiński A., *Środowisko wychowawcze – kłopoty definicyjne*, „Ruch Prawniczy, Ekonomiczny i Socjologiczny" 1974, nr 4.
Kargulowa A., *Kilka uwag na temat przesłanek metodologicznych pedagogiki społecznej (relacja jednostka – środowisko)* [w:] E. Marynowicz-Hetka, J. Piekarski, E. Cyrańska (red.), *Pedagogika społeczna jako dyscyplina akademicka. Stan i perspektywy*, UŁ, Łódź 1998.
Karta skautingu europejskiego, http://skauci-europy.pl/o-nas/dokumenty-podstawowe-symbolika/karta-skautingu-europejskiego, dostęp: 27.01.2014.
Kawula S., *Brutalizacja życia w świetle teorii społecznego naznaczenia – fenomen polskiej transformacji* [w:] T. Frąckowiak (red.), *Arytmia egzystencji społecznej a wychowanie*, Fundacja „Innowacja" – WSSE, Warszawa 2001.

Kawula S., *Kwestia ubóstwa i bezrobocia a modele pomocniczości w pracy socjalnej* [w:] S. Kawula, E. Marynowicz-Hetka, A. Przecławska (red.), *Pedagogika społeczna w perspektywie europejskiej*, Kastalia – Katedra Pedagogiki Społecznej UWM, Olsztyn 2003.

Kiciński K., *Młodzież wobec problemów polskiej demokracji*, LTW, Warszawa 2001.

Kochanowicz J., *Kapitalizm i społeczeństwo obywatelskie*, http://www.ceo.org.pl/pl/edukacja-prawna-i-obywatelska/news/jacek-kochanowicz-kapitalizm-i-spoleczenstwo-obywatelskie, dostęp: 27.01.2014.

Komentarz do Przyrzeczenia i Prawa Harcerskiego dla harcerzy i harcerek Związku Harcerstwa Rzeczypospolitej – przyjęty przez Radę Naczelną ZHR uchwałą nr 77/1 w dniu 26.11.2005 r., http://www.zhr.pl, dostęp: 3.06.2006.

Komisja Rewizyjna Związku, http://www.zhr.pl/naczelnictwo/krz.php, dostęp: 2.01.2007.

Koseła K., *Młodzi obywatele – podsumowanie* [w:] R. Dolata et al., *Młodzi obywatele. Wyniki międzynarodowych badań młodzieży*, Wyd. UW, Warszawa 2004.

Koseła K., *Postawy nastolatków wobec narodu* [w:] R. Dolata et al., *Młodzi obywatele. Wyniki międzynarodowych badań młodzieży*, Wyd. UW, Warszawa.

Kotarbiński T., *Kurs logiki dla prawników*, PWN, Warszawa 1963.

Kotarbiński T., *Traktat o dobrej robocie*, Ossolineum, Wrocław 1969.

Kozłowski C. (oprac.), *Słownik organizacji młodzieżowych w Polsce 1918–1970*, Iskry, Warszawa 1971.

Kret U. (red.), *My harcerki z ZHR*, Trifolium, Warszawa 1998.

Krzanowski A., *Trwałość i ciągłość harcerskiego wychowania* [w:] E. Marynowicz-Hetka, J. Piekarski, E. Cyrańska (red.), *Pedagogika społeczna jako dyscyplina akademicka. Stan i perspektywy*, UŁ, Łódź 1998.

Ku pełni życia, http://pelnia.zhr.pl, dostęp: 8.01.2009.

Kultura w 2004, GUS, http://www.stat.gov.pl/gus/5840_9091_PLK_HTML.htm, dostęp: 5.02.2006.

Kurowska-Branderburska I., *Dzielność u progu XXI wieku*, materiały na konferencję Rady Naczelnej ZHP „Rola i miejsce harcerstwa w czasach kryzysu wartości i wychowania", Warszawa, 6 marca 2004, materiały niepublikowane.

Lalak D., *Teoretyczny i praktyczny sens metody indywidualnych przypadków* [w:] T. Pilch, I. Lepalczyk (red.), *Pedagogika społeczna. Człowiek w zmieniającym się świecie*, Żak, Warszawa 1995.

Lalak D., Pilch T. (red.), *Elementarne pojęcia pedagogiki społecznej i pracy socjalnej*, Żak, Warszawa 1999.

Laskowski W., *Metoda harcerska i jej stosowanie*, http://prasa.zhp.pl/archiwum/c20010708/24.html, dostęp: 26.01.2014.

Lempert M., *Harcerstwo elitarne czy wychowujące elitę?*, „Czuwaj" 2003, nr 1.

Lepalczyk I., *Rola stowarzyszeń społecznych w edukacji ustawicznej społeczeństwa*, „Chowanna" 1982, z. 4.

LS-Drzewo Pokoju, http://www.ls-dp.prv.pl, dostęp: 8.03.2009.

Łaba J., Binasiak M., Kocher A., Nowak T., *Jaki program ZHP? – materiał do dyskusji instruktorskich na temat programu wychowawczego ZHP*, http://dokumenty.zhp.pl/pliki/zalcznik_20070527_232801_jaki_program_zhp-_tezy_do_dyskusji.doc, dostęp: 27.01.2014.

Małkowska O., *Andrzej Małkowski*, Zespół Historyczny GK ZHP, Warszawa 1985.
„Mały Rocznik Statystyczny Polski 2002", GUS, Warszawa 2002.
Manstead A.S.R., Hewstone M., Fiske S.T. (red.), *Psychologia społeczna. Encyklopedia Blackwella*, przeł. A. Bieniek *et al.*, Wyd. Jacek Santorski, Warszawa 2001.
Mapa ZHP – procent członków ZHP w populacji osób w wieku od 7 do 24 lat, http://badania.zhp.pl/index.php/aktualnosci-czytaj/items/100.html, dostęp: 2.01.2007.
Marshall G. (red.), *Słownik socjologii i nauk społecznych*, przeł. A. Kapciak *et al.*, WN PWN, Warszawa 2004.
Martowicz Z., Sowa J., *Metodyka wychowania w ZHP*, Wyd. Uczelniane WSP, Rzeszów 1984.
Melosik Z., *Młodzież a przemiany kultury współczesnej* [w:] T. Frąckowiak (red.), *Arytmia egzystencji społecznej a wychowanie*, Fundacja „Innowacja" – WSSE, Warszawa 2001.
Michułowicz J., Pionk M., *Zarys metodyki wychowania w Związku Harcerstwa Polskiego*, UŚ, Katowice 1979.
Mika S., *Psychologia społeczna*, PWN, Warszawa 1981.
Ministerstwo Pracy i Polityki Społecznej, http://www.mpips.gov.pl/spoleczenstwo-obywatelskie, dostęp: 26.01.2014.
Mirowski S., *Styl życia*, Horyzonty, Warszawa 1997.
Misztal W., *Demokracja lokalna w Polsce*, „Rocznik Lubuski" 2003, t. 29, cz. 1.
Mroczek A., *Wsparcie społeczne w środowisku lokalnym* [w:] W. Theiss (red.), *Mała ojczyzna – kultura, edukacja, rozwój lokalny*, Żak, Warszawa 2001.
Muszyński H. (red.), *Podstawy wychowania w ZHP*, Wyd. Uczelniane WSP, Bydgoszcz 1984.
Niezależny Krąg Instruktorów Harcerskich „Leśna Szkółka", http://nkihls.pl/zasiewy/NKIH%202013.pdf, dostęp: 20.10.2013.
Nocuń A.W., *Teoretyczne podstawy pracy kulturalno-oświatowej* [w:] T. Pilch, I. Lepalczyk (red.), *Pedagogika społeczna. Człowiek w zmieniającym się świecie*, Żak, Warszawa 1995.
Nowicka E., *Świat człowieka – świat kultury*, WN PWN, Warszawa 2000.
Odznaka Olimpijska WAGGGS – regulamin, materiały wewnętrzne ZHP.
Olechnicki K., Załęcki P., *Słownik socjologiczny*, Graffiti BC, Toruń 1997.
Opinie o wpływie telewizji i innych instytucji na młodzież, OBOP, Warszawa 2001.
Osiatyński W., *Odrodzenie społeczeństwa obywatelskiego*, „Wiedza i Życie" 1996, nr 9, http://archiwum.wiz.pl/1996/96094100.asp, dostęp: 24.03.2006.
Osiatyński W., *Wzlot i upadek społeczeństwa obywatelskiego w Polsce*, „Wiedza i Życie" 1996, nr 10, http://archiwum.wiz.pl/1996/96103900.asp, dostęp: 24.03.06.
Pamuła P., *Metoda harcerska w wychowaniu młodzieży*, http://www.zhp.org.pl, dostęp: 30.08.2004.
Pietrzyk-Reeves D., *Idea społeczeństwa obywatelskiego*, Wyd. UWr, Wrocław 2004.
Pietrzyk-Reeves D., *Społeczeństwo obywatelskie* [w:] B. Szlachta (red.), *Słownik społeczny*, Wyd. WAM, Kraków 2004.
Pilch T., *Agresja i nietolerancja jako mechanizmy zagrożenia ładu społecznego* [w:] T. Pilch, I. Lepalczyk (red.), *Pedagogika społeczna. Człowiek w zmieniającym się świecie*, Żak, Warszawa 1995.
Pilch T., *Grupa rówieśnicza jako środowisko wychowawcze* [w:] T. Pilch, I. Lepalczyk (red.), *Pedagogika społeczna. Człowiek w zmieniającym się świecie*, Żak, Warszawa 1995.

Pilch T., *Metoda organizowania środowiska* [w:] T. Pilch, I. Lepalczyk (red.), *Pedagogika społeczna. Człowiek w zmieniającym się świecie*, Żak, Warszawa 1995.
Pilch T. (red.), *Encyklopedia pedagogiczna XXI wieku*, t. 1, Żak, Warszawa 2003.
Pilch T. (red.), *Encyklopedia pedagogiczna XXI wieku*, t. 2, Żak, Warszawa 2003.
Pilch T. (red.), *Encyklopedia pedagogiczna XXI wieku*, t. 3, Żak, Warszawa 2004.
Pionk M., *Harcerski system wychowawczy*, ZO ZNP, Katowice 1972.
Podstawowe dane o stowarzyszeniach, podobnych organizacjach społecznych, fundacjach oraz społecznych podmiotach wyznaniowych działających w 2010 roku (SOF-1) – wstępne wyniki, GUS, http://www.stat.gov.pl/gus/5840_13978_PLK_HTML.htm, dostęp: 27.01.2014.
Podstawowe fakty o organizacjach pozarządowych – raport z badania 2002, Stowarzyszenie Klon/Jawor, Warszawa 2002.
Podstawowe zasady wychowania harcerskiego w ZHR, Naczelnictwo Związku Harcerstwa Rzeczypospolitej, http://www.zhr.pl/wp-content/uploads/2013/12/Podstawowe-zasady-wychowania-harcerskiego-w-ZHR.pdf, dostęp: 26.01.2014.
Pomykało W. (red.), *Encyklopedia pedagogiczna*, Fundacja „Innowacja", Warszawa 1993.
Porowski M., *Organizacje pozarządowe w instytucjonalnej strukturze państwa* [w:] T. Pilch, I. Lepalczyk (red.), *Pedagogika społeczna. Człowiek w zmieniającym się świecie*, Żak, Warszawa 1995.
Przecławska A., *Bóg, honor i ojczyzna w recepcji współczesnej młodzieży – refleksje pedagoga* [w:] M. Dudzikowa, M. Czerepaniak-Walczak (red.), *Wychowanie. Pojęcia – procesy – konteksty. Interdyscyplinarne ujęcie*, t. 4, GWP, Gdańsk 2008.
Przecławska A., *Młodzi Polacy po dziesięciu latach – próba refleksji* [w:] T. Lewowicki (red.), *„Gorące" problemy edukacji w Polsce. Ekspertyzy i opinie*, KNP PAN – WSP ZNP, Warszawa 2007.
Przecławska A., *Przestrzeń życia człowieka – między perspektywą mikro a makro* [w:] A. Przecławska, W. Theiss (red.), *Pedagogika społeczna – pytania o XXI wiek*, Żak, Warszawa 1999.
Przecławska A., Rowicki L., *Młodzi Polacy u progu nadchodzącego wieku*, Żak, Warszawa 1997.
Przesłanie dla Harcerstwa Drugiego Stulecia, http://www.harcerstwo2stulecia.pl/?o--fundacji,1, dostęp: 20.10.2013.
Przyrzeczenie harcerskie, http://skauci-europy.pl/o-nas/dokumenty-podstawowe-symbolika/przyrzeczenie-harcerskie, dostęp: 20.10.2013.
Przewłocka J., Adamiak P., Herbst J., *Podstawowe fakty o organizacjach pozarządowych. Raport z badania 2012*, Stowarzyszenie Klon/Jawor, Warszawa 2013, http://www.ngo.pl/PodstawoweFakty_2012_raport/#/1, dostęp: 16.10.2013.
Raport o niektórych zjawiskach związanych z działalnością sekt w Polsce, Międzynarodowy Zespół do Spraw Nowych Ruchów Religijnych MSWiA, Warszawa 2000, http://www.ipsir.uw.edu.pl/UserFiles/File/Katedra_Socjologii_Norm/TEKSTY/raport_MSWiA_o_sektach.pdf, dostęp: 5.02.2006.
Reber A.S., *Słownik psychologii*, przeł. B. Janasiewicz-Kruszyńska *et al.*, Scholar, Warszawa 2000.

Roczne sprawozdanie merytoryczne z działalności organizacji pożytku publicznego za rok 2011, http://skauci-europy.pl/upload/sprawozdania/sprawozdanie-merytoryczne-skauci-europy-2011.pdf, dostęp: 23.10.2013.
Roczne sprawozdanie merytoryczne z działalności organizacji pożytku publicznego za rok 2012, http://sprawozdania.zhp.pl/id-2012-r.644.html, dostęp: 16.10.2013.
Roczne sprawozdanie merytoryczne z działalności organizacji pożytku publicznego za rok 2012, http://sprawozdaniaopp.mpips.gov.pl/Search/Print/14523?reporttypeId=1, dostęp: 20.10.2013.
Roczne sprawozdanie merytoryczne z działalności organizacji pożytku publicznego za rok 2012, http://sprawozdaniaopp.mpips.gov.pl/Search/Print/13022?reporttypeId=1, dostęp: 20.10.2013.
Roczne sprawozdanie merytoryczne z działalności organizacji pożytku publicznego za rok 2012, http://sprawozdaniaopp.mpips.gov.pl/Search/Print/9399?reporttypeId=1, dostęp: 20.10.2013.
„Rocznik Statystyczny Rzeczypospolitej Polskiej 2013", GUS.
Rok regionów w ZHP, http://rokregionow.zhp.pl/o-roku-regionow.html, dostęp: 16.10.2013.
Rozporządzenie Rady Ministrów z dnia 2 grudnia 1985 r. w sprawie prowadzenia przez fundacje działalności gospodarczej, Dz.U. z 1985 r. Nr 57, poz. 293.
Rusiecka A., *Związek Harcerstwa Polskiego jako środowisko wychowawcze*, WSP, Słupsk 1990.
Rzepka M., *Zderzenie ze współczesnością*, http://miniportal.harcerski.pl/zderzenie-z-wspolczesnoscia.html, dostęp: 26.01.2014.
Sedlaczek S., *Geneza skautingu i harcerstwa*, HBW, Warszawa 1936.
Siciński A., *O idei społeczeństwa obywatelskiego*, „Wiedza i Życie" 1996, nr 6, http://archiwum.wiz.pl/1996/96063600.asp, dostęp: 22.03.06.
Sitek A., *Skauci Europy – nowa naszywka*, http://skauci-europy.pl/aktualnosci/skauci--europy-nowa-naszywka, dostęp: 23.10.2013.
Skauci Europy, http://skauci-europy.pl, dostęp: 27.01.2014.
Skrzaty, http://skrzaty.zhr.pl/index.php?option=com_content&task=view&id=12&Itemid=26, dostęp: 8.01.2009.
Słownik języka polskiego, t. 1, PWN, Warszawa 1988.
Sobkowiak U., *O metodzie harcerskiej rozważań ciąg dalszy*, „Harcerstwo" 1989, nr 2.
Sobkowiak U., *Przyswajanie treści ideowych Związku Harcerstwa Polskiego w toku działalności harcerzy w drużynie*, Wyd. Uczelniane WSP, Bydgoszcz 1980.
Sowa J., Niedzielski Z., *Metoda pracy harcerskiej w zarysie*, Fosze, Rzeszów 2003.
Spis harcerski 2007. Informacje ogólne, Wydział Badań i Analiz GK ZHP, http://www.spis2007.zhp.pl/wyswietl.php, dostęp: 9.02.2009.
Sprawozdanie merytoryczne Stowarzyszenia Harcerstwa Katolickiego „Zawisza". Federacja Skautingu Europejskiego za rok 2010, http://skauci-europy.pl/upload/sprawozdania/sprawozdanie_merytoryczne_FSE_2010.pdf, dostęp: 23.10.2013.
Statut Stowarzyszenia Harcerskiego, http://www.sh.org.pl/statut-stowarzyszenia.html, dostęp: 4.01.2007.
Statut SHK-Z FSE, http://skauci-europy.pl/o-nas/dokumenty-podstawowe-symbolika/statut-stowarzyszenia, dostęp: 27.01.2014.

Statut ZHP (tekst jednolity po zmianach uchwalonych przez XXXVII Zjazd ZHP), http://dokumenty.zhp.pl/pliki/glowny_20120829_101534_statut_zhp_-_29082012.pdf, dostęp: 27.01.2014.
Statut ZHR uchwalony przez I Walny Zjazd w dniach 1–2 kwietnia 1989 r., http://www.zhr.pl/wp-content/uploads/2013/12/statut_zhr.pdf, dostęp: 27.01.2014.
Strumska-Białko L., Pęcherzewska-Kaczmarek N., *Media a wychowanie*, „Edukacja i Dialog" 1997, nr 7.
Strzembosz T., *Szare szeregi jako organizacja wychowawcza*, IWZZ, Warszawa 1984.
Szacki J., *Wstęp. Powrót idei społeczeństwa obywatelskiego* [w:] J. Szacki (red.), *Ani książę, ani kupiec: obywatel*, Znak, Kraków 1997.
Szczęśliwe życie, OBOP, Warszawa 2003, http://obop-arch.tnsglobal.pl/archive-report/id/1462, dostęp: 27.01.2014.
Szewczuk W. (red.), *Słownik psychologiczny*, WP, Warszawa 1979.
Szkoły wyższe i ich finanse w 2004 r., GUS, http://www.stat.gov.pl/gus/5840_1177_PLK_HTML.htm, dostęp: 26.01.2014.
Szmagalski J., *Przewodzenie małym grupom. Działanie grupowe*, CAK, Warszawa 1998.
Szmagalski J., *Stowarzyszenie jako kategoria poznawcza i metoda pedagogiki społecznej* [w:] A. Przecławska (red.), *Pedagogika społeczna. Kręgi poszukiwań*, Żak, Warszawa 1996.
Szymański M., *Młodzież wobec wartości*, IBE, Warszawa 2000.
Śliwerski B., *Przyrzeczenie Harcerskie*, Impuls, Kraków 1994.
Świda-Ziemba H., *Młodzi w nowym świecie*, WL, Kraków 2005.
Świda-Ziemba H., *Obraz świata i bycia w świecie. Z badań młodzieży licealnej*, ISNS UW, Warszawa 2000.
Theiss W., *Radlińska*, Żak, Warszawa 1997.
Theiss W., Przecławska A., *Pedagogika społeczna – nowe zadania i szanse* [w:] A. Przecławska (red.), *Pedagogika społeczna. Kręgi poszukiwań*, Żak, Warszawa 1996.
Tradycja w życiu rodzinnym, OBOP, Warszawa 1994.
Turystyka w 2004 r., GUS, http://www.stat.gov.pl/gus/5840_1758_PLK_HTML.htm, dostęp: 27.01.2014.
Uchwała XXXVI Zjazdu ZHP z dnia 6 grudnia 2009 r. w sprawie obchodów 100-lecia harcerstwa, http://100lecie.zhp.pl/Uchwa%C5%82a-w-sprawie-obchod%C3%B3w-stulecia-harcerstwa.html, dostęp: 27.01.2014.
Uchwała XXXVII Zjazdu Nadzwyczajnego ZHP z dnia 4 grudnia 2011 r. w sprawie przyjęcia i trybu wprowadzenia Strategii rozwoju ZHP na lata 2012–2017, http://dokumenty.zhp.pl/pliki/glowny_20120510_141308_strategia_-_xxxvii_zjazd_nadzwyczajny_zhp.pdf, dostęp: 3.11.2013.
Ustawa z dnia 6 kwietnia 1984 r. o fundacjach, Dz.U. z 1984 r. Nr 21, poz. 97.
Ustawa z dnia 7 kwietnia 1989 r. Prawo o stowarzyszeniach, Dz.U. z 1989 r. Nr 20, poz. 104, z późn. zm. (Dz.U. z 2001 r. Nr 79, poz. 855; Dz. U. z 2003 r. Nr 96, poz. 874; Dz.U. z 2004 r. Nr 102, poz. 1055).
Wais, K. *Analiza spisu harcerskiego 2006 – informacje ogólne*, Wydział Badań i Analiz GK ZHP, http://www.spis2006.zhp.pl/wyswietl.php, dostęp: 2.01.2007.
Wakacje w Kirgistanie, http://www.misje.zhr.pl, dostęp: 8.01.2009.

Wawrzyński M., *Fundacje w Polsce*, Centrum Informacji dla Organizacji Pozarządowych BORDO, Warszawa 1997, http://osektorze.ngo.pl/files/osektorze.ngo.pl/public/pdf/Fundacje/fund_pol.pdf, dostęp: 26.01.2014.
Wciórka B., *Społeczeństwo obywatelskie 1998–2004*, „Opinie i Diagnozy" 2008, nr 1.
Winiarski M., *Funkcje organizacji i stowarzyszeń społecznych w środowisku lokalnym* [w:] T. Pilch, I. Lepalczyk (red.), *Pedagogika społeczna. Człowiek w zmieniającym się świecie*, Żak, Warszawa 1995.
Wiśniewska-Czaja A., *Bezrobocie jako zjawisko społeczne* [w:] S. Kawula, E. Martynowicz--Hetka, A. Przecławska (red.), *Pedagogika społeczna w perspektywie europejskiej*, Kastalia – Katedra Pedagogiki Społecznej UWM, Olsztyn 2003.
Wiśniewska H., *Gawędy Druhny Babci*, Horyzonty, Warszawa 2001.
Wożyczka M., *Elitarność jedyną szansą?*, „Czuwaj" 2003, nr 2.
Wroczyński R., *Pedagogika społeczna*, PWN, Warszawa 1974.
Wrzesień W., *Jednostka – rodzina – pokolenie*, WN UAM, Poznań 2003.
Wybrane statystyki dotyczące funkcjonowania organizacji pozarządowych w Polsce w roku 1998, http://wiadomosci.ngo.pl/files/civicpedia.pl/public/raporty/statystyki_98.pdf, dostęp: 26.01.2014.
Wydział Harcerski. Główna Kwatera ZHP, http://www.harcerze.zhp.pl, dostęp: 2.01.2007.
Wydział Zuchowy. Główna Kwatera ZHP, http://www.zuchy.zhp.pl, dostęp: 2.01.2007.
Wykształcenie – szansa na sukces czy przeżytek?, OBOP, Warszawa 2000.
Zasady harcerskiego wychowania, http://media.zhp.pl/harcerski-system-wychowawczy.html, dostęp: 26.01.2014.
Zielińska A., *Koncepcje obywatelstwa i planowana przez nastolatki aktywność w sferze publicznej* [w:] R. Dolata et. al., *Młodzi obywatele. Wyniki międzynarodowych badań młodzieży*, Wyd. UW, Warszawa 2004.
Zielińska A., *Opinie nastolatków o zadaniach ekonomicznych i socjalnych państwa* [w:] R. Dolata et al., *Młodzi obywatele. Wyniki międzynarodowych badań młodzieży*, Wyd. UW, Warszawa 2004.
Znaniecki F., *Socjologia wychowania*, t. 1: *Wychowujące społeczeństwo*, Książnica-Atlas, Warszawa 1928.
Związek Harcerstwa Polskiego, http://www.zhp.pl, dostęp: 12.12.2006.
Związek Harcerstwa Polskiego, http://media.zhp.pl/o-zhp.html, dostęp: 26.01.2014.
Związek Harcerstwa Rzeczypospolitej, http://www.zhr.pl, dostęp: 12.12.2006.

Spis schematów

Schemat 1. Organizacje mające wpływ na tworzenie się polskiego charakteru harcerstwa 23
Schemat 2. Miejsce teorii i metodyki wychowania harcerskiego w pedagogice ogólnej 42
Schemat 3. Elementy składowe pedagogiki harcerskiej 43
Schemat 4. Wzajemne powiązania poszczególnych elementów metody harcerskiej 73
Schemat 5. Metoda harcerska – jedna czy wiele? Analiza wariantów 74
Schemat 6. Relacje między kulturą a społeczeństwem 131

Spis tabel

Tabela 1. Porównanie elementów metody harcerskiej proponowanych przez różnych autorów przed 1989 r. 67

Tabela 2. Porównanie elementów metody harcerskiej proponowanych przez różnych autorów po 1989 r. 69

Tabela 3. Porównanie wartości zawartych w Prawie Harcerskim różnych organizacji harcerskich 148

Tabela 4. Porównanie postaw młodzieży i wartości zawartych w treści Prawa Harcerskiego 165

Tabela 5. Liczebność poszczególnych organizacji harcerskich w określonych województwach 175

Tabela 6. Procent zuchów i harcerzy (ze wszystkich organizacji) w stosunku do populacji ludzi młodych w wieku 7–24 lat 176

Tabela 7. Udział procentowy członków poszczególnych organizacji w badaniu ankietowym 181

Tabela 8. Rodzaj szkoły, do jakiej uczęszczają badani harcerze 182

Tabela 9. Teren działania drużyn w poszczególnych organizacjach (dane w %) 186

Tabela 10. Liczba przebadanych środowisk z danego poziomu drużyny (bez danych uzyskanych podczas badań w szkołach) 187

Tabela 11. Przynależność do organizacji uczestników wywiadu indywidualnego 190

Tabela 12. Rozkład badanych pod względem posiadanego stopnia instruktorskiego 190

Tabela 13. Rozkład stażu instruktorskiego w przedziałach w rozbiciu na organizacje 191

Tabela 14. Wiek badanych instruktorów 191

Tabela 15. Płeć uczestników wywiadu indywidualnego 192

Tabela 16. Wartości w Prawie Harcerskim w latach 1911–2006 198

Tabela 17. Odpowiedzi harcerzy (z podziałem na organizacje) dotyczące pracy z Prawem Harcerskim w drużynie (dane w %) ... 207

Tabela 18. Odpowiedzi harcerzy (z podziałem na organizacje)
dotyczące ich stosunku do Prawa Harcerskiego (dane w %) 208

Tabela 19. Postawy odpowiadające poszczególnym punktom
Prawa Harcerskiego oraz oczekiwane odpowiedzi badanych 209

Tabela 20. Interpretacja pierwszego punktu Prawa Harcerskiego –
odpowiedzi najczęściej udzielane przez harcerzy 213

Tabela 21. Interpretacja drugiego punktu Prawa Harcerskiego –
odpowiedzi najczęściej udzielane przez harcerzy 215

Tabela 22. Interpretacja trzeciego punktu Prawa Harcerskiego –
odpowiedzi najczęściej udzielane przez harcerzy 216

Tabela 23. Interpretacja czwartego punktu Prawa Harcerskiego –
odpowiedzi najczęściej udzielane przez harcerzy 218

Tabela 24. Interpretacja piątego punktu Prawa Harcerskiego –
odpowiedzi najczęściej udzielane przez harcerzy 219

Tabela 25. Interpretacja szóstego punktu Prawa Harcerskiego –
odpowiedzi najczęściej udzielane przez harcerzy 220

Tabela 26. Interpretacja siódmego punktu Prawa Harcerskiego –
odpowiedzi najczęściej udzielane przez harcerzy 222

Tabela 27. Interpretacja ósmego punktu Prawa Harcerskiego –
odpowiedzi najczęściej udzielane przez harcerzy 223

Tabela 28. Interpretacja dziewiątego punktu Prawa Harcerskiego –
odpowiedzi najczęściej udzielane przez harcerzy 224

Tabela 29. Interpretacja dziesiątego punktu Prawa Harcerskiego –
odpowiedzi najczęściej udzielane przez harcerzy 226

Tabela 30. Porównanie odpowiedzi interpretujących przez harcerzy
Prawo Harcerskie oraz deklarowanych przez nich postaw 227

Tabela 31. Zestawienie punktów Prawa Harcerskiego
nieakceptowanych i sprawiających trudności instruktorom
z punktami, w których deklarowane postawy harcerzy
odbiegają od oczekiwanych 239

Tabela 32. Świadomość pełnienia służby w drużynach harcerskich –
odpowiedzi harcerzy (dane w %) 249

Tabela 33. Interpretacja pierwszego punktu Prawa Harcerskiego
przez uczniów gimnazjum i liceum – najczęściej pojawiające się
odpowiedzi (dane w %) 251

Tabela 34. Interpretacja drugiego punktu Prawa Harcerskiego
przez uczniów gimnazjum i liceum – najczęściej pojawiające się
odpowiedzi (dane w %) 253

Tabela 35. Interpretacja trzeciego punktu Prawa Harcerskiego
przez uczniów gimnazjum i liceum – najczęściej pojawiające się
odpowiedzi (dane w %) 254

Tabela 36. Interpretacja czwartego punktu Prawa Harcerskiego
przez uczniów gimnazjum i liceum – najczęściej pojawiające się
odpowiedzi (dane w %) 255

Tabela 37. Interpretacja piątego punktu Prawa Harcerskiego
przez uczniów gimnazjum i liceum – najczęściej pojawiające się
odpowiedzi (dane w %) 256

Tabela 38. Interpretacja szóstego punktu Prawa Harcerskiego
przez uczniów gimnazjum i liceum – najczęściej pojawiające się
odpowiedzi (dane w %) 257

Tabela 39. Interpretacja siódmego punktu Prawa Harcerskiego
przez uczniów gimnazjum i liceum – najczęściej pojawiające się
odpowiedzi (dane w %) 258

Tabela 40. Interpretacja ósmego punktu Prawa Harcerskiego
przez uczniów gimnazjum i liceum – najczęściej pojawiające się
odpowiedzi (dane w %) 259

Tabela 41. Interpretacja dziewiątego punktu Prawa Harcerskiego
przez uczniów gimnazjum i liceum – najczęściej pojawiające się
odpowiedzi (dane w %) 260

Tabela 42. Interpretacja dziesiątego punktu Prawa Harcerskiego
przez uczniów gimnazjum i liceum – najczęściej pojawiające się
odpowiedzi (dane w %) 261

Tabela 43. Podsumowanie wypowiedzi harcerzy, uczniów
i instruktorów dotyczących interpretacji Prawa Harcerskiego
w porównaniu z wartościami określonymi w każdym punkcie
i postawami młodzieży wynikającymi z badań 264

Tabela 44. Liczba zgodnych odpowiedzi uczniów i harcerzy
w zadaniu badającym postawy 268

Tabela 45. Zestawienie odpowiedzi uczniów gimnazjum
i liceum z odpowiedziami harcerzy 269

Tabela 46. Wartości, jakimi kieruje się młodzież w życiu,
w opinii badanych instruktorów 276

Tabela 47. Wartości, jakimi kieruje się młodzież w życiu, zgodne
i niezgodne z harcerskim systemem wartości –
w opinii instruktorów 277

Tabela 48. Odpowiedzi instruktorów z podziałem na kategorie
odnoszące się do adekwatności harcerskiego systemu
wartości do potrzeb młodzieży 278

Tabela 49. Skojarzenia uczniów gimnazjum i liceum –
najczęściej udzielane odpowiedzi 282

Tabela 50. Obecność drużyny harcerskiej w szkole lub
w miejscu zamieszkania (dane w %) 287

Tabela 51. Porównanie metody harcerskiej w trzech organizacjach
harcerskich 293

Tabela 52. Porównanie składowych metody wymienianych
w dokumentach organizacji z odpowiedziami badanych
instruktorów 295

Spis wykresów

Wykres 1. Procentowy rozkład stażu (okresu przynależności) w organizacji harcerskiej 182

Wykres 2. Rozkład wiekowy badanych harcerzy 183

Wykres 3. Rozkład wiekowy badanych w poszczególnych organizacjach harcerskich 184

Wykres 4. Rozkład badanych pod względem płci – ogółem 185

Wykres 5. Miejsce działania drużyny harcerskiej 186

Wykres 6. Funkcje pełnione w drużynie przez respondentów 189

Wykres 7. Zmienność harcerskiego systemu wartości w opinii instruktorów 203

Wykres 8. Zgodność harcerskiego systemu wartości z systemem wartości młodzieży w opinii instruktorów harcerskich 275

www.ingramcontent.com/pod-product-compliance
Lightning Source LLC
Chambersburg PA
CBHW071648160426
43195CB00012B/1396